SOB O FANTASMA
DO HOLOCAUSTO

Rebecca Boehling
Uta Larkey

SOB O FANTASMA DO HOLOCAUSTO

A Vida, a Morte e a Perda de Identidade
de uma Família Judaica na Alemanha de Hitler

Tradução
CARMEN FISCHER

Editora
Cultrix
SÃO PAULO

Título original: Life and Loss in the Shadow of the Holocaust.
Copyright © 2011 Rebecca Boehling e Uta Larkey.
Copyright da edição brasileira © 2013 Editora Pensamento-Cultrix Ltda.
Texto de acordo com as novas regras ortográficas da língua portuguesa.
1ª edição 2013.
Todos os direitos reservados. Nenhuma parte desta obra pode ser reproduzida ou usada de qualquer forma ou por qualquer meio, eletrônico ou mecânico, inclusive fotocópias, gravações ou sistema de armazenamento em banco de dados, sem permissão por escrito, exceto nos casos de trechos curtos citados em resenhas críticas ou artigos de revistas.
A Editora Cultrix não se responsabiliza por eventuais mudanças ocorridas nos endereços convencionais ou eletrônicos citados neste livro.

Editor: Adilson Silva Ramachandra
Editora de texto: Denise de C. Rocha Delela
Coordenação editorial: Roseli de S. Ferraz
Preparação de originais: Marta Almeida de Sá
Revisão técnica: Adilson Silva Ramachandra
Produção editorial: Indiara Faria Kayo
Assistente de produção editorial: Estela A. Minas
Editoração eletrônica: Fama Editora
Revisão: Wagner Gianella Filho e Yociko Oikawa

Dados Internacionais de Catalogação na Publicação (CIP)
(Câmara Brasileira do Livro, SP, Brasil)

Boehling, Rebecca L.
  Sob o fantasma do Holocausto : a vida, a morte e a perda de identidade de uma família judaica na Alemanha de Hitler / Rebecca Boehling, Uta Larkey ; tradução Carmen Fischer. — São Paulo : Cultrix, 2013.

  Título original: Life and loss in the shadow of the Holocaust : a Jewish family.
  Bibliografia.
  ISBN 978-85-316-1230-5

  1. Família Kauffman 2. Família Steinberg 3. Holocausto judeu (1939-1945) - Biografia 4. Judeus alemães - Estados Unidos - Biografia 5. Judeus alemães - Palestina - Biografia 6. Judeus - Alemanha - Essen - Biografia 7. Ostrand, Marianne Steinberg, 1911-2002 8. Refugiados judeus - Estados Unidos - Biografia I. Larkey, Uta. II. Título.

13-04929   CDD-940.5318092

Índices para catálogo sistemático:
1. Judeus sobreviventes do Holocausto : Biografia 940.5318092

Direitos de tradução para o Brasil adquiridos com exclusividade pela
EDITORA PENSAMENTO-CULTRIX LTDA., que se reserva a
propriedade literária desta tradução.
Rua Dr. Mário Vicente, 368 – 04270-000 – São Paulo, SP
Fone: (11) 2066-9000 – Fax: (11) 2066-9008
http://www.editoracultrix.com.br
E-mail: atendimento@editoracultrix.com.br
Foi feito o depósito legal.

Em memória de Selma e Henny

SUMÁRIO

Lista de fotografias	8
Agradecimentos	11
Árvores genealógicas	17
1. Introdução	21
2. A vida dos judeus na Alemanha da Emancipação à República de Weimar	34
3. A perda do próprio negócio e da cidadania: A Loja Geschwister Kaufmann, 1933-1938	65
4. Obstáculos profissionais e dificuldades pessoais: Lotti e Marianne, 1933-1938	97
5. O Pogrom de Novembro (1938) e suas consequências para Kurt e sua família	139
6. Novos começos na Palestina, 1935-1939: Lotti e Kurt	174
7. Esforços para resgatar as pessoas queridas enredadas na Alemanha nazista, 1939-1942	210
8. Rumores dos tempos de guerra e revelações do pós-guerra	254
9. Epílogo	276
Notas	291
Bibliografia	355

LISTA DE FOTOGRAFIAS

2.1	Selma e Henny, 1902	41
2.2	Selma com Kurt e Lotti, e Henny com duas funcionárias diante da loja Geschwister Kaufmann, em Altenessen, 1912	43
2.3	Fotografia do casamento de Selma e Alex, em Altenessen, 15 de setembro de 1905	46
2.4	A sinagoga de Essen na Steeler Tor (Travessa)	47
2.5	As Irmãs Kaufmann (da esquerda para a direita): Thekla, Selma, Henny e Emma, Janeiro de 1928	51
2.6	Alex e Selma em casa, 1929	55
2.7	Bar mitzvah de Kurt, 1919	57
2.8	Retrato da família (da esquerda para a direita): Selma, Lotti, Alex, Kurt, Marianne, 1929	62
3.1	Anúncio da morte de Alex	65
3.2	Parada nazista em frente ao local desocupado da loja e casa das Irmãs Kaufmann, Altenessen	66
3.3	Piquenique em família à beira do (rio) Ruhr (da esquerda para a direita): Kurt, Ernst Kaufmann, tio Hermann, Selma, 1936	77
3.4	Anúncio de liquidação de encerramento da loja, 1936	79
3.5	Tio Hermann com a gata da casa Petra e seus gatinhos	86
4.1	Retrato de Lotti, 1932	105
4.2	Lotti, Henny, Selma e Hans na propriedade da família em frente à loja, Altenessen, verão de 1935	111

4.3 Marianne e Ursula Zade estudando para os exames de anatomia, Düsseldorf, verão de 1935.. 113

4.4 Marianne e Arnold em Ghent, Bélgica, primavera de 1937.............. 118

4.5 Despedida de Marianne, Essen (da esquerda para a direita): Marianne, Selma e Kurt, junho de 1938.. 132

4.6 O primeiro fim de semana de Marianne nos Estados Unidos (da direita para a esquerda): Marianne, Arnold e uma pessoa não identificada, na região de Poconos, julho de 1938............................. 134

5.1 Da direita para a esquerda: Kurt, Doris Meakin, Hanna e amigos, setembro de 1933... 140

5.2 Kurt com Selma e Henny, Essen, junho de 1938................................ 142

5.3 Da esquerda para a direita: Selma, Julius e Olga Bachrach, e Henny, inverno de 1939-1940... 150

5.4 Retrato de Kurt, 1938... 151

6.1 Lotti e Hans na sala de estar de sua casa em Tel Aviv, 1936............. 182

6.2 Lotti na sacada de sua casa, Tel Aviv... 183

6.3 Selma em visita a Lotti e Hans em Tel Aviv, 1937............................ 185

6.4 Hanna e Kurt no navio rumo à Palestina, fevereiro de 1939........... 193

6.5 Da esquerda para a direita: Hans, Lotti, Hanna e Kurt, Tel Aviv, primavera de 1939.. 195

6.6 Hanna trabalhando na banca de revistas, Sarafand, 1940................ 207

7.1 Retrato de Selma, Colônia, abril de 1940... 221

7.2 Local de Ajuntamento Colônia-Müngersdorf (reproduzido com a permissão do NS-Dokumentationszentrum Köln).......................... 247

7.3a Cartão-postal enviado por Selma para Herta Poth, Colônia-Müngersdorf, junho de 1942.. 253

7.3b Cartão-postal enviado por Selma para Herta Poth, Colônia-Müngersdorf, junho de 1942.. 253

9.1 Lotti e Heiner em Buenos Aires, 1949.. 279

9.2 Marianne e Herta Poth no aeroporto de Düsseldorf, 1955 283

9.3 Lápide de Alex e Selma Steinberg, e Henny Kaufmann, Essen-Segeroth 284

9.4 Marianne e Lotti em Tenafly, New Jersey, 1959 286

9.5 Hanna, Kurt e Marianne em passeio nos jardins do Knesset [parlamento israelense], Jerusalém, 1968 289

AGRADECIMENTOS

Não seria possível concretizar o projeto de um livro como este sem a ajuda de muitas pessoas e instituições — algumas de forma mais direta e tangível, outras mais por trás dos bastidores, mas nem por isso de menor importância. Certamente muitas pessoas pertencem a ambas as categorias. Como coautoras que assumiram responsabilidades de pesquisa e escrita tanto separadas como conjuntamente, nós temos pessoas e instituições para agradecer em particular, mas também temos muitas em comum para agradecer pela ajuda que nos prestaram.

Este livro não teria sido possível sem a iniciativa de Marianne Steinberg Ostrand de salvar todas aquelas centenas de cartas e outros documentos, e de sua filha, Suzanne Ostrand-Rosenberg (Sue), ao decidir que não se desfaria deles, nem tampouco os guardaria para si mesma. Infelizmente, nós jamais chegamos a conhecer Nanna, como Marianne era chamada por seus amigos e familiares, mas de muitas maneiras pudemos sentir que a conhecemos. Seus diários, documentos e muitas e muitas cartas formam a essência do nosso material. O marido de Nanna, Arnold, também nos contou o que pôde de suas próprias recordações, como também o que se lembrava das histórias que Nanna havia lhe contado. Sue, a filha deles, foi extremamente generosa com seu tempo. Fosse ajudando a fotocopiar as cartas e fotos, respondendo a ainda mais perguntas ou aparecendo com álbuns de fotografias da família e, juntamente com as autoras, explicando mais uma vez quem era quem e procurando descobrir onde e quando uma determinada foto havia sido tirada, ela sempre se mostrou pronta e disposta a colaborar. Se Sue não tivesse contado para seus primos de Israel e do Chile a breve narrativa focada em Marianne que Deborah Gayle — aluna de um curso de mestrado de Rebecca — escreveu, a base de informações teria sido consideravelmente menos profícua e equilibrada. Somos também gratas ao filho de Marianne,

Tom, por ter contado inúmeras recordações e histórias que lembrava ter ouvido de seus pais. Temos também para com Alicia Frohmann, filha de Lotti, e Michael Keynan, seu filho, uma considerável dívida de gratidão pelo tempo e pela energia que eles dedicaram em procurar, separar e nos enviar as cartas e fotografias de Lotti, e pela disposição para nos encontrar e dar entrevistas em muitas ocasiões. A Gideon Sella, filho de Kurt, por não apenas ter despendido seu tempo fotografando as cartas que seus pais haviam guardado em Tel Aviv e indo muitas vezes ao nosso encontro, mas também por ter mostrado o trabalho artístico que vem realizando nos últimos anos, com base nas recordações e histórias familiares, tanto as contadas como as não contadas, e ter falado sobre as impressões que as muitas cartas lhe causaram. Somos gratas a ele pela permissão de usar uma foto de sua coleção como capa deste livro.

Gostaríamos também de agradecer ao sobrinho de Selma e Henny, Ernest Kaufmann, o único parente próximo daquela geração dos Kaufmann ainda vivo que conheceu pessoalmente Selma e Henny. Ele se dispôs a nos contar suas lembranças dos tios e de ter chegado a dividir o mesmo quarto com o tio Hermann, quando, na metade da década de 1930, viveu por um breve período de tempo com a família Kaufmann-Steinberg. Sendo consideravelmente mais jovem do que seus primos – Kurt, Lotti e Nanna –, Ernest foi uma importante fonte de informações a respeito da grande família Kaufmann, das muitas irmãs de seu pai e de seus respectivos filhos. Suas contribuições deram uma considerável textura à nossa descrição das relações familiares. Do lado Steinberg da família, somos gratas a Marianne Bachrach Luedeking, por ter compartilhado conosco sua visão das relações e suas lembranças da família, inclusive de ter comparecido ao casamento tanto de Lotti como de Nanna.

É inestimável o acesso que nos foi concedido a muitos arquivos e bibliotecas, tanto nos Estados Unidos como em Israel e na Alemanha. A lista das instituições as quais devemos nossa gratidão inclui: Center for Advanced Holocaust Studies do US Holocaust Memorial Museum e, em particular, a Ann Millin e Jürgen Matthäus; aos Arquivos da Alte Synagoge e Stadtarchiv de Essen; Nordrhein-Westfälisches Hauptstaatsarchiv de Düsseldorf; Thüringisches Hauptstaatsarchiv de Weimar; NS-Dokumentationszentrum e a Germania Judaica Library de Colônia; Institut für Stadtgeschichte de Frankfurt; Leo Baeck Institute de Berlim e Nova York; Yad Vashem, Stiftung Gedenkstätten Buchenwald e Mittelbau-Dora e os arquivos do Terezín Memorial (de Theresienstadt). Somos especialmente gratas ao Leo Baeck Institute de Nova York por ter concedido, em parceria com o David Baumgardt Memorial Fellowship, uma bolsa, em particular a Frank Mecklenburg. Pela oportunidade de apresentar o nosso trabalho em curso, gostaríamos de agradecer a Yad Vashem, a fundação dedicada aos estudos do Holocausto; ao Franklin and Marshall College; a German Studies Association e ao New York Area German Women's History Group; ao Upper Keys Jewish Community Center, ao Goucher College e ao Departamento de História da University of Maryland, Baltimore County (UMBC).

Concluir este livro não teria sido possível sem a ajuda que recebemos de Jutta Georgi com a transcrição das primeiras cartas de Selma escritas à mão. O nosso editor da Cambridge University Press, Michael Watson, mostrou-se incrivelmente paciente e entusiasmado ao conduzir este projeto ao longo de seus muitos estágios. Nossos agradecimentos especiais vão para ele e o pessoal da Cambridge University Press. Gostaríamos ainda de agradecer aos leitores anônimos que recomendaram a sua publicação e àqueles que revisaram com tanta dedicação o manuscrito semifinal. Quaisquer falhas que este texto final possa apresentar são obviamente de nossa inteira responsabilidade.

As autoras

Rebecca Boehling gostaria de agradecer as seguintes pessoas em particular pela ajuda que lhe prestaram durante suas viagens de pesquisa à Alemanha: Martina Strehlen, dos Arquivos da Alte Synagoge de Essen e Jutta Vonrüden--Ferner do Stadtarchiv Essen; Barbara Becker-Jákli e Martin Scherpenstein do National Socialist Documentation Center de Colônia; e Angela Genger do Mahn- und Gedenkstätte der Landeshauptstadt Düsseldorf. A disposição em compartilhar seus conhecimentos, tanto pessoalmente quanto pela Internet, foi inestimável.

Quero agradecer também os esforços investigativos de duas pessoas em particular, cujo trabalho deu o ímpeto inicial para pesquisas posteriores: Deborah Gayle, minha ex-aluna de mestrado, que não apenas copiou e instalou um banco de dados inicial para o primeiro conjunto de cartas, mas também pesquisou e escreveu a narrativa "A German-Jewish Family's

Odyssey through the Holocaust" [A jornada de uma família judeu-alemã durante o Holocausto]. Ela encarou esta pesquisa não apenas com a diligência acadêmica e o desejo de preencher os requisitos para concluir seu curso de mestrado, mas também com um interesse genuíno pela história comovente dessa família. Hans-Jürgen Schreiber, historiador natural de Essen, que estabeleceu contato com os irmãos Steinberg e/ou seus respectivos cônjuges na década de 1990, quando começou a pesquisar a história dos judeus de Altenessen, proporcionou generosamente a Rebecca Boehling em 2005 um passeio por Essen, cópias de um manuscrito inédito de 1994 e vários esboços de ensaios. Para o senhor Schreiber vão meus agradecimentos especiais.

A University of Maryland Baltimore County (UMBC) apoiou financeiramente as minhas viagens de pesquisas à Alemanha. John Jeffries, em particular, por seu grande apoio ao meu trabalho neste projeto desde quando era o chefe do meu departamento e membro da comissão julgadora da dissertação de mestrado de Deborah Gayle, até seu atual cargo como reitor da Faculdade de Artes, Humanidades e Ciências Sociais da UMBC, merece minha menção especial. Num nível mais pessoal, muitos colegas e amigos prestaram ajuda e apoio durante todo o processo de escrita deste livro. É uma lista extensa demais para ser enumerada aqui, mas eu gostaria de destacar os seguintes nomes: Annette Aronowicz, Gloria Avner, Renate Bridenthal, Anne Chamberlain, Irene Kacandes, Marion Kaplan, Florence Martin, Michele Osherow, Mark Roseman e Calla Thompson, do German Women's History Group de Nova York. Gostaria ainda de agradecer ao marido da minha coautora, Ed Larkey, por ter oferecido gratuitamente refeições e assistência técnica em computação, enquanto sua esposa Uta e eu não parávamos de trabalhar. Finalmente, quero agradecer ao meu marido, Mark Lipkus, por seu incentivo e sua aceitação do fato de eu dar prioridade à escrita deste livro, o que muitas vezes colocou os seus e os nossos planos — sobretudo como casal que só se encontra à noite — para mais tarde.

Rebecca Boehling

Uta Larkey gostaria de agradecer ao Goucher College pelo apoio ao projeto deste livro e, em particular, às suas viagens de pesquisas a Israel e a Theresienstadt, e também pela permissão de publicá-lo.

Sou extremamente agradecida a meus colegas do Departamento de Línguas Modernas, Literaturas e Culturas e, em particular, a minha querida amiga e colega Florence Martin. Eu agradeço-a de coração por seu incentivo e sua inspiração.

Sou grata a Steve Salzberg e Jennifer Rudick Zunikoff, que ministraram comigo o curso de História Oral sobre o Holocausto. Eles contribuíram no sentido de aprofundar meu entendimento da memória e da preservação em nosso trabalho dos sobreviventes do Holocausto e dos estudantes do Goucher College na região de Baltimore. Um dos notáveis sobreviventes, que se tornou com o passar dos anos um grande amigo, é Leo Bretholz. Sou grata a ele por inspirar as próximas gerações a reivindicar o legado do Holocausto e por sua generosidade em oferecer seu tempo e seu entusiasmo.

Muitas pessoas que trabalharam em arquivos da Alemanha, de Israel e da República Tcheca contribuíram para a realização deste livro, localizando e me enviando importantes documentos, muitas vezes seguidos de uma troca de e-mails muito proveitosa. Gostaria de agradecer em particular a Harry Stein da Stiftung Gedenkstätten Buchenwald e Mittelbau-Dora; a Frank Boblenz do Thüringisches Hauptstaatsarchiv Weimar; a Gabriele Mierzwa do Museum und Historisches Archiv (VMM) da MAN company; a Yaacov Lozowick, ex-arquivista chefe do [Museu] Yad Vashem; e a Tomás Fedorovic do arquivo do Terezín Memorial.

Sou especialmente grata a Anna Hajkova, historiadora de Theresienstadt, por ter compartilhado comigo seu trabalho e me ajudado a entender melhor as circunstâncias que envolveram as primeiras deportações da Alemanha para Theresienstadt. Sinto-me também em dívida de gratidão para com Doris Bergen, Jeff Peck e Claudia Schoppmann, que me apoiaram em todos os anos de pesquisa, me proporcionaram novos conhecimentos e me mostraram novas perspectivas.

Meu semestre como estudante residente no Hadassah Brandeis Institute (HBI) foi uma experiência extremamente gratificante e inspiradora, que me deu a oportunidade de continuar minha pesquisa e participar de intensas discussões acadêmicas sobre o projeto "Famílias, Crianças e o Holocausto". Gostaria de agradecer em particular à diretora do projeto, Joanna Michlic, e à diretora do HBI, Shulamit Reinharz, e também a todo o pessoal do HBI, sempre disposto a ajudar. Sou ainda muito grata a Robert Beachy e a Soheila

Ghaussy por terem lido meus capítulos, pelo incentivo que me deram e pela crítica que fizeram.

Por fim, quero agradecer ao meu marido, Ed Larkey, por seu amor, sua paciência e sua crença inabalável em mim; e ao meu filho, Adam, por trazer tanta alegria à minha vida.

Uta Larkey

Árvore genealógica da Família Kaufmann

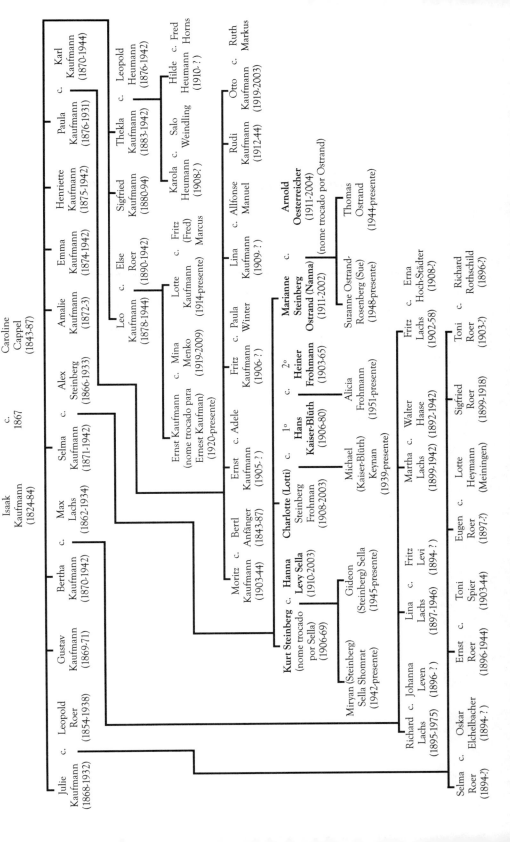

Árvore genealógica da Família Steinberg

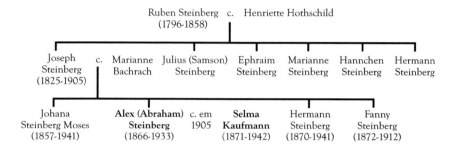

Árvore genealógica da Família Bachrach

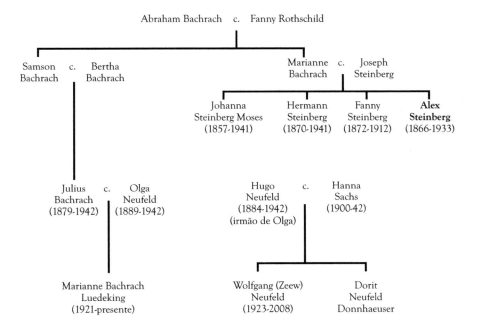

1 INTRODUÇÃO

Quando seus filhos eram pequenos e moravam em New Jersey, Marianne Steinberg Ostrand costumava lhes contar as lembranças felizes que tinha de sua infância e juventude na Alemanha dos anos 1930. Especialmente quando apresentava os velhos álbuns de fotografias da família, ela narrava as lembranças de seus vários prêmios em competições esportivas na escola, suas aventuras esquiando e seus passeios de bicicleta com amigos. Ela falava do prazer que sentia em nadar, dançar e jogar tênis, muitas vezes com seus irmãos mais velhos, Kurt e Lotti, e com seus amigos, que em sua maioria não eram judeus. Ela descrevia como sua família costumava celebrar os feriados judaicos com os vizinhos que moravam mais abaixo, na mesma rua, em Altenessen, um pouco fora de Essen. Ela sempre lembrava a seus próprios filhos, Tom e Sue, dos aniversários de sua mãe e da querida tia Henny. Marianne e seus irmãos passaram a considerar essas duas mulheres juntas como seus pais. Marianne, Kurt e Lotti tinham um pai maravilhoso, mas ele havia caído gravemente enfermo em consequência da Primeira Guerra Mundial, antes mesmo de os filhos chegarem à adolescência. Marianne, no entanto, não se estendia nas lembranças da doença debilitante do pai; tampouco chamava a atenção para o fato de sua mãe, Selma, parecer cada vez mais velha nas fotografias, especialmente nas décadas de 1930 e 1940.

Marianne falava apenas ocasionalmente sobre como havia sido para ela e sua família viver sob o jugo dos nazistas. Raramente mencionava qualquer fato específico sobre o impacto que o boicote econômico aos negócios dos judeus havia causado em sua família. Ela não deleitava seus filhos com os detalhes da ocasião em que havia sido convocada a comparecer ao quartel-general do Partido Nazista não muito depois de eles terem chegado ao poder, nem da prisão de seu irmão em 1938, em Frankfurt, e do confinamento dele no campo de concentração de Buchenwald. Os filhos pequenos de Marianne, por mais curiosidade que tivessem, sentiam que era melhor não fazer muitas perguntas.

Marianne fora sempre aquela que guardava as coisas. Entretanto, ela havia passado por tantas rupturas e mudanças em sua vida que ninguém do seu círculo próximo podia imaginar que ela houvesse preservado toda aquela quantidade de cartas, cartões-postais, diários e fotografias, e até mesmo folhas e flores secas como lembranças de sua vida na Alemanha, na Inglaterra, na Suíça e de seus primeiros anos nos Estados Unidos, durante e após a Segunda Guerra Mundial. No entanto, foi exatamente o que ela fez. Em 1986, logo depois de ter se aposentado como médica, Marianne doou um punhado de cartões-postais, cartas e fotografias da década de 1940 para os arquivos do Leo Baeck Institute for the Study of the History and Culture of German-Speaking Jewry em Nova York. Porém, a doação era apenas uma parcela mínima do material que ela havia guardado nas décadas de 1930 e 1940.

Em 2002, a filha de Marianne, Sue, encontrou cerca de duzentas cartas familiares trocadas durante a guerra, num maço perfeitamente embrulhado, na casa de seus pais em Columbia, Maryland, quando a esvaziava para colocá-la à venda. Sue percebeu que as cartas deviam ter pertencido à sua mãe, mas naquela época Marianne estava com 91 anos e tão afetada pela doença de Alzheimer que não tinha como responder às muitas perguntas de Sue com respeito às cartas. No decorrer do ano seguinte, enquanto esvaziava uma grande quantidade de caixas, Sue encontrou embrulhos de muitas outras cartas, inclusive de algumas cartas familiares escritas durante a República de Weimar, como também muitas outras de e para Marianne entre os anos de 1920 e 1939, e também algumas escritas depois da Segunda Guerra Mundial, além de uma correspondência considerável entre seus pais. O pai de Sue tinha alguma vaga lembrança de que sua esposa, Marianne, havia guardado cartas, mas não fazia ideia do volume que ela havia preservado. Sue reconheceu nas cartas e nos envelopes guardados os nomes da maioria de seus autores, inclusive o da sua avó materna, Selma Steinberg, e de sua irmã caçula, Henny Kaufmann. Essas duas irmãs haviam vivido juntas quase a vida toda, afora os anos em que elas e seus oito irmãos órfãos foram enviados para morar com diferentes parentes por toda a região da Renânia. Sue também reconheceu alguns bilhetes ocasionais como sendo do tio de sua mãe, o tio Hermann, cujo cobertor que usara na Primeira Guerra Mundial sua mãe dera a ela. Sue acabou percebendo que, na realidade, sua mãe havia guardado mais do que o dobro das duzentas cartas contidas no primeiro pacote do tempo da guerra que ela encontrara. A maioria das cartas dessa coleção era de e para a mãe de Marianne e sua tia, Henny, e seus dois irmãos mais velhos, Kurt e Lotti.

A maioria das cartas fora escrita manualmente em alemão, mas durante a guerra as cartas escritas em alemão podiam chamar atenção da censura na Palestina e nos Estados Unidos e causar atrasos ainda maiores em sua entrega. Por isso, durante a guerra, os irmãos escreviam, muitas vezes, cartas datilografadas uns para os outros num inglês bastante capenga. Sue encontrou dificuldade para ler as cartas manuscritas em alemão, especialmente as de Selma e Henny, e os ocasionais bilhetes breves do tio Hermann e de outros membros da família. A família de Sue, ao contrário das famílias dos seus primos que cresceram na Palestina, em Israel, e na Argentina, não falava alemão em casa, e seus conhecimentos da língua alemã se resumiam ao que aprenderam na escola décadas antes, portanto, estavam bastante enferrujados. Depois de ter lido muitas das cartas em inglês e se esforçado para ler algumas manuscritas em alemão, Sue queria saber mais sobre sua família. Porém, precisava de mais base histórica e conhecimento de toda a sua extensa família para entender todas as referências. Ela suspeitou, no entanto, que as cartas continham algo de valor histórico para outros, além dela mesma e de sua própria família.

Em dúvida sobre o que fazer com as cartas, Sue, que era professora de biologia na UMBC, foi aconselhada por colegas a procurar Rebecca Boehling, professora de história da Alemanha no século XX na mesma universidade. Rebecca encaminhou Sue para a sua aluna de pós-graduação em Estudos sobre o Holocausto, Deborah Gayle, com experiência em documentação. Deborah organizou meticulosamente a primeira série de duzentas cartas escritas durante a guerra pensando na preparação de uma breve narrativa familiar, pelo menos com base nas cinquenta cartas escritas em inglês que ela pôde ler. Deborah baseou seu projeto de mestrado nas informações de Marianne. Contextualizou as cartas que Marianne e seus irmãos escreveram uns aos outros em inglês durante a guerra, bem como as conversas com a filha de Marianne, Sue.[1]

Foi por causa da narrativa de Deborah Gayle que Sue, então, contou a seus primos do Chile e de Israel, os filhos dos irmãos já mortos de sua mãe, Lotti e Kurt, que todos passaram a querer saber mais, especialmente o que diziam as cartas em alemão escritas pela geração anterior na Alemanha. Essa pequena amostra da história familiar provocou uma grande agitação entre os primos que moravam em três continentes. Velhas caixas em diversos armários e despensas foram abertas e seu conteúdo foi selecionado. As descobertas sucessivas de Sue resultaram numa coleção de mais de 450 cartas familiares que sua mãe havia guardado. Os primos de Sue que moravam em Israel e no Chile encontraram e enviaram para ela cópias de mais ou menos outras cem cartas que seus pais, Kurt e Lotti, haviam preservado antes, durante e depois da guerra. Com o entendimento de que algumas cartas posteriores — especialmente aquelas que tinham a ver com indenização e viagens de volta à Alemanha pós-guerra — podiam lançar luz sobre questões que continuavam sem resposta, pelo menos mais cinquenta cartas das décadas de 1950 e 1960 foram disponibilizadas das várias coleções: a dos Ostrand, em Columbia, Maryland; a dos Frohmann, em Santiago, Chile; e as coleções dos Keynan e Sella, em Tel Aviv, Israel.

Sue e seus primos esperavam agora que aquele conjunto formado por mais de seiscentas cartas pudesse ser a base para compor a história completa de sua família nas décadas de 1930 e 1940. Quando eles perguntaram a Rebecca sobre a possibilidade de ela escrever a história de sua família, ela ficou tanto entusiasmada e atraída como em dúvida diante da responsabilidade que envolvia assumir um projeto de tal magnitude. Ela acolheu de bom grado a proposta de sua colega Uta Larkey, do Goucher College, que era próximo e onde se ministravam cursos de alemão, estudos judaicos e de cinema e literatura sobre o Holocausto, para ser coautora de um livro que contaria a história da família Kaufmann-Steinberg. Juntas, nós embarcamos neste projeto no final de 2003.

Logo percebemos o quanto era notável o fato de a correspondência incluir cartas de Marianne para sua mãe e sua tia na Alemanha, cartas que normalmente não sobreviviam à guerra. Com o intuito de conservar um registro do que ela própria havia escrito, especialmente porque os atrasos nas entregas de correspondência eram notoriamente longos durante a guerra, Marianne (ou Nanna, como era chamada pelos mais íntimos) escrevera suas cartas do tempo de guerra com cópias em papel carbono. Ela havia também guardado um diário dos últimos anos da década de 1920 até 1933 e um caderno em que havia feito anotações de 1933 até 1941.

As cartas que Marianne trocou durante a guerra com seus irmãos, todos já em território seguro, embora ainda preocupados com a geração mais velha que havia ficado para trás, permitem entrever de uma forma interessante e incomum a dinâmica de uma família em luta para conseguir sua imigração e salvação. A textura e o conteúdo das centenas de cartas escritas em alemão, sua língua materna, especialmente as vindas e também dirigidas para sua mãe e sua tia que continuavam na Alemanha às vésperas do Holocausto, contam uma história complexa de amor e relações familiares dolorosas envolvendo várias camadas, como também as suas tentativas de imigrar e se salvar. A maior parte dessa correspondência de cinco vias (oito vias incluindo eventualmente os cônjuges dos filhos) resistiu ao tempo; ela é a própria *raison d'être* deste livro. A maior parte das cartas foi escrita em alemão. Todas as citações de cartas originalmente escritas em inglês estão indicadas como tais nas notas no final do livro. As traduções das cartas, dos diários, das entrevistas e de outros documentos em alemão são nossas.[2]

Percebendo logo de início o quanto a nossa fonte original era única, mas esperando que as informações contassem a história bastante típica de uma família de judeus alemães, nos surpreendemos ao constatar em quantos sentidos esta história familiar diferia dos retratos tradicionais de judeus integrados na Alemanha no final do século XIX e início do século XX. Por exemplo, os Kaufmann permaneceram judeus ortodoxos até a geração de Selma e Henny, enquanto os Steinberg eram judeus reformados. Os Kaufmann-Steinberg consideravam-se uma família judaica praticante (pelo menos, Selma e Henny), seguindo a dieta *kosher* à sua própria maneira num pequeno subúrbio com poucos judeus e comumente sem acesso fácil a alimentos *kosher*. Eles andavam quilômetros a pé de volta para casa depois de assistirem às cerimônias de sexta-feira à noite para abrirem seus negócios no sábado de manhã. A família fazia parte de uma comunidade que pertencia a uma sinagoga própria de judeus reformados de Essen, na qual os assentos, seguindo a decisão da congregação às vésperas da Primeira Guerra Mundial, eram segregados por sexo. Os amigos das crianças Steinberg não eram, em sua maioria, judeus, mas frequentavam assiduamente as casas uns dos outros. Em termos de assimilação e relações entre judeus e não judeus, pelo menos até o Terceiro Reich, os Kaufmann-Steinberg não se encaixam nas categorias comuns. A família Kaufmann-Steinberg também desafia as nossas expectativas no que diz respeito à questão de gênero. Por exemplo, as duas irmãs Kaufmann, Selma e Henny, criaram um dos primeiros negócios dirigidos por mulheres na cidade industrial de Essen no início do século XX. Então, depois da Primeira Guerra Mundial, essas duas irmãs conseguiram criar duas filhas e um filho e formá-los em medicina, odontologia e direito, respectivamente, durante a Grande Depressão. O marido de Selma, Alex, jamais se recuperou da gripe espanhola que contraiu em 1919, e morreu logo após a tomada do poder pelos nazistas na Alemanha. Os filhos passaram a chamar ocasionalmente sua mãe Selma e sua tia Henny de seus "pais". Foram as filhas que emigraram primeiro, basicamente por motivos profissionais, e o filho deixou por último a Alemanha nazista. Porém, simplesmente rotular essa família como atípica – tendo uma história que desafia muito do que tem sido retratado como típico da comunidade judeu-alemã do início do século XX – com base em atribuições de gênero, assimilação e práticas religiosas tem mais sentido figurado do que real.[3]

Em certos sentidos, as experiências dessa família na Alemanha, conforme descritas nas cartas, se parecem com as experiências de outras famílias alemãs sobre as quais lemos em livros de história social, memórias e biografias, tanto anteriores como posteriores a 1933. As cartas dos Kaufmann-Steinberg tratam frequentemente de assuntos corriqueiros: doença, namoro, casamento, gravidez, emprego, preocupações financeiras e até mesmo de moda. Grande parte disso poderia igualmente representar a vida de não judeus, pelo menos até a chegada dos nazistas ao poder, quando os "eventos cotidianos" dessa família foram ofuscados por restrições sociais, econômicas e políticas contra os judeus e, por último, por questões relativas a permanecer ou deixar a Alemanha nazista. Inclusive a história da família anterior ao Terceiro Reich nos permite contrastar suas experiências e percepções anteriores e posteriores a 1933.

Desde o começo, decidimos tratar o tema como biografia coletiva de uma família. Pesquisadores de biografias precisam encontrar o equilíbrio certo na relação entre o sujeito e o contexto e desconstruir a mitologia subjetiva inerente a muitas das fontes. Nós tentamos analisar o papel da identidade individual *versus* o significado comparativo do(s) sujeito(s) e, ao fazer isso, avaliar o que é único comparando ao que é típico.[4] Os biógrafos são, às vezes, propensos a apresentar uma trajetória de vida contínua, coerente e até mesmo linear de seu sujeito. No entanto, a história dos judeus alemães do século XX, na qual prevalece a realidade das descontinuidades históricas, torna as trajetórias lineares de vida muito menos comuns. Na realidade, a história da família Kaufmann-Steinberg é marcada pela transitoriedade e pela mudança. Diferentemente de uma prosopografia, que investiga as características comuns de um grupo histórico, e pela qual as biografias individuais podem ser grandemente imperscrutáveis, a história dessa família explora intencionalmente tanto as vidas individualmente como a interação dinâmica entre seus membros. O pêndulo da balança entre a história familiar e o contexto mais amplo pende decididamente para o lado da família, cujas experiências e cujo destino têm de ser entendidos tanto no contexto de vida dos judeus na Alemanha e do potencial para emigrar/imigrar como também a ameaça de deportação durante o Terceiro Reich.

A nossa abordagem contextualiza o lugar dessa família em particular com base na experiência judeu-alemã, tanto em termos cronológicos como temáticos. O Capítulo 2 esboça as origens históricas da experiência judeu-alemã desde os primeiros estágios da emancipação judaica na metade do século XIX até a República de Weimar (1918-1933). Contra esse cenário, nós descrevemos as tragédias pessoais e a mobilidade social vividas por três gerações da família Kaufmann-Steinberg. Os Capítulos 3 e 5 apresentam retratos dos membros da família individualmente, cada um deles explorando diferentes aspectos da experiência judaica na Alemanha nazista pré-guerra. O Capítulo 3 examina os boicotes econômicos e a "arianização" pelas lentes de Selma e Henny e também sua loja de aviamentos, a Geschwister Kaufmann. O Capítulo 4 investiga os obstáculos pessoais e profissionais enfrentados por Marianne e Lotti, como médica e dentista, respectivamente. Ambas as filhas acabaram decidindo deixar a Alemanha em função do impacto da legislação contra os judeus sobre sua vida profissional e seus futuros pessoais. No Capítulo 5, a atenção é voltada para Kurt, o único filho homem dos Steinberg que pôde trabalhar em sua área durante o regime nazista, embora restrito à comunidade judaica. Kurt, como o único filho e membro da família mais afetado pelo Pogrom de Novembro de 1938 (a Noite dos Cristais), foi obrigado a deixar a Alemanha, ameaçado de ser mais uma vez enviado para um campo de concentração. Os novos começos e a vida na Palestina constituem o principal tema do Capítulo 6. Nos dois últimos capítulos, justapusemos nossas descobertas sobre as experiências dos diferentes membros da família no período da guerra às revelações da própria família posteriores à guerra. O Epílogo (Capítulo 9) se centraliza nas tentativas da família de se entender com o passado.

Em todos os capítulos, em diferentes graus, nós permitimos que as vozes e perspectivas dos membros da família ressoassem quando apresentamos sua história e analisamos sua dinâmica familiar particular. Decidimos que o resultado seria melhor com a seleção de excertos relativamente curtos da correspondência para citar e escolher outras partes para parafrasear ou sintetizar. Nós também obtivemos testemunhos orais ou escritos de três filhos e um de seus cônjuges, um diário, um caderno de anotações e outros documentos, como os que tinham a ver com o processo de indenização. Para manter a pungência e a consistência da narrativa, nós restringimos o número de excertos longos das cartas, citando-os por extenso apenas quando o tema em questão era de importância fundamental para uma decisão que estava sendo considerada, uma relação pessoal ou para o destino de um indivíduo, ou ainda quando a linguagem usada e/ou o sentimento eram marcadamente reveladores.

O livro de Alexandra Garbarini, *Numbered Days: Diaries and the Holocaust*, sobre a escrita de diários durante o Holocausto, provê uma base de comparação e um arcabouço teórico que permitem considerar as cartas e os diários como formas contemporâneas de comunicação.[5] A nossa fonte original inclui dois diários de uma das filhas, cobrindo um período que vai do final da década de 1920 até o início da de 1940. Eles nos supriram tanto o acesso a análises espontâneas e reflexivas como a preocupações pouco propensas a serem compartilhadas com outros. As cartas, no entanto, podem oferecer uma oportunidade única para se entender o momento, a dinâmica da interação e da comunicação, a escolha de palavras e assuntos, a autocensura e o processo de tomada de decisões. Diferentemente dos diários, que normalmente dão um depoimento introspectivo, as cartas transmitem um monólogo interno dirigido à outra pessoa em forma de monólogo/diálogo. De acordo com a pessoa a quem é dirigido e a sua relação com o remetente, o diálogo e mesmo o monólogo interno podem conter as mesmas informações factuais, mas com uma maneira diferente de colocá-las. Por meio dessas cartas nós podemos ter não apenas vislumbres ou inspirações mas também imagens reais em movimento da dinâmica da família.

As cartas familiares dão um vislumbre de como cada membro da família entendia os eventos históricos que estavam provocando a devastação de sua vida e seu futuro. As cartas da família Kaufmann-Steinberg iluminam o processo de decisão de cada pessoa em relação a se e quando ela deveria deixar a Alemanha — a questão crucial dos judeus alemães durante o Terceiro Reich. Como fontes primárias, as cartas expõem os sentimentos de esperança, otimismo, resignação e desespero que se alternam em seus cotidianos, emoções essas que costumam ser soterradas e/ou esquecidas nas memórias, que são, às vezes, matizadas por percepções posteriores.

Nós reconhecemos que as cartas nem sempre expõem a introspecção emocional ou mesmo um retrato preciso dos acontecimentos diários ou históricos, mas elas podem conter expressões espontâneas do fluxo de consciência de uma pessoa. Em outras circunstâncias, elas são relatórios cuidadosamente elaborados e refletidos, relatos e/ou descrições de experiências pessoais, eventos domésticos e locais narrados como parte de um diálogo consciente e/ou para induzir uma resposta. Dependendo de quem é o destinatário específico, certas omissões, distorções ou mesmo provocações podem ocorrer, e por isso as cartas não podem ser tomadas literalmente. No caso da família Kaufmann-Steinberg, com o aumento da distância temporal e geográfica entre os membros da família, as cartas passaram cada vez mais a substituir o contato pessoal direto e a dinâmica humana. Amplitude e a profundidade de seus vínculos, a compreensão mútua e a intimidade foram significativamente reduzidas.

Além das cartas e dos dois diários, nós fizemos uso considerável de fontes primárias e secundárias para fundamentar a narrativa. As entrevistas que fizemos com os netos de Selma e Henny, bem como com outros parentes hoje com mais de 80 anos, ajudaram a preencher as lacunas e confirmar e/ou rejeitar nossas próprias pressuposições e especulações. Em muitas ocasiões, visitamos os lugares onde a história da família se desenrolou, não apenas para realizar pesquisas nos arquivos mas também para seguir os passos dos membros da família Kaufmann-Steinberg, visitar suas antigas vizinhanças, escolas e o local da sinagoga que eles haviam frequentado, e falar com os atuais moradores e historiadores locais. As coleções de fotografias da família e os documentos pessoais, além das entrevistas que Marianne e Lotti deram muito tempo depois da guerra e as entrevistas que nós mesmas fizemos com membros da família, tudo isso ajudou a explicar as referências feitas nas cartas e preencher as lacunas com respeito à cronologia dos eventos. Por exemplo, quando a correspondência aparentemente parece ignorar os eventos mais importantes que ocorrem na Alemanha nazista, tomamos cuidado ao analisar que papel a censura pode ter exercido sobre aquilo que está sendo omitido ou circunscrito e notar como certos eventos e dinâmicas familiares podem afetar a escolha de assuntos numa carta em particular. Isso é especialmente importante porque muitas partes da correspondência entre os membros da família Kaufmann-Steinberg, não diferente de outras cartas familiares enviadas para e da Alemanha nazista, foram escritas em linguagem codificada.

Nós situamos a correspondência em seu cenário geográfico e histórico específico, interpretando e analisando como os eventos externos envolvendo os membros individuais da família afetaram suas decisões pessoais de vida e determinaram o que eles escreveram, ou evitaram escrever, em suas cartas. Como autoras, expomos as cartas contra o pano de fundo da legislação antijudaica da Alemanha nazista e dos desafios diários e futuros incertos enfrentados pelos judeus alemães, primeiro na Alemanha e depois no exílio em diferentes países. Baseamos esse contexto em vastos estudos históricos acadêmicos sobre as mudanças econômicas, políticas, sociais e culturais que ocorreram na vida dos judeus na Alemanha do início do século XX, incluindo os estágios cada vez mais elevados de perseguição que sofreram durante o Terceiro Reich, bem como as experiências de exílio dos judeus alemães nos Estados Unidos, na Palestina e, em menor grau, na Argentina, os primeiros países na lista de prioridades da família Kaufmann-Steinberg para onde imigrar. Relatos de testemunhas oculares de outros judeus alemães, descrevendo suas experiências sob o domínio nazista durante o Holocausto e no exílio, como também documentos encontrados em diversos arquivos da Alemanha, dos Estados Unidos e de Israel, tratando de eventos específicos e desdobramentos em Essen, Frankfurt, Colônia, nos campos de concentração de Buchewald e Theresienstadt, nos permitiram traçar um retrato mais completo das experiências dos diferentes membros da família.

Na investigação da história dessa família, fomos beneficiadas por uma série de histórias locais e regionais de judeus na Alemanha nazista, muitas delas escritas em alemão — que vêm sendo publicadas desde o ano 2000. Em inglês, baseamos em excelentes obras sobre a experiência judeu-alemã antes e depois do Holocausto, inclusive no livro de Marion Kaplan — *Between Dignity and Despair: Jewish Life in Nazi Germany* — que foca a vida cotidiana de judeus durante o Terceiro Reich.[6] O United States Holocaust Memorial Museum (USHMM) criou uma incrível fonte primária em língua inglesa ao publicar, em 2010, o primeiro volume de uma série traduzida de relatos, *Jewish Responses to Persecution*, que abrange os anos entre 1933 e 1938 na Alemanha.[7] A nossa abordagem de uma biografia coletiva, no entanto, não é nem a de uma síntese histórica nem a de uma coleção traduzida de fonte primária.

Diferentemente de nossa biografia coletiva, uma série de outros livros em inglês publicados na década passada tem como foco um indivíduo dentro de uma família, como o livro de Mark Roseman, *The Past in Hiding*, uma análise profunda da história e da memória de uma jovem judia alemã, Marianne Ellenbogen, nascida na década de 1920, que sobreviveu à guerra e ao Holocausto escondida.[8] Há também o livro de David Clay Large contando a história de Max Schohl, que, juntamente com sua família, enfrentou dificuldades por toda a Europa para fugir da guerra e do que hoje é conhecido como Holocausto.[9] Armin e Renate Schmid exploram a história trágica envolvendo as tentativas de imigrar da família Frühauf num livro apropriadamente intitulado *Lost in a Labyrinth of Red Tape*.[10] O nosso livro também examina os obstáculos à imigração, mas com a visão explicitamente focada nos esforços dos vários membros da família que já haviam emigrado para ajudar os que continuavam na Alemanha a encontrar um lugar para onde ir. A biografia de Lilli Jahn escrita por Martin Doerry é, em certo sentido, uma abordagem semelhante à nossa, introduzindo na narrativa as cartas de Jahn e de seus filhos pequenos. No entanto, a situação da família de Jahn é consideravelmente diferente da dos Kaufmann-Steinberg. O pai dos filhos de Lilli Jahn não era judeu, o que tornava as crianças menos vulneráveis à perseguição contra judeus, e a troca de cartas entre Lilli e seus filhos não tinha nada de adulto.[11] No entanto, as obras desses autores, todas elas fazendo uso de cartas como fonte primária de informações, nos ajudaram a conceber esta história da família Kaufmann-Steinberg.[12]

Outros autores abordaram grandes volumes de cartas da era do Holocausto de forma diferente. Por exemplo, o livro irresistível editado por Richard Hollander, Christopher Browning e Nechama Tec, *Every Day Lasts a Year: A Jewish Family's Correspondence from Poland*, alterna entre capítulos de narrativa e capítulos apenas de cartas, todas para uma mesma pessoa, Joseph Hollander.[13] Diferentemente do volume de cartas de uma família de judeus poloneses para Joseph, seu filho, irmão e tio, respectivamente, nós tivemos a sorte de ter todos os lados de uma correspondência familiar, uma verdadeira troca entre duas gerações de uma família de judeus alemães.

As cartas, especialmente durante a guerra, nem sempre chegavam na sequência cronológica em que eram escritas ou enviadas. Devido aos atrasos na entrega das correspondências e às complicações envolvidas na travessia de dois e, às vezes, três continentes, compreender quem sabia o que, quando e quem estava respondendo a que e quando foi uma parte crucial de nossa pesquisa para recriação desta história. Ter todas as partes dessa correspondência entre os membros da família Kaufmann-Steinberg nessas coleções notáveis através de três continentes nos dá o privilégio de contar uma história familiar complexa antes e durante o Terceiro Reich. À medida que a situação na Alemanha piorava para os judeus e a comunicação direta tanto dentro como fora do país se tornava ainda mais difícil, temores quanto ao que podia significar a falta de notícias para o destino de seus entes queridos criavam uma tremenda ansiedade em todos os membros da família Kaufmann-Steinberg. As cartas trocadas durante a guerra expõem as recriminações totalmente humanas dos irmãos – contra si mesmos e uns contra os outros. Finalmente, a correspondência do pós-guerra possibilita a exploração do legado das experiências do Holocausto e o impacto da imigração e do exílio sobre essa família.

A nossa narrativa da história específica dessa família provê visões singulares tanto de experiências relacionadas ao gênero como de experiências intergeracionais e de exílio, e também de suas tentativas de salvação a partir de diferentes locais como porto seguro. Um aspecto especialmente intrigante dessa família é que as mulheres de ambas as gerações se veem tomando conta e/ou ajudando a sustentar financeiramente membros masculinos da família, muitas vezes em extremas dificuldades profissionais. Essas mulheres parecem raramente questionar seus papéis de provedoras da família. É interessante notar que uma das filhas e a esposa de Kurt, Hanna, são chamadas ocasionalmente por apelidos masculinos, Nuckel e Hannes, respectivamente. Esses apelidos podem muito bem refletir as tendências inerentes aos movimentos da juventude e das mulheres nas décadas de 1920 e 1930, mas nem se saberia que esses apelidos eram usados se não fossem por essas cartas.

Levando em consideração as questões relativas à dinâmica das relações entre as gerações, os gêneros e as identidades profissional e nacional, nós analisamos a correspondência de duas gerações de uma família de judeus alemães tentando levar uma vida normal — ou, pelo menos, que escrevem como se a vida que levavam fosse normal. A troca de cartas deixa transparecer a existência de interesse e amor mútuos, tanto de seus "pais" como entre os filhos uns pelos outros, bem como as tensões entre irmãos que previsivelmente surgem quando os filhos crescem fisicamente e se distanciam uns dos outros emocionalmente e não podem mais contar com a presença de seus "pais" para ajudar a mediar tais conflitos. Quando, a partir de 1939, a questão de deixar a Alemanha torna-se cada vez mais premente para a geração mais velha, a geração mais nova está envolvida entre, de um lado, construir sua segurança financeira e profissional e, de outro, enfrentar dificuldades cada vez maiores com os procedimentos burocráticos de emigração e imigração para convencer sua mãe Selma e sua tia Henny a imigrar para seus respectivos países. As cartas, os diários e os registros encontrados em arquivos nos permitem seguir os passos de Selma e Henny direcionados para a emigração/imigração, bem como os esforços de seus filhos para salvá-las, enquanto eles próprios buscam à sua própria maneira construir suas novas identidades nacionais. A comunicação cada vez menos frequente depois de começada a guerra e, em seguida, o silêncio ensurdecedor de seus "pais" alimenta, de um lado, sentimentos de impotência em cada um dos filhos e, de outro, manifestações de recriminação voltadas uns contra os outros.

Essas cartas nos permitem reconstruir as agonizantes decisões familiares, os procedimentos que obstruem os processos de emigração e imigração e as estratégias específicas de cada gênero para lidar com as dificuldades. Acima de tudo, entretanto, o esforço para escrever a história dessa família por meio do uso das cartas nos ajudou a elucidar as vidas de mulheres como Selma e Henny, vítimas inocentes de um regime brutal, e de seus filhos, heróis à sua própria maneira, se esforçando para começar vida nova em países totalmente estranhos, ao mesmo tempo que continuam tentando reunir as diferentes gerações.

2 A VIDA DOS JUDEUS NA ALEMANHA DA EMANCIPAÇÃO À REPÚBLICA DE WEIMAR

As origens da família Kaufmann-Steinberg na Alemanha remontam a um passado de pelo menos três séculos. Quando Kurt Steinberg, filho de Selma, pesquisou as origens de sua família em meados da década de 1930 no noroeste da Alemanha, ele descobriu que o lado materno dela, os Kaufmann, havia morado na aldeia de Schiefbahn no Baixo Reno desde antes de 1791.[1] No decorrer dos séculos XVIII e XIX, as gerações anteriores das duas famílias haviam passado pelas diversas fases de avanços e obstáculos em direção à emancipação e ao progresso gradual de integração dos judeus à sociedade alemã gentia. As duas irmãs — Selma (nascida em 1871) e Henny (nascida em 1875) —, cujas vidas e família constituem o tema central deste livro, eram membros tanto da primeira geração de alemães que nasceram na Alemanha unificada como estado nacional quanto da geração de judeus alemães que teriam plenos direitos civis e políticos, apesar de, pelo fato de serem mulheres, Selma e Henny não terem desfrutado o direito nem de votar nem de serem eleitas para cargos públicos até o começo da República de Weimar (1918-1933), quando ambas já tinham mais de 40 anos.

A maioria dos judeus alemães deu boas-vindas tanto aos direitos de cidadania como à unificação nacional da Alemanha em 1871. Contudo, em sua maioria, os judeus também viam a sua integração à sociedade gentia numa estrutura que salvaguardava a identidade judaica, repleta de dificuldades. O novo império germânico (1871-1918) esperava que os cidadãos judeus abandonassem seu *status* separado para exercer um papel maior na comunidade política, mas a maioria dos judeus queria também reter e manter certos aspectos de sua identidade judaica.[2] A identidade individual de um judeu era definida em parte por seu nível de observância religiosa e também por suas crenças seculares.

A primeira metade do século XIX assistiu ao surgimento de um movimento pela Reforma do Judaísmo na Alemanha, que fundia a filosofia do Iluminismo, o cosmopolitanismo e o conceito alemão de *Bildung*, que combinava a educação, a cultura, o desenvolvimento e o aperfeiçoamento pessoais com um entendimento relativamente secular da história judaica e novas abordagens da teologia judaica.[3] Esse movimento pela Reforma do Judaísmo — ou Judaísmo Liberal, como era chamado na Alemanha — rejeitava vários aspectos da prática do judaísmo que eram considerados apenas vestígios, como as leis relativas à dieta. Ele também imitava diversos aspectos do culto cristão com a introdução de sermões, coros e, pelo menos em algumas sinagogas liberais, a ocupação conjunta dos bancos por ambos os sexos durante as cerimônias.[4]

Desde a Idade Média as comunidades judaicas locais (*Gemeinden*) de todos os estados alemães tinham o *status* legal de "corporações". Cada comunidade exercia certas funções descentralizadas de governo próprio, inclusive a administração de sinagogas, cemitérios, escolas e diversas instituições culturais. A comunidade atuava como representante oficial dos judeus ante o mundo gentio, inclusive pagando impostos "corporativos" às autoridades não judaicas. Na Alemanha Imperial, a comunidade judaica local conservava seu *status* corporativo legal, mas passou a ser vista como mais que uma comunidade religiosa tradicional, formada por diversas congregações judaicas nas cidades com maior número de judeus.[5] Foi dessa comunidade judaica unificada, da qual os judeus liberais eram maioria na Alemanha Imperial, que muitos judeus ortodoxos, receando que seus valores religiosos ficassem comprometidos pelo que rapidamente havia se tornado uma maioria liberal entre os judeus alemães, se retiraram.[6]

Nem todos os judeus alemães tradicionais ou ortodoxos estavam preparados para se separar da comunidade corporativa maior ou renunciar aos benefícios financeiros que obtinham com a manutenção do *status* legal de membro da reconhecida comunidade judaica.[7] Entre os judeus ortodoxos, cujos números chegavam, no máximo, a 20% de todos os judeus na Alemanha em 1900, alguns escolheram permanecer na comunidade geral judaica como adeptos da neo-ortodoxia.[8] Outros ainda defenderam um acordo entre a Reforma e a neo-ortodoxia, um judaísmo conservador, mas também permaneceram dentro da comunidade geral judaica mais ampla (*Gemeinde*).[9] Pelo que podemos inferir com respeito à família Kaufmann, a geração dos pais de Selma e Henny estava entre os neo-ortodoxos que permaneceram dentro da comunidade judaica.[10]

Dos 3 mil a 4 mil habitantes da aldeia de Schiefbahn no começo do século XIX, 26 eram judeus. Em 1829, foi concedido oficialmente à comunidade judaica o direito de ter seu próprio cemitério, embora àquela altura os judeus já houvessem sido enterrados ali, e isso já acontecia havia um bom tempo. Em 1832, treze homens judeus da região de Schiefbahn criaram uma organização de autoajuda, cobrando de seus membros uma taxa semanal para a construção de uma sinagoga. Quatro anos depois, em 1836, a comunidade judaica de Schiefbahn comprou um terreno de um membro da família Kaufmann para construir nele a sinagoga. Posteriormente, em dezembro de 1837, a comunidade fez um empréstimo para concluir a construção da sinagoga.[11] Entretanto, não se sabe ao certo quando a construção foi de fato concluída. Vários registros referem-se a uma casa de orações (*Bethaus*) antes de 1890 e, depois, como sendo de 1890 a nova sinagoga,[12] mas os registros de Kurt Steinberg indicam que pelo menos já em 1857, quando o pai de Isaak (avô de Selma), Jacob Kaufmann, morreu, havia uma sinagoga na Hochstrasse. Kurt descreveu que a propriedade de Jacob Kaufmann, por ocasião de sua morte, era situada em frente à já existente sinagoga e adjacente à futura casa própria de Isaak. Em 1868, um centro comunitário judaico e também uma escola e uma residência para professores faziam parte do que tinha sido a casa de Kaufmann, a qual foi vendida em 1871 pelos herdeiros de Jacob para a comunidade judaica. Uma casa de banhos para o ritual feminino do *mikveh* foi também construída junto à sinagoga e, assim como a sinagoga (ou a casa de orações), servia à comunidade de cerca de dez famílias judaicas de Schiefbahn.[13] Portanto, como observa o historiador Steven Lowenstein, em geral, pouco se sabe sobre as crenças religiosas individuais entre os judeus que viviam em áreas rurais da Alemanha no século XIX, as quais os rabinos ou outros pregadores responsáveis por grandes regiões podiam visitar apenas uma ou duas vezes por ano[14]. Ao que parece, a comunidade judaica de Schiefbahn, e a família Kaufmann em particular, não só fez esforços importantes para observar as leis e as tradições da religião judaica como também para educar seus filhos de acordo com elas. Um indício da importância dos rituais de banhos para Caroline e suas filhas é, por exemplo, o fato de Selma guardar e passar adiante uma fotografia do *mikveh* de Schiefbahn para sua própria filha.[15]

Muitas características da família Kaufmann eram típicas dos judeus ortodoxos do século XIX, entre elas, o fato de Isaak Kaufmann (1824-1884) e sua esposa Caroline (1843-1887) terem trazido ao mundo onze filhos num período de aproximadamente dezessete anos de casamento, além de ele ser quase vinte anos mais velho do que ela e de ambos serem originários de áreas rurais (da Renânia) e viverem nelas.[16] Dois de seus filhos morreram ainda bebês, mas os nove restantes tiveram uma educação bastante religiosa.[17] Pelo menos dois dos oito filhos Kaufmann que chegaram à idade adulta continuaram sendo ortodoxos por toda a vida — Emma (nascida em 1874) e Leo (nascido em 1878), o único filho do sexo masculino que chegou à idade adulta.[18]

A educação dos filhos da família Kaufmann pode ter sido bem típica dos judeus que habitavam as áreas rurais, mas a maioria dos judeus vivia em áreas urbanas durante o período da Alemanha Imperial, quando predominava o Judaísmo Reformado ou Liberal, assim como um aumento do secularismo e dos casamentos mistos e até mesmo das conversões. Tanto nas áreas rurais como nas urbanas, a maioria dos judeus alemães na era pós-emancipação, e particularmente depois da unificação da Alemanha em 1871, continuou a se identificar como judeu em algum nível, enquanto os restantes assumiram o germanismo (*Deutschtum*) como identidade nacional e cultural dominante.[19] A Renânia, província prussiana que era sua terra natal, já nos anos de 1830 era mais favorável à emancipação dos judeus do que a maioria das outras partes da Prússia ou os outros estados alemães.[20] Os judeus conquistaram uma mobilidade econômica excepcionalmente rápida na Alemanha, de maneira tal que superou e começou antes do que o restante da população alemã.[21] Isso ocorreu especialmente na Renânia, onde o dinamismo econômico já nos anos de 1830 incentivava a aceitação dos judeus como membros iguais da sociedade.[22] O apoio demonstrado por seus vizinhos gentios fortaleceu nos judeus o sentimento, já no século XIX, de pertencer à Renânia, depois das guerras de unificação nacional para a formação da Alemanha Imperial.

As tentativas dos judeus alemães de se integrarem à sociedade imperial alemã iam de uma disposição a adotar o que eles consideravam cultura germânica — em outras palavras, a se aculturar ou se misturar, pelo menos em muitos sentidos, com a maioria — a esforços por um total igualitarismo.[23] O nível de sucesso com que os judeus conseguiam se integrar à sociedade alemã dependia, em grande parte, da disposição da sociedade alemã gentia para aceitá-los. Essa sociedade, por sua vez, era influenciada pelas circunstâncias políticas e econômicas. Na segunda metade do século XIX, de modo crescente, os judeus estavam ligados à modernidade e ao liberalismo, à ideologia de sua emancipação, que também defendia o parlamentarismo, o capitalismo e a industrialização.[24] Embora os governantes da Alemanha Imperial fossem contra o liberalismo político, a maioria acolhia de bom grado o liberalismo econômico e as contribuições dos judeus à industrialização alemã. Em 1870, quase 80% de todos os judeus pertenciam, pelo menos em termos econômicos, à classe média alemã, e quase 60% deles pertenciam aos setores de renda mais alta.[25] Esse sucesso econômico ocorreu muito rapidamente nas décadas de 1850 e 1860, período em que a indústria alemã decolou.[26] Em 1867, em meio a um grande impulso econômico e a guerras prussianas pela unificação, Isaak Kaufmann, então com 43 anos, e Caroline Cappel, com 23, se casaram e se estabeleceram em Schiefbahn, uma aldeia situada entre Mönchengladbach, ao sul, Krefeld, ao norte, e Düsseldorf, a leste, na província da Renânia. Seis anos depois de seu casamento, o crescimento econômico sofreu uma queda abrupta.

Uma depressão teve início em 1873, com a falência de muitos bancos, apenas dois anos depois da unificação da Alemanha. A depressão ocorreu após a derrota que a Prússia impôs à França em 1871. Uma torrente inesperadamente rápida de pedidos de indenização por parte da França havia provocado uma especulação (exagerada) e, com isso, o fantástico crescimento virou um tremendo fracasso. A depressão, que continuou de forma intermitente até 1896, levou muitos alemães a questionar o liberalismo econômico. Naquela época, a estrutura ocupacional dos judeus alemães estava mais fortemente concentrada no comércio e nos negócios do que a da população em geral.[27]

Essa concentração no comércio e nos negócios poderia ter sido vantajosa em períodos de crescimento econômico, como os das décadas de 1850 e 1860, mas, nos períodos de fraco desempenho e de crise econômica, os judeus eram frequentemente transformados em bodes expiatórios por serem vistos como a causa dos problemas econômicos. O sentimento antijudaico aumentava à medida que os limites do capitalismo ficavam claros. Durante a depressão de 1873-1896, os estereótipos que já existiam havia muito tempo com respeito aos judeus ressurgiram juntamente com uma nova forma pseudocientífica racial de antissemitismo que inferia que a conversão de judeus ao cristianismo, que por muito tempo fora a intenção por trás de medidas antissemíticas, não era mais a solução para o "problema judaico". Esse novo antissemitismo, que incorporava novas teorias raciais aos estereótipos culturais e econômicos cristãos sobre os judeus, abriu caminho entre as principais correntes políticas partidárias como expressão das crescentes ansiedades sociais criadas pela depressão.[28] As teorias da eugenia e do darwinismo social ajudaram a justificar o racismo e a expansão neoimperialista. Ao mesmo tempo, um nacionalismo germânico mais ativo se voltava contra suas minorias étnicas internas, como a dos poloneses, e até mesmo contra os alemães, cujas lealdades eram presumidas como divididas e, assim, facilmente lançadas na categoria de "outros", aqueles que não eram considerados genuínos alemães, ou seja, judeus, socialistas e católicos.[29]

Não há nenhum registro pessoal indicando que a família Kaufmann tenha sofrido algum insulto ou alguma ofensa especificamente contra judeus durante aqueles anos de depressão. Mas os judeus, tanto individual como coletivamente, eram os alvos dessa reação antiliberal e frequentemente anticapitalista, em particular por sua associação com o capitalismo comercial e a política liberal.[30] Como as finanças da maioria das famílias alemãs daquela época, as da família Kaufmann teriam sofrido, especialmente com o aumento contínuo de sua proporção, mesmo depois de Isaak ter cinquenta e tantos anos. Isaak Kaufmann era dono, juntamente com dois de seus irmãos, de um negócio de cavalos altamente respeitado.[31] Como seu pai, eles eram homens de negócios bem-sucedidos e de sólida classe média. Devido à sua origem rural e limitada educação formal, eles não faziam parte da classe média culta, ou *Bindungsbürgertum*.

Apesar de não haver nenhum registro com respeito à sua educação secular formal, Isaak e Caroline fizeram tudo para que seus filhos fossem totalmente alfabetizados. Isaak e Caroline escreviam em alemão clássico, respeitando as regras de gramática e sintaxe, numa caligrafia perfeitamente legível, fato incomum entre a população rural de judeus. Como indício tanto de sua religiosidade como de seu cultivo dos ensinamentos judaicos, a família possuía uma biblioteca considerável de livros em hebraico.

Isaak morreu em 1884 com 59 anos de idade, depois de sofrer por mais de um ano de um problema renal, deixando viúva sua esposa com nove filhos; o mais novo, com apenas 1 ano. Caroline morreu três anos depois, em consequência de complicações resultantes de uma cirurgia de hérnia realizada pelo médico da aldeia na cozinha da família.[32] As circunstâncias das mortes de seus pais numa sucessão tão rápida deixaram os filhos muito assustados. A generosidade e a ternura notáveis demonstradas posteriormente pelas duas filhas, Selma e Henny, para com seus próprios filhos sugerem que, acima de tudo, elas procuraram compensar o fato de terem ficado órfãs com uma dedicação total a eles.

Depois da morte da mãe em 1887, as crianças foram enviadas separadamente para morar com diversos parentes espalhados por toda a Renânia, sobretudo nos arredores do distrito de Düren, entre Aachen e Colônia. Há poucos indícios de que algo mais que roupas de linho e algumas lembranças pessoais ou religiosas tenham sido herdadas pelos filhos. Bens de qualquer valor que possam ter existido devem ter sido passados para os membros da família que se ofereceram para ficar com as crianças órfãs. Era importante para os parentes que as crianças continuassem sendo educadas como judeus ortodoxos – e, pelo que parece, todas elas foram. Quando um determinado primo, que os membros da família não consideravam muito cumpridor dos preceitos judaicos, se ofereceu para ficar com uma das crianças, toda a grande família protestou e impediu que ele criasse qualquer uma das crianças Kaufmann. O penúltimo filho de Isaak e Caroline, Siegfried, morreu em 1894 com apenas 14 anos de idade, mas todos os outros oito chegaram vivos à idade adulta.[33]

Selma, a quarta filha em idade, que tinha 15 anos quando perdeu a mãe, foi enviada para morar com um primo muito mais velho, Julius Kaufmann, na cidade de Duisburg (com uma população de quase 100 mil habitantes), onde ela aprendeu a fazer trabalhos manuais em tecidos e objetos de tapeçaria e permaneceu até 1890.[34] Como os judeus na Alemanha eram mais fortemente representados na indústria têxtil do que em qualquer outro ramo, tanto em termos de manufatura como de comércio no atacado e no varejo de roupas feitas, não é de surpreender que vários membros da família Kaufmann tenham entrado para o mercado varejista de produtos têxteis.[35] Após ter concluído seu aprendizado, Selma teve diversos empregos em Essen, Osnabrück, Aachen, Neuwied, Dortmund, Witten e Barmen.

Depois, ela trabalhou por um breve período na casa de sua irmã mais velha, Julie, em Kreuzau, antes de se mudar para Altenessen em 1902. A irmã mais nova de Selma, Henriette, mais conhecida como Henny, tinha apenas 11 anos quando perdeu a mãe e foi morar com uma tia em Schiefbahn. Mais tarde, Henny foi aprendiz no comércio, em Viersen, antes de trabalhar em várias empresas de cidades vizinhas e acabar em Bochum. Com o dinheiro economizado enquanto trabalharam em diversas lojas, Selma e Henny se mudaram em 1902 para Altenessen, distrito de Essen, cerca de 10 quilômetros a sudoeste de Bochum. (Ver Foto 2.1.) Ali, elas alugaram — juntas — o

Foto 2.1 Selma e Henny, 1902

segundo andar e o térreo de um prédio de três andares de uma rua comercial perto do centro daquela pequena cidade. Elas instalaram seu comércio de venda de produtos manufaturados, em sua maioria, roupas, numa loja chamada "Geschwister Kaufmann" (Irmãs Kaufmann).[36] (Ver Foto 2.2.) A essa altura, a depressão já havia acabado e as perspectivas de seu negócio eram boas. Apesar de ser algo excepcional naquela época duas mulheres solteiras, com 31 e 27 anos de idade, respectivamente, sem o apoio nem de pais nem de familiares, ou de maridos, nesse caso, iniciarem seu próprio negócio, Selma e Henny o fizeram. Na realidade, menos de 20% das mulheres judias que viviam na Alemanha tinham emprego remunerado. Entre as que trabalhavam, muitas o faziam nos negócios da própria família.[37] Como donas de um pequeno negócio, Selma e Henny devem ter sido alvo de preconceitos tanto por serem mulheres como por serem judias, mas nem por isso se deixaram desanimar. Os judeus alemães, assim como essas duas mulheres empreendedoras, sentiam-se parte da Alemanha, com direitos e oportunidades para demarcar seu próprio espaço. Elas devem ter alcançado bastante sucesso, porque tanto na edição de 1905 como novamente na de 1908 da lista de endereços de Altenessen, sua loja consta não apenas com o endereço e o número de telefone, mas também com um anúncio de bom tamanho.[38] As irmãs também anunciavam em várias outras publicações da comunidade local, inclusive na de um clube católico de mineiros.[39] O fato de elas terem condições de possuir um telefone e fazer amplos anúncios publicitários atesta em favor não só de seu talento para os negócios como também de sua autoconfiança como mulheres de negócios.

Não encontramos nenhum indício de que a família Kaufmann tenha tido algum interesse particular em política, mas isso mudou um pouco quando Alexander Steinberg entrou para a família por ter se casado com Selma em 1905. Alex Steinberg foi um dos membros fundadores da filial em Essen da Associação Central dos Cidadãos da Fé Judaica da Renânia (Centralverein deutscher Staatsbürger jüdischen Glaubens – daqui em diante referida apenas como Centralverein) em 1903.[40] A Centralverein havia sido fundada em Berlim em 1893 para promover uma campanha contra o antissemitismo e para reafirmar a lealdade dos judeus para com a Alemanha e o liberalismo. Ela lutou ativamente por uma simbiose judeu-alemã que iria promover a aculturação dos judeus na sociedade alemã e defender seus direitos legais na Alemanha. Com o propósito de atrair judeus de todas as orientações

Foto 2.2 Selma com Kurt e Lotti, e Henny com duas funcionárias diante da loja Geschwister Kaufmann, em Altenessen, 1912

políticas e religiosas, ela conquistou em um quarto de século o apoio maciço dos judeus alemães, com filiais regionais estabelecidas por toda a Alemanha e mais de 60 mil membros. Ela tornou-se rapidamente a maior e mais representativa organização de judeus da Alemanha.[41]

A abordagem adotada pela Centralverein para resistir ao antissemitismo, sem que os judeus deixassem de ser alemães, não agradou a todos os judeus da Alemanha. Alguns interpretaram o crescimento do antissemitismo no final do século como sinal de fracasso da emancipação e tornaram-se cada vez mais relutantes em lutar por seu reconhecimento como alemães. Em vez disso, eles passaram a adotar o nacionalismo judaico, ou a ideologia do sionismo político, com sua aspiração por um estado nacional judaico, o retorno a Sião, o Estado de Israel. Diferentemente do que ocorrera na Europa Oriental, o sionismo não encontrou grande ressonância entre os judeus da Alemanha, pelo menos até o final da Primeira Guerra Mundial, quando o apelo em favor de emigrar para a Palestina e o sionismo político aumentaram consideravelmente entre os judeus alemães. Na realidade, na virada do século, os sionistas alemães estavam mais interessados em melhorar a vida dos judeus no Leste Europeu, cujos números na Alemanha aumentaram dramaticamente em consequência da perseguição no império russo em particular, do que em se assentar na Palestina.[42]

Em consequência de uma onda feroz de perseguições na Rússia, o influxo de judeus do Leste Europeu ou *Ostjuden* para a Alemanha no final do século XIX complicou ainda mais a panóplia dos alinhamentos religiosos e políticos dos judeus na Alemanha. Um número significativo desses imigrantes vindos do Leste Europeu era de judeus ortodoxos. Sua chegada contribuiu para o declínio da observância religiosa e também para o aumento das conversões entre judeus alemães na virada do século. Como a porcentagem de judeus vindos do Leste Europeu a adotar o sionismo era também maior do que a de judeus alemães, o movimento sionista ganhou um forte impulso na Alemanha, cuja abordagem do judaísmo tendia mais para o secularismo. No entanto, a maioria dos judeus ortodoxos, tanto do Leste Europeu como da Alemanha, se opôs ao sionismo por causa da sua orientação secular nacionalista sobre o judaísmo.[43] Embora os Kaufmann fossem ortodoxos, pelo menos até o século XX, nem eles nem o membro mais recente da casa de Selma e Henny, Alex Steinberg, tiveram a mínima atração pelo sionismo.

Como dirigente da Centralverein em Essen, Alex afirmava abertamente os direitos dos judeus alemães e jamais questionou sua identidade nacional alemã nem sua religião judaica. Conhecido como Alexander, ou seu diminutivo Alex, mas também por seu correspondente hebraico, Abraham, Alex Steinberg foi comerciante de grãos.[44] Alex, que sempre se identificava com orgulho como natural de Hanover, nasceu no Reino de Hanover em 1866, pouco antes de ele ter sido incorporado pela Prússia. Hanover, com seus laços históricos com a Grã-Bretanha, era uma área liberal, cujos habitantes estavam um pouco cansados da Prússia, mas passaram a ter um envolvimento cada vez maior com a nação alemã depois de 1871. Alex era o segundo de quatro filhos e o mais velho dos filhos homens. Seus pais eram burgueses bem estabelecidos e tinham uma modesta, porém próspera, loja de departamentos em Gronau, uma pequena cidade situada a menos de dez quilômetros da fronteira com a Holanda. Com esperanças de estudar filologia, Alex concluiu o colegial preparatório para a carreira humanística (*Gymnasium*) na vizinha Hildesheim. Seu pai, entretanto, queria que seu filho mais velho entrasse para o mundo dos negócios. E foi o que ele fez, dirigindo um negócio de cereais e indo morar em Bochum em 1899, quando tinha 33 anos de idade.[45] Porém, a sua ambição era definitivamente voltada para a educação e o humanismo, de maneira a abarcar a ideia de *Bildungsbürgertum*. Alex passou esses valores para seus filhos com Selma, e o resultado foi que todos concluíram cursos universitários e estudos de pós-graduação e seguiram a carreira jurídica ou a médica.

Foi em Bochum em algum momento entre 1899 e 1902 que as vidas de Selma e Alex começaram a se entrelaçar. Henny trabalhou em Bochum antes de se mudar para Altenessen com sua irmã Selma em 1902. O círculo de amigos e colegas de trabalho de Henny em Bochum incluía Alex Steinberg, a quem ela apresentou Selma.[46] A população de Bochum na época incluía mais de mil judeus, mas essa quantia era menos de 0,3% da população total da cidade. Comparada com a aldeia rural de Schiefbahn e até mesmo com Duisburg, Bochum era mais urbana e tinha tanto uma sinagoga de judeus reformados como uma de judeus ortodoxos, essa última servindo apenas à congregação de judeus poloneses.[47] Alex, diferentemente de Selma e Henny, havia sido criado na tradição do judaísmo reformado.

Três anos depois de deixar Bochum, Selma, então com 34 anos, casou-se com Alex Steinberg, de 39 anos (Ver Foto 2.3.). Alex, cujo pai parece que havia morrido muito recentemente, mudou-se de Bochum, que ficava a uma distância de aproximadamente 15 quilômetros, para viver com sua nova família e continuar dirigindo seu negócio de cereais de sua nova casa em Altenessen. Quando Alex e Selma se casaram, Alex passou a morar com ela e Henny no apartamento no andar de cima da loja das duas irmãs. O primo de Selma, Julius, que havia ajudado a criá-la e lhe ensinado os trabalhos manuais têxteis em Duisburg, foi uma das testemunhas de seu casamento civil. A segunda testemunha foi um vizinho gentio que morava na mesma rua em Altenessen, Adolf Holzgreve, dono de uma empresa de transporte que pode muito bem ter trabalhado com Alex no transporte de grãos.[48] Os Holzgreves e os Steinbergs continuaram próximos, com Adolf logo se mudando para um apartamento no último andar do mesmo prédio em que morava a família Kaufmann-Steinberg.[49] Típico de muitas famílias de judeus alemães de classe média da época, especialmente as que seguiam o judaísmo reformado, Alex rompeu as fronteiras religiosas e, como sua esposa e cunhada, teve muitos relacionamentos sociais e de negócios com gentios. É claro que, numa população de aproximadamente 40 mil pessoas, como era a de Altenessen, havia apenas um punhado de judeus – 25 famílias, em termos exatos, em

Foto 2.3 Fotografia do casamento de Selma e Alex, em Altenessen, 15 de setembro de 1905

1905.⁵⁰ Parece que Selma, Henny e Alex se relacionavam socialmente tanto com gentios como com judeus.⁵¹

Para sua geração, Selma se casou bastante tarde e teve três filhos numa rápida sucessão: primeiro, um menino, Kurt, em 1906; em seguida, duas meninas, Charlotte ou Lotti, em 1908; e Marianne ou Nanna, em 1911. Quando teve Marianne, Selma estava quase com 40 anos. Assim como já fazia nos negócios, ela passou a dividir com Henny também muitas responsabilidades com respeito à criação dos filhos. A família contava com empregadas para ajudar nos serviços domésticos, entre elas, uma babá, quando as crianças eram pequenas, uma criada e uma lavadeira, uma vez por semana, além de uma ou duas ajudantes contratadas para trabalhar na loja das irmãs.⁵² No entanto, em muitos sentidos, essa era uma família com "três pais", pelo menos até Alex ter caído gravemente enfermo depois da Primeira Guerra Mundial. Quando Selma se casou, Henny, sendo a única pessoa solteira da sociedade, passou a constar oficialmente como dona da loja. Alex constava oficialmente como dono de seu negócio de cereais, pelo menos até 1915.⁵³ Na prática, Selma e Henny foram sócias-proprietárias da loja antes, durante e depois do casamento de Selma.

Quando Altenessen foi incorporada a Essen em 1915, a loja passou a ter de competir mais diretamente com outras lojas maiores de tecidos e aviamentos da própria cidade. Grandes anúncios eram publicados nas pequenas listas de endereços de Altenessen, porém Selma e Henny não os publicavam na lista muito maior de endereços de Essen, pois presumivelmente teriam um custo muito alto e a loja delas seria apenas uma entre dezenas de outras de aviamentos em lugar de uma entre duas ou três de Altenessen.⁵⁴ Porém,

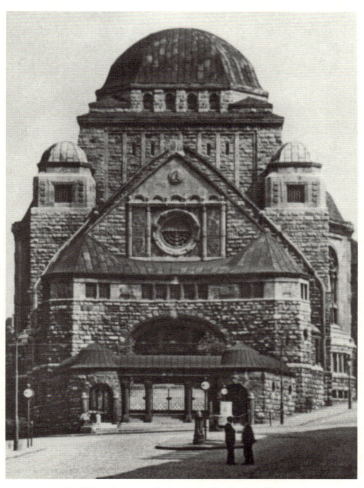

Foto 2.4 A sinagoga de Essen na Steeler Tor (Travessa)

mesmo assim, as irmãs conseguiam ganhar seu sustento com o negócio. Em meio à guerra e com a falta de comida e a economia totalmente mobilizada para essa guerra, o governo alemão se apossou de todas as provisões de grãos. Com isso, Alex foi obrigado a fechar seu negócio de cereais e começar a trabalhar na loja Geschwister Kaufmann.[55] Em 1915, a loja passou a ser a única fonte de renda da família.

Henny e Selma passavam a maior parte do tempo em Altenessen, cuidando da loja e da casa. Quando Alex e Selma começaram a ter filhos, sair de casa passou a ser mais difícil para as mulheres. Selma e Henny iam a Essen tanto por motivos sociais como comerciais, mas em geral uma de cada vez. As duas irmãs tinham em conjunto uma assinatura que dava direito a entradas de teatro, mas iam uma de cada vez enquanto a outra ficava para fechar a loja. Alex, por sua vez, ia a Essen mais frequentemente, entre seu trabalho na Centralverein e, até 1915, seu negócio de cereais. Henny, Selma e Alex Steinberg e, mais tarde, seus filhos, também, tomavam o bonde para a cidade propriamente dita para participar das cerimônias na Sinagoga de Essen, que ficava na Steeler Tor, e depois voltavam caminhando aproximadamente seis quilômetros até sua casa.[56] (Ver Foto 2.4.)

Embora o número absoluto de judeus houvesse aumentado em Essen no decorrer de todo o século XIX, a porcentagem de sua população diminuiu consideravelmente de 4% em seu pico, nos anos da década de 1830, para 0,9% — ou 2.839 judeus de uma população de 294.653 — em 1910. Essa redução proporcional da população judaica em Essen acompanhou o relativo declínio demográfico da população judaica na Alemanha pelo fato de as famílias terem se tornado menores, com menos filhos, em comparação com seus conterrâneos gentios. Portanto, a população judaica passou a ser uma população idosa em relação à totalidade da população da Alemanha. A porcentagem de judeus era ainda menor, 0,57% em 1910, contados os habitantes tanto da cidade de Essen como dos municípios vizinhos, que antes de sua incorporação, em 1915, incluíam Altenessen. A grande maioria dos judeus vivendo na Alemanha no início do século XX morava em cidades, e não em áreas suburbanas ou rurais.[57] Em 1910, a lista de membros que pertenciam à comunidade judaica da sinagoga de Essen incluía 535 homens adultos. Apenas os homens eram contados como membros, mesmo numa comunidade liberal da época como era essa. A composição social dos membros masculinos era marcada por uma forte presença de classe média e classe média alta, o que era típico dos judeus alemães da Alemanha Imperial como um todo.[58]

Essen não teve um rabino próprio até 1894, apenas alguns anos antes da mudança de Selma e Henny para a cidade.[59] O professor da escola fundamental, Moses Blumenfeld, se encarregou dos serviços religiosos judaicos da década de 1840 até 1894. Ele havia conduzido a comunidade em direção ao liberalismo nas décadas de 1850 e 1860, período em que o órgão e o coro musical foram introduzidos nas cerimônias religiosas. Blumenfeld ressaltava a importância dos valores éticos dos judeus acima dos rituais. O doutor Solomon Samuel, primeiro rabino de Essen, também defendia o Judaísmo Liberal, introduzindo como parte rotineira das cerimônias o uso de orações, instruções e sermões em língua alemã, enquanto considerava as prescrições do Talmude e as regras cerimoniais, inclusive as restrições alimentares do *kashrut* e as regras de observância ao Sabbath, como estranhas e obsoletas.[60]

As práticas religiosas da família Kaufmann-Steinberg refletiam uma mistura da neo-ortodoxia, na qual Selma e Henny haviam sido criadas, com o liberalismo de Alex, além dos ensinamentos do Judaísmo Reformado do rabino Samuel. A sinagoga liberal de Essen, que a família Kaufmann-Steinberg frequentava, servia tanto a cidade como a região circundante. Quando as irmãs Kaufmann e depois também Alex e seu irmão Hermann entraram para a comunidade judaica de Essen, o tamanho da sinagoga havia aumentado de 13 para 19 metros quadrados. Em 1903, a cidade de Essen vendeu um terreno para a comunidade judaica construir uma sinagoga maior, localizado na Steeler Tor, a apenas 200 metros da prefeitura no centro de Essen. A nova sinagoga do Judaísmo Reformado podia acomodar 1.400 pessoas sentadas durante as cerimônias. Como indício da integração econômica e política da comunidade judaica à cidade de Essen, o prefeito e vários dignatários gentios da cidade participaram da cerimônia de inauguração da nova sinagoga, ao lado do advogado Max Abel, dirigente do grupo original da Centralverein em Essen, e do rabino Samuel.[61]

Quando a comunidade passou a ocupar a nova sinagoga na Steeler Tor em 1913,[62] as mulheres, com o apoio dos homens, optaram por ocupar lugares separados deles.[63] Outras características típicas das comunidades liberais prevaleceram, entretanto, como as referentes ao uso do órgão e do coro misto. Quando assistia às cerimônias regulares na sinagoga, Alex Steinberg usava o *quipá* no topo da cabeça e ocupava um assento especial reservado no andar de baixo, ao lado de seu irmão Hermann, quando esse estava na cidade, enquanto Selma, Henny e as crianças ocupavam os assentos reservados no setor das mulheres na galeria.[64]

Essa sinagoga de Essen abrigava duas comunidades: a liberal, na principal ou grande sinagoga, com sua própria entrada pela Steeler Tor [travessa], e a comunidade ortodoxa, muito menor, que englobava judeus tanto da Alemanha como do Leste Europeu, no plano inferior, com sua entrada lateral pela rua adjacente, a Alfredi-Strasse. Essa última realizava seus serviços religiosos numa sala especial para orações no plano inferior da construção, que era, às vezes, chamada de "sinagoga dos dias de semana", presumivelmente porque era ali que a comunidade ortodoxa realizava seus serviços diários.[65] Um dos primos de segundo grau de Selma e Henny, Moritz Schweizer, nascido no ano de 1900, atuou como conselheiro geral para toda a comunidade da sinagoga na década de 1930 e era membro de sua comunidade ortodoxa. Ele tinha uma relação particularmente próxima com Selma, Henny e as crianças Steinberg. As diferenças religiosas não impediam que membros da grande família continuassem próximos ao longo de toda a vida.[66]

Em 1988, Marianne descreveu a orientação religiosa de sua família em casa como mais próxima do judaísmo conservador nos Estados Unidos.[67] Antes e durante a Primeira Guerra Mundial, a família manteve o costume da alimentação *kosher*, comendo apenas carne *kosher*, que compravam em Essen.[68] Mas, depois da guerra e com Alex doente, ficou difícil para eles irem a Essen comprar carne de um açougueiro *kosher*. Selma e Henny passaram, então, a cozinhar as carnes que compravam de um açougueiro local gentio e a seguir o que consideravam sua própria forma de manter o *kosher*. Enquanto a filha mais velha, Lotti, se lembra de que a família não comia carne de porco e pão com queijo apenas quando estava fora de casa, a filha mais nova, Marianne, se lembra de que a família comia ocasionalmente presunto fatiado.[69] Apesar de Selma e Henny manterem a loja Geschwister Kaufmann aberta aos sábados, elas, às vezes, caminhavam cerca de seis quilômetros da sinagoga de volta para casa, depois das cerimônias, especialmente em feriados importantes como o Yom Kippur.[70] De todos os irmãos Kaufmann, Selma e Henny eram as únicas que trabalhavam aos sábados, fato devidamente notado por seus outros irmãos mais observantes.[71]

Foto 2.5 As Irmãs Kaufmann (da esquerda para a direita): Thekla, Selma, Henny e Emma, Janeiro de 1928

Os membros da família se visitavam com frequência. (Ver Foto 2.5.) Do lado da família de Selma e Henny, seu irmão Leo morava em Drove, aproximadamente 88 quilômetros a sudoeste de Altenessen, onde mantinha um estilo de vida ortodoxo e costumava hospedar suas sete irmãs e suas respectivas famílias como visitas. Como Selma e Henny moravam longe de Drove e trabalhavam de segunda a sábado, era mais difícil que participassem de encontros familiares. O filho de Leo, Ernst, ficou vários meses morando com a família Kaufmann-Steinberg quando começou seu aprendizado profissional em Essen, na metade da década de 1930, mas voltava para sua casa em Drove todos os fins de semana, trazendo comida *kosher* feita por sua família mais religiosa.[72]

Havia consideravelmente menos membros do lado Steinberg participando do convívio direto com a família, especialmente depois que o pai, a mãe e a irmã mais nova de Alex, Fanny, faleceram, entre os anos de 1905 e 1912. O estranho foi que sua mãe e sua irmã Fanny morreram em diferentes ocasiões quando visitavam Alex em Altenessen. Os filhos Steinberg, Kurt, Lotti e Marianne não tinham, portanto, nenhuma lembrança verdadeira desses parentes pelo lado Steinberg. Ao contrário, o irmão mais novo de Alex, Hermann, homem solteiro que trabalhava como caixeiro-viajante para um negócio de seda de Krefeld, era hóspede frequente da casa e lembrado pelas crianças como um tio amável, generoso e divertido. Além dele, Alex tinha sua irmã Johanna, dez anos mais velha do que ele, que estava casada e tinha uma filha, mas eles viviam relativamente longe, em Kassel, no estado de Hesse, a aproximadamente 160 quilômetros de Essen. Em Plettenberg, a cerca de 64 quilômetros, morava o primo de Alex, Julius Bachrach, casado com uma mulher de família numerosa, os Neufeld, e tinha com ela muitos filhos, que se tornaram os companheiros favoritos nas brincadeiras das crianças Steinberg.[73]

Nos feriados judaicos mais importantes, a família Kaufmann-Steinberg ia celebrar na sinagoga de Essen, juntamente com o tio Hermann e seus vizinhos judeus que moravam logo abaixo, na mesma rua que eles, os Loewensteins.[74] Embora as diferenças de idade impedissem que os filhos das duas famílias brincassem juntos, os Loewensteins, que eram maiores, cuidavam dos Steinbergs, que eram menores, e os incentivavam a visitar a seção de brinquedos de sua loja.[75] A proximidade geográfica e as práticas religiosas em comum tornavam mais fácil para esses vizinhos celebrar os dias santos juntos do que era para a família Kaufmann-Steinberg celebrar com os outros membros da família Kaufmann.

A experiência da Primeira Guerra Mundial, com suas consequências, significou um importante momento de decisão para os alemães, inclusive para a família Kaufmann-Steinberg. A guerra deu aos judeus alemães uma oportunidade para mostrar seu compromisso com a pátria, e a maioria deles não deixou por menos. Já no primeiro dia da guerra, o dia 1º de agosto de 1914, a Centralverein, da qual Alex participava ativamente, manifestou seu apoio à causa alemã e convocou todos os judeus a fazerem o mesmo.[76] O irmão de Alex, Hermann, apesar de já ter mais de 40 anos, lutou na guerra. Ele voltou para casa com seu cobertor de soldado, tratando-o como uma lembrança especial da guerra e um símbolo do patriotismo alemão. Duas décadas depois da guerra, ele cerimoniosamente deu o precioso cobertor para a sua sobrinha mais nova, Marianne, quando ela viajou para o exterior.[77] Alex foi considerado inapto para lutar na guerra, não por já estar com quase 50 anos quando a guerra começou, mas por ter um problema grave de visão. Do lado Kaufmann da família, Selma perdeu seu primo Gustav na guerra.[78]

Os rabinos, assim como os sacerdotes cristãos, realizaram, na retaguarda, cultos e orações em favor da vitória dos alemães. Mas, quando as chances de uma vitória definitiva dos alemães se desvaneceram e precisavam de bodes expiatórios, a lealdade dos judeus para com o *kaiser* foi colocada em questão. Em 1916, em resposta às acusações de que os judeus estavam fugindo ao seu dever de servir, o governo alemão realizou o "censo judeu" entre os soldados judeus para saber quantos judeus alemães estavam combatendo de fato.[79] O que ficou conhecido como "censo judeu" nunca foi publicado, mas sua mera existência desencadeou uma onda de denúncias contra "judeus preguiçosos". Estudos posteriores publicados em 1922 demonstraram que a contribuição dos judeus na guerra, em termos de números de soldados mortos e feridos, foi desproporcionalmente alta, e que, de fato, 12 mil judeus haviam morrido pela pátria. Apesar de o presidente da Centralverein ter pedido aos judeus que mantivessem silêncio quanto à questão do "censo judeu" pelo bem da Pátria, a Centralverein de Frankfurt e o jornal liberal *Frankfurter Zeitung* protestaram em inúmeros editoriais.[80]

Quando a Declaração de Balfour feita pela Grã-Bretanha em 1917 prometeu que os britânicos "veriam com bons olhos o estabelecimento de uma nação para o povo judeu na Palestina", os sionistas da Alemanha se tornaram os alvos da invectiva antissemita, como se eles tivessem passado para o lado da Entente.[81] Isso ocorreu apesar de os sionistas alemães terem, de maneira bastante aberta, evitado tomar o partido das Potências da Entente e continuado a dar apoio ao esforço alemão na guerra. Com o aumento da defesa nacionalista da Alemanha, esse antissionismo se ampliou facilmente para adquirir o caráter de combate aos judeus em geral. Isso, no entanto, não dissuadiu os veteranos judeus de formar a União Imperial dos Combatentes Judeus (Reischsbund jüdischer Frontsoldaten) para ressaltar o patriotismo dos judeus em tempo de guerra. Eles, talvez, estivessem ainda mais convencidos da necessidade de expor publicamente esse patriotismo.[82]

Em 1915, depois de ter sido obrigado a abandonar seu próprio negócio, Alex se juntou ao empreendimento de sua mulher e sua cunhada. Alguns anos antes da guerra, a família havia comprado um terreno na mesma rua, apenas um pouco mais abaixo e do outro lado. A intenção deles era construir um prédio que abrigasse tanto a loja como toda a família, mas esse projeto jamais foi concretizado.[83] Nesse mesmo ano (1915), a loja Geschwister Kaufmann passou por várias mudanças: houve uma concorrência maior com outras lojas de tecidos e aviamentos em consequência da incorporação de Altenessen a Essen, e Alex começou a trabalhar com as duas irmãs. As finanças da família passaram a depender totalmente dos proventos da loja.

A derrota da Alemanha na guerra trouxe consigo perdas territoriais, penalidades financeiras e militares, ocupação, além de o país ter sido internacionalmente responsabilizado pela guerra numa época em que poucos alemães estavam preparados para a derrota e a maioria ainda contava com recompensas, se não com espólios de guerra. Isso aumentou ainda mais o nacionalismo defensivo que, por sua vez, fomentou a xenofobia, o racismo e o antissemitismo. Durante o governo republicano da Alemanha, de novembro de 1918 a janeiro de 1933, conhecido como República de Weimar, os judeus foram cada vez mais escolhidos para serem os bodes expiatórios, juntamente com os socialistas, os comunistas, os social-democratas, os políticos católicos e as feministas. A liderança militar conservadora considerava esses alemães politicamente suspeitos e responsáveis pela derrota, para a qual não havia outra explicação, chegando a afirmar que eles haviam desferido golpes traiçoeiros pelas costas dos soldados da Alemanha. Enquanto a guerra e a derrota alimentaram o sentimento antijudaico e xenofóbico em geral, o fato de os judeus alemães terem aumentado sua proeminência e integração na vida política e cultural durante a República de Weimar também provocou antagonismo. A associação de muitos judeus com a nova república que havia chegado ao poder em meio à derrota e assinado a "paz por decreto" do Tratado de Versalhes colocou mais lenha na fogueira do ressentimento contra os judeus e comunistas.[84]

Todas as crianças Steinberg estavam na escola quando a guerra terminou. Todas frequentavam a escola fundamental local para judeus (*Volksschule*). A família, assim como outras famílias alemãs de todo o país, suportou o racionamento e a falta de comida durante a Primeira Guerra Mundial, mas essas experiências não distorceram suas memórias adultas da infância.[85] A República de Weimar foi instituída em meio à capitulação alemã e à Revolução de 1918-1919, a qual, por sua vez, provocou uma contrarrevolução de direita, que se prolongou pelos primeiros anos da década de 1920 e teve um grande impacto sobre a família Kaufmann-Steinberg. Alex se juntou à milícia de cidadãos de Essen para ajudar a preservar a ordem nas ruas à noite durante os tumultos da Revolução.[86] Quando tinha 9 anos, Marianne estava inscrita para prestar exames de admissão ao *Gymnasium* Luisenschule de Essen em meio ao *Kapp Putsch* de 1920, uma tentativa da direita de derrubar a República de Weimar. Como havia muito tumulto nas proximidades da escola em Essen, o diretor da Luisenschule chamou os pais de Marianne e sugeriu que ela fosse prestar os exames no *Gymnasium* para meninos em Altenessen, onde estudava seu irmão Kurt. Apesar de estar um pouco nervosa por ser a única menina naquela escola, Marianne foi aprovada nos exames de admissão e passou a frequentar a Luisenschule, juntamente com sua irmã mais velha Lotti, e lá conheceu as amigas de Lotti, em particular sua melhor amiga, Herta Poth. A própria Marianne chegou a ser tão popular naquela escola que seus colegas a elegeram como representante de classe.[87]

Em consequência da doença progressivamente debilitante de Alex, as lembranças que seus filhos têm dele são de vê-lo sentado numa poltrona com Selma lendo para ele. Durante anos, ela leu o jornal local, o *Essener Volkszeitung*, para seu marido, que já havia começado a perder a visão antes da Primeira Guerra Mundial. Na verdade, a foto preferida da família era a de uma Selma segura, ainda que um pouco cansada, lendo o jornal para Alex, enquanto ele, vestido de terno, colete e gravata, sentado em sua poltrona,

Foto 2.6 Alex e Selma em casa, 1929

ouvia com atenção.[88] (Ver Foto 2.6.) Apesar de sua presença afetuosa, Alex, já com 53 anos, era incapaz de ser o pai ativo que teria de ser para acompanhar seus filhos atléticos, que tinham entre 8 e 13 anos de idade quando ele adoeceu. Com o avanço da doença, Alex mudou sua rotina de pelo menos se vestir bem, começou a passar o dia sentado em sua cadeira e depois passou para o confinamento cada vez maior em sua cama.[89]

Apesar de se mostrarem sempre hospitaleiras e acolhedoras para os amigos das crianças – todos gentios, pois não havia crianças judias de sua idade nas vizinhanças –, Selma e Henny estavam preocupadas em tomar conta da loja e cuidar de Alex ao mesmo tempo. Em meio a uma situação difícil envolvendo a ocupação francesa do Ruhr em 1923 em consequência do não cumprimento pela Alemanha das penalidades impostas como reparação pela guerra, Selma e Henny providenciaram para que Marianne ficasse com o sobrinho delas, Eugen Roer, e sua esposa Lotti, em Meiningen, no leste da Alemanha (Turíngia). E mandaram Lotti para um acampamento de crianças e Kurt para ficar com o tio Hermann em Gronau. Apesar de sentirem muita falta das crianças, elas queriam poupá-las das tensões entre os soldados franceses e a população civil. Elas escreviam para as crianças dando notícias de casa, contando sobre os níveis de inflação alarmantes, que um quilo de carne chegava a custar 1,5 milhão de marcos, o de batatas, entre 80 mil e 90 mil marcos, e que estavam vendendo aventais por 4 milhões de marcos. Escreviam para contar que estavam perdendo suas empregadas, que buscavam refúgio fora da região, e que receavam que elas não fossem voltar. Porém, elas não queriam preocupá-los e tomavam cuidado para se referir à sua evacuação como férias, terminando suas cartas a cada *Ruhrkind* ou "criança do Vale do Ruhr" com expressões como: "E para concluir, desejo que você se divirta e relaxe muito" e "Aproveite... você tem muitas férias pela frente".[90]

Selma e Henny e, sempre que possível também, Alex e seu irmão Hermann, que se hospedava com frequência na casa deles, conseguiram criar uma vida que proporcionava carinho e acolhimento para as crianças. (Ver Foto 2.7.). Eles faziam tudo para que elas participassem de diversos esportes, incluindo tênis e natação, além de passeios de bicicleta por toda a região. Kurt jogava num time de futebol de Altenessen, e tanto ele como sua irmã Marianne jogavam no time de *Schlagball* de suas respectivas escolas.[91] Selma achava, às vezes, que seus filhos passavam tempo demais lendo em vez de se

A Vida dos Judeus na Alemanha da Emancipação à República de Weimar   57

Foto 2.7 Bar mitzvah de Kurt, 1919

dedicarem mais a brincar ao ar livre, mas mesmo assim Marianne tornou-se provavelmente a mais atlética dos três irmãos.[92]

Em 1919, a nova constituição da República de Weimar concedeu às comunidades judaicas a mesma igualdade legal e fiscal desfrutada pelas igrejas cristãs instituídas. Berlim passou rapidamente a ser o centro sem paralelos da cultura judaica na Europa. Apesar de os casamentos inter-raciais serem considerados por muitos judeus como sinais problemáticos de integração, o seu índice cresceu em relação ao número total de casamentos entre judeus, assim como também aumentou o número de judeus a ocuparem cargos públicos.[93] Mas para quem, como os três filhos da família Kaufmann-Steinberg, cresceu durante os anos anteriores à Grande Depressão da República de Weimar, a Alemanha durante o período dessa República deve ter parecido oferecer muitas oportunidades aos judeus que tinham formação profissional. Cinco dos nove Prêmios Nobel conquistados por cidadãos alemães durante a República de Weimar foram para cientistas judeus, dois em Medicina e três em Física, inclusive o de Albert Einstein. A literatura mais vendida incluía livros escritos pelos autores judeus Jakob Wassermann, Stefan Zweig, Franz Werfel e Lion Feuchtwanger.[94]

Essas contribuições, contudo, e também a proeminência de certos judeus só serviram para associar os judeus com a ordem democrática que jamais obteve aprovação popular por causa de sua associação com o Tratado de Versalhes, a instabilidade política, a modernidade cultural e o caos econômico (a hiperinflação logo após a Primeira Guerra Mundial, seguida de uma tênue estabilização na metade da década de 1920 e, posteriormente, a Grande Depressão em 1929). Os judeus estavam no centro da crítica radical da Direita, considerados culpados pela derrota e ruína da economia, da política e da cultura alemãs. Mas, a maioria dos judeus alemães, como os membros da família Kaufmann-Steinberg, se aferrava aos valores do neoliberalismo e do Iluminismo como base na identidade judeu-alemã durante a República de Weimar, esperando que, por meio da educação e da antidifamação, a sociedade alemã continuasse sendo ou se tornasse uma pátria amigável.[95]

O quadro demográfico não era nada cor-de-rosa depois da guerra; o aumento da expectativa de vida e o declínio na taxa de natalidade criaram um "problema de envelhecimento" na Alemanha, devido à perda de homens jovens e de meia-idade na Primeira Guerra Mundial. A população de judeus alemães em particular estava diminuindo e envelhecendo. Durante a República de Weimar, ela foi afetada por um aumento na emigração, pela cisão de comunidades e por um aumento nas taxas de conversão entre os judeus. Apesar de o tamanho da comunidade judaica na Alemanha ter ultrapassado a marca numérica de 615 mil em 1910, ele baixou para 564 mil em 1925 e para 503 mil em 1933.[96] Em 1925, um terço de todos os judeus alemães estava com mais de 45 anos, enquanto a proporção de gentios nessa idade era de um quarto. O censo de 1933 demonstrou que 9% de todos os gentios da Alemanha estavam em idade escolar, enquanto entre os judeus a porcentagem de jovens dessa idade era de apenas 5%.[97]

Talvez por isso não seja de surpreender o fato de os amigos de todos os três filhos da família Kaufmann-Steinberg serem preponderantemente gentios enquanto cresciam em Altenessen e Essen. Marianne era a única menina judia em sua classe no colégio só de meninas, embora Lotti, sua irmã três anos mais velha, tivesse duas colegas judias em sua classe. As duas irmãs, quando entrevistadas já em fase septuagenária, descreveram sua infância, especialmente o tempo em que frequentaram a Luisenschule, como uma época feliz e sem incidentes de antissemitismo. Quando foram para a universidade, no entanto, Marianne, que começou a estudar durante a Grande

Depressão e o fim da República de Weimar, disse que seus namorados eram em sua maioria judeus; Lotti, por sua vez, que havia concluído seus estudos universitários exatamente quando os nazistas estavam chegando ao poder, havia tido, enquanto estudante, tanto namorados judeus quanto gentios. Todos os três irmãos Steinberg conservaram suas antigas amizades de Essen e andavam em círculos mistos em seus diversos meios acadêmicos.[98]

Kurt, Lotti e Marianne se saíram muito bem nos estudos, refletindo os valores da *Bildungsbürgertum* que seu pai havia lhes passado. Diferentemente de seus pais, que haviam permanecido relativamente próximos de suas origens mesmo depois de terem entrado para os negócios, Kurt, Lotti e Marianne mudaram com frequência de uma universidade para outra, vivendo em diferentes regiões da Alemanha e viajando o máximo possível. Por vezes, eles frequentaram a mesma universidade e participaram do círculo de amigos uns dos outros e, no caso de Lotti e Marianne, chegaram até a morar no mesmo quarto em Würzburg e Kiel. Os filhos puderam levar suas vidas de estudante de maneira bastante despreocupada, graças ao dinheiro do trabalho árduo de Selma e Henny, além das contribuições intermitentes do irmão de Alex, o tio Hermann, e pelo menos até eles serem obrigados a pagar de volta as bolsas de estudos que, por mérito, haviam conseguido que o governo financiasse.[99] Marianne pretendia inicialmente estudar direito, porque seu querido irmão Kurt, que estava terminando seu estágio como advogado quando ela estava terminando o segundo grau, queria que ela trabalhasse com ele. Porém, ela ficou tão impressionada quando visitou um hospital pediátrico durante seu último ano de ensino médio que mudou seus planos e preferiu estudar medicina.[100] Inicialmente insegura quanto à especialização que faria, com o tempo, ela foi se sentindo cada vez mais atraída para a ginecologia e a obstetrícia. Lotti estudou odontologia e fez sua tese de doutorado em otorrinolaringologia.[101]

Embora os judeus somassem menos de 1% da população alemã, 4% da totalidade dos estudantes durante a República de Weimar eram judeus.[102] As mulheres judias eram ainda mais representadas entre a população estudantil do que entre os estudantes judeus em geral.[103] A República de Weimar assistiu a um aumento significativo da entrada de judeus nas profissões liberais: em 1933, 16,2% dos advogados da Alemanha, 10% de seus médicos, 8,6% de seus dentistas, 5% de seus escritores e 2,6% de seus professores universitários.[104] Os efeitos a longo prazo da emancipação e da liberdade de escolha profissional compensaram para aquela geração de judeus alemães, como os filhos da família Kaufmann-Steinberg, que eram motivados pelos valores da *Bildungsbürgertum*. A abertura social que caracterizou grande parte da cultura urbana alemã durante a República de Weimar contribuiu para essa rápida profissionalização. Os filhos Steinberg representaram bem essa tendência, e Selma, Alex, Henny e o tio Hermann se orgulhavam muito de suas conquistas.

Durante a década de 1920 e até mesmo durante a Grande Depressão, as cartas ou os cartões-postais que os filhos Steinberg enviavam para seus pais, para a tia Henny e mesmo uns para os outros quando estudavam em diferentes universidades ou estavam em viagens de férias indicam certa *joie de vivre*. Selma e Henny, por sua vez, passavam a maior parte do tempo presas ao círculo doméstico, entre cuidar da loja e de Alex ao mesmo tempo. Embora as duas irmãs mantivessem boas relações sociais com os vizinhos, tanto judeus como gentios, elas deviam contar os dias que faltavam para a vinda dos filhos nos fins de semana, feriados ou nas folgas. Selma e Henny, que passaram a ser chamadas pelas crianças, juntamente com Alex, de "nossos pais", até mesmo antes da morte de Alex, pareciam, aos olhos deles, manter um estado de espírito elevado, apesar da gradual paralisia de Alex.

A vida relativamente despreocupada que os filhos levavam sofreu, no entanto, uma mudança dramática depois de 1931. No início de 1930, Lotti, que estudava em Munique, frequentava diversos bailes *Fasching* (de terça--feira de carnaval na Alemanha), sem nenhum indício de preocupação financeira. Quando Marianne fez 19 anos, naquele ano, Lotti enviou para sua irmã Nanna um vestido e escreveu contando sobre o quanto estava feliz, citando as cartas em que Schiller falava de estética.[105] Um ano depois, Lotti passou um semestre em Berlim. Sua descrição das atividades em Berlim, como visitar o café mais luxuoso da cidade, o Café Kranzler, e hospedar seus parentes de Plettenberg, tio Julius e tia Olga, que a levaram para comprar um novo casaco, indica que ela precisava controlar suas finanças, mas que ainda levava uma vida relativamente despreocupada. Lotti enviou, no aniversário de 20 anos de sua irmã, em fevereiro de 1931, seus votos de felicidades, advertindo-a: "Eu desejo antes de tudo que você aproveite este tempo para desfrutar tudo de bom e não se preocupar tanto com o amanhã. Se a oportunidade lhe parecer maravilhosa e favorável, agarre-a".[106]

No decorrer do mesmo semestre de inverno em Berlim, Lotti também tomou cada vez mais consciência tanto das injustiças sociais como dos direitos das mulheres. Ela falou para sua irmã do entusiasmo que sentira ao participar de um encontro promovido pela organização feminista pacifista, a *Women's International League for Peace and Freedom* (WILPF), sobre os prós e contras em relação à legalização do aborto. Ela descreveu entusiasticamente para sua irmã, estudante de medicina, "as médicas fabulosas" e uma preferida do sexólogo Magnus Hirschfeld que se pronunciara a favor da legalização. Ela descreveu criticamente os "menos fabulosos" opositores que haviam se pronunciado — inclusive os "nacional-socialistas moralmente puros e genuínos alemães", ou nazistas, que condenavam "as mulheres de hoje por serem excessivamente depravadas, por só buscarem o próprio prazer e serem demasiadamente preguiçosas para criar filhos".[107]

Porém, apenas meio ano depois, o tom e o conteúdo das preocupações de Lotti haviam mudado. Ela estava agora se preparando para os exames em Kiel e escreveu para Nanna dizendo que não tinha dinheiro suficiente para se alimentar por mais de duas semanas e que, então, teria de ir para casa. Ela suplicou à sua irmã para ver se conseguia lhe arranjar mais dinheiro ou suprimentos de comida. Ela também lamentou a situação de sua família: "O estado de papai, que voltou a piorar muito, é tão triste... Pelo menos se houvesse algo que pudesse ser feito! O mais terrível é ver o quanto o estado físico da mamãe está piorando com toda essa pressão. Quando se percebe que a situação é terrivelmente agravada pela falta de dinheiro, dá vontade de arrancar os cabelos".[108] A enfermeira que eles mantinham intermitentemente em casa para Alex havia parado de prestar serviços, pelo visto, porque a família não tinha mais como pagar.[109]

Kurt havia escrito para suas duas irmãs em maio de 1931, durante uma visita aos pais em Altenessen, contando sobre o estado deplorável de seu pai e sua própria sensação de impotência: "Quem passa a noite em sua vigília não tem literalmente um minuto de paz. E depois tem a gritaria constante... Eu sou incapaz de fazer até mesmo a mínima coisa. Vive-se em constante tensão". Kurt também se queixava por não ter conseguido um trabalho temporário durante suas férias. E contava que tinha visto uma das amigas de sua irmã da Luisenschule, Herta Poth, que havia acabado de conseguir um emprego e finalmente parecia ter saído de seu estado depressivo. Outra evidência dos efeitos da Grande Depressão era a menção de Kurt de que

Foto 2.8 Retrato da família (da esquerda para a direita):
Selma, Lotti, Alex, Kurt, Marianne, 1929

seus amigos e vizinhos, os Loewensteins, haviam acabado de fechar completamente seu negócio.[110]

Kurt, o mais velho e único filho homem, era de longe o mais sério e talvez, em certo sentido, o mais afetado pela doença do pai; ele tinha 13 anos quando seu pai adoeceu. Marianne, que tinha apenas 8 anos quando seu pai ficou doente, não conseguia em seus setenta e tantos anos se lembrar de seu pai senão como inválido.[111] Marianne e Lotti não tinham o mesmo senso de responsabilidade que Kurt, como único filho da casa. As filhas manifestavam suas preocupações com a saúde do pai mais comumente em termos dos efeitos sobre sua mãe e sua tia do que propriamente sobre seu pai. De um modo tradicionalmente marcado pelo gênero, Kurt manifestava sua frustração pela incapacidade de conseguir dar um jeito naquela situação, enquanto suas irmãs se mostravam mais inclinadas a expressar sua compaixão e preocupação com a mãe e raiva pela falta de dinheiro que a impedia de ter a ajuda de que necessitava. (Ver Foto 2.8.)

Uma carta que Selma escreveu para suas filhas em maio de 1931 é particularmente reveladora de sua própria transformação. Apesar de existir apenas um punhado de cartas escritas por ela antes de 1931, uma diferença marcante em seu tom é detectável nessa carta. Selma escreveu: "O estado de papai é bastante precário neste momento. Ele se encontra terrivelmente agitado... mas nem mesmo os fortes comprimidos para dormir têm efeito sobre ele. É uma pesada cruz essa que lhe coube carregar e que afeta a nós todos". Selma prossegue sua carta encorajando as filhas a aproveitarem sua juventude enquanto puderem: "No entanto, aproveitem sua juventude, enquanto puderem e na medida em que a nossa modesta situação permitir. A gravidade e a amargura da vida chegam cedo o bastante".[112]

A tia Henny, que raramente criticava diretamente alguém, expressava, mesmo que indiretamente, seus desgostos ocasionais com pessoas ou situações em suas cartas para as sobrinhas. Ela escreveu para suas sobrinhas em maio de 1931 contando sobre um passeio familiar que algumas de suas irmãs e seus filhos haviam feito, observando como todos haviam ficado contentes quando sua irmã, Emma, deixou o grupo para voltar antes para casa e como ela, Henny, havia compreendido bem o alívio que havia sido para todos.[113] Emma e Henny tinham apenas um ano de diferença de idade e eram as únicas que não haviam se casado, mas nem por isso eram próximas emocionalmente. Emma, que não havia sequer sido mencionada nas cartas de Selma e Henny antes de 1939, era retratada como uma personalidade bastante difícil, isso quando era mencionada.[114]

Mesmo em meio a seu próprio drama com Alex doente em casa, o foco da maior parte das cartas de Selma e Henny era voltado para as próprias crianças. Selma, em particular, se preocupava com os filhos quando passavam muito tempo longe de casa e sem que ela pudesse estar com eles. Lotti e Marianne foram parar no hospital com infecções nos dentes do siso em dezembro de 1931. Para animar as filhas, Selma falou sobre o comportamento bizarro de sua gata doméstica, Petra, e descreveu-lhes o que encontrariam nos suprimentos de comida que ela enviara, lamentando o fato das duas ainda não estarem em condições de comer. Como mãe protetora que era, Selma escreveu a Nanna dizendo que não havia revelado a Kurt a notícia de sua hospitalização, para que ele não ficasse preocupado com sua irmãzinha caçula enquanto estava em casa estudando.[115]

Felizmente para Selma e Henny, o comportamento de Alex mudou no final do verão de 1932. Alex, que aparentemente havia tido meningite, passou de um estado extremo de insônia e gritaria para outro estágio em que dormia 22 horas seguidas. Selma estava preocupada com esse excesso de sono, mas também aceitou de bom grado o alívio que isso lhe trouxe. Henny e ela aproveitaram a ocasião para incentivar Lotti, que se preparava para a última etapa de seus exames. Kurt, que estava em casa para comemorar seu aniversário antes de ir trabalhar numa organização juvenil da Centralverein em Hamm, na Vestfália, também desejou sorte a Lotti em seus exames. O filho mais velho mencionou que ele próprio faria seus exames de doutorado no próximo semestre. Num leve tom de recriminação fraternal, Kurt concluiu sua carta a Lotti: "Se isso serve para aliviar sua consciência, saiba que você não foi a única a se esquecer de meu aniversário. Até mesmo o tio Hermann se esqueceu!".[116]

Esperava-se que todos se lembrassem do aniversário de um membro da família. Sempre que possível, os filhos iam para casa comemorar seus aniversários. Os de Selma, Alex e Lotti ocorriam numa mesma semana de novembro e eram comemorados juntos no domingo daquela semana como evento familiar importante. Obviamente, para que ninguém da família se sentisse menos importante, um grande alarde também era feito em torno do aniversário de Marianne em fevereiro e de Kurt em setembro. Muitas das cartas preservadas pelos membros da família quando os filhos estudavam na universidade foram escritas por ocasião de seus aniversários.

Em novembro de 1932, Henny enviou a Lotti votos de feliz aniversário depois de ter passado a semana anterior numa visita tumultuada a suas irmãs, Emma, Berta e Jülchen. Ambas as irmãs mais velhas Kaufmann — Julie, ou Jülchen (64 anos), e Berta (62 anos) — estavam doentes. Jülchen tinha um tumor e ainda não se sabia se era ou não maligno, mas morreu dentro de algumas semanas. Apesar de suas preocupações com a irmã, Henny escreveu para Lotti como se já sentisse saudades, dizendo que a casa em breve ficaria silenciosa, com Kurt em Hamm e Nanna indo estudar em Innsbruck, na Áustria: "Se o senhor seu pai não estiver inquieto demais, nós poderemos relembrar nossos anos de solteiras".[117] O prospecto de um período de calma e sossego não duraria muito tempo, entretanto. Em novembro de 1932, distante dos limites da casa familiar e da loja das irmãs em Altenessen, a agitação política aumentava. Bem perto, na casa ao lado, na esquina da Karlsplatz, a família Kaufmann-Steinberg tinha novos vizinhos: a sede local do Partido Nazista de Altenessen.[118]

3 A PERDA DO PRÓPRIO NEGÓCIO E DA CIDADANIA: A LOJA GESCHWISTER KAUFMANN, 1933-1938

O ano de 1933 foi dramático em muitos níveis para a família Kaufmann-Steinberg, em particular para a geração mais velha. Alex, o marido de Selma, morreu ao meio-dia de 6 de junho de 1933. Sua morte pôs fim a anos de sofrimento, mas serviu para aumentar ainda mais a tristeza de sua família no momento em que os nazistas consolidavam seu poder na Alemanha. (Ver Foto 3.1.) Embora em termos médicos houvesse pouco a se fazer por Alex, Selma havia se dedicado a cuidar do marido com muito amor e muita

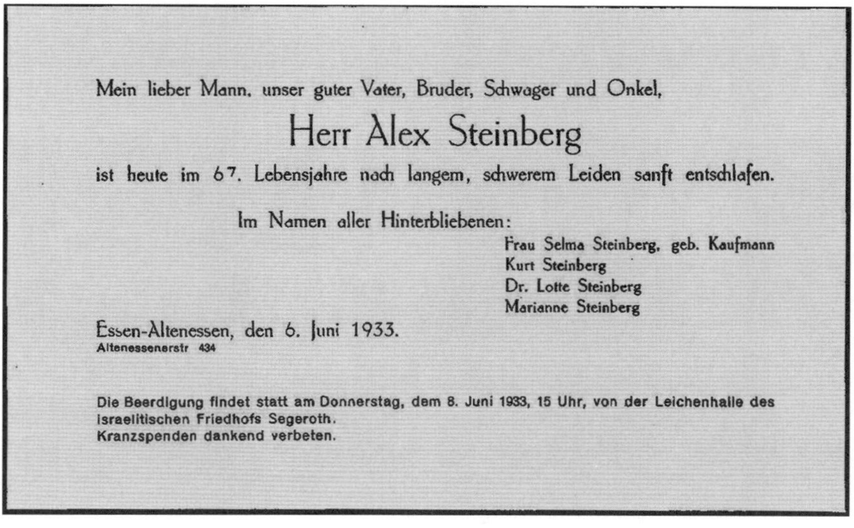

> Mein lieber Mann, unser guter Vater, Bruder, Schwager und Onkel,
>
> ### Herr Alex Steinberg
>
> ist heute im 67. Lebensjahre nach langem, schwerem Leiden sanft entschlafen.
>
> Im Namen aller Hinterbliebenen:
>
> Frau Selma Steinberg, geb. Kaufmann
> Kurt Steinberg
> Dr. Lotte Steinberg
> Marianne Steinberg
>
> Essen-Altenessen, den 6. Juni 1933.
> Altenessenerstr 434
>
> Die Beerdigung findet statt am Donnerstag, dem 8. Juni 1933, 15 Uhr, von der Leichenhalle des Israelitischen Friedhofs Segeroth.
> Kranzspenden dankend verbeten.

Foto 3.1 Anúncio da morte de Alex

paciência. Enquanto continuava ajudando a sua irmã Henny, então com 58 anos, a dirigir a loja no andar de baixo do mesmo prédio em que moravam, Selma, com 62 anos, subia regularmente as escadas para ver como estava o marido no quarto de seu apartamento.[1]

Enquanto as duas irmãs, Selma e Henny, se adaptavam ao vazio deixado pela morte de Alex, não podiam simplesmente se deixar dominar pelo sofrimento e se ausentar da vida cotidiana. Já em março de 1933, muitas lojas varejistas, assim como lojas de departamentos maiores de Essen, e também em outras cidades daquela região industrial, tiveram de fechar temporariamente as portas enquanto membros da organização paramilitar nazista — a SA, ou "tropas de assalto", vestidos de uniformes marrons e, por isso, chamados de "Camisas Marrons" — se postavam do lado de fora das portas. Aquelas tropas tempestuosas intimidavam os judeus donos das lojas e também seus potenciais fregueses, advertindo-os de que "os alemães verdadeiros compravam em lojas alemãs".[2] A loja de Selma e Henny, por ser um pequeno estabelecimento comercial varejista de tecidos e aviamentos cujas donas eram judias em Altenessen — uma parte de Essen com apenas 56 moradores judeus entre uma população de 43 mil —, era um alvo fácil para a perseguição social e econômica dos oficiais nazistas locais.[3] Os nazistas desfilavam pela rua em frente à loja delas no número 434 da Altenessener Strasse. (Ver Foto 3.2.) Das janelas do apartamento no andar de cima da loja, a família não podia deixar de ver a exibição intimidadora das forças paramilitares nazistas. Apesar de ter sido incorporada a Essen em 1915, Altenessen continuava em 1933 com muito do sabor de uma cidade pequena. A loja Geschwister Kaufmann era

Foto. 3.2 Parada nazista em frente ao local desocupado da loja e casa das Irmãs Kaufmann, Altenessen

uma das três lojas de judeus em Altenessen e, embora fosse pequena, não passava despercebida pelos oficiais do Partido Nazista local, cuja sede estava localizada imediatamente ao lado.[4]

A começar pelo boicote econômico dos negócios de judeus em 1º de abril de 1933, os motivos e resultados das práticas econômicas nazistas voltadas contra os judeus eram amplamente contraditórios. Iniciativas como a do boicote visavam não apenas a intimidar, mas também a chamar atenção para a prosperidade de muitos judeus na Alemanha. Juntamente com os estereótipos de usura e ganância para caracterizar os judeus e a propaganda nazista contra a exploração econômica de alemães bondosos, feita por judeus, o boicote era usado como meio de incitar o ressentimento e a inveja entre os alemães não judeus. Esse boicote teve de ser oficialmente cancelado, pois começou a provocar protestos internacionais e contraboicotes, os quais ameaçavam, por sua vez, a economia da Alemanha. O boicote também prejudicava os negócios de não judeus que tinham ligações com os judeus, já que os efeitos se voltavam contra si mesmos, pelo menos no que dizia respeito às empresas maiores.[5]

Aquilo que os historiadores denominaram "boicote silencioso" ocorreu depois de o boicote de abril de 1933 ter oficialmente chegado ao fim. Esse "boicote silencioso" contava com a presença constante das milícias da SA montando guarda diante de muitas lojas de judeus. Essa tática intimidadora foi logo colocada em prática diante da loja Geschwister Kaufmann, uma vez que os militantes do Partido Nazista, inclusive as SA, entravam e saíam rotineiramente da casa ao lado. Apesar de muitos ex-clientes das lojas de judeus terem mudado "silenciosamente" seus hábitos de compras, eles o fizeram em resposta às ameaças que os militantes nazistas berravam pelos alto-falantes, aos panfletos inflamados distribuídos e postados, e ao fato de fotografarem compradores entrando em lojas de judeus. Os judeus donos de lojas e seus empregados eram também intimidados pela vigilância intermitente de suas correspondências e chamadas telefônicas.[6] Embora alguns alemães simplesmente seguissem seus antigos hábitos e suas rotinas de compras ou continuassem abertamente leais às lojas e aos negócios que lhes eram familiares, tais métodos de intimidação acabaram afetando os negócios de judeus, inclusive a loja Geschwister Kaufmann.[7]

As políticas econômicas discriminatórias tinham a intenção de convencer os judeus de que eles não poderiam sobreviver financeiramente e que deveriam deixar a Alemanha. O empobrecimento sistemático foi uma tática fundamental da política oficial do Partido Nazista para induzir os judeus a deixar a Alemanha. Porém, alguns economistas alemães, mesmo alguns com estreitos vínculos com o regime nazista, se preocupavam com o possível impacto da perda da contribuição dos judeus na economia alemã. Já em abril de 1933, as cláusulas "arianas"[8], que os nazistas instituíram e/ou incentivaram para excluir e isolar os judeus, restringiam a participação de judeus no funcionalismo público e em muitas profissões e associações.[9] Um ano depois de os nazistas terem chegado ao poder, o recém-empossado ministro da economia Hjalmar Schacht assegurou que nenhuma das cláusulas "arianas" seriam aplicadas aos setores industrial e comercial da economia. Schacht, apesar de apoiar totalmente a ideia de privar os judeus do direito à cidadania, entre muitos outros, nunca perdeu de vista os efeitos a curto e longo prazo das restrições impostas aos judeus sobre a economia da Alemanha. Por isso, Schacht protegeu judeus que eram donos de certas empresas prósperas, pelo menos enquanto seus negócios e todos os seus parceiros de negócios internacionais continuassem a ser vistos como recursos financeiros pelo Terceiro Reich.[10] As primeiras mensagens econômicas ambíguas do regime, e seu incentivo ao sucesso de algumas empresas de judeus, convenceram especialmente os empresários judeus mais velhos de que eles poderiam sobreviver ao regime nazista.[11] Esses empresários judeus não estavam dispostos a dar as costas para seus negócios, os quais eles ainda tinham esperanças de manter, pelo menos durante os primeiros anos do regime. Nesse sentido, os funcionários do Ministério da Economia, comandado por Schacht, atuaram contra a política "racial" oficial do regime, cujo objetivo era promover a emigração dos judeus.

As contradições inerentes às políticas nazistas contra os judeus se tornam ainda mais evidentes quando se considera as penalidades financeiras cada vez mais elevadas impostas aos judeus que emigravam. Os nazistas esperavam que a cobrança de 25% como "Taxa de Evasão do Reich" (*Reichsfluchtsteuer*) facilitaria o confisco pelo regime das propriedades dos emigrantes judeus sem desestimular os judeus a irem embora.[12] Essa taxa sobre as posses acima de 200 mil RM [Reichsmarks] havia sido criada em 1931, antes de os nazistas chegarem ao poder, para impedir a fuga de capital, mas, já no poder, eles reduziram o capital de maneira a incluir qualquer um com posses acima de 50 mil RM. Os emigrantes tinham de pagar ainda outra taxa — conhecida como Taxa de Emigração ou Deságio sobre a transferência de capital e eventualmente também sobre bens de uso pessoal levados para fora do país. Esse Deságio era uma taxa baseada numa porcentagem do último valor estimado taxado sobre a propriedade de judeus. Aqueles que desejavam emigrar precisavam depositar seu dinheiro em RM em contas especiais bloqueadas. Essas "contas bloqueadas" eram mantidas pelo Deutsche Golddiskontbank, uma subdivisão do Reichsbank. A taxa era, então, diretamente descontada da conta bloqueada do emigrante.[13] Essa taxa, originalmente estipulada em 20%, foi elevada em agosto de 1934 para 65% do valor dos fundos e bens que os emigrantes transferiam para fora do país. O regime aumentou constantemente essa taxa até que, quando a guerra irrompeu, ela chegou a 96%.[14] Dessa maneira, os judeus e opositores do regime nazista, os quais o próprio regime queria que emigrassem, tinham de pagar um número cada vez maior de taxas e tributos se decidissem emigrar. Ter de entregar suas riquezas para as Autoridades Tributárias por evasão do Reich e depois ainda o Deságio consideravelmente mais alto fizeram o custo da emigração parecer alto demais para muitos judeus.

Com respeito ao efeito das taxas e dos tributos cobrados até mesmo de judeus alemães de classe média que pretendessem emigrar, o historiador econômico Avraham Barkai observa:

Até 1938, um judeu de classe média com certa quantidade de bens tinha de ter certa quantidade de dinheiro guardada no exterior ou ser dotado de um considerável grau de previsibilidade para tomar a difícil decisão de emigrar. A maioria deles não tinha nem um nem outro e, portanto, permanecia – enquanto os mais jovens e menos afluentes, que tinham consequentemente maior mobilidade, optavam por ir embora.[15]

A opção de ir embora não garantia um lugar para onde migrar. A posse de suficientes bens transferíveis e/ou a condição de relativa juventude e saúde, bem como as qualificações requeridas no novo país hospedeiro aumentavam as chances de o candidato a emigrante conseguir um visto. Os [possíveis] países hospedeiros se mostravam mais confiantes no sucesso financeiro dos imigrantes que chegavam com recursos, pois assim eles representavam menos risco de se tornarem um fardo público. Muitos judeus alemães com recursos que haviam decidido emigrar nos primeiros anos do Terceiro Reich teriam conseguido levar consigo uma grande parte dessas posses, e isso os teria ajudado a garantir um lugar para onde migrar.[16] Porém, quanto menos vulneráveis os judeus alemães se sentiam, especialmente os mais velhos, maior eles achavam ser a sua chance de poder esperar para ver.[17] Os judeus que permaneceram na Alemanha nazista do pré-guerra, mesmo sendo donos de grandes e prósperas empresas com sociedades internacionais, foram, no final da década de 1930, provavelmente forçados a deixarem seus trabalhos ou negócios, ou a venderem suas propriedades abaixo do valor de mercado, perdendo com isso muito de seu capital.[18] Em 1939, a maioria dos judeus alemães que continuavam no país, que era a metade do número que existira em 1933, não tinha meios suficientes que assegurassem sua emigração e imigração. A maioria deles perdeu não apenas seus bens materiais, mas, por não ter conseguido escapar da Alemanha nazista, também acabou perdendo a própria vida.

No final dos anos 1930, anos depois de Schacht ter deixado de ser o ministro da Economia e quando o Plano Quadrienal de Hermann Göring pelo rearmamento estava quase concluído, as políticas econômicas nazistas foram mais consistentemente focadas na transferência de todos os bens dos judeus para mãos "arianas". Os judeus na Alemanha, independentemente de tentarem emigrar, tinham às vésperas da Segunda Guerra Mundial poucos recursos particulares disponíveis. Esse foi o efeito cumulativo das diversas medidas tomadas pelos nazistas para empobrecê-los. Essas medidas incluíram não apenas a "arianização" — ou forçar os judeus a venderem suas propriedades para "arianos" a preços consideravelmente abaixo do valor de mercado —, como também o efeito prolongado dos boicotes oficiais e "silenciosos" aos negócios dos judeus. Houve ainda um sempre crescente conjunto de outras políticas nazistas que facilitaram a apropriação de bens privados, como contas bancárias, metais preciosos e joias, seguros, imóveis, utensílios domésticos e livros. Os judeus na Alemanha foram sendo cada vez mais despojados de todos os seus bens particulares graças a uma combinação de decretos que permitiam a confiscação, impostos especiais e o bloqueio de contas bancárias.[19] As experiências das irmãs Kaufmann como proprietárias de uma loja durante o Terceiro Reich ilustram o impacto de tais políticas, bem como das medidas pessoais de exploração praticadas por "arianos" com o apoio total das políticas nazistas.

No início, a loja de tecidos de Selma e Henny – como parte bem integrada à pequena comunidade comercial de Altenessen – havia conseguido resistir ao boicote de abril de 1933 e, por um período, também ao boicote "silencioso". Mas, com o tempo, os cartazes expostos em sua rua instruindo os potenciais fregueses a não comprar nada dos judeus e as milícias da SA plantadas especificamente na frente da loja passaram a intimidar os transeuntes e persuadir cada vez mais sua clientela regular a comprar em outro lugar. Porém, pelo menos temporariamente, o apoio constante de amigos não judeus, vizinhos e clientes regulares que resistiam à presença intimidadora das milícias da SA serviu para assegurar às irmãs que seu negócio podia seguir em frente. Por exemplo, uma vizinha, a senhora Sellmann, continuou a apoiar a loja e a ir lá visitar as irmãs Kaufmann. A senhora Sellmann tinha uma confeitaria ao lado e visitava diariamente a loja das irmãs, às vezes, para comprar algo, mas geralmente para conversar. Selma e Henny sempre deram apoio à confeitaria Sellmann, comprando lá iguarias para ocasiões especiais. Em reciprocidade, a senhora Sellmann comprava peças de linho, tecidos e acessórios como presentes de Natal na loja das irmãs Kaufmann, não apenas para os funcionários da confeitaria, mas também para os empregados da empresa de panificação e atacado de gêneros alimentícios que sua família tinha.[20]

Henny ficou realmente tocada com a lealdade pessoal de sua vizinha a despeito da pressão nazista e escreveu para sua sobrinha Lotti em 1935 dizendo que a senhora Sellmann "continua vindo à loja conversar todos os dias, apesar dos nazistas, que ela não permitiu que a impedissem".[21] Dada a proeminência da família Sellmann, as milícias locais da SA tomaram provavelmente mais cuidado para não molestar essa cliente em particular. Entretanto eram precisamente essas pessoas proeminentes que podiam exercer influência no sentido de compensar a discriminação e o assédio, pelo menos por um tempo e no âmbito de uma comunidade local.

Outra vizinha não judia, Bertie Holzgreve, também de uma bem-sucedida família de negócios de Altenessen[22], lembrou a Lotti depois da guerra como ela tinha achado desprezível a atitude das milícias nazistas postadas diante de sua loja tentando impedi-la de entrar. Holzgreve descreveu como ela havia respondido ao soldado da SA, deixando claro para ele que ela tinha o direito de ir aonde bem entendesse.[23] A carta de Bertie Holzgreve para Lotti falando de sua recusa a se curvar às pressões da SA foi escrita num momento posterior à guerra em que muitos alemães estavam sendo questionados sobre a sua cumplicidade com o regime nazista como parte do processo de "desnazificação" conduzido pelos aliados ocupantes. Lotti, no entanto, não questionou os motivos de Holzgreve para escrever a tal carta, que descreveu como "wunderschön" [maravilhosa].[24] Apesar dessas exceções, como a da senhora Sellmann e de Bertie Holzgreve, a maioria dos fregueses acabou se curvando às pressões e preferiu deixar de comprar na loja Geschwister Kaufmann.

No final do ano de 1934, as irmãs Kaufmann estavam tendo dificuldades constantes para manter seu negócio funcionando; elas tiveram de parar de pagar os credores da loja. Kurt e Marianne socorreram sua mãe e sua tia, e, nas palavras de Marianne, com "muita empolgação, muito trabalho e muita preocupação", a loja voltou, ainda que cambaleante, a se recuperar.[25] Esse tipo de atitude serviu como um chamado de despertar para muitos judeus mais jovens. Como eles tinham menos compromissos em termos de responsabilidades familiares, propriedades ou negócios, puderam abandonar tudo e emigrar com mais facilidade.

Vários fatores influenciaram a decisão de muitos judeus sobre deixar a Alemanha e quando partir, ou se deveriam continuar com a esperança de conseguir sobreviver ao regime nazista: idade e/ou fase da própria vida, profissão, sexo, estado civil e *status* socioeconômico, além da possibilidade ou não de conservar os próprios bens. Outras variáveis incluíam o nível pessoal de assimilação, visões do sionismo, opiniões políticas e/ou filiações partidárias e a extensão das raízes familiares e redes de apoio dentro da Alemanha. Fosse por enfrentar obstáculos pessoais ou por se sentir protegido das restrições em constante alteração impostas aos judeus em geral, tudo isso afetava a visão pessoal sobre a necessidade de emigrar. Além disso, a existência de dependentes e sua disposição ou suas condições para emigrar também foram fatores que influenciaram a decisão de emigrar.

Para os judeus mais velhos, cujas raízes eram mais profundas e para os quais os riscos eram maiores, as decisões de ficar ou ir embora eram influenciadas pelas experiências pessoais com os fluxos e refluxos da crise política e econômica, e, muitas vezes, pela expectativa de que no final a lei e a ordem acabariam por prevalecer na Alemanha. Membros de todas as faixas etárias eram influenciados pelas decisões de emigrar de outros dentro e fora de seus grupos específicos. Porém, os judeus com mais de 60 anos tinham mais probabilidade de levar em consideração seu estado de saúde, tanto atual como futuro, e suas responsabilidades pelos membros mais velhos da família. Os judeus alemães mais idosos tinham em geral mais dificuldades para dar o passo decisivo de deixar a Alemanha e, por isso, adotaram a postura mais passiva de continuar onde estavam.

Uma consideração importante nas decisões dos judeus de deixar ou permanecer na Alemanha nos primeiros anos do regime nazista foi o forte apego de muitos deles à Alemanha como sua terra natal, especialmente os judeus mais velhos que tinham memórias das mudanças democráticas da Alemanha Imperial para a República de Weimar, mudanças que envolveram maior integração social e política dos judeus. Embora a política nazista de promover a segregação e o isolamento dos judeus fosse uma pílula amarga de engolir para uma família como a Steinberg, essas restrições, como as políticas econômicas de discriminação, surgiram gradualmente e podem muito bem ter parecido temporárias.

Em 1933, o sentimento de identidade alemã da geração mais velha de judeus alemães e sua confiança tanto no estado como no povo alemão como um todo permaneceram inabaláveis, mesmo quando sua cautela ante as práticas do novo regime aumentou. Com o agravamento da situação para os judeus, até mesmo a Centralverein foi, aos poucos, mudando sua posição em favor da emigração e, particularmente, em favor do sionismo. Submetida a crescentes pressões do governo alemão, a Centralverein também mudou seu discurso.[26] Como presidente nacional da Centralverein, Ernst Herzfeld, que, assim como o pai de Kurt, Alex Steinberg, havia sido um dos membros fundadores da filial da Centralverein em Essen, afirmou em 1937: "Nós, como não sionistas, reconhecemos que o sionismo é uma importante fonte de força dos judeus... Porém, nós não partilhamos de sua visão focada de maneira excessivamente estreita na Palestina".[27] Depois de anos de debate sobre a necessidade de emigração na Alemanha, a liderança da Centralverein entendeu, em 1936-1937, a necessidade de defender a emigração. Como a Palestina havia se tornado um dos principais destinos da emigração, também para os não sionistas, a Centralverein havia mudado de opinião sobre o sionismo.[28]

Nem a emigração nem a imigração eram simples questões de mudança para os judeus na Alemanha. A emigração estava sujeita ao pagamento de certas taxas e à concessão de vistos de saída para deixar a Alemanha, bem como a vistos de entrada para a imigração e à garantia de meios para chegar a determinados lugares e começar vida nova depois de conseguir se estabelecer. Já em seguida à Grande Depressão e antes da chegada ao poder dos nazistas no final de janeiro de 1933, muitos países haviam adotado medidas mais restritivas com respeito à imigração. Portanto, ainda que se recebesse a permissão para deixar a Alemanha, a emigração tinha um alto custo e não era fácil chegar a um porto seguro no qual se pudesse fixar-se. A disponibilidade de lugares para onde se podia ir limitava as opções mesmo para aqueles com recursos. Cada vez havia menos países com as portas abertas para imigrantes judeus.[29] Numa época em que os judeus estavam desesperados para escapar da Alemanha nazista, nações como os Estados Unidos aumentaram as restrições para tentar impedir que massas de refugiados imigrassem para o seu território.[30]

Em 1933, os judeus jovens com poucas responsabilidades familiares foram os primeiros a considerar a possibilidade de deixar a Alemanha, especialmente depois de ter ficado cada vez mais difícil para eles completar seus estudos, exercer suas profissões ou avançar numa perspectiva de mobilidade social. A filha mais velha dos Steinbergs, Lotti, concluiu seu estágio como dentista justamente quando os nazistas estavam chegando ao poder e, como era judia, teve de enfrentar enormes obstáculos. Ela se casou no final de março de 1935 e, depois de alguns meses, emigrou para a Palestina com seu marido rico, o sionista Hans Kaiser-Blüth. Ver Lotti bem casada e saber que ela poderia exercer sua profissão na Palestina deve ter ajudado a compensar a perda que Selma e Henny sentiram com sua ida para tão longe. Elas também tinham esperanças de poder vê-la em breve.

A constituição conhecida como Leis de Nuremberg, anunciada pela primeira vez em setembro de 1935 e expandida e aperfeiçoada nos dois meses seguintes, estabelecia amplas considerações sobre o sentimento de identidade nacional alemã dos judeus, mesmo daqueles tradicionalmente assimilados, como os membros da família Kaufmann-Steinberg. A Alemanha nazista usou dois importantes componentes dessas leis, a Lei de Cidadania do Reich e a Lei pela proteção do sangue e da honra alemães, para definir e segregar os judeus de acordo com supostas categorias raciais. A extensão e o racismo explícito dessas leis marcaram uma mudança significativa das leis anteriores de discriminação que restringiam o emprego e os direitos dos não arianos. Os teóricos raciais do regime classificavam as pessoas como sendo de "sangue alemão" e, portanto, "arianos", ou de "sangue judeu", com base na filiação religiosa declarada dos avós do cidadão. Os não arianos tornavam-se, então, meros sujeitos do estado (*Staatsangehörige*), enquanto os classificados como de "sangue alemão" e, portanto, "arianos" continuavam a ser considerados cidadãos do Reich (*Reichsbürger*) com plenos direitos políticos, plenos pelo menos com relação às arbitrariedades do regime nazista. Os direitos de cidadania não eram apenas determinados pela pseudociência nazista de raça e "sangue" (linhagem), na qual essas leis estavam baseadas, porém outra parte dessas leis tinha como propósito proteger "o sangue e a honra dos alemães". O casamento e as relações extraconjugais entre alemães e judeus estavam proibidos, como também estava proibido aos judeus hastear a bandeira alemã.[31]

Apesar de considerarem as Leis de Nuremberg como um insulto, muitos judeus alemães imaginaram que tais medidas não durariam muito tempo. A ideia de poder aguentar firme parece ter sido, pelo menos até 1938, a perspectiva da maioria dos membros da velha geração de judeus alemães, entre eles, Henny, Selma e seu cunhado Hermann, como também da família do marido de Lotti, os Kaiser-Blüths. Julius Kaiser-Blüth, o pai de Hans, era um típico judeu rico da velha geração, que estava convencida de que aguentaria firme o que considerava uma discriminação nazista temporária contra certos judeus, presumivelmente outros que não fossem eles mesmos. No verão de 1936, Lotti ouviu seu ainda rico sogro Julius, durante sua visita à Palestina, dizer para outro judeu alemão, que havia abandonado sua grande loja de departamentos em Berlim para emigrar para a Palestina, que "ele [Julius] não conseguiria dormir à noite se o seu dinheiro estivesse fora da Alemanha".[32] Mesmo em 1938, depois de os nazistas terem obrigado os Kaiser-Blüths a venderem sua fábrica em Colônia e depois do Pogrom de Novembro, a família do marido de Lotti não considerou a possibilidade de emigrar. Perplexa, Lotti lamentou: "Nós simplesmente não entendemos a atitude dos pais de Hans. Receio que eles ainda não tenham percebido a gravidade da situação... E o papai Julius continua achando que seu dinheiro é investido quando ele o dá a Herr Hitler".[33]

A antiga geração de judeus na Alemanha havia passado pela Alemanha Imperial (1871-1918) e pela República de Weimar (1918-1933) e comparava suas experiências no país com as dos pogroms que haviam ocorrido no Leste Europeu no final do século XIX e início do século XX. Os judeus europeus em geral sabiam que períodos de perseguição vinham e iam, mas a maioria dos judeus mais velhos se sentia em casa na Alemanha e supunha que aquela fase difícil do regime nazista não duraria muito tempo. A geração mais jovem, por seu lado, era mais diretamente afetada pela falta de oportunidades para concluir seus estudos e/ou exercer suas profissões na Alemanha. Eles se inclinavam mais a se preparar para começar nova vida em outro país.[34] Para os judeus mais velhos, a ideia de dar as costas para suas raízes, sua história e as pessoas queridas era muito mais difícil de ser considerada. Começar de novo em outro país, independentemente do tamanho da própria fortuna, exigia energia e coragem, boa saúde e otimismo, além de uma disposição a olhar para a frente em vez de para trás. Todos esses atributos eram mais próprios a jovens do que a pessoas acima dos 40 anos.

Hermann, Selma e Henny passaram anos acreditando que, se evitassem despertar a atenção sobre si mesmos durante o regime nazista, estariam em segurança. Selma, amorosa e generosa como sempre, chegou a aconselhar os filhos de seus amigos não judeus nos primeiros anos do Terceiro Reich a não se comprometerem sendo vistos em companhia de judeus, apesar de muitos com quem eles mantinham contato em Altenessen terem se recusado a seguir seu conselho. Por exemplo, quando Fritz Werner, um antigo colega de classe de Lotti, telefonou perguntando se podia acompanhar Selma e Lotti, quando elas estavam saindo de seu apartamento para fazer um passeio de domingo no Kaiserpark das redondezas, Selma advertiu-o de que, por elas serem conhecidas em Altenessen como judias, ele deveria evitar ser visto com elas em público e, consequentemente, o risco de encrenca com os nazistas. Fritz, no entanto, insistiu, dizendo que, enquanto elas permitissem sua companhia, ele continuaria andando com elas tanto naquele momento como no futuro. E foi o que fez.[35] As amizades entre judeus e não judeus, no entanto, não bastavam para, a longo prazo, proteger os judeus alemães dos efeitos das políticas de discriminação e perseguição do regime nazista. Como observou Marion Kaplan, simples atitudes de decência e coragem podiam dar aos judeus uma falsa noção de otimismo quanto ao número de "bons alemães" e aos riscos que enfrentavam.[36]

Um ano após a reestruturação financeira da loja, no final de 1934, Henny, então com 60 anos de idade, foi seriamente acometida por um câncer no útero.[37] Ela se mostrou corajosa e decidida durante as mais de seis semanas em que esteve hospitalizada na primavera de 1936, mas sua doença e as preocupações com seu impacto sobre os negócios abalaram seriamente ambas as irmãs. Com uma das duas inativa por meses, ficou cada vez mais difícil para Selma continuar a dirigir sozinha a loja. E não havia ninguém para substituí-la. Lotti já havia emigrado, Marianne estava ocupada com seus estudos e Kurt trabalhava por tempo integral na sede da Centralverein em Essen. O momento era especialmente inconveniente: as semanas que antecediam a Páscoa eram as mais movimentadas para uma loja de aviamentos como a delas.[38] Para agravar o problema, as irmãs tiveram de dispensar a ajuda intermitente das jovens alemãs tanto nos trabalhos domésticos como na loja. As Leis de Nuremberg de 1935 incluíam uma cláusula que proibia os judeus de empregarem mulheres de "sangue alemão" com menos de 45 anos em suas casas.[39] A combinação de uma crescente perda de clientes, da falta de ajuda e da cirurgia e recuperação de Henny tornou cada vez mais difícil a sobrevivência da loja Geschwister Kaufmann. Felizmente, Henny se recuperou,[40] mas a loja não.

Apesar de suas preocupações com a saúde e as finanças, em 1936, as irmãs convidaram Ernst Kaufmann, seu sobrinho de 16 anos, filho de seu único irmão, Leo, para morar com elas. Ernst era de Düren, a aproximadamente 88 quilômetros de Essen, e precisava concluir ali seu curso de me-

Foto. 3.3 Piquenique em família à beira do (rio) Ruhr (da esquerda para a direita): Kurt, Ernst Kaufmann, tio Hermann, Selma, 1936

cânico. (Ver Foto 3.3.) Selma e Henny ofereceram ao jovem Ernst o antigo quarto de Kurt que o tio Hermann ocupava quando vinha à cidade. Ernest, como ele mesmo passou a se chamar mais tarde, se lembra de Selma como uma mãe amorosa que se comportava como uma galinha com seus pintinhos. Ele se lembra de que Henny costumava tratar a todos que ele ou seus primos pelo lado dos Steinbergs traziam para dentro da casa como se fossem da família.[41] Ele entendia muito bem por que todos os três filhos Steinberg consideravam Henny como sua segunda mãe.[42]

Em todas as fotografias da família tiradas nos anos 1930, Henny, e particularmente Selma, aparentam ser muito mais velhas do que eram. As fotos de Henny não escondem suas preocupações e seus constantes problemas de saúde. As fotos de Selma, por outro lado, mais caracteristicamente passam uma impressão tanto de cautela como de cansaço. Todos são unânimes em afirmar em seus relatos que, independentemente de quais fossem suas preocupações com a saúde física e emocional, Selma e Henny estavam sempre dispostas a ajudar seus familiares e amigos.

Em outubro de 1936, Selma e Henny começaram os preparativos para fechar definitivamente as portas de sua loja. Elas anunciaram a liquidação para fechamento da loja, mencionando os "preços incrivelmente reduzidos de todas as suas mercadorias", que incluíam roupas de cama, artigos e peças de vestuário, como meias e roupas íntimas para mulheres, luvas, suéteres, gorros, macacões para trabalhadores e calças compridas para meninos.[43] Os panfletos que elas distribuíram anunciando a extrema redução de seus preços lhes permitiriam cumprir o prazo legalmente prescrito para esvaziar a loja assim que começasse a liquidação no dia 3 de novembro de 1936.[44] (Ver Foto 3.4.) Os anos que Selma e Henny passaram adquirindo o estoque de sua loja — decidindo que roupas deveriam estocar, quanto às cores e à qualidade das toalhas de rosto e de mesa, e o que colocar nas vitrines — pareciam agora que, da noite para o dia, se tornavam lembranças de outra vida e outra existência. Ter que desistir do negócio que havia sido a obra de suas vidas juntas deve ter sido terrivelmente doloroso para Selma e Henny. Os poucos dias que tinham para esvaziar todo o estoque da loja não deixavam tempo para nostalgia. Marianne fez uma observação triunfante sobre quando a liquidação acabou: "elas conseguiram vender tudo".[45] Seu comentário ingênuo não leva em consideração o que essa perda representou para sua mãe e sua tia.

A Perda do Próprio Negócio e da Cidadania: A Loja Geschwister Kaufmann   79

Foto 3.4 Anúncio de liquidação de encerramento da loja, 1936

O fechamento da loja Geschwister Kaufmann não significou simplesmente a perda do sustento para Selma e Henny. Desde 1902, elas mantinham alugados tanto o espaço comercial no térreo como o apartamento onde moravam no segundo andar de um prédio de três andares. Depois de fecharem a loja, elas também tiveram de se mudar do prédio. Deixaram para trás o apartamento no qual haviam morado desde 1902, onde, juntamente com Alex, haviam criado os três filhos. O apartamento para onde se mudaram era menor e, presumivelmente, mais barato, mas também mais moderno – dentro de Essen propriamente. Marianne se mostrou aliviada com o que descreveu como "retiro" de sua mãe e sua tia dentro da própria

Essen: "Estamos todos felizes. O apartamento é muito bonito e confortável e tem todas as comodidades proporcionadas pela eletricidade. As nossas queridas velhinhas (*Herrschaften*) finalmente terão tudo que merecem depois de adiarem por tanto tempo o seu merecido descanso. Que Deus as mantenha com saúde!".[46]

Da perspectiva de uma moça de 25 anos preocupada com a vida excessivamente difícil de sua mãe e sua tia, e consciente de que os confortos modernos e o sossego a tornariam mais fácil, essas mudanças devem ter parecido positivas. Porém, o fechamento da loja e a mudança de casa no final do ano de 1936 com certeza provocaram emoções contrárias em Selma e Henny. Assim como sua mudança para um espaço muito menor num bairro desconhecido da cidade de Essen e, ainda por cima, como elas acabariam descobrindo, sob o controle de uma senhoria antissemita. É claro que a vida em Altenessen também havia mudado recentemente, assim como para todos os judeus em toda a Alemanha. A população de judeus de Altenessen, que já era de apenas 0,7% da população total às vésperas da nomeação de Hitler como chanceler, em novembro de 1935, havia sofrido uma redução de dois terços, chegando a apenas 0,2% da população total; na cidade de Essen, a população de judeus também havia decrescido, embora em apenas um quarto, passando de 1% para 0,75% no mesmo período de três anos.[47] Essas mudanças demográficas resultaram tanto da migração interna de judeus para regiões urbanas da Alemanha como da emigração. O apartamento menor em Essen, de dois quartos e sala, em comparação com o de quatro quartos, um conjugado de sala de estar e de jantar e sala de visitas que haviam tido em Altenessen, pode muito bem ter representado uma economia com aluguel para elas. Ele ficava muito mais próximo da sinagoga e do apartamento alugado em que Kurt morava. Marianne escolheu ver o fechamento da loja e a mudança de suas "mães" para dentro da cidade de Essen com otimismo, otimismo com o qual talvez sua mãe e sua tia também tenham tentado ver as coisas, fosse para tranquilizar os filhos ou a si mesmas.

Com a loja liquidada, Henny e Selma, que por tanto tempo haviam sustentado a si mesmas e a família com seu próprio trabalho, precisavam agora encontrar uma nova maneira de cobrir suas despesas. Kurt, que de 1934 a 1938 trabalhou primeiro como assistente do conselho jurídico em Essen e depois como conselheiro geral da Centralverein em Frankfurt, dava a elas alguma ajuda financeira. Elas também tinham algumas economias e os lucros que haviam conseguido ganhar com a liquidação da loja, além de dois terrenos que poderiam ser vendidos em caso de necessidade.

Como Selma e Henny, muitos outros judeus que eram donos de pequenos negócios também foram obrigados a fechá-los ou vendê-los em meados da década de 1930. Com respeito às medidas econômicas do ministro Schacht forçando as restrições que impunham a perseguição econômica aos judeus, elas deixaram de ser seguidas quando sua principal função na economia foi assumida por Hermann Göring.[48] O Plano Quadrienal de Göring, introduzido em 1936 para promover a militarização e os preparativos para a guerra, não tinha o mínimo interesse em proteger o papel dos judeus na economia alemã. Em 1937, quando Schacht foi oficialmente removido de seu cargo, a política de "arianização" já estava bem avançada em muitas partes da Alemanha.[49]

Na primavera de 1937, a saúde de Henny havia melhorado; seu câncer estava em remissão. Selma estava suficientemente confiante no estado de saúde de sua irmã para deixá-la sozinha em Essen e viajar para a Palestina em visita a sua filha e seu genro. Contudo, a viagem era para ser apenas uma visita, o que indicava a falta de premência com que judeus como Selma viam a necessidade de deixar a Alemanha.[50] Nem antes nem durante a sua visita à Palestina Selma solicitou o visto que poderia ter convertido sua viagem de visita em permanência naquele país. Enquanto estava na Palestina, ela teve de se submeter a uma cirurgia de apêndice, que exigiu um longo período de recuperação. Sua incapacitação deve ter afetado sua visita e certamente restringido suas atividades. Sabemos pouquíssimo a respeito dessa viagem além da menção no caderno de notas de Marianne no final de setembro de 1937, comentando o retorno de Selma e Lotti da Palestina, de uma carta de Selma de 1938 e de alguns postais e fotografias de Selma tiradas no navio e no apartamento de Lotti e Hans em Tel Aviv. Não houve naquela época nenhuma discussão concreta sobre a possibilidade de Selma emigrar para a Palestina, mas isso mudaria.

Quando Selma voltou para a Alemanha, Lotti acompanhou-a. Elas ficaram alguns dias descansando na Itália antes de voltarem juntas para se reunir com o resto da família em Essen. O retorno de Selma acompanhada de Lotti foi motivo de uma comemoração familiar.[51] Henny ficou obviamente muito feliz por rever sua irmã, de quem raramente havia se afastado por mais do que alguns dias seguidos desde 1902. A filha mais nova de Selma,

Marianne, que havia retornado da Suíça para concluir sua residência em Colônia, conseguiu ir a Essen para uma visita de vários dias. Kurt também estava em Essen, onde continuava morando e trabalhando, embora alguns meses depois ele tenha se mudado para Frankfurt. O tio Hermann passou uma noite com elas, vindo de Krefeld para Essen para esse encontro especial com sua sobrinha Lotti, a quem ele e o resto da família não viam desde sua partida para a Palestina, mais de dois anos antes. Apesar da longa viagem e da recuperação recente da cirurgia, Selma deve ter ficado muito animada por ter esse curto momento de doce amargura com todas as pessoas que mais amava.

Esse breve encontro familiar com todos os seus filhos reunidos não conseguiu disfarçar a verdade de que a família estava a ponto de se dispersar ainda mais. Quando Marianne viajou a trabalho por vários meses para o exterior em 1933 e no início de 1934, e para continuar seus estudos em medicina em 1936, sua mãe e sua tia Henny sentiram imensamente sua falta. No início de 1938, quando a residência de um ano de Marianne estava chegando ao fim e não havia nenhuma perspectiva de ela conseguir autorização para exercer a medicina na Alemanha, Selma e Henny não tiveram dúvidas de que ela também emigraria em breve. Saber que sua filha caçula deixaria sozinha a Alemanha era particularmente doloroso tanto para Selma como para Henny. Mas elas também sabiam que emigrar era a melhor opção para Marianne.

A situação na Alemanha estava se agravando cada vez mais para os judeus. O governo nazista editou decretos no início de 1938 que aceleraram o processo de eliminação dos judeus da economia e das escolas alemãs. Aos judeus foi negado acesso aos programas do governo de ajuda aos pobres. Decretos promulgados no verão de 1938 também obrigavam os judeus que tinham sobrenomes alemães a adotar como segundo nome "Israel" para os homens e "Sara" para as mulheres, de maneira a facilitar sua identificação pelos nazistas.[52] Todos os membros da família Kaufmann-Steinberg tiveram de adotar esses nomes como seu segundo nome. Tendo já perdido seus direitos de cidadania em 1935 e seu negócio não muito tempo depois, agora era parte de sua identidade que estava sendo tomada. Realmente, eles perceberam, era hora de seus filhos mais jovens encontrarem um país melhor onde pudessem exercer suas profissões, ter direitos políticos e acesso à mobilidade econômica.

Selma e Henny escreveram para Nanna — como costumavam chamar Marianne — no dia 21 de junho de 1938, apenas algumas horas depois de ela ter partido de Essen. Seu primo de segundo grau Moritz Schweizer acompanhou-a na viagem de trem. Elas queriam que houvesse cartas à espera de Nanna quando ela embarcasse no navio que partiria de Roterdã para Nova York no dia 23 daquele mesmo mês. Os conselhos, ou melhor, os votos e as bênçãos que elas enviaram evidenciam a confusão de sentimentos que Selma e Henny tiveram quando viram seus filhos se dispersarem por diferentes continentes. Selma, em particular, havia entendido o quanto era importante para sua filha se tornar médica e influenciou Marianne na escolha de emigrar para um país que lhe fosse mais promissor profissionalmente. Selma também pensava que, como Marianne havia se estabelecido como médica, ficaria mais fácil para toda a família poder emigrar e voltar a se unir. Nessa carta de despedida, Selma dizia à sua filha caçula: "Leve estas palavras contigo em tua nova vida em outra parte do mundo. Tudo de melhor para ti, minha querida e corajosa filha! Uma boa viagem, com travessia segura e uma maravilhosa vida livre, com trabalho gratificante em tua profissão. Meus pensamentos estão todos com você, minha querida". Numa oração que ela descreveu como sua bênção de mãe, Selma dizia "que Deus te abençoe e olhe por ti, para te mostrar o caminho e te dar paz". Henny estava emocionada demais para escrever muito, então apenas desejou uma boa viagem e uma vida feliz a Marianne. Ela encerrou sua carta à sobrinha com "tudo mais deve ser dito sem palavras" e assinou com um "carinhosamente".[53]

Selma escrevia com muita frequência para Marianne, tentando disfarçar suas preocupações e seus pesares por trás de palavras de conselhos corriqueiros, esperanças e elogios. No dia 24 de junho, logo após a partida do navio que levava Marianne, Selma escreveu: "Está tudo tão quieto e solitário aqui em casa; muitas vezes, eu acho que a casa está se fechando à minha volta... Fico me lembrando de coisas que nos esquecemos [de colocar na mala]; eu queria te dar algumas toalhas de mesa recém-lavadas e dois pratos. Agora você terá de comprar aí, se precisar de pratos, e não se esqueça de lavar uma ou duas toalhas de mesa em água quente".[54] Duas semanas depois, uma Selma aflita tentava lidar com o fato de não poder mais exercer seu costumeiro papel de mãe para sua filha nem compartilhar suas experiências a qualquer hora ou de forma direta: "Quando receber esta carta, você já terá tido todos os tipos de novas experiências e teus novos amigos daí poderão te dar conselhos e te apoiar o máximo possível".[55]

Todos da família extensa de Selma procuraram ajudar tanto a ela quanto a Henny a superar a tristeza de ter de dizer adeus à sua filha caçula. A sogra de Lotti, Flora Kaiser-Blüth, em Colônia, e Olga Bachrach, a esposa do primo de Alex, Julius, que vivia em Plettenberg, insistiam em pedir que Selma e Henny fossem visitá-las. Selma escreveu para Nanna dizendo o quanto elas estavam sendo gentis.[56] Olga podia muito bem imaginar como seria, pois ela própria vinha lutando desde 1936 para conseguir um visto para os Estados Unidos para sua filha caçula, com apenas 17 anos, que também se chamava Marianne. Olga não se despediria de sua própria filha Marianne Bachrach antes do início de 1939, mas já antecipava a dor da despedida enquanto tentava consolar Selma.[57]

Selma escreveu em código no dia 24 de junho de 1938 sobre suas preocupações com o tio Hermann, que ainda não havia voltado para Essen naquela noite. Ela estava preocupada em saber como ele estaria quando voltasse de Krefeld para Essen e se teria "certa papelada".[58] A carta de Selma escrita em 30 de junho de 1938 deixava claro para Marianne que ele estava sendo despedido de seu emprego como vendedor de uma firma de judeus que seria em breve "arianizada". É interessante o fato de Selma explicar a demissão de seu cunhado por "seu moroso sucesso de vendas, sua aparência externa, sua postura vacilante... características que não eram recomendáveis para a função de caixeiro-viajante". Selma dizia que eles todos, com exceção do próprio tio Hermann, podiam prever esse acontecimento. Mas Selma estava também furiosa por causa da maneira que o tio Hermann havia sido demitido da fábrica de seda para a qual havia trabalhado como vendedor por mais de quarenta anos, empresa "para a qual ele havia dedicado toda uma vida de trabalho e energia". Selma não conseguia esconder que estava chocada diante do tratamento que haviam dispensado a seu cunhado, descrevendo-o como não merecido nem por "um empregado doméstico com menos de meio ano na casa". Enfurecida, Selma escreveu como se lamentasse:

> Eles deviam ter tratado isso de uma maneira mais honesta, chamando-o para discutir a questão de que ele não podia continuar com o emprego. Eles deviam pensar que ele pediria demissão depois de mandar outros vendedores a alguns de

seus melhores clientes. Agora Kurt terá de intervir, mas tenho dúvidas de que isso terá alguma serventia.[59]

Selma devia saber que a fábrica de seda cujos donos eram judeus, para a qual o tio Hermann havia trabalhado por tantos anos, estava sendo "arianizada", mas talvez tenha intencionalmente evitado mencionar isso numa carta para Marianne. Às vezes, os judeus proprietários permaneciam na firma apenas formalmente enquanto ela era assumida por não judeus. Pelo visto, o tio Hermann não tivera um bom relacionamento com seu chefe, Herr Simon, e isso, somado à sua idade e ao seu desempenho nos negócios, pode ter sido o que Selma e ele próprio interpretaram inicialmente como a causa principal de sua demissão.[60] Henny escreveu para Marianne dizendo que o tio Hermann bem que gostaria de ter partido no navio com ela.[61]

Fazendo uso da experiência que havia adquirido em seu trabalho na Centralverein, ajudando judeus a obter compensações financeiras e fazer valer quaisquer outros direitos legais, Kurt foi a Krefeld, em nome do tio Hermann, tentar reverter sua demissão abrupta. A carta escrita por Kurt em 22 de julho de 1938 deixa claro que todos os empregados judeus estavam sendo demitidos porque a empresa estava sendo "arianizada", forçosamente vendida para "arianos" por um preço bem abaixo do mercado. O tio Hermann recebeu a menor indenização que podia ser-lhe legalmente concedida pelo tempo entre a notificação de sua demissão e o dia em que parou de trabalhar. A reação emocional do tio Hermann aos seus patrões, quando notificado de sua demissão, de acordo com Kurt, só piorou as coisas.[62] No passado, o tio Hermann havia feito frequentes contribuições para a renda da família, inclusive ajudando os sobrinhos para que pudessem concluir seus estudos universitários, mas agora a perspectiva de qualquer contribuição significativa com as despesas familiares era muito vaga.

Cada dia mais deprimido e parecendo ter envelhecido da noite para o dia, Hermann, agora desempregado, foi definitivamente morar com as duas irmãs, para desespero de Henny em particular. (Ver foto 3.5.) Apesar de ter se recuperado do câncer de útero em 1936, Henny sofria agora de uma artrite crônica que pareceu piorar justamente quando Hermann foi definitivamente morar com ela e Selma.[63] Mais tarde, naquele verão de 1938, o fato de Hermann continuar prestando ajuda financeira à sua irmã mais velha, Johanna, que morava em Kassel, supostamente com suas econo-

Foto 3.5 Tio Hermann com a gata da casa, Petra, e seus gatinhos

mias, aumentou ainda mais as preocupações da família.[64] Selma e Henny estavam preocupadas tanto com a capacidade de discernimento dele como com a ameaça iminente de ele vir a se tornar um fardo físico e financeiro. Esse homem, que havia sido muito querido como o tio/cunhado divertido e engraçado, ao perder sua identidade profissional e sua fonte de renda, rapidamente se tornou taciturno e imprevisível, no melhor dos casos, e muitas vezes rude e sem consideração para com Selma e Henny.[65]

O fardo financeiro que Selma e Henny estavam carregando por terem de sustentar três pessoas foi um pouco aliviado em 1938 e 1939 com a venda de duas propriedades. Uma delas era o terreno em Altenessen, situado diagonalmente do outro lado da rua em que ficava a loja, e a outra era uma residência em Gronau, fora de Hanover, que havia sido dos pais de Alex. No entanto, a quantia que a família recebeu por essas duas vendas reflete as perdas sofridas como judeus donos de negócios numa Alemanha cuja economia e propriedade estavam sendo cada vez mais e de maneira bastante consciente "arianizadas". Em 1938, outros decretos foram promulgados para que se abrisse caminho para o confisco das propriedades de judeus na Alemanha.[66] Essas duas vendas evidenciam o impacto da "arianização" e a disposição de conhecidos a abocanhar as propriedades de judeus a preços consideravelmente abaixo do valor de mercado.

Selma se sentiu forçada, em meados de 1938, um ano e meio depois de ela e sua irmã terem se mudado para o apartamento menor em Essen, a vender o terreno do outro lado da rua em que haviam tido a loja e o apartamento alugados. A Primeira Guerra Mundial e em seguida a doença de Alex haviam impedido a família de realizar seu sonho de construir ali sua casa própria. A família havia passado ali muitas horas, colhendo frutos silvestres e apreciando as flores do jardim, e não foi, portanto, fácil se desfazer daquela propriedade.[67]

A carta que Selma escreveu à sua filha Marianne, falando sobre a venda da propriedade para um vizinho, no dia 16 de julho de 1938, logo depois de sua filha ter emigrado para os Estados Unidos, não deixa transparecer nenhum sentimento de que fora coagida nem qualquer ressentimento pelo fato de ter sido explorada em seu valor pelo comprador. Há, no entanto, um sentimento de perda e tristeza, e uma tentativa de justificar para sua filha, uma das presumidas herdeiras da propriedade, por que ela não podia continuar em posse da família. Selma estava claramente desapontada; ela escreveu para Marianne um dia após o fechamento do negócio, dizendo que havia vendido a propriedade por 1.000 RM abaixo de seu valor, conforme fora finalmente estipulado para propósitos de determinação de taxas, seu valor unitário (*Einheitswert*). Ela mencionou que Marianne saberia qual tinha sido esse valor determinado, mas que, apesar de o sonho de Alex de construir ali sua casa própria não ter sido realizado e nem a propriedade ter-lhes rendido nenhum dinheiro, ela estava aliviada por não ter mais que cobrir despesas relacionadas ao local. E continua: "Nós estamos desesperadamente necessitados dos juros [sobre o dinheiro da venda] para a manutenção de nossa casa e temos agora os 25 marcos para as taxas, que tínhamos de pagar mensalmente, à nossa disposição". Ela passou em seguida a descrever em detalhes como a venda havia sido realizada, referindo-se ao fato de que Marianne deveria lembrar qual era o valor unitário da propriedade e que esse mesmo homem já havia anteriormente feito uma oferta para comprá-la, apesar de também censurar claramente o que estava escrevendo. Selma relatou para sua filha como havia ocorrido o processo de venda:

> Quatorze dias atrás, o dentista do andar abaixo de nós me chamou para dizer que havia falado com Kr., que ele conhece bem, a respeito da propriedade, e que Kr. pedira a ele para me dizer que eu lhe telefonasse, o que fiz imediatamente. Ele, então, pediu que eu lhe fizesse uma proposta razoável para que negociássemos. Você sabe que ele antes havia dito que pensava em 8 mil [marcos], valor que nem merecia ser discutido. Marcamos para ele vir aqui no domingo seguinte. Eu pedi a Eugen que viesse também, porque ele entende dessas coisas muito mais do que eu, mas não foi absolutamente necessário.[68] Quando eu insisti no valor unitário, ele ofereceu mil [marcos] a menos. Era seu número de sorte e ele não desistiria. Eu não queria ser mesquinha e entramos em acordo sobre esse preço muito rapidamente. Ele não é de maneira alguma mesquinho e é muito simpático e absolutamente generoso. Depois do ato formal no cartório, fomos para o jardim e lhe mostrei onde ficava o terreno. Ele ficou entusiasmado ante a perspectiva de ver seus filhos correndo e brincando ao redor. Havia também todos os tipos de frutos nas parreiras...

Selma prosseguiu descrevendo de forma bastante romântica e nostálgica as lindas flores e a natureza exuberante do terreno. Depois, voltando ao seu lado mais prático, escreveu:

> Bem, nós tivemos esse terreno por mais ou menos trinta anos, desde 1909. Passamos nele muitas horas agradáveis, mas ele nos acarretava, só em impostos, um alto custo. Uma vez calculei, quando da aceitação da oferta de compra [Auflassung] – 2.790 marcos. Agora estou feliz por ele ter sido tão bem cuidado e tudo ter ocorrido de forma tão tranquila. Acabei de escrever ao corretor de imóveis, pedindo a devolução dos registros de demarcação da propriedade. Não o vi nem tive mais nenhuma notícia dele.[69]

Se Selma procurou realmente o senhor Kr. [Krell] ou se colocou abertamente a propriedade à venda, isso não fica claro, mas Krell manteve-se claramente interessado em sua compra por um tempo e, pelo visto, fizera uma oferta inicial muitíssimo baixa. O senhor Krell possuía uma loja de departamentos nas redondezas e devia conhecer Selma e Henny como donas de outra loja. Selma queria, provavelmente, que seu sobrinho Eugen estivesse presente por ele ter experiência em negócios. Seu filho Kurt, que não era nem homem de negócios nem proprietário de imóvel, morava então em Frankfurt e trabalhava como principal conselheiro jurídico da sede local da Centralverein.

No entanto, os documentos dos filhos Steinberg posteriores à guerra, relativos aos processos de reparação, contam outra parte da história. No dia 29 de junho de 1951, a corte da Alemanha Ocidental, encarregada de julgar os pedidos de reparação, decidiu, a favor dos filhos, que uma compensação fosse paga a eles, herdeiros de Selma, pela propriedade em Altenessen. O comprador da propriedade, Herr Krell, concordou em pagar aos herdeiros de Selma um total de 6.300 DM (marcos alemães), o equivalente a 63 mil RM. O senhor Krell continuava sendo o dono daquela propriedade em 1951 durante os processos de reparação e foi identificado como o dono da loja de departamentos Kaufhaus W. Krell em Altenessen.[70] Essa quantia é consideravelmente maior do que a diferença de 1.000 RM a menos do que o valor unitário sobre o qual Selma escreveu e dá uma noção de como os valores eram presumivelmente subestimados para as propriedades de judeus para que os "arianos" pudessem se apropriar delas mais facilmente. As listas de endereços da cidade de Essen complementam a história: Herr Krell já era dono de uma loja de departamentos na própria cidade de Essen quando comprou o terreno de Selma. Ele não construiu no terreno, mas, em vez disso, mudou uma loja de aviamentos para o andar térreo do prédio onde ficava a sede local do Partido Nazista, ao lado de onde Selma e Henny haviam morado e tido sua loja. Depois de ter iniciado esse negócio em Altenessen, ele teve tanto sucesso que conseguiu abrir um terceiro negócio em Essen antes da guerra.[71] Ele não havia expulsado Selma e Henny de sua loja, mas obteve lucros consideráveis em consequência do vazio que o fim da loja havia deixado nas redondezas imediatas e conseguiu expandir ainda mais, talvez à custa de alguma outra pessoa.

Tanto Kurt como Lotti escreveram para Marianne no fim do verão de 1938, falando sobre a venda do terreno em termos muito positivos. Lotti dizia que estava muito satisfeita pelo fato de a venda do terreno ter sido decidida de forma tão positiva.[72] Kurt contrastava a demissão do tio Hermann e sua indenização precária com a venda do terreno em Altenessen ao escrever: "Como certa 'compensação', nós conseguimos vender o terreno de Altenessen. Os rendimentos sobre esse dinheiro serão necessários para o sustento de 'nossos velhos'".[73] Portanto, mesmo que o preço pago pelo terreno não tenha sido nada justo, com relação aos tempos e às dificuldades da geração anterior, sem trabalho e cada vez mais sem posses, a venda foi comemorada. Os membros da família ficaram aliviados por saberem que haveria dinheiro no banco e que os juros serviriam para sustentar Selma, Henny e tio Hermann, "nossos velhos", como os filhos passaram a se referir aos três coletivamente. Para os filhos, aquele foi um consolo em uma Alemanha nebulosa, onde um futuro assegurado para os judeus, especialmente para os mais velhos, parecia cada vez mais improvável.

A segunda propriedade que eles também estavam tentando vender e que ajudaria a assegurar o futuro financeiro da velha geração era o grande prédio que havia sido da família Steinberg em Gronau, fora de Hanover, onde os pais e irmãos de Alex haviam morado e tido sua pequena loja de departamentos. Selma e os dois irmãos de Alex, Hermann e Johanna, como herdeiros, dividiram os lucros obtidos com a venda da casa dos Steinberg em Gronau. O preço acordado foi de 15 mil RM. Porém, como parte de sua política para empobrecer ainda mais os judeus, o regime nazista havia, a essa altura, criado novas regras que exigiam que uma grande porcentagem dessa soma fosse para o Estado alemão em vez de ir para os proprietários judeus.[74] O comprador dessa propriedade de Gronau, seu locatário comercial, senhor Raising, pôde tirar vantagem do fato de seus vendedores — Selma, Hermann e Johanna — serem judeus e lhes pagou por ela um preço muito abaixo do valor de mercado.[75] O comprador foi obrigado, em decorrência do processo de reparação julgado na década de 1950, a pagar uma compensação no valor de 6.274 DM [marcos alemães] — o equivalente a 62.740 RM — para os filhos Steinberg, como únicos herdeiros dos Steinberg, porque havia pagado 80% a menos, a quantia de apenas 15 mil RM, pelo prédio de Gronau em vez de mais de 77 mil RM, que era seu valor estimado de mercado.[76]

Quando a família estava tentando vender essas duas propriedades, Kurt começou a considerar seriamente a possibilidade de emigrar, apesar de ter esperado um tempo para comunicar essa ideia à família. A partida de Lotti em meados de 1935 ocorrera quando Selma e Henny ainda tinham sua loja e ambas gozavam de boa saúde, antes de as Leis de Nuremberg tê-las privado da cidadania alemã. Quando Marianne partiu, em meados de 1938, a situação pessoal e financeira deles havia mudado consideravelmente, pois a maioria de seus amigos e parentes mais jovens já havia saído do país ou considerado seriamente a possibilidade de ir embora. As pessoas mais velhas estavam mais propensas a ter problemas de saúde e mais responsabilidade para com as pessoas queridas. Selma obviamente não conseguia pensar em deixar para trás sua irmã e companheira de toda a sua vida, Henny, quando ela finalmente começou a escrever para Marianne sobre a possibilidade de emigrar no outono de 1938. Um mês depois de Kurt ter registrado seu pedido de imigração para os Estados Unidos e comunicado o fato a seus "pais", Selma decidiu que era hora de ela fazer o mesmo também para si, sua irmã e o tio Hermann.[77]

Vários eventos internacionais também influenciaram a decisão de Selma em favor disso. Primeiro, houve a Conferência de Evian, em julho de 1938, que o presidente Franklin D. Roosevelt havia convocado depois da anexação (*Anschluss*) da Áustria pela Alemanha em março de 1938, quando mais de 200 mil judeus da Europa Central poderiam se juntar à corrente de possíveis refugiados judeus alemães. Roosevelt convocou em particular os países europeus e latino-americanos para que facilitassem a imigração e o reassentamento de refugiados judeus da Alemanha e da Áustria, apesar de poucos países estarem dispostos a aceitar um aumento do número de refugiados judeus.[78] Então, em agosto, as tensões e os temores da guerra aumentaram em torno da Crise dos Sudetos, que resultou na Conferência de Munique e na aceitação pela Inglaterra, França e Itália da ocupação pela Alemanha dessa parte da então Tchecoslováquia. Selma escreveu nessa época com grande alívio para Marianne: "Graças a Deus que os dias difíceis e inquietantes finalmente passaram. O mundo inteiro respira aliviado pelo fato de a guerra ter sido evitada. Teria sido terrível demais".[79] Com lembranças ainda muito nítidas da Primeira Guerra Mundial e de suas consequências, essa geração mais velha estava particularmente preocupada com a possibilidade de outra guerra.

A preocupação realista de Selma com o futuro, especialmente agora que seus filhos já estavam todos fora ou se preparando para deixar o país, levou-a ao consulado dos Estados Unidos em Stuttgart, onde, no dia 20 de outubro de 1938, ela registrou seu pedido de visto tanto para si mesma como para mais dois outros membros da família pelos quais se sentia responsável, Henny e Hermann.[80] Eles receberam os números de registro 31691-92-93. A viagem de Essen até o consulado americano em Stuttgart não deve ter sido fácil para uma mulher judia idosa fazer sozinha. Além de um longo percurso de trem, os judeus em viagem naquela época tinham de suportar várias formas de discriminação. Uma testemunha ocular relata: "Quase sem nenhuma exceção, os restaurantes e hotéis de lá [Stuttgart] eram obrigados pelas autoridades locais do Partido a negar hospedagem aos judeus".[81] Para não ter de passar a noite em Stuttgart, Selma foi para Kreuzau, onde compareceu ao enterro de Leopold Roer, marido de sua irmã mais velha já falecida, Julie, e depois foi para Frankfurt, onde visitou Kurt, e finalmente para Colônia, para ver os sogros de Lotti, os Kaiser-Blüths.

Henny sofria na época não apenas de artrite crônica, mas também de outros problemas que seriam logo diagnosticados como consequentes de um tumor renal. Em algum nível, Selma deve ter entendido que esse segundo acometimento de câncer, somado a seus outros problemas de saúde, tornaria provavelmente impossível para Henny deixar a Alemanha. Porém, ela registrou assim mesmo os três, com a esperança de que, quando seus números de registro fossem chamados, o estado de saúde da irmã permitisse que todos eles emigrassem.

Quando Selma solicitou os vistos para os Estados Unidos, no outono de 1938, os números que recebeu para seus pedidos eram tão altos que ela achou que fosse demorar muitos anos para eles imigrarem. Apenas quando seus números fossem chamados é que eles teriam de apresentar os atestados das pessoas que os receberiam comprovando que tinham condições financeiras para manter os imigrantes. Em geral, era mais difícil para as pessoas idosas e com poucos recursos encontrar no exterior quem se responsabilizasse por elas e pudesse comprovar sua situação financeira. Isso passou a ser especialmente verdadeiro quando aumentaram as restrições à saída de judeus da Alemanha que estivessem levando consigo dinheiro e bens. As perspectivas para os judeus que tinham acesso limitado a recursos materiais no exterior ou a emprego num país estranho com língua e cultura diferentes eram, de fato, muito reduzidas. Poucos imigrantes conseguiam fazer rapidamente economias para logo após sua chegada trazer os membros restantes da família. Selma, no entanto, acreditava que suas filhas já tivessem conseguido economizar o suficiente ou encontrado pessoas que pudessem lhes dar carta de fiança.

Em outubro de 1938, quando Selma solicitou visto de imigração nos Estados Unidos para si mesma, para Henny e o tio Hermann, Lotti e Nanna em seus novos domicílios certamente queriam e esperavam que fossem finalmente se reunir com seus "velhos". No entanto, nenhuma das duas achava que havia necessidade urgente de concentrar seus esforços em tirar seus "velhos" da Alemanha. Os familiares dispersados entre a Alemanha, a Palestina e os Estados Unidos estavam mais preocupados com a segurança de Kurt e ficaram felizes quando souberam que ele já havia, no dia 1º de setembro de 1938, solicitado visto de imigração para os Estados Unidos. As atividades envolvendo a venda das propriedades da família, juntamente com a relativa calma que parecia reinar na Alemanha após a recente decisão da Conferência de Munique de evitar a guerra, criaram a ilusão de um padrão de relativa segurança para que Selma, Henny e o tio Hermann pudessem aguardar na Alemanha até que as filhas estivessem perfeitamente assentadas e adaptadas a suas novas vidas.

4 OBSTÁCULOS PROFISSIONAIS E DIFICULDADES PESSOAIS: LOTTI E MARIANNE, 1933-1938

Diferentemente da situação dos judeus alemães mais velhos já estabelecidos em suas carreiras, as esperanças e os sonhos pessoais e profissionais de muitos judeus alemães jovens foram abalados, quando não esmagados, em poucos meses depois da chegada dos nazistas ao poder. Os fatores que passaram cada vez mais a convencer os judeus jovens, em particular, de que não poderiam continuar na Alemanha envolviam, em geral, obstáculos profissionais e econômicos, os quais se multiplicaram continuamente a partir da primavera de 1933. Antinazistas declarados, fossem judeus ou não judeus, eram muitas vezes vítimas de intimidação e violência física por parte dos militantes nazistas já em 1933, ou até nos anos da Grande Depressão, antes de Hitler ter sido nomeado chanceler. Muitos jovens ativistas judeus antinazistas, que se viam particularmente como alvos, fugiram da Alemanha nazista logo no início, mas eles constituíam exceção entre os judeus alemães. Judeus de todas as idades e de todas as partes da Alemanha sentiram o impacto da chegada dos nazistas ao poder, mas muitos adotaram naturalmente a atitude de esperar para ver. A legislação nazista variava de lugar para lugar e mesmo de pessoa para pessoa, com certeza pelo menos até 1935, quando as Leis de Nuremberg impuseram restrições concretas a todos os judeus e às interações entre os judeus e os assim chamados arianos.

Tanto a situação política na Alemanha nazista como a iminente morte de Alex Steinberg na primavera de 1933 forçaram a filha caçula dos Steinbergs, Marianne, a voltar para mais perto de casa e estudar na Universidade de Düsseldorf em vez de ingressar na Innsbruck, como ela havia planejado.[1] Enfatizando que "a atual situação política obscurece tudo mais", Marianne expressou alívio duas semanas após a morte de seu pai: "A morte do pai simplesmente ocorreu na hora certa: ele foi poupado tanto de continuar sofrendo como da situação atual".[2]

A jovem Marianne, então com 22 anos, reagiu ao novo regime e ao que ele parecia representar para seu próprio destino e ao destino de outros judeus, escrevendo as últimas páginas do diário que mantinha desde que era adolescente:

> Tanta coisa – parecia que nunca ia acabar – aconteceu nestes últimos quatro meses. Tivemos as eleições no dia 5 de março, logo depois do incêndio do Reichstag [parlamento alemão], que trouxe a confirmação de Hitler como chanceler e sua ascensão nacional. As consequências: o despertar da Alemanha, a perseguição de marxistas e judeus. Descrever tudo isso em detalhes é impossível. Acredito que tudo permanecerá em minha mente sem que eu tenha de anotar.
>
> Quanto a meu próprio destino pessoal... Meus estudos e minha vida até agora, que serão determinados pelo destino dos judeus alemães, em particular dos jovens e da próxima geração. O nosso direito de viver e ganhar o próprio sustento está nos sendo negado nesta nova Alemanha... É possível alguém se denominar "estudante judeu" hoje? Se com [universidade alemã] estudante se incluem todos os direitos e as obrigações que o termo implica, então a minha expressão "estudante judeu" deixa de ser correta. Porque aqui, na Alemanha, os nossos direitos e deveres nos foram tirados. Nós não pertencemos mais ao conjunto de estudantes alemães. De acordo com as estipulações do Führer, nós aqui em Düsseldorf só poderemos ocupar nossos assentos depois que todos os arianos tiverem ocupado seus lugares.[3]

Como estudante de medicina e futura médica, Marianne sabia bem que a [esfera] política havia se tornado pessoal. Já em abril de 1933, todos os médicos "não arianos" foram impedidos de trabalhar em clínicas e hospitais que aceitavam o seguro-saúde estatal de assistência a enfermos, e aqueles que ainda não eram filiados ao programa de assistência não eram aceitos.[4] Como a maioria dos alemães estava coberta pelo seguro-saúde estatal, que pagava diretamente aos médicos pelo atendimento aos pacientes, os estudantes de medicina judeus alemães foram todos excluídos da profissão que haviam escolhido. Essa medida legal veio acompanhada de um "boicote silencioso" contra os médicos judeus e de "uma campanha de intimidação entre os pacientes", e o resultado disso foi que mais da metade de todos os médicos judeus foi obrigada a abandonar sua profissão em meados de 1933.[5] Como Marianne já havia passado nos exames que a qualificavam para a faculdade de medicina em 1932,[6] ela não estava sujeita às restrições de abril de 1933 com respeito às quotas para o ingresso de estudantes judeus na faculdade de medicina.[7] Porém, mesmo tendo permissão para continuar estudando, suas perspectivas de se tornar de fato médica na Alemanha já eram muito pequenas. Embora ela não tivesse como saber disso em 1933, os decretos posteriores impediam todos os judeus de receberem seus diplomas de medicina, mesmo que tivessem concluído todo o treinamento e passado em todos os exames. Na verdade, um decreto promulgado no dia 25 de julho de 1938 cancelava completamente as licenças de médicos judeus e restringia as práticas de médicos judeus ao tratamento de pacientes judeus.[8]

Marianne também estava preocupada com o futuro de sua família. O boicote econômico promovido pelos nazistas na primavera de 1933 contra os negócios de judeus não havia sido de bom agouro para sua mãe e sua tia, nem para o tio Hermann. Nanna sabia que seu irmão e sua irmã também estavam enfrentando obstáculos profissionais.[9] Não foram apenas as políticas do governo que restringiram o ingresso de não arianos nas profissões jurídicas e médicas em 1933: grupos profissionais também começaram, por iniciativa própria, a excluir cada vez mais os judeus de suas corporações. Durante o Terceiro Reich, a política do regime e as ações populistas por ele sancionadas se conjugaram para forçar os judeus alemães a abandonar o exercício de suas profissões na Alemanha.[10] Isso também teve um impacto sobre todos os irmãos Steinberg.

Embora seu irmão Kurt tenha encontrado trabalho na primavera de 1934 dentro da comunidade judaica,[11] Marianne continuava preocupada com sua irmã mais velha.[12] Lotti havia passado nos exames da faculdade de odontologia em dezembro de 1932, pela Universidade de Würzburg, e concluiu seu curso em março de 1933. Isso, por sorte, foi antes de os judeus terem sido impedidos de fazer os exames de qualificação para obtenção de registro para o exercício das profissões de médico e dentista.[13] Como indício da qualidade de seu trabalho, o orientador do doutorado de Lotti, o doutor

Max Meyer, recomendou a publicação de sua tese no *Springer Archive for Ear, Nose and Throat Medicine*.[14] Os temores de Marianne de que Lotti não conseguisse encontrar trabalho eram justificados. Embora sua irmã menor continuasse acreditando, no final de 1933, que Lotti persistiria e "superaria as dificuldades", Lotti jamais conseguiu realizar o sonho de abrir seu próprio consultório na Alemanha.[15] A legislação antijudaica que começou a vigorar em 1933 tornou difícil no início e depois impossível para um dentista recém-formado, como era o caso de Lotti, encontrar emprego regular.[16]

Tomamos conhecimento, por meio do que Marianne escreveu em seu diário no dia 6 de junho de 1933, de que as perspectivas de Lotti eram, no melhor dos casos, fracas: "Depois de passar nos exames de qualificação com boas notas e ter concluído sua formação como dentista, Lotti está procurando trabalho... Se conseguir encontrar um dentista judeu que a empregue como substituta ou assistente, será muita sorte. Um colega cristão não quer nem pode contratá-la".[17]

Em meados de junho de 1933, naquele momento crítico tanto pessoal como político que se seguiu à morte de seu pai e à consolidação dos nazistas no poder, Marianne comparou a situação dela e a de seus irmãos com a de sua mãe, de sua tia Henny e de seu tio Hermann. Marianne se sentia aliviada por seus velhos estarem seguros "pelo menos por enquanto... já firmados em suas profissões". Reconhecendo em meados de 1933 que a situação de sua família não era exclusividade deles, Marianne gracejou: "Esses são os problemas materiais... exemplificados pela família Steinberg, que é uma típica família judia na Alemanha em 1933... mesmo com respeito à ocupação dos filhos e dos pais". Marianne achava que era mais do que comum que pais judeus alemães se ocupassem com negócios enquanto seus filhos tivessem formação universitária. Ela lamentava o fato de tão poucos judeus alemães se dedicarem a trabalhos manuais ou a atividades agrícolas que aumentariam suas chances de obter vistos de imigração para o mandato britânico da Palestina.[18] Embora Marianne não estivesse naquele momento considerando seriamente a possibilidade de deixar a Alemanha, ela se mantinha informada sobre as opções de emigração, inclusive sobre as profissões com maior demanda na Palestina.

As organizações sionistas procuravam judeus com treinamento e experiência em atividades manuais e agrícolas, e chegavam até a oferecer treinamento a jovens judeus com a finalidade de desenvolver uma pátria para os judeus na Palestina. A ascensão do nazismo fez com que um número crescente de jovens judeus alemães se voltasse para a Palestina em busca de um possível futuro. Diversos centros de treinamento — ou *hachsharah* — já haviam começado a surgir na década de 1920 por toda a Alemanha para preparar os judeus para a *aliyah*, ou emigração para a Terra Santa.[19] Na Palestina, como também em outros países menos industrializados como a Argentina — os quais muitos refugiados judeus alemães procuraram e para onde conseguiram imigrar —, havia uma demanda limitada de jovens com formação acadêmica.[20] Depois do início da Depressão, no final de 1929, o Partido Nazista passou progressivamente e com êxito a canalizar as agressões políticas e as frustrações econômicas da insatisfeita classe média "ariana" e dos profissionais com formação universitária desempregados não apenas contra os comerciantes judeus, mas também contra os médicos, dentistas e advogados judeus, incluindo os estudantes de direito e de medicina.[21] Marianne, consciente desse crescente ressentimento e de como ele era cada vez mais dirigido contra os judeus como ela e sua família, já em 1933 desejava que ela e sua família estivessem numa situação que facilitasse sua saída da Alemanha, caso viesse a ser necessário.[22]

Todos os três filhos Steinberg sentiam os efeitos do regime nazista em sua vida cotidiana. Em Essen, logo depois de os nazistas terem chegado ao poder em 1933, Lotti passou por um incidente com um antigo conhecido de escola que, como de costume, se sentou ao lado dela no bonde. Ela pediu a ele que se retirasse porque o emblema do Partido Nazista que ele estava usando a deixava desconfortável. Ele pareceu não entender por que ela se sentia desconfortável e observou: "Lotti, isso não tem nada a ver com você". Porém, ela disse a ele que aquilo tinha tudo a ver com ela. Aparentemente, aquele ex-colega de classe tinha acabado de ingressar no Partido Nazista e ainda não havia estabelecido ligação entre sua ideologia antissemita e suas relações pessoais.[23]

Marianne, já em meados de 1933, tivera um desentendimento com o novo regime nazista e sabia de vários episódios assustadores envolvendo conhecidos e parentes. Por isso, a possível necessidade de deixar a Alemanha não saía de sua mente. Ela recebeu uma carta quando estava de férias solicitando sua presença na sede local do Partido Nazista em Altenessen. Apesar de ter sido tratada com gentileza e nunca ter sabido o motivo exato de ter sido convocada a comparecer lá, os temores de seus familiares de que ela pudesse não voltar são indícios do quanto os judeus já se sentiam vulneráveis na Alemanha depois de apenas alguns meses de regime nazista.[24] Seu primo de segundo grau Moritz Schweizer, que era conselheiro geral da comunidade da sinagoga de Essen, estava numa condição que o deixou muito exposto e por isso foi preso no dia 19 de abril de 1933, aparentemente por nenhum motivo, a não ser o de intimidá-lo, mas felizmente foi solto em seguida.[25]

Por intermédio de seu namorado Edgar Meyer e do irmão dele Alfred, que trabalhava como dentista em Barmen, cerca de 40 quilômetros a noroeste de Düsseldorf, Marianne tomou conhecimento das ameaças físicas violentas que os nazistas faziam e colocavam em prática contra os judeus na Alemanha. Na primavera de 1933, as milícias da SA mataram Alfred; o corpo dele foi posteriormente encontrado num saco de aniagem numa represa.[26] Edgar, que ela descreveu em seu diário em 1932 como sendo comunista e um tanto quanto agitador,[27] teve sua vida ameaçada pela SA quando compareceu ao enterro de seu irmão.[28] No fim de uma tarde de sexta-feira, 30 de junho de 1933, Marianne soube que sua mãe, que havia enviuvado recentemente, estava decepcionada pelo fato de ela não ter voltado para casa, mas seus planos de visitar o túmulo de Alfred, agora que ela havia se mudado recentemente para Düsseldorf, eram prioritários. Marianne se sentiu dividida entre a normalidade de passar o *Shabbat* na casa de sua família e seu desejo de prestar condolência a essa vítima do regime nazista em lugar de seu namorado Edgar, que não podia ele mesmo visitar o túmulo do irmão.[29] O assassinato de Alfred e as ameaças a Edgar eram formas inesquecíveis de lembrar a dimensão do perigo que já existia durante os primeiros meses do Terceiro Reich.[30] Edgar não tinha planos concretos de emigrar, apesar de haver tido sua vida ameaçada recentemente.[31] Na verdade, no início de julho de 1933, o namorado tentou convencer Marianne a retornar para Würzburg, onde ele morava, para concluir ali seus estudos. Porém, no início de agosto, Marianne o ajudou a entrar clandestinamente em Essen e dali a cruzar ilegalmente a fronteira com a Bélgica, onde dois primos o acolheram. De lá, ele foi para a França, onde viveria como exilado em Tours.[32] Edgar foi um entre aproximadamente 30 mil refugiados alemães que em 1933 atravessaram a fronteira com a França e um dos aproximadamente 37-45 mil judeus alemães e 10 mil não judeus que fugiram da Alemanha naquele primeiro ano do regime nazista.[33]

Em seguida, Marianne sentiria diretamente os efeitos das práticas nazistas. No dia 11 de julho de 1933, ela soube que sua bolsa de estudos, que havia sido concedida por mérito, estava sendo cancelada.[34] Ela havia recebido a notificação da concessão da bolsa apenas no dia 16 de março, depois de ter sido convidada a entrar na mesma associação de distinção a qual seu irmão havia pertencido quando estudante. Haviam lhe dito que ela recebera essa distinção "por sua disposição a colocar-se profissionalmente pelo resto da vida a serviço do Povo Alemão".[35] O novo governo sob o poder dos nazistas designou uma comissão especial no fim da primavera para identificar, antes que começasse o novo semestre de verão, quais dos estudantes que haviam recebido bolsa eram "não arianos". A esses estudantes não seria mais concedida nenhuma bolsa e eles deveriam devolver qualquer quantia que já tivessem recebido. Marianne foi informada de que, "por sua descendência não ariana", ela não poderia mais continuar pertencendo àquela "seleta associação estudantil" e que seria agora considerada não merecedora de ajuda financeira. Ela não apenas deixaria de receber os fundos prometidos para o próximo semestre, mas também teria de devolver 307 RM, a metade do total prometido que já lhe havia sido pago.[36]

Durante todo o período final do verão de 1933, e especialmente depois da partida de Edgar, Marianne passou a usar cada vez mais seu diário para descrever sua angústia existencial de judia na Alemanha e o afunilamento das opções para os jovens judeus em particular. Porém, ela tomava cuidado para não arriscar mencionar nada, mesmo em seu diário, que se referisse à partida de Edgar. Na primeira noite do *Rosh Hashanah* [ano-novo judaico], no dia 21 de setembro de 1933, ela escreveu sobre o dualismo da identidade judeu-alemã enquanto fazia suas reflexões sobre o futuro:

> *Nós somos judeus alemães. Todos nós somos, não apenas eu sou uma judia alemã. Isso quer dizer que somos uma comunidade de pessoas que vive num país que considera sua terra natal, sua base econômica, cultural e intelectual. Nós somos alemães, mas também somos judeus. Vivemos na Alemanha, na Diáspora. Com essa admissão, nós estamos diante de um caminho lógico que nos foi colocado: reunirmo-nos em direção ao verdadeiro caminho para casa. E se não podemos ir todos para a Palestina por diferentes motivos – não posso ser médica lá e teria de ser uma Chaluz [pioneira] –, então pelo menos devemos nos voltar internamente para a nossa condição de judeus. E isso nós podemos fazer em qualquer país.*

*Sabemos agora, mais uma vez, a que lugar nós pertencemos, qual é nossa raiz...
Eu sou uma judia, nós somos judeus.*[37]

Foi nesse momento, depois de se deparar com essa crua realidade da exclusão e discriminação, como estudante, que Marianne tomou providências — por intermédio de uma amiga inglesa, Doris Meakin, que ela havia conhecido recentemente, no início de 1933, na Alemanha — para viver e trabalhar no Reino Unido.[38] Para Marianne era inaceitável, e financeiramente inviável, continuar numa universidade alemã. Em Cardiff e Londres, Marianne trabalhou para diversas famílias de judeus ingleses como cozinheira, empregada e babá para financiar sua hospedagem.[39] Não foi fácil para ela adaptar-se a trabalhar para judeus que ela não considerava seus iguais em termos culturais, intelectuais e até mesmo de classe social. Ela certamente não ficou nada fascinada com a vida provinciana da classe média britânica na qual fora jogada em Cardiff. E lamentou: "Em muitas ocasiões, desde que estou aqui, sinto muita falta da Alemanha, especialmente do tradicional bom gosto alemão".[40] Porém, ela sabia que voltar a viver na Alemanha não seria nenhuma solução real para sua insatisfação. "O que devo fazer, meu Deus?", escreveu, perguntando-se como seria viver "sem minha profissão, meu trabalho, minha medicina".[41] As cartas que recebia de sua irmã e das pessoas queridas, sua mãe, sua tia Henny e seu tio Hermann, a ajudavam a manter o ânimo.[42]

Quando Marianne deixou Cardiff e foi morar em Londres, no fim do outono de 1933, ela estava muito mais feliz.[43] Ali trabalhou para famílias de judeus que considerava ser "mais do tipo de intelectual alemão".[44] A família para a qual trabalhou que mais a impressionou foi uma de sionistas militantes, o doutor Lauterbach e sua esposa, embora esse fato tenha mais despertado sua curiosidade do que representado alguma afinidade emocional ou ideológica.[45]

Em dezembro de 1933, três meses depois de chegar à Inglaterra, Marianne debateu-se entre tirar vantagem de uma bolsa oferecida pelo International Student Service para estudar em Bristol ou Edimburgo, ou fazer um curso de dois anos numa escola de agricultura para mulheres em Nahalal, na Palestina, que os Lauterbachs lhe oferecerem arranjar por intermédio da Women's International Zionist Organization (WIZO).[46] Ela não se sentiu nem mesmo tentada pela bolsa oferecida pela WIZO.[47] No fim de fevereiro de 1934, escreveu para Ramona Goodman, uma representante da WIZO e conhecida dos Lauterbachs, para agradecer a oferta da bolsa, indicando que ela pensava em voltar para a Alemanha, concluir seus estudos e prestar os exames de qualificação que lhe garantiriam seu registro como médica. Goodman elogiou a decisão de Marianne de retornar à Alemanha por dois anos para concluir seus estudos e escreveu: "O que vai acontecer daqui a dois anos, eu não sei; mas se puder, então, ajudar de alguma maneira, eu o farei. Nós precisamos de mulheres como você na Palestina!".[48]

Um dos mentores acadêmicos de Marianne em Düsseldorf, o professor e doutor Albert Eckstein, escreveu a ela no dia 6 de dezembro de 1933 para dizer que, embora não fosse possível ela receber licença para exercer a medicina na Alemanha, ele achava que ela poderia obter seu diploma de médica. Ele recomendava que, se ela não tivesse condições de sustentar na Alemanha, deveria concluir todos os seus estudos na Inglaterra. Contudo, ele a desaconselhava ir para a Palestina — a não ser que ela fosse uma sionista comprometida e disposta, ele acrescentava de maneira um pouco irônica — ou ainda ser uma trabalhadora rural ou se casar e instituir família com um trabalhador rural.[49] Marianne confrontou sua raiva e aversão pelo que os nazistas estavam fazendo com os judeus alemães, mas mesmo assim se viu arrastada para a Alemanha, não apenas para retornar à sua família, mas também por seu forte vínculo com a terra natal e sua identidade alemã.[50]

Marianne podia também ir se juntar a seu namorado Edgar, em Tours. Ele havia prometido que ela poderia continuar estudando medicina se fosse para lá. No entanto, ela temia, no caso de migrar para Tours, abandonar a medicina e se tornar "simplesmente esposa e mãe". Ela hesitou em se mudar para a França, percebendo que teria de repetir as provas e vários cursos para tornar-se apta a entrar na universidade de lá e que, provavelmente, teria de mendigar para obter uma bolsa de estudos. Ela queria evitar um "futuro [que] seria totalmente incerto fora da Alemanha!".[51]

Ainda em Londres, em seu aniversário de 23 anos, em 2 de fevereiro de 1934, saudosa, Marianne se viu cercada por uma montanha de cartas com votos de feliz aniversário, uma grande fotografia de seus pais e pacotes de presentes, inclusive uma passagem de trem para Tours enviada por Edgar. Ela não via a hora de voltar para casa, onde poderia discutir todas as suas opções com as pessoas queridas.[52] Reconsiderando, cerca de 55 anos depois, a sua decisão de retornar à Alemanha em 1934, Marianne concluiu: "Eu queria voltar para a minha família na Alemanha, para estar com eles naquelas horas difíceis, continuar meus estudos e ver o que o futuro traria a nós, judeus, no país em que nascemos. Eu – como a maioria dos judeus – ainda não sabia o que estava reservado para nós".[53]

Depois de toda a saudade que havia sentido do lar e da família enquanto estava na Inglaterra, Marianne logo se decepcionou com sua volta à Alemanha:

> *Não existe nada que proporcione a sensação de estar em casa. A gente se sente ausente de tudo, totalmente sozinha e desligada das coisas que costumavam nos preocupar...*
>
> *O que devo fazer? É a eterna pergunta perturbadora. Continuar estudante aqui? Com infinitos sacrifícios, usar o último Pfennig [centavo] para ir para a Palestina? Ir para Tours ficar com Edgar, que progrediu – camarada intrépido – e está ganhando 10 mil francos por mês em uma loja em que é empregado? Estou muito feliz por tê-lo agora. Do contrário, estaria me sentindo totalmente sozinha e sem rumo.*[54]

As anotações feitas em seu caderno indicam as preocupações típicas de uma jovem estudante de vinte e poucos anos, tentando tomar decisões com respeito a seu futuro; contudo, sentindo-se dividida entre os fatores positivos e negativos dos vínculos familiares, os envolvimentos com a carreira profissional e a vida afetiva de um lado e, de outro, o extraordinário dilema de uma jovem judia alemã, tentando descobrir qual a melhor escolha a ser feita, em meio a tantas circunstâncias econômicas e políticas que estavam fora de seu controle. Marianne concluiu que, em meio a tantas circunstâncias incontroláveis, ela poderia pelo menos perder os quilos que havia ganhado enquanto se sentia tão infeliz em Cardiff: "É bom que, apesar de tudo, eu continue preocupada com minha aparência".[55]

Lotti, enquanto isso, enfrentava diversos obstáculos tanto em sua vida profissional como pessoal. Apesar de estar plenamente qualificada como dentista depois de ter recebido seu diploma, ela só podia trabalhar de forma intermitente como substituta de outros dentistas ou assistente, ganhando, com isso, um salário mínimo. A situação na Alemanha só pioraria para os profissionais judeus. Lotti trabalhou por curtos períodos para dentistas em Erlangen e Hanover. Trabalhou como substituta em Colônia para colegas, quando saíam de férias ou estavam temporariamente sem condições de atender seus pacientes. Em novembro de 1933, o doutor Rolf Barmé, de Colônia, dentista judeu para quem Lotti já vinha trabalhando como assistente, ofereceu-lhe um emprego fixo. No entanto, três dias antes do previsto para ela assumir o trabalho, ele voltou atrás em sua proposta, alegando "falta de pacientes".[56] A gradual redução do número de pacientes em seu consultório de dentista judeu depois do boicote oficial aos negócios de judeus em abril de 1933 mostrou-lhe que não havia trabalho para dois dentistas. No início de 1934, pelo que parece, Lotti trabalhou de novo em seu consultório por alguns meses como "assistente voluntária", o único emprego que ela conseguiu, mesmo com uma remuneração modesta. Pelo visto, Lotti ganhava apenas 25 RM por mês, salário comparável ao de uma recepcionista.[57]

Eram tantos os dentistas com dificuldades para continuar exercendo sua profissão na Alemanha que uma agência especial foi criada em 1934 para capacitá-los em profissões como técnicos protéticos. O número de dentistas judeus diminuiu na Alemanha nos primeiros três anos do regime nazista de 1.150, em 1933, para 750, em 1936.[58] Então, no dia 13 de fevereiro de 1935, todos os dentistas judeus foram proibidos de participar do sistema de seguro-saúde.[59] Isso significava que a base de pacientes dos dentistas judeus seria limitada àqueles poucos dispostos e em condições de pagar por conta própria pelos serviços dentários.[60] Poucos dentistas, judeus ou não judeus, tinham condições de ter mais alguém trabalhando num consultório que não participasse do sistema de seguro, ainda que estivessem dispostos a dar trabalho a uma jovem dentista judia. É desnecessário dizer que isso tornou impossível a realização do sonho de Lotti de abrir seu próprio consultório na Alemanha.

Além de Lotti passar por dificuldades para se estabelecer profissionalmente, sua vida amorosa estava totalmente de ponta cabeça nos primeiros anos do Terceiro Reich. Depois da morte do pai, sua busca por um parceiro de vida reflete um anseio quase desesperado por segurança e estabilidade. A complicada vida amorosa de Lotti, que entrava numa nova relação antes de se desprender totalmente da anterior, preocupava muito sua irmã mais nova. Embora as duas irmãs não morassem na mesma cidade — nem no mesmo país — naquela época, Lotti e Marianne confidenciavam em suas

Foto 4.1 Retrato de Lotti, 1932

cartas muitos detalhes íntimos da vida amorosa de cada uma, confiando uma nos conselhos da outra quando o assunto era o coração. Como muitas das cartas escritas no período entre o início e os meados da década de 1930 foram extraviadas, a maior parte do que sabemos sobre os relacionamentos de Lotti vem do Diário de Marianne, que naturalmente expressa suas próprias interpretações e visões de irmã mais nova. (Ver Foto 4.1.)

Enquanto Lotti trabalhava substituindo um dentista em Erlangen no início de 1933, um de seus colegas encantou-se com ela e pediu a um amigo, Heiner Frohmann, que a encontrasse e lhe desse sua opinião a respeito dela. Lotti gostou da ideia de seu colega de "colocar a raposa para vigiar o galinheiro",[61] porque ela e Heiner imediatamente se apaixonaram um pelo outro.[62] Em novembro de 1933, o que Marianne escreveu em seu diário expressava esperança de que, "do fundo do meu coração e com toda a minha alma, que Lotti seja feliz neste relacionamento".[63] Logo depois de ter conhecido Lotti, Heiner teve de abandonar seus estudos universitários para assumir o negócio de lúpulo para cerveja, de seu pai, que falecera recentemente. No entanto, logo depois, os judeus foram excluídos também desse ramo de negócios. Heiner, como único filho homem da família, achou que deveria tomar conta da mãe e das duas irmãs. Com o término do negócio da família, sua preocupação com as responsabilidades familiares o impediam de comprometer seu futuro com Lotti. Ela descreveu o que achava que se passava na mente dele: "Meu futuro está à minha frente em completa escuridão. Sinto meus pés atados por correntes empurrando-me para baixo. Tenho de ser honesta em admitir que não posso levar você comigo para esse futuro incerto e obscuro".[64] As cartas de Heiner para Lotti antes de ela partir para a Palestina eram recheadas de uma "Weltangst romântica" [crise existencial romântica].[65] Com o coração apertado, Lotti acabou interpretando a relutância de Heiner em se comprometer como um sinal de que ele não a amava tanto quanto ela o amava.[66] O relacionamento deles durou menos de um ano. Acabou quando ela foi trabalhar em Colônia e Heiner tentou iniciar um novo empreendimento com o qual pudesse sustentar sua família. Como esse novo negócio fracassou rapidamente, ele passou a se concentrar na preparação para emigrar juntamente com sua família.[67]

Desiludida e com o coração partido, Lotti procurou seguir em frente. Ela entrou numa sucessão de relacionamentos sérios, mas pouco duradouros. Complicados como são os assuntos do coração já em circunstâncias normais, encontrar um parceiro de vida se tornava ainda mais complicado para uma jovem de 26 anos que também tentava encontrar uma maneira de sair da Alemanha. Sua irmã Marianne era otimista ao considerar que depois de tantos "casos amorosos" Lotti acabaria por encontrar o parceiro certo.[68] Porém, mesmo assim, Marianne não deixava de se preocupar com Lotti, que, estando sempre à procura de uma relação estável, acabaria perdendo a paz de espírito. No início de 1934, logo após o rompimento com Heiner, Lotti considerou por um breve período a possibilidade de se casar com Karl Levetz, de Essen. Ele planejava aceitar um cargo de diretor de uma grande empresa na França, não muito distante da fronteira com a Suíça. Lotti confidenciou a Marianne que Karl queria pagar um curso de francês para ela. Lotti se recusou inflexivelmente a aceitar a oferta de Karl e, independente e orgulhosa como era, começou a estudar francês por conta própria, já que "ele [Karl] mencionou que poderá precisar de mim lá [na França] em breve".

Enquanto esperava que Karl fosse "o homem certo", Lotti também estava dividida e procurando se proteger:

Se tudo der certo, ele [Karl] deixará a Alemanha em apenas quatorze dias. Eu lamento muito porque gostaria que tivéssemos mais tempo para nos conhecermos. Você sabe que, depois de tudo que passei, me tornei extremamente pessimista. Estou sempre com receio de que ele possa me decepcionar. Também sei que precisaria me adaptar a muitas coisas. Mas sei também que, em essência, ele é uma pessoa honesta e maravilhosa.[69]

A fantasia de Lotti em torno de emigrar para a França com Karl não passou disso. Marianne manifestou seu alívio em março de 1934 com o fato de a relação de Lotti com Karl ter "felizmente" acabado.[70]

Alguns meses depois de Lotti e Karl terem seguido caminhos separados e pouco tempo depois de a relação com Heiner ter terminado, Lotti se envolveu com o dentista Albert Sulke, para o qual trabalhava em Hanover.[71] Lotti se apaixonou por Albert enquanto, trabalhando como sua assistente, observava como ele era atencioso com seus pacientes. Ela apreciava em Albert principalmente "a incrível sinceridade, o cuidado e o amor que ele dedica a seus pacientes e a seu trabalho".[72] Embora tivesse muita esperança de que essa relação com um colega dentista altamente respeitado desse certo, Lotti também tinha medo de sofrer outra decepção. Sempre romântica, ela sonhava com a possibilidade de uma cerimônia de casamento duplo, com sua irmã se casando com Edgar Meyer, pois sua mãe deixara clara sua aprovação de tê-lo como genro.[73] Conforme Lotti escreveu para Nanna: "Não seria incrivelmente maravilhoso se nossa mãe tivesse ambas as filhas se casando juntas?". Porém, a relação de Lotti com Albert também terminou abruptamente. Albert era, ao contrário de Lotti, uma "pessoa profundamente religiosa". Ela suspeitou de que Albert tivesse ficado incomodado com a possibilidade de ter sido ele o responsável pelo fim do relacionamento dela com Heiner, depois de perceber que ela ainda estava envolvida com Heiner quando começou a trabalhar com ele, Albert, no outono de 1933. Ela escreveu: "Albert se repreendia por ter destruído a nossa relação. Por sentir-se culpado, ele não acreditava que pudesse algum dia viver feliz comigo".[74]

No verão de 1934, Marianne refletiu sobre o dilema de Lotti: "Estou muito preocupada com ela e sua relação com Albert Sulke. Não será nenhum grande infortúnio se ela não se casar com ele. Foi uma grande surpresa para mim, ao conhecê-lo, saber que ele era o homem escolhido por ela. As coisas estão bem complicadas para ela neste momento — por causa de sua relação anterior com Heiner Frohmann e sua relação atual com Sulke. Se pelo menos eu soubesse o que fazer para ajudá-la!".[75]

Enquanto isso, Marianne estava muito animada com seu retorno aos estudos, apesar de ter de se adaptar a viver na Alemanha nazista. Em êxtase, ela descreveu seu prazer em estudar medicina enquanto trabalhava numa clínica pediátrica e de novo morava em alojamentos para estudantes. "Meu Deus, as coisas com que sonhei em minhas horas mais difíceis na Inglaterra são agora realidade. Em paz, eu posso estudar medicina. Posso ficar sentada com meus amigos em meu quarto sem que ninguém incomode — ficar sentada trabalhando e me sentindo bem. Agradeço a ti, querido Deus." Contudo, ela sabia que o bem-estar que voltara a sentir por estar novamente abrigada como estudante — "em meu quarto sem que ninguém incomode" e longe da realidade do mundo lá fora — tinha limites muito reais:

> *Naturalmente, as restrições à felicidade são evidentes. De repente, quando estou em público, sou atingida por um sentimento assim: aqui sou considerada uma judia, mas isso não me humilha, porque mantenho minha cabeça erguida. Por que estou fazendo tudo isso? Eu quero tentar concluir meus exames de doutorado. Falando sério, não quero ter de pensar em nada além disso.*[76]

Mas foi obrigada a pensar além quando, pouco tempo depois de ter voltado da Inglaterra, ela e um grupo de amigos não judeus, voltando de Berlim, foram parados pela polícia, que queria saber se havia algum judeu no carro. Embora a condição de judia de Marianne fosse mantida em segredo, a experiência de negar sua identidade e perceber a preocupação dos amigos deixou-a visivelmente apavorada.[77]

Marianne jamais conseguia se concentrar inteiramente no presente. Ela não queria deixar sua família, mas sabia que não podia continuar na Alemanha e não tinha em mente nenhum destino ideal onde pudesse se sentir em casa e se realizar profissionalmente. Então, ela voltou a dar vida à possibilidade de retornar à Inglaterra para estudar, dessa vez com a promessa que havia recebido do International Student Service de uma bolsa por dois anos. Além disso, se preparou para uma viagem a Tours para visitar Edgar, a primeira vez depois de quase um ano. Ela sabia que essa visita determinaria como "responderia às intenções sérias dele".[78]

A visita de Marianne a Edgar na França propiciou a ela uma oportunidade para analisar suas emoções e intuições com respeito ao que seria melhor para ela.[79] De volta a Düsseldorf, retornou a seu caderno de notas "para chegar a ter alguma clareza sobre [seus] sentimentos". Ela não apenas tinha dúvidas quanto à relação com Edgar ser a certa para ela, mas também considerava tudo que havia presenciado na França ligado a sionismo, xenofobia e antissemitismo. Enquanto ela estava em Tours, o diretor de Edgar, que também era judeu alemão e estrangeiro residente, foi expulso da França. Nas palavras de Marianne: "Para Edgar, aquilo foi um tapa na cara. O véu foi erguido e o destino dos imigrantes – talvez o seu próprio – foi revelado". Edgar viu ser puxado o tapete daquele homem que ele tanto "admirava e cuja posição sonhava alcançar". Sentindo a preocupação de Edgar com o destino de seu chefe e impressionada com a visita a um *kibutz* na França, Marianne considerava se Eretz Israel não seria o meio de evitar tal destino para jovens judeus como eles próprios. Ela ponderou:

> *Edgar disse para si mesmo que isso pode acontecer com você a qualquer momento... e a única possibilidade de se ter uma pátria, a pátria, em sua visão – como também na minha –, é na Palestina. Os pensamentos com respeito à Palestina foram intensificados por nossa visita a um kibutz que fica a 8 quilômetros de Tours... Ao sol e ao ar livre, rapazes e moças estão se preparando para "Eretz".*[80]

A irmã de Edgar, Ruth, que Marianne conheceu em 1932 quando ela e Edgar viviam em Würzburg, trabalhava no *kibutz* que eles haviam visitado nos arredores de Tours, e ela viu como essa experiência a havia transformado.[81] Não mais "uma menininha tola e imatura", Ruth era agora uma pessoa "esforçada e prestativa, e cheia de idealismo e disposição para aprender, ainda mais do que Edgar". Marianne descreveu sua própria epifania ao ver Ruth no ambiente do *kibutz*: "Há problemas de sujeira e falta de saneamento no *kibutz*, superlotação... No início, senti repulsa por aquilo tudo, mas depois comecei a perceber minha tarefa como mulher e como médica. Oh, Deus, minha missão está agora clara. Eu quero concluir meus estudos e então... entrar num *kibutz*, ir para Eretz e lá trabalhar como médica". Lembrando que ela já havia imaginado algo semelhante a isso, Marianne revelou como a experiência de cuidar de pacientes jovens que ela havia presenciado no *kibutz* havia aflorado seus "sentimentos maternos". Ela manifestou suas dúvidas com respeito aos ideais tradicionais de tranquilidade doméstica e posses materiais, e sua convicção de que "a felicidade não é ter colheres de prata no guarda-louça... [mas antes] viver com a satisfação de ter a consciência de estar criando alguma coisa, uma ideia, com e para as pessoas que a gente ama... Eu vejo isso com meus próprios olhos e sei que esta é a minha verdadeira missão".[82] Antes de 1936, ano em que as exigências para entrar no mandato britânico da Palestina se tornaram extremamente severas, mais médicos judeus alemães fugiram da Alemanha para a Palestina do que para qualquer outro país, de maneira que não havia nada de irreal no fato de Marianne se imaginar trabalhando como médica num *kibutz*.[83]

Sabendo que Edgar aguardava sua decisão de ir juntar-se a ele na França, Marianne reconheceu que havia identificado nele uma intolerância visceral e "um ódio de cego fanatismo" que ela rejeitava. "Ele é tão imaturo e tolo... Esse ódio é dirigido não apenas contra as pessoas cujos atos o atingem, mas praticamente contra tudo." Marianne criticava o egocentrismo de Edgar e "sua falta de idealismo... [notando] que ele jamais seria capaz de submeter sua própria vontade à vontade da comunidade". Atraída para o sionismo pelos ideais comunitários e antimaterialistas que ela conheceu em sua breve visita ao *kibutz* na França, Marianne comparou Edgar com seu querido irmão Kurt.[84] Kurt estava servindo à comunidade judaica na Alemanha, evidentemente correndo, com isso, muitos riscos; ele havia sido detido por vários dias e interrogado pela polícia em 1934.[85] Marianne, refletindo sobre suas afinidades e incompatibilidades, decidiu terminar a relação com Edgar.[86]

Depois de sua visita à França, Marianne foi confrontada com a realidade de que sua mãe e a tia Henny quase tiveram de fechar sua loja, a Geschwister Kaufmann, quando, pela queda nas vendas, foram obrigadas a suspender os pagamentos a seus credores.[87] Marianne colaborou na loja durante suas férias e, juntamente com seu irmão Kurt, ajudou a colocar o negócio de volta nos eixos, pelo menos temporariamente. Em meio a todas essas preocupações, ela perdeu, por um breve período, o interesse em seus estudos, pois não sabia como conseguiria financiá-los no semestre seguinte sem a possibilidade de contar com a ajuda das pessoas de casa, além de se sentir perturbada com as notícias sobre a crescente violência contra os judeus e, particularmente, contra os médicos judeus.[88]

Completamente sem dinheiro, Marianne conseguiu ir morar com um casal, os Calmsohns. Como retribuição, ela ajudaria a cuidar dos dois filhos pequenos do casal, em Düsseldorf. Ela deu à senhora Assy Calmsohn o crédito por tê-la "tirado de [seu] estado de resignação" e lhe dado "o ímpeto para fazer algo". Marianne solicitou ajuda financeira à Representação dos Judeus Alemães no Reich (Reichsvertretung), organização que representava todos os judeus alemães e que havia sido criada recentemente, no outono de 1933. Para sua surpresa, ela recebeu, em fevereiro de 1935, um subsídio de 75 RM por semestre, num total de 150 RM – em suas palavras, "não é muita coisa, mas é melhor que nada".[89] Esse subsídio, somado à pensão com casa e comida gratuitas na casa dos Calmsohns, garantiu-lhe mais um semestre de estudo.

A determinação de Marianne de se tornar médica foi dificultada por seu desejo de permanecer próxima da família: seus "pais", seu querido irmão e Lotti, que ela considerava sua "melhor amiga". Porém, quando Lotti decidiu se casar com Hans Kaiser-Blüth, sionista de uma próspera família de judeus de Colônia, Marianne compreendeu que a separação de sua família, ainda

Foto 4.2 Lotti, Henny, Selma e Hans na propriedade da família em frente à loja, Altenessen, verão de 1935

que temporária, era inevitável. (Ver Foto 4.2.) Ela escreveu: "Estou aliviada e feliz pelo fato de essas duas pessoas de bem estarem longe daqui — e especialmente por estarem na Palestina". Apesar de não ter mencionado a Palestina em seu caderno de notas por mais de um ano, ela agora declarava que queria fazer todo o possível para evitar que sua família se fragmentasse por muito tempo e "para conseguir que todos fossem finalmente para lá".[90] No entanto, Marianne escreveu: "as coisas estão agora muito complicadas" e se perguntava a respeito de seu próprio futuro: "se pelo menos eu soubesse o que fazer".[91]

Depois do casamento de sua irmã, em março de 1935, e de sua emigração, no meio do verão, Marianne tomou plena consciência de que faltava alguém especial em sua vida em quem ela pudesse confiar. Em agosto de 1935, confessou a seu caderno de notas que continuava "à procura dele e que essa procura ficava cada vez mais viva e intensa com o passar dos anos". No entanto, tentava se autoconsolar: "Eu tenho meu trabalho e meu Deus, que eu amo; e sinto que meu trabalho faz de mim uma pessoa melhor e que meu futuro marido terá, portanto, uma esposa melhor".[92]

O círculo social de Marianne foi ficando cada vez mais limitado até se tornar um pequeno grupo de amigos judeus e seus familiares, com exceção de uma antiga colega de classe de Lotti, Herta Poth, que se tornara amiga de toda a família.[93] Isso é mais facilmente compreendido no contexto da crescente privação dos direitos dos judeus pelos nazistas e do aumento do ostracismo social praticado por um número cada vez maior de alemães não judeus. Especialmente depois da promulgação das Leis de Nuremberg, em 1935, os judeus tiveram de fortalecer seus laços de união dentro de uma Alemanha nazista cada vez mais hostil. Marianne reagiu às Leis de Nuremberg com este desafio em seu caderno de notas: "As novas leis (que estabelecem diferenças entre arianos como cidadãos do Reich e judeus apenas como naturalizados, e proíbem os casamentos mistos, a lei do emprego doméstico) devem servir para abrir o caminho que nós precisamos para assumir com muito mais clareza: o nosso orgulho de sermos judeus".[94]

Estudar medicina foi o que trouxe paz interior a Marianne. Ela escreveu, no verão de 1935, que estava completamente "satisfeita com o trabalho tranquilo de estudar medicina". Juntamente com Ursula Zade, uma colega de seu grupo de estudos para os exames, formado de quatro pessoas, todas judias, Marianne estudou no espaço seguro de seu quarto na casa

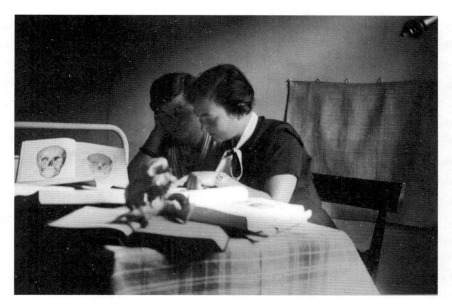

Foto 4.3 Marianne e Ursula Zade estudando para os exames de anatomia, Düsseldorf, verão de 1935

dos Calmsohns, em Düsseldorf, diariamente, das nove da manhã às sete da noite, durante toda a semana de preparativos para os próximos exames de licenciatura (*Staatsexamen*). Essa vida "tranquila" protegida permitiu que ela evitasse situações públicas em que pudesse ser marginalizada ou discriminada.[95] (Ver Foto 4.3.)

Marianne não ignorava a situação política do mundo ao seu redor. No dia 4 de outubro de 1935, escreveu em seu caderno de notas que "a guerra entre a Itália e a Abissínia [Etiópia] havia de fato iniciado, apesar dos esforços da Inglaterra e da disposição da Abissínia para chegar a um acordo". Com respeito aos esforços de Mussolini para incitar os italianos à guerra com um chamado para vingar a derrota imposta à Itália no final do século XIX pela Abissínia, Marianne fez um apelo: "Pobre mundo, você não vai conseguir ter paz, apesar da Liga das Nações, apesar da cultura, apesar de os seres humanos estarem se tornando mais velhos [mas não mais sábios]". E prosseguiu: "E ainda assim queremos ter esperanças, acreditar e agir como se pudéssemos [ter paz]. E existe [um] Deus e a justiça divina; essa crença ninguém pode tirar de mim". A esta página de seu caderno de notas, ela anexou uma cópia de uma oração do *Yom Kippur*, um apelo para manter a própria força por meio da fé e do aprendizado de como alcançar a paz.[96]

No início de outubro, o grupo de estudos de Marianne ganhou um novo membro judeu alemão chamado Mühlfelder, que havia acabado de concluir seu doutorado na Basileia. Como outros judeus estudantes de medicina na época, Mühlfelder não tinha permissão para obter seu doutorado na Alemanha e, por isso, havia ido para a Suíça e agora estava retornando para prestar os exames de licenciatura, coisa que os judeus ainda podiam fazer. Depois, ele pretendia ir para a Índia exercer a medicina.[97] Talvez a decisão de Marianne de ir logo depois para a Suíça concluir seu próprio doutorado tenha sido influenciada pelo encontro com Mühlfelder no outono de 1935 em Düsseldorf. Depois de alguns meses, ela receberia uma bolsa — para prosseguir seus estudos em Berna — do mesmo International Student Service que havia lhe oferecido uma bolsa para estudar na Inglaterra.[98]

No dia 15 de dezembro de 1935, cinco dias depois de ter passado nos exames de licenciatura na Alemanha, Marianne foi para Berna concluir seu próprio doutorado. Sendo uma ávida esquiadora, ela adorou estar em Berna no inverno, apesar de também sentir falta da família.[99] Na véspera do ano-novo, ela encontrou cartas de sua família à sua espera no hotel: "Eu derramei lágrimas de felicidade pelo amor infinito que minha mãe expressou em suas cartas, esta mulher maravilhosa, inteligente e capaz de sacrificar a si mesma". Marianne ficou feliz ao saber que seu cunhado Hans havia concluído seu primeiro grande negócio na Palestina e que Lotti também estava otimista. Ela se sentiu aliviada ao saber que a temporada de Natal havia sido muito boa para os negócios da família: "Se ao menos conseguirmos proporcionar à nossa mãe, que sempre trabalhou arduamente, uma velhice confortável e feliz! Bom Deus, isso lhe peço do fundo de meu coração, com toda a minha alma e com todas as minhas forças. Minha mãe, você continua tendo de trabalhar tão arduamente!".[100] Marianne andava preocupada com sua tia Henny, que havia sido diagnosticada com câncer de útero, e com os fardos físicos e psicológicos que sua mãe tinha sobre os ombros tanto em casa como na loja.[101] Na primavera de 1936, depois de assistir a uma palestra sobre o significado do livre-arbítrio, Marianne ficou se perguntando se "a vontade é mais forte do que o intelecto" ou se "o caráter da pessoa é mais forte do que o intelecto", e acabou concluindo que "os princípios éticos são os que mais importam... e nos assistem melhor durante toda a vida".[102] Essa crença nos valores éticos a ajudaria a atravessar muitas dificuldades que ainda estavam por vir.

Apesar de apreciar o período que viveu na Suíça, Marianne nunca chegou a se sentir em casa naquele país. Além de ter uma amizade muito especial com uma suíça não judia, Urs von Greyerz, ela convivia socialmente com um grupo de judeus alemães — em situação transitória, como ela mesma — que também estavam em Berna em busca de seu doutorado. Marianne passou oficialmente dois semestres na universidade, obtendo aprovação no exame oral de medicina no início de 1936, que a qualificava, pelo menos no papel, a exercer a medicina. Ela, então, escolheu o suicídio em Berna entre 1929 e 1935 como tema de sua dissertação em psiquiatria, tema esse que parece ter sido sugerido pelo orientador de seu doutorado.[103]

No começo de 1936, foi informada pelo International Student Service que, assim que começasse a ter uma renda, teria de devolver o dinheiro recebido pela bolsa de estudos. O pessoal do International Student Service de Londres só percebeu depois que Marianne já estava em Berna que seu trabalho de doutorado não era qualificado como objeto da bolsa de estudos — destinada a estudantes de graduação. Marianne explicou ao pessoal de Londres que, depois de concluir seu trabalho em Berna, o estágio seguinte de sua formação médica seria um ano de residência não remunerada no hospital judeu de Colônia. Como acabou se revelando, o Relief Work Office do International Student Service estava enfrentando suas próprias dificuldades financeiras e, depois de ter ajudado a tantos estudantes refugiados da Alemanha, como a própria Marianne, acabou fechando em meados de 1937, muito antes de Marianne começar a ter uma renda regular e, portanto, de começar a reembolsar o financiamento recebido.[104]

Marianne voltou para casa no fim de março de 1936 para visitar sua tia Henny no hospital. Assim como havia rezado para que tivesse condições de ajudar sua mãe a ter uma velhice mais confortável, ela rezou agora não apenas pela recuperação de sua tia, mas também para que ela e seus irmãos tivessem condições de retribuir de alguma maneira a devoção e os sacrifícios que a irmã de sua mãe havia feito por eles: "Nossa tia Henny! Nossa querida, boa, competente e corajosa tia! Meu Deus, não pode ser e não pode ser, não é possível que nós não tenhamos como retribuir um pouquinho de tudo que ela nos deu".[105]

Na primavera de 1936, Marianne iniciou uma relação com um judeu alemão chamado Fritz Beildeck, com quem ela se envolveu quando voltou a Essen para visitar sua tia Henny doente. Por mais maravilhosa que tenha sido aquela primavera que passaram juntos, Marianne aceitou as limitações impostas pelo fato de Fritz estar na iminência de emigrar para a América do Sul. Ela não se importou com a natureza fugaz desse relacionamento, talvez pelo fato de, em algum nível, se curvar à impotência cada vez maior perante o destino das pessoas queridas. Depois de ter retornado a Berna no fim da primavera e de Fritz ter partido para o Brasil, Marianne parece ter extraído forças de sua concentração nas lembranças felizes que tinha do tempo que haviam passado juntos. Fritz escreveu a ela várias vezes enquanto fazia as malas para deixar a Alemanha, falando de seus temores pelo que encontraria pela frente e desejando poder simplesmente ser um vagabundo para atravessar os continentes à vontade.[106] Ela disse a si mesma: "Nós jamais voltaremos a nos ver, eu acho... Talvez você apareça para mim num sonho".[107] Fritz escreveu a ela um ano depois de sua chegada ao Brasil, mas o tom e o conteúdo da carta deixavam evidente que aquele primeiro ano numa cultura estrangeira não havia sido nada fácil. Ele alertou Marianne — que, conforme ele previa, iria um dia enfrentar algo semelhante — que o primeiro ano era tomado pela aprendizagem da língua, além de ser um período de fazer contatos e se acostumar com a nova vida. Nas palavras dele: "talvez no segundo ano a gente volte a poder ser humano".[108]

Pelo que parece, foi a essa altura que Marianne voltou a considerar a possibilidade de emigrar para a Palestina. Depois de esperar por mais de dois anos, ela resolveu aceitar a proposta de Goodman da WIZO (Women's International Zionist Organization), feita em 1º de março de 1934, de ajudá-la se ela viesse a necessitar no futuro. Em sua carta de junho de 1936, Goodman lamenta não poder fazer nada por Marianne naquele momento. "Nós estamos tão abarrotados de pedidos de certificados [de imigração para a Palestina] — de nossas Federações [sionistas] da Europa Central e Oriental — que não temos como atender. Dois anos tornaram essa questão toda mais pungente do que nunca fora antes." Goodman encorajou Marianne a entrar em contato com o doutor Lauterbach, seu antigo patrão, que já estava vivendo na Palestina.[109] Lamentavelmente, no dia 1º de dezembro de 1935, uma nova lei acabou com o entusiasmo dela pela Palestina: a lei tornava a cidadania palestina uma precondição para que médicos formados exercessem a medicina naquele país.[110]

Marianne logo se viu novamente preocupada com a situação financeira de sua família na Alemanha, com sua "liquidação para fechamento da loja" e a mudança de apartamento. No fim de dezembro de 1936, ela descreveu nostalgicamente a mudança de sua mãe e de sua tia Henny do apartamento em que moravam em Altenessen, aquele que ficava no andar de cima da loja das irmãs, onde ela e todos os seus irmãos haviam nascido. Depois de ajudar na mudança de suas "mães", a própria Marianne se mudou para Colônia, onde esperaria, por vários meses, para trabalhar por tempo integral como médica interna no hospital judeu de Colônia, o Israelitisches Asyl. Como os únicos lugares em que judeus podiam trabalhar como internos na Alemanha eram os hospitais judeus, havia muitos outros jovens judeus à espera de uma vaga como interno em relativamente pouquíssimos hospitais judeus. Enquanto esperava, Marianne trabalhou em sua dissertação e morou com os sogros de Lotti, Julius e Flora Kaiser-Blüth, em Colônia. Flora e Julius Kaiser-Blüth haviam, a essa altura, se tornado parte importante da família extensa dos Kaufmann-Steinberg. Marianne estava convencida de que Flora, a quem ela chamava de tia Flora, gostava verdadeiramente dela e que, em muitos sentidos, os Kaiser-Blüths realmente a consideravam a filha que nunca tiveram.[111] O meio-irmão e parceiro de negócios de Julius, Karl Kaiser-Blüth, era, havia muito tempo, membro da diretoria do hospital israelita.[112] Essa relação familiar pode ter encurtado a espera de Marianne para trabalhar como interna no Asyl.

Já em fevereiro de 1937, Marianne conseguiu trabalho por meio período no Asyl, o que lhe permitiu continuar escrevendo sua dissertação. Ela ficou muito feliz por ter Ursula Zade, sua antiga colega de grupo de estudos do tempo de Düsseldorf, trabalhando com ela.[113] A "confiável e responsável" Ursula, que pelo visto trabalhava ali desde que havia sido aprovada em seus exames de qualificação como médica e cujo pai fazia parte do quadro de funcionários do hospital, tranquilizou e apoiou Marianne em seu período de adaptação.[114]

Em fevereiro de 1937, ela escreveu pela primeira vez em seu caderno de notas depois de ter começado a trabalhar por meio período no Asyl, incluindo sua primeira menção a "meu 'Arnöldle' ou 'Oe', como o chamo em meus pensamentos". Arnold Oesterreicher, um engenheiro civil judeu alemão que ela conheceu em Colônia e que havia concluído seus estudos em Berlim no ano anterior, passou, a partir de então, a exercer um papel muito importante na vida de Marianne. A relação com Arnold, no entanto, teve sua importância obscurecida por seu empenho em se tornar uma mé-

Foto 4.4 Marianne e Arnold em Ghent, Bélgica, primavera de 1937

dica interna "num hospital de verdade". Marianne estava em êxtase: "Querido Deus, muito obrigada por eu finalmente estar ganhando meu próprio sustento. Duas coisas importantes se realizaram: 1 – Poder trabalhar como médica; e 2 – Poder prover financeiramente minhas próprias necessidades". Começando a trabalhar por tempo integral no dia 1º de abril de 1937, ela passou a ter responsabilidade pela supervisão de pacientes em enfermarias e quartos individuais durante os turnos da tarde, em que o médico responsável estava fora de serviço. Essa responsabilidade fez Marianne se sentir numa posição de poder, ainda que fosse com humildade.[115] Durante a maior parte do ano seguinte, em seu caderno de notas, ela se concentrou nos detalhes dos casos médicos e nos pacientes fixos que estava tratando, inclusive na grande alegria que havia sentido ao salvar a vida de um paciente, ou em sua relação com Arnold.[116] A combinação desses dois fatos em sua vida — ou seja, poder colocar em prática os conhecimentos de medicina que havia estudado e o fato de estar apaixonada por Arnold — marcou não apenas esse último ano que ela passaria na Alemanha, mas também sua tomada de decisão com respeito ao futuro.

Conforme evidenciam os telefonemas diários de Arnold e suas visitas regulares durante a primavera de 1937, como também os feriados de Páscoa que passaram juntos na Bélgica, o relacionamento deles se desenvolveu rapidamente. (Ver Foto 4.4.) Marianne gracejou em meados de maio: "O amor é bom e contribui para a felicidade".[117] Assumir um relacionamento sério em 1937, quando tanto os médicos como os engenheiros judeus já estavam impedidos de trabalhar na Alemanha, implicava riscos emocionais graves para pessoas jovens decididas a exercer suas profissões. Poucas portas estavam abertas para a imigração de judeus alemães. A sorte não favorecia um casal de profissionais que não era casado, cuja relação estava em desenvolvimento, enquanto esse casal procurava encontrar um lugar para emigrar que oferecesse perspectivas vantajosas de fazer carreira.

A relação de Marianne e Arnold era recente demais no verão de 1937 para que qualquer um deles considerasse a possibilidade de assumir um compromisso sério com o outro, especialmente no contexto da Alemanha nazista. No entanto, quando Arnold falou de seus planos de deixar seu emprego em Colônia no dia 1º de outubro para logo depois embarcar para os Estados Unidos, Marianne ficou arrasada. Ela não queria imaginar que "a partida dele pudesse realmente significar uma separação definitiva". Achava que provavelmente ele a amava e então confessou para si mesma: "Eu o amo muito, agora sei disso".[118] Três semanas depois, Marianne se esforçava para tentar convencer a si mesma, como fizera na relação com Fritz na primavera anterior, que o mundo exterior podia acabar e que era possível viver sem "nenhum passado com seus arrependimentos ou futuro com suas expectativas".[119] Mas dessa vez ela teve muito menos sucesso na tentativa de simplesmente viver o momento presente.

Na primeira noite do *Rosh Hashanah* [ano-novo judaico] de 1937, depois de ter jantado com sua colega do Asyl, Trude Löwenstein, sozinha em seu quarto, Marianne se lembrou de sua família e das comemorações do ano-novo no ano anterior, no apartamento de Altenessen.[120] Ela sentiu pavor ante a possibilidade de passar os futuros feriados importantes longe da família, mas também pensou em Arnold e confessou:

> ... com os pensamentos em Arnold, eu imediatamente passo a pensar no futuro. Onde estarei no Rosh Hashanah do ano que vem? Ainda aqui? Em Essen? Nos Estados Unidos? Na Palestina? Arnold estará nos Estados Unidos. Com certeza, não estarei com ele. Será que eu gostaria de estar? Certamente que sim, se ele também quisesse. Mas sou orgulhosa demais para dizer isso a ele. Ou não?[121]

No final de setembro de 1937, Marianne passou cinco dias em casa com sua irmã Lotti, que havia acompanhado sua mãe na viagem de volta da Palestina. Em Essen, todos os três irmãos e suas "mães" estiveram reunidos por um breve período de visita. Arnold também deu uma passada por lá e conheceu a família. Logo depois, Lotti voltou para a Palestina.[122] Quando Marianne retornou a Colônia, Arnold havia acabado de receber o visto para os Estados Unidos.[123] Ela se viu "ansiosa por palavras de amor dele, que prenderiam sua partida à vida anterior que haviam tido juntos". Entretanto, em vez disso, Arnold estava focado no estágio seguinte de sua vida e descomprometido e desligado dela. Ela ficou imaginando que o mulherengo tio de Arnold, Rudi, com quem ele havia morado em Berlim e a quem visitou muitas vezes em Londres e Amsterdã nos meses anteriores à sua partida, havia exercido más influências sobre ele. No entanto, ela admitiu estar menos decepcionada "com Arnold individualmente do que com a vida. Eu peço a Deus que tenha trabalho para poder encontrar o caminho de volta para mim mesma". Ela se entregou à tarefa de concluir sua dissertação, "para ir embora em abril, no final de minha residência médica – ou para a Palestina ou para os Estados Unidos, de maneira a poder sustentar [financeiramente] a minha mãe. Essa é uma missão e tanto!".[124] Por mais arrasada que estivesse com a iminente partida de Arnold e a relutância dele de até mesmo mencionar um possível futuro para a relação dos dois, além dos planos dele, agora concretos, de emigrar da Alemanha e imigrar para os Estados Unidos serviram para lembrá-la de que ela teria de tomar a iniciativa para seguir em frente com sua vida pessoal e profissional e procurar um país para emigrar, se é que isso era possível.

Com o coração partido, Marianne não conseguia entender por que Arnold precisava, consciente ou inconscientemente, traçar uma linha de separação entre seu passado e seu futuro. Em posse de um visto dos Estados Unidos, ele se preparava emocionalmente para deixar a Alemanha para trás e tomar seu próprio rumo em outro país. Ele não sabia o que ia fazer, como ia se sustentar nem como ia conseguir se virar com o idioma inglês. Tendo perdido sua mãe, que morrera de tuberculose quando ele ainda estava na pré-escola, e seu pai, vítima de um câncer renal, quando ele estava no fim da adolescência, os únicos membros da família que restavam era um irmão mais novo, Hellmuth, casado com uma suíça não judia, e o irmão mais novo de sua mãe, Rudi, que havia emigrado para a Inglaterra.[125] Arnold, cuja família tivera uma loja de móveis em Leipzig,[126] tinha muito mais recursos financeiros à sua disposição do que Marianne e, em 1937, possuía bens transferíveis suficientes para garantir sua segurança financeira nos Estados Unidos.[127] Marianne jurou para si mesma que não demonstraria a Arnold a profundidade de seus sentimentos antes de ele ir embora, nem que fosse apenas por orgulho e amor-próprio.[128] Isso ela conseguiu, mesmo quando ele partiu de Colônia, de avião, no dia 20 de dezembro de 1937, cerca de duas semanas antes da partida final de navio, da Inglaterra. Posteriormente, Marianne rememorou os eventos no aeroporto: desde a maneira firme, porém formal, com que ele apertara sua mão até o comentário frio feito quase ao acaso: "Talvez a gente se veja algum dia". E sua própria resposta: "Quem sabe?". Transtornada com a partida dele, ela se voltou para Deus: "Querido Deus, nem sei o que pedir. Cuide dele e proteja-o, e que a Tua paz ilumine o caminho dele! Amém!".[129]

Arnold voltou a entrar em contato com Marianne quando ainda estava na Europa, antes de sua partida final para a "Amerika", propondo que ela fosse à Bélgica para que tivessem um encontro amoroso especial. O breve encontro em Lüttich foi maravilhoso para ambos e se tornou um ponto de referência nas cartas que trocaram nos meses seguintes.[130] Um pouco antes de embarcar no navio em Southampton, Arnold escreveu para Marianne dizendo que os dois dias que haviam passado juntos em Lüttich estavam entre os melhores de sua vida, "porque você estava lá".[131] O irmão de Arnold, Hellmuth, surpreendeu-a com uma visita apenas alguns dias depois e, na visão dela, a tratara quase "como cunhada e pareceu ter como certo que eu iria para os Estados Unidos".[132] A partir daí, Marianne e Arnold passaram a manter uma correspondência regular, cujas cartas de ambas as partes sobreviveram. As cartas dela para ele eram amistosas e afetuosas, mas precavidas. Em janeiro e fevereiro de 1938, Marianne escreveu em seu caderno de notas muitas vezes não apenas sobre suas dúvidas e confusões com respeito a Arnold, mas também suas deliberações pessoais sobre o destino para onde deveria emigrar.

Agora Marianne estava realmente indecisa entre ir para a Palestina ou para a "Amerika".[133] As intenções obscuras e a falta de comprometimento da parte de Arnold tornaram mais fácil para ela considerar a possibilidade de ir para algum país sem ele. Enquanto estava indecisa e não dizia diretamente que pretendia ir para os Estados Unidos, as muitas cartas que Arnold lhe escreveu em janeiro de 1938 eram bastante afetuosas. Ele chegou mesmo a encorajá-la abertamente a ir para os Estados Unidos, dando-lhe todos os tipos de conselhos que ela não havia solicitado sobre como viajar para lá, dizendo quais eram os melhores navios, o que levar na bagagem em termos de roupas, o que estava na moda e como lidar com os funcionários da alfândega, tudo, na opinião dela, como se estivesse aguardando sua chegada.[134] Ele chegou até mesmo a se desviar de seu caminho em seu terceiro dia em Nova York para visitar parentes, marido e mulher, que eram ambos médicos. Ele relatou em detalhes para Marianne o que havia descoberto sobre imigrantes que exerciam a medicina nos Estados Unidos, ou seja, que ela provavelmente só conseguiria trabalhar sem remuneração num hospital, porque para trabalhar como médica, ela teria que, antes, prestar os exames para revalidar seu diploma em medicina e se submeter a um teste de conhecimentos da língua.[135]

Marianne ouvira dizer que era muito difícil, especialmente para uma mulher, encontrar trabalho como médica num hospital de Nova York.[136] Isso na verdade valia para todo o país. Porém, o Estado de Nova York era, em alguns aspectos, mais hospitaleiro. Por exemplo, diferentemente da maioria dos outros estados do país, o Estado de Nova York não exigia a cidadania americana para que os médicos tivessem permissão para prestar os exames de qualificação para o exercício da medicina.[137] Para prestar esses exames, o Estado de Nova York exigia dos médicos estrangeiros apenas que tivessem recebido os primeiros papéis de solicitação de cidadania, ou seja, uma comprovação da Declaração de Intenção de se tornar um cidadão [americano]. Alguns estados exigiam que os médicos concluíssem sua residência no estado antes de obter o registro para trabalhar, mas o de Nova York não exigia. Por esses motivos, somado ao fato de haver tantos refugiados residindo na Cidade de Nova York, mais refugiados médicos conseguiam licença para trabalhar ali do que em qualquer outra parte dos Estados Unidos.[138] Contudo, mesmo em Nova York, os médicos foram os refugiados que despertaram mais animosidade de seus colegas americanos do que qualquer outro grupo profissional.[139] Em consequência disso, eles tiveram, muitas vezes, de enfrentar a discriminação quando se candidatavam a cargos em hospitais. O exercício da medicina em consultórios particulares se tornou mais atraente para os médicos refugiados, mas a formação oferecida pelas faculdades de medicina da Europa, especialmente da Alemanha, era mais voltada para a pesquisa e a especialização do que para a vasta experiência clínica que se esperava dos clínicos gerais em consultórios particulares.[140] Felizmente, a prática de Marianne em sua residência no Israelitisches Asyl de Colônia havia sido bastante ampla. Entretanto, uma pesquisa realizada em 1946 com refugiados concluiu que as mulheres médicas tinham mais dificuldade para retomar suas práticas profissionais nos Estados Unidos do que os homens, porém houve mais mulheres que foram trabalhar em consultórios particulares do que em qualquer outro posto de atendimento médico, como hospitais e clínicas.[141] Em consequência do fato de as mulheres médicas enfrentarem discriminação nos hospitais dos Estados Unidos, não é de surpreender que elas tenham se voltado para os consultórios particulares.[142] Contudo, Marianne ainda não havia concluído que os Estados Unidos eram o melhor lugar para ela ir, e terminou sua carta de 23 de janeiro de 1938 em resposta ao relatório de Arnold sobre a possibilidade de exercer a medicina ali com: "Se eu tivesse realmente que ir para a América...".[143]

Seis dias depois, Marianne comunicou a Arnold que havia finalmente decidido ir para a "Amerika". Ela já havia visitado a agência de ajuda a judeus, a Hilfsverein, que aconselhava os judeus alemães em questões de imigração para qualquer lugar, menos a Palestina, sobre quais eram as melhores maneiras de proceder a esse respeito.[144] Ela sabia que não ia ser fácil, entretanto escreveu: "mas estou disposta a enfrentar as dificuldades". Porém, três dias depois de ter conseguido chegar a essa decisão, Lotti despejou um balde de água fria sobre a determinação da irmã. Lotti escreveu a ela, como já havia feito antes a respeito de outras opções possíveis na Palestina, mas dessa vez informando sobre uma proposta muito urgente de um trabalho como enfermeira em Monte Carmelo. Marianne descreveu para Arnold a pressão que estava sentindo naquele momento pelo tipo de argumento que Lotti havia usado para convencê-la a ir para a Palestina: "Que nós, irmãs, não devemos nos separar e que, especialmente nos dias atuais, a gente precisa fazer sacrifícios para manter esses laços que não têm preço — seja pelas piores circunstâncias financeiras ou pelas piores chances de trabalho como médica na Palestina". Apesar de estar em conflito quanto a melhor forma de ajudar sua família, Marianne estava convencida de que havia mais possibilidade de ganhar e economizar dinheiro nos Estados Unidos do que na Palestina.[145]

Marianne explicou detalhadamente para Arnold, e para si mesma, nesta carta de 29 de janeiro de 1938, os prós e os contras de ir para a Palestina, mesmo que provisoriamente, para "mais tarde se ver o que acontece". Ela, então, falou para Arnold a respeito de sua confusão e confiou a ele seus pensamentos mais íntimos de uma maneira que até então confiara apenas a seu caderno de notas.[146] Ela confessou a ele que estava "muito deprimida" desde que lera a carta de Lotti:

> *Eu sei que tudo que Lotti disse está certo e, em princípio, penso da mesma maneira. Isso não muda o fato de as chances econômicas serem melhores para mim na América, especialmente para o meu futuro como médica. O que devo fazer?...*
>
> *Estou extremamente confusa. Estou sendo pressionada de todas as maneiras possíveis. Arnold, que conselho você me daria? Eu sei que cabe apenas a mim tomar uma decisão como esta, que outra pessoa não pode de fato ajudar muito. Porém, você já está nos Estados Unidos e tem alguma visão do país. E você me conhece. Lotti diz que a Palestina é o lugar certo para mim. Você acha que a América é o "meu lugar"? Eu gostaria muito de ouvir seu conselho. Por favor, escreva-me logo.*[147]

Enquanto isso, Arnold constatava que sua situação nos Estados Unidos era menos auspiciosa do que ele havia imaginado. Ele havia escrito para Marianne dois dias antes de ela ter pedido seu conselho, e mais de uma semana antes de ele ter recebido a carta dela de 29 de janeiro, dizendo que havia chegado à triste conclusão de que não conseguiria trabalho em sua área. Num mercado de trabalho ainda sob os efeitos da Depressão americana, Arnold não via outra opção senão voltar a estudar por dois anos no State

College, na Pensilvânia. No entanto, Arnold não considerava essa possibilidade muito ruim, porque em State College ele tinha um grande amigo não judeu de Berlim, Hendrik Andresen, com quem poderia morar e dividir as despesas.[148] Por essas cartas de janeiro de 1938, Marianne achou que Arnold estava encorajando-a a ir para os Estados Unidos, e possivelmente para o State College. Em seu caderno de notas, ela comentou o telegrama, a carta e o presente de aniversário de 27 anos que ele havia lhe enviado no dia 2 de fevereiro de 1938: "qualquer um pensaria que vamos nos casar; seu próprio irmão toma isso como certo".[149] No entanto, assim que ela perguntou diretamente se ele achava que os Estados Unidos eram a melhor opção para ela ou se ela deveria ir para a Palestina, como queria sua irmã, Arnold voltou a se mostrar muito formal e distante. Ele disse diretamente que ela não deveria contar com ele para qualquer ajuda que tivesse a ver com a América, "porque eu não sei como poderia ser de alguma utilidade para você nos próximos anos". O início e o término, respectivamente, desta carta de 10 de fevereiro simplesmente com "Querida Marianne" e "muito cordialmente" contrariavam diretamente as cartas muito mais românticas e íntimas, com muitos beijos e palavras de afeto, que ele havia escrito nas seis semanas anteriores depois do encontro romântico em Lüttich.[150] Marianne ficou furiosa e muito magoada, descrevendo a carta em seu caderno de notas como "uma verdadeira ducha de água fria". Nas palavras dela:

> *Eu sabia que ele não queria se casar comigo. Porém, depois de todas as coisas que já mencionei [presentes, dinheiro, Lüttich, telegramas, monte de cartas], eu me convenci, para ser honesta, de que ele sentiria a minha falta quando estivéssemos separados e que, com a distância, perceberia a importância da sua relação comigo. Esta carta deixa mais claro do que qualquer outra coisa que isto é o fim.*
>
> *Querido Deus, dê-me forças para desistir de Arnold de uma vez por todas e esquecê-lo. Bem, eu poderia esquecê-lo mais rapidamente se vivesse de maneira diferente...*[151]

Marianne e Arnold não estavam destinados a esquecer um do outro. Porém, a vida de Marianne na Alemanha no início de 1938 era, no mínimo, rica em experiências. Apesar de viver e trabalhar no ambiente relativamente protegido do hospital judeu de Colônia, o Israelitisches Asyl, ela estava sempre a par do constante fluxo de médicos emigrando, enquanto outros, especialmente os mais velhos, médicos judeus desempregados, estudantes de medicina e enfermeiros, estavam todos ansiosos por tomar seus lugares.[152] Ela passava o tempo livre, agora que Arnold não estava ali para distraí-la, escrevendo sua dissertação e tentando decidir qual seria o melhor lugar para emigrar, e como tomar as providências para isso. O seu cargo de um ano no Asyl terminaria no dia 1º de abril de 1938, portanto ela dispunha de pouquíssimo tempo para encontrar um lugar para viver e ter algum rendimento. Mesmo não tendo nenhum plano específico de ir embora, estava claro para ela e sua família a partida era questão de tempo. A iminência de perder a família deve ter pesado muito e contribuído para que ela desejasse ter uma relação estreita e segura com Arnold.

A mensagem de Arnold de 10 de fevereiro de 1938, dizendo para não contar com a ajuda dele nos Estados Unidos, chegou quando ela, com a forte premência de sua família em Essen, já havia decidido que ir para lá era a melhor escolha tanto para ela mesma como para o futuro da família. No dia 29 de janeiro de 1938, um pouco mais de uma semana depois de receber o pedido de Lotti para que fosse para a Palestina, Marianne recebeu a carta de fiança para sua entrada nos Estados Unidos do primo de Flora, Arthur Stern. O cunhado de Siegfried Schweizer, irmão de Moritz, ofereceu-lhe também uma carta de fiança.[153] Ainda em dúvida e sem saber o que era melhor para sua família como um todo, Marianne havia esperado para entregar o documento do senhor Stern no consulado dos Estados Unidos em Stuttgart. Mas, então, a conversa que teve com sua mãe, com a tia Henny e Kurt no dia 5 de fevereiro de 1938 foi decisiva: "Minha família é unânime a favor da América e contra a Palestina", ela escreveu para Arnold.[154] Ela se sentiu aliviada por ter agora uma meta clara, os Estados Unidos, e explicou a Arnold sua decisão: "Eu me sinto muito melhor depois de minha família ter dito que a América é a melhor e mais acertada decisão para mim e para todos eles. Especialmente Kurt espera muito de minha ida para a América. Acho que ele pensa que eu possa ajudá-lo a ir também para lá um dia".[155] Poder dividir a responsabilidade por essa tomada de decisão com os familiares em Essen ajudou evidentemente Marianne a ponderar o que era melhor tanto para ela como para a sua família.

Ela admitiu para Arnold que, "com lágrimas de tristeza e lágrimas de alegria com respeito à Palestina e a Lotti", entregaria na semana seguinte a carta de fiança de Stern para que favorecesse seu pedido de visto para os Estados

Unidos.[156] Seu "amor pela Palestina não era suficiente para compensar uma provável descensão social" e as preocupações que tinha com respeito à sua capacidade de propiciar financeiramente uma vida confortável para sua mãe e sua tia.[157] Selma se ofereceu para comunicar a Lotti a decisão de Marianne, provavelmente para reforçar a ideia de que essa era a escolha da família e aliviar a pressão sobre a caçula. Selma escreveu para Lotti e Hans dizendo "como era difícil para ela [Selma] ter de dizer-lhes que, com base em muitas diferentes considerações, eles haviam concluído em favor de A. [América], puramente por razões práticas e materiais". Selma explicou que "havia um enorme excedente de pessoas na profissão de Marianne" na Palestina e que levaria anos para que Marianne conseguisse ganhar a vida como médica, e também "que ela simplesmente não podia mais dar-se ao luxo de fazer isso".[158] Na realidade, em 1935, na Palestina, a proporção era de um médico por 174 habitantes, uma das mais densas do mundo na época. A lei anterior a 1º de dezembro de 1935, que exigia cidadania palestina como pré-requisito para o exercício da medicina naquele país, era um forte obstáculo à imigração de mais médicos e adiaria ainda mais a possibilidade de Marianne exercer lá a sua profissão.[159]

Cinco dias depois de Marianne ter enviado confidencialmente a carta de fiança de Arthur Stern para o consulado americano em Stuttgart, ela recebeu a notificação de que não era suficiente. Agora tudo estava de novo incerto indefinidamente até que uma nova carta de fiança com mais detalhes financeiros fosse aceita, e ela seria informada sobre a data em que deveria ir novamente a Stuttgart.[160] Marianne ficou desanimada.

Então, no dia 20 de fevereiro de 1938, ela recebeu uma carta com uma "ducha de água fria" de Arnold, aquela que ele havia escrito no dia 10 de fevereiro. Depois de esperar por um período excepcionalmente longo para responder, Marianne disse a Arnold, em tom reservado e formal, que certamente ela não havia contado com a ajuda dele em questões de dinheiro. Ela observou que achava que ele poderia ter demonstrado disposição para ajudá-la como amigo.[161] Talvez Arnold temesse que o pedido dela incluísse ajuda financeira, apesar das afirmações dela demonstrando o contrário, ou talvez ele suspeitasse de que houvesse alguma segunda intenção com respeito a algum tipo de comprometimento que ele não estava disposto a assumir. Seja como for, o fato é que a relação sobreviveu: Marianne e

Arnold continuaram se correspondendo e, finalmente, as coisas voltaram a ficar animadas.

O senhor Stern enviou a nova carta de fiança, e, cinco semanas depois de sua rejeição inicial, Marianne recebeu a notificação da entrevista para o pedido de visto, marcada para o dia 20 de abril de 1938, em Stuttgart. Ela ficou empolgada. Depois de seu último dia de trabalho no Asyl, ela se mudou para o quarto desocupado de Kurt, em Essen, onde teria mais espaço do que no pequeno apartamento de suas "mães" para fazer as malas.[162] Kurt havia começado sua nova função como conselheiro geral da Hessian Centralverein, em Frankfurt. Marianne havia se perguntado se as suas "mães" não pensavam em ir morar com ele em Frankfurt.[163] Não há nenhuma outra evidência de que elas [a mãe e a tia] tenham considerado a possibilidade de se mudar para Frankfurt, mas talvez pensar nisso tenha dado mais paz de espírito a Marianne enquanto se preparava para deixá-las para trás.

Marianne mencionou para Arnold todas as pessoas que conhecia em Essen e Colônia que estavam prestando entrevistas em Stuttgart e se preparando para, em breve, partir rumo aos Estados Unidos. Depois de participar de uma grandiosa cerimônia de despedida com vinho, licor, bolos e biscoitos no Asyl, Marianne passou os meses seguintes ocupada com os preparativos para sua partida.[164] Ela precisava terminar e enviar formalmente pelo correio sua dissertação para a Universidade de Berna, comprar roupas e instrumentos médicos para levar consigo, fazer visitas de despedida a parentes e amigos, e concluir todos os processos burocráticos e financeiros envolvidos em sua emigração legal da Alemanha, especialmente como judia.[165]

No início de abril de 1938, ela escreveu para Arnold sobre esse "período politicamente muito ativo", mencionando a *Anschluss* [anexação] da Áustria ao Reich alemão em março de 1938 e o referendo que, em seguida, foi realizado na Áustria. Ela retransmitiu a notícia de que as comunidades judaicas de todo o Reich, que a partir de 28 de março de 1938 perderam o *status* legal como instituições públicas, estavam perdendo não só seus financiamentos por meio de impostos locais como também suas especiais isenções de impostos: "Para as comunidades judaicas esse é um duro golpe".[166]

Ela também escreveu para Arnold falando sobre um comerciante indiano, o senhor H. C. Bhatia, que havia acabado de conhecer em Ohligs, onde havia comprado os instrumentos médicos.[167] O senhor Bhatia havia insistido enfaticamente para que ela fosse "para Bombaim, em vez de para os Estados

Unidos", por lá haver falta de "mulheres médicas" e pela resistência cultural das mulheres indianas a se tratarem com homens. Ele garantiu a Marianne que ela teria uma excelente clientela em Bombaim e chegou a lhe oferecer hospedagem até que encontrasse um lugar para morar. Apesar de no início hesitar em levar a proposta de Bhatia a sério, Marianne acabou decidindo investigar melhor essa oportunidade na Índia como um plano B para o caso de "as coisas não darem certo nos Estados Unidos".[168]

Entre abril e junho de 1938, de seus diversos locais de negócios por toda a Europa Ocidental, Bhatia escreveu uma dezena de cartas para Marianne tentando convencê-la a ir para a Índia. Ela investigou as possibilidades de trabalhar como médica em Bombaim, entrando em contato com dois médicos alemães que viviam e trabalhavam lá e perguntando-lhes o que achavam da proposta do senhor Bhatia.[169] Também pediu à sua amiga de Essen, Herta Poth, que, diferentemente de Marianne, ainda tinha sua cidadania alemã, que entrasse em contato com a Embaixada da Alemanha em Bombaim para saber também suas opiniões. Desde a promulgação das Leis de Nuremberg, em 1935, Marianne não era mais cidadã alemã, mas uma mera residente na Alemanha. Se ela própria tivesse escrito ao Consulado Alemão, não é certo que teria obtido uma resposta. Herta disse que estava solicitando a informação dos funcionários da embaixada em nome de uma amiga anônima.[170] Todas as respostas deixaram claro que os motivos do senhor Bhatia eram, na melhor das hipóteses, duvidosos e, na pior, improváveis.[171] Um pequeno número de médicos judeus alemães fugiu do Terceiro Reich para se instalar na Índia e lá exercer a medicina, mas é duvidoso que muitas mulheres, especialmente solteiras, tenham feito isso.[172]

Marianne brincou com Arnold sobre a possibilidade de o senhor Bhatia "ser um personagem saído de um conto de fadas ou um traficante de escravas sexuais".[173] De qualquer maneira, ela não foi para a Índia, mas o tempo e o esforço que dedicou a investigar essa opção confirmam que procurou cobrir todas as possibilidades para o caso de não ir para os Estados Unidos ou de a situação ali não propiciar a ela exercer a medicina, como esperava.

Menos de uma semana antes de sua entrevista em Stuttgart, Marianne entrou em pânico diante da possibilidade de não ter todos os atestados da polícia com respeito a seus antecedentes e finanças de todos os lugares em que havia morado na Alemanha.[174] Ela não podia reservar sua passagem antes de ter a certeza de que receberia o visto. No dia 19 de abril, Marianne tomou o trem para Stuttgart e conseguiu arranjar um lugar para passar a noite num hotel bem próximo da estação.[175] Ela escreveu para Arnold no dia 20 de abril dizendo que "adorou o que tinha visto em Stuttgart na tarde anterior, mas lamentava o motivo que a havia levado àquela cidade pela primeira e última vez". No dia da entrevista, que, por ironia, era o do aniversário de Hitler, e, para completar, fazia muito frio e caía uma chuva de granizo, Marianne recebeu o visto e, triunfante, escreveu para Arnold para contar-lhe sobre o sucesso enquanto esperava o trem em que voltaria para casa.[176]

Sua irmã Lotti queria que ela fosse antes para a Palestina e de lá para Nova York. Marianne, porém, logo constatou que não tinha como pagar por duas viagens de navio em reichsmarks.[177] Por causa do rígido controle da circulação de moeda pela Alemanha nazista, ela não podia sair nem enviar para fora do país os marcos de que precisaria para pagar a viagem adicional da Palestina, mesmo que dispusesse de recursos financeiros. Finalmente, pagou em reichsmarks a uma agência de viagens alemã por sua passagem com partida marcada para o dia 23 de junho — de Roterdã para Nova York. Dessa maneira, evitou as restrições à circulação de moeda, mas não conseguiu fazer uma visita a Lotti. Marianne também precisou pagar diversas taxas de emigração e, com a ajuda do tio Hermann, quitou os juros sobre a metade da bolsa de estudos que havia recebido do governo alemão como pré-requisito para deixar a Alemanha.[178]

Enquanto se preparava psicologicamente para ir embora, ela observou os frequentes contatos que Arnold tinha em State College com alemães, termo genérico que eles usavam tanto para designar os judeus como não judeus alemães. O tio Rudi tinha saído da Inglaterra para visitá-lo duas vezes. Marianne escreveu para Arnold no dia 1º de maio de 1938: "Parece que a gente não emigra mais para o 'novo mundo', pelo menos não atualmente. A gente vê muitas pessoas 'do antigo país natal' e fala com elas, e dessa forma conserva uma parte do que é familiar e costumeiro". Marianne continuou relatando os próximos casamentos de amigos antes de suas planejadas partidas para os Estados Unidos e a chegada de cartas de fiança de amigos deles e de colegas dela do Asyl.[179] Todas essas partidas iminentes de pessoas conhecidas de sua geração para os Estados Unidos, somadas à sensação de poder facilmente encontrar outros alemães, e mesmo ter a visita de membros da família, ajudaram-na a se orientar em direção à futura vida no outro lado do Atlântico.

Marianne encontrou pouco tempo durante suas últimas seis semanas na Alemanha para escrever cartas. Nas vezes em que o fez, manifestou certa nostalgia misturada a uma agitação pela Alemanha. Ela observou que a beleza da primavera de Colônia em meados de maio "nos foi muitas vezes destruída pelo constante agravamento da situação". Sua caligrafia, em geral excepcionalmente clara, era agora cheia de palavras riscadas, talvez reflexos da crescente ansiedade que sentia com respeito às condições da Alemanha, em que deixaria as pessoas que mais amava. A brevidade de suas observações e a exclusão de certas palavras sugerem que ela estava, de fato, com receio de escrever qualquer coisa que pudesse provocar a censura e colocar em risco a sua partida. Ela enfrentou as dificuldades do processo de obter permissão dos órgãos de controle monetário para poder embarcar com algum dinheiro e para que talvez ainda lhe restasse algo que a ajudasse em sua chegada. Também tentou visitar sua amiga Doris Meakin e até mesmo o tio de Arnold, Rudi, na Inglaterra, mas, em virtude dos problemas com seu passaporte, não conseguiu deixar a Alemanha a tempo de visitar essas pessoas antes de sua partida, no dia 23 de junho.[180] A pedido de Marianne, Arnold escreveu a Lotti pedindo para que providenciasse o envio do dinheiro de Marianne, que ela tinha em sua custódia, para os Estados Unidos. Os refugiados que deixaram a Alemanha depois de 1937, inclusive Marianne, tinham a permissão legal de sair do país com apenas 10 RM (4 dólares) e, por isso, chegavam aos Estados Unidos em completa miséria.[181] Arnold disse a Lotti que, apesar de entender que a situação na Palestina não era fácil, nos Estados Unidos tampouco era um mar de rosas: ele não tinha emprego, precisara voltar a estudar e conseguira um cargo de assistente.[182] Lotti provavelmente não achou essa notícia nada animadora, especialmente pelo fato de sua irmã mais nova estar emigrando para os Estados Unidos e não para a Palestina por razões financeiras e em nome de seu próprio futuro e do de sua família deixada para trás na Alemanha. Lotti enviou o dinheiro, 250 dólares, não para Arnold, mas diretamente para um banco em Nova York, para que estivesse à espera de Marianne quando ela chegasse.[183]

Em junho, Marianne tentou ativamente atar todos os nós soltos de sua vida na Alemanha antes de embarcar na viagem que seria a mais dramática de sua vida. Fez as últimas visitas de despedida aos parentes, primeiro a

Foto 4.5 Despedida de Marianne, Essen (da esquerda para a direita): Marianne, Selma e Kurt, junho de 1938

sua tia e o primo em Kassel; em seguida, a outros parentes em Hanover; e, finalmente, voltou a Essen antes da partida final para Roterdã. (Ver Foto 4.5.) Exatamente quando estava iniciando essa última viagem dentro da Alemanha, recebeu de seus mentores de Berna a notícia de que era agora doutora em medicina. Ela também recebeu sua primeira oferta de emprego, de um ginecologista de Bombaim, para trabalhar no consultório dele. Essas notícias devem ter contribuído para que ela recuperasse seu senso de identidade e seu valor profissional naquele momento em que estava partindo para as incertezas da vida nos Estados Unidos. Ela encerrou sua última carta a Arnold, da Alemanha, com um animado "Até a próxima carta já da América".[184]

Depois de ter parado de escrever em seu caderno de notas por quatro meses, Marianne escreveu sua última anotação na Alemanha. Entre as páginas, ela colocou uma folha que identificou como "do túmulo de meu querido pai". Depois de observar que aquele era seu último dia em Essen, escreveu uma prece: "Querido Deus, cuide bem dos meus 'queridos velhinhos' e proteja-os, e que a Tua paz mostre-lhes o caminho! E juntamente com eles, toda a sociedade! Amém".[185] Ela não mencionou que ia acabar de fechar a última mala sob o olhar vigilante do delegado de polícia de Essen, que estava ali encarregado de assegurar que ela não levaria nenhuma preciosidade de contrabando, mas ele, educadamente, pediu licença para ir tomar café com sua mãe, a senhora Steinberg, em outro cômodo da casa, dando intencionalmente tempo a Marianne para que enfiasse em sua mala o que quisesse.[186]

Moritz Schweizer, primo de segundo grau de Marianne, acompanhou-a até Roterdã. Como era conselheiro geral da comunidade da sinagoga de Essen, ele tinha permissão para atravessar livremente a fronteira alemã e estava feliz por escoltar a prima. Marianne encontrou cartas de sua mãe, da tia Henny, de seu irmão e de sua irmã esperando por ela no navio quando partiu no dia 23 de junho. Sua mãe, talvez a que, entre todos, melhor entendia Nanna, desejava-lhe "uma maravilhosa vida livre com trabalho gratificante em sua profissão".[187] Ela aportou em Nova York em segurança e foi recebida pelo irmão de Moritz, Siegfried, com quem ficou morando por um tempo. Porém, apesar dessa boa acolhida e de Arnold tê-la surpreendido com uma visita em seu primeiro fim de semana no país, Marianne estava sempre preocupada, acima de tudo com dinheiro e com a questão de descobrir como retiraria o resto da família da Alemanha.[188] (Ver Foto 4.6.) Os 250 dólares que sua irmã enviara aguardavam por ela em Nova York.[189] Com esse dinheiro teria de se manter e pagar as diversas despesas até conseguir um trabalho remunerado. Ela precisava pagar suas despesas do dia a dia e também os exames que teria de prestar para obter o registro que lhe permitiria trabalhar como médica nos Estados Unidos. Além disso, teve despesas inesperadas com taxas alfandegárias. Parece que ela havia escrito nos formulários da alfândega americana que as roupas de cama de família que estava trazendo não eram novas, mas dissera aos funcionários que não haviam sido usadas. Ambas as afirmações eram corretas, mas pareceram contraditórias aos funcionários da alfândega. As roupas de cama haviam estado perfeitamente dobradas por anos, algumas delas passadas por seus avós muitas décadas antes, como parte do que seria um dote. Os funcionários da alfândega multaram-na com uma taxa de importação de 124 dólares, pela suposta tentativa de contrabandear roupa de cama nova sem pagar imposto. Inicialmente, ela recebeu uma multa de 350 dólares por fornecer informações falsas, mas recorreu. Nesse ínterim, todos os baús que enviara de navio foram confiscados e a metade do dinheiro com o qual ela contava viver até prestar os exames em janeiro foi para pagar a taxa de importação de seu dote de roupas de cama que não eram novas, mas tampouco usadas.[190]

Foto 4.6 O primeiro fim de semana de Marianne nos Estados Unidos (da direita para a esquerda): Marianne, Arnold e uma pessoa não identificada, na região de Poconos, julho de 1938

Marianne ficou muito impressionada com a vastidão da cidade de Nova York, que conheceu em seu primeiro verão nos Estados Unidos. Contudo, também ficou muito preocupada com todas as dificuldades iniciais com que se deparava "neste país das oportunidades e dos prodígios".[191] Durante as suas primeiras três semanas em Nova York, ela se mudou cinco vezes, para morar com parentes distantes e depois conhecidos, permanecendo por alguns dias em cada casa, até finalmente alugar um quarto por 3 dólares semanais.[192] Em consequência do confisco alfandegário, calculou que tinha dinheiro suficiente para viver apenas até setembro. Apavorada, começou a trabalhar depois de duas semanas de sua chegada como dama de companhia para uma alemã vinda de Kassel, dez horas por dia com apenas quinze minutos de pausa para o almoço. Porém, essa mulher a desagradava tanto que largou o trabalho em menos de uma semana. O seu orientador judeu alemão sugeriu que ela se concentrasse primeiro em obter a licença de médica, tentando prestar os exames em setembro, e, se não conseguisse, que tentasse de novo em janeiro. Em meio a toda essa turbulência profissional e financeira, Marianne ainda se preocupava com o fato de que precisava ajudar sua família na Alemanha.[193]

As primeiras notícias que Marianne recebeu de casa, em uma carta que sua mãe lhe escrevera no dia 30 de junho de 1938, aumentaram suas preocupações com as pessoas queridas que continuavam na Alemanha. Menos de uma semana após sua partida, seu tio Hermann fora despedido do emprego que tivera por mais de quarenta anos.[194] Para aumentar ainda mais suas preocupações, Kurt lhe escreveu algumas semanas depois contando sobre as inúmeras outras demissões de conhecidos da família de empresas de judeus que estavam sendo "arianizadas". Kurt queria saber a opinião dela sobre quais seriam suas opções nos Estados Unidos.[195] Lotti também voltou a instigar Marianne a considerar a possibilidade de ir para a Palestina, juntamente com Kurt e a mãe deles, e pediu seu conselho sobre como ajudar Kurt, em particular, a deixar a Alemanha.[196] Esses acontecimentos impediram que Marianne desfrutasse sua chegada ou vivesse a empolgação de seu recomeço na América. Em vez disso, se sentia compelida a focar seus esforços em ajudar as pessoas queridas, o que, para ela, implicava economizar dinheiro para facilitar a imigração dos familiares.

Como a família na Alemanha continuava a perder o chão e o próprio futuro dela nos Estados Unidos continuava incerto, Marianne procurou saber de Arnold quais eram suas intenções.[197] Seguindo o conselho de sua irmã, dado no início de julho, para ou conseguir fazer Arnold assumir uma relação de compromisso com ela ou romper definitivamente com ele,[198] Marianne pediu a Arnold em meados de agosto que viesse de State College para Nova York para eles discutirem a relação.[199] A visita tranquilizou Marianne, apesar de, pela necessidade de Arnold de trabalhar e pelo fato de nem mesmo saber quanto tempo duraria o emprego dele, eles não poderem planejar futuras visitas. Marianne também se sentiu um pouco melhor com respeito à situação da família, ao saber, no fim de julho, que a mãe havia conseguido vender a propriedade da família em Altenessen.[200] Marianne sabia que aquela venda deixaria sua mãe e sua tia menos dependentes do salário de Kurt, o que, por sua vez, deixaria Kurt mais livre para se concentrar em si mesmo e, ela esperava, "poder deixar a Alemanha imediatamente".[201]

Marianne passou o mês de agosto e a primeira metade de setembro estudando para prestar os exames de revalidação de seu diploma médico, se acostumando ao calor do verão de Nova York, sentindo falta de Arnold e desejando que pudesse estar com ele ou tirá-lo de sua mente para poder se concentrar nos estudos.[202] Ela prestou os exames no dia 19 de setembro, mas sentiu-se pouco confiante de que havia se saído bem; na verdade, teve de repetir apenas alguns deles em janeiro e o exame de medicina interna em junho de 1939. Um dia depois dos exames, teve a resposta desagradável ao seu recurso junto à alfândega de que deveria pagar a quantia de 254 dólares em taxas e multas para reaver seus pertences. Por isso, aceitou, naquele mesmo dia, um trabalho de doze horas diárias como enfermeira por um salário semanal de 23,50 dólares mais alimentação.[203] Ela havia tomado dinheiro emprestado do professor que lhe dava aulas particulares para os exames, como também de outro conhecido, mas se sentia na obrigação de devolvê-lo o mais rápido possível.[204]

No outono, suas dívidas pesavam sobre ela, não apenas pelas restrições que impunham ao seu estilo de vida cotidiano, mas também por indicar que ela não estava ganhando o suficiente para o seu objetivo muito maior, o de ajudar a família. Marianne reconheceu a gravidade da situação de sua família e a de todos os judeus alemães em outubro de 1938, após a Conferência de Munique.[205] Ela se lamentou com Arnold: "Sucesso do senhor Hitler. É claro que todo mundo está feliz por não haver guerra. Mas a 'traição monstruosa' de Chamberlain e o grande triunfo de Hitler são fatos. E não haverá paz no mundo, especialmente para os judeus, enquanto o senhor Hitler não for derrotado e esmagado por uma guerra. Amém!".[206]

Marianne e Arnold ficaram particularmente preocupados no início do outono de 1938 porque precisavam retirar os membros restantes de suas famílias da Alemanha. O irmão de Arnold, Hellmuth, havia acabado de passar os feriados judaicos de Rosh Hashanah com ele em State College e parece que ambos os irmãos ficaram convencidos de que era hora de Hellmuth conseguir uma carta de fiança para si mesmo. Marianne parabenizou Arnold pela obtenção da carta de fiança de seu irmão, apesar de estar intrigada com o fato de Hellmuth estar justamente naquele momento retornando à Alemanha. Ela escreveu para Arnold em inglês: "Engraçado esse cara, seu irmão! Voltar para a Alemanha numa hora dessas! Mas depois de tudo, eu o entendo. E, afinal, ele deve saber o que vai fazer". Parece que ela supôs que Hellmuth precisava tomar providências com respeito à sua esposa suíça não judia e levantar suas finanças da Alemanha antes de sua emigração final. Ela, então, anunciou triunfantemente que o senhor Stern, seu próprio fiador, havia lhe oferecido — "sem que eu tenha lhe pedido! — uma carta de fiança para meu irmão Kurt".[207]

Não era fácil discernir as informações contraditórias que se recebia de diferentes fontes sobre listas de espera e sobre quando enviar cartas de fiança, etc. Em meados de outubro de 1938, Marianne visitou a agência de Nova York do National Council of Jewish Women. Ela queria saber o que poderia fazer para ajudar seu irmão e foi informada de que o número do registro dele deveria ser considerado para a obtenção de visto dentro de um período de seis a oito meses. Em resposta a suas perguntas, ela também foi informada de que as cartas de fiança eram válidas por um ano e que, portanto, a de Kurt já podia ser entregue. Ela passou essas informações para Arnold para ele saber que a carta de fiança para Hellmuth também já podia ser entregue. Lembrando-se de que as cartas de fiança dela e de Arnold haviam sido válidas por apenas quatro meses, ela ficou um pouco preocupada com a veracidade das informações que lhe foram passadas.[208] Quando Kurt lhe escreveu logo depois dizendo que havia um quadro em Stuttgart indicando que todos os registros com números acima de 14.000 teriam de esperar pelo menos dois anos, ela escreveu para Arnold avisando que eles deveriam esperar para enviar as cartas de fiança para seus respectivos irmãos.[209] Porém, já no começo de novembro, o irmão de Arnold soube que teria uma entrevista em fevereiro de 1939 no consulado americano. Marianne ficou muito impressionada com a rapidez com que isso estava ocorrendo, embora não soubesse ao certo que circunstâncias especiais poderiam ter permitido que Hellmuth fosse elegível como imigrante fora do sistema de quotas e, com isso, furasse a longa fila de espera para os inscritos dentro do sistema.[210] Quando, naquele momento, Arnold pediu conselho a Marianne sobre como ajudar um primo de 45 anos, Marianne respondeu que receava que pudesse demorar anos para que alguém da idade do primo dele conseguisse visto, receio esse que ela também podia ter com respeito a seus próprios "velhos" — sua mãe, sua tia Henny e seu tio Hermann.[211]

No dia 10 de novembro de 1938, Marianne teve um vislumbre, por intermédio das notícias divulgadas em Nova York, do que estava acontecendo com os judeus na Alemanha, aquilo que acabou ficando conhecido como *Kristallnacht* [a Noite dos Cristais] ou o *Pogrom* de Novembro.[212] Em resposta às notícias que havia recebido de Arnold sobre a prisão de seu irmão Hellmuth, Marianne escreveu, três dias depois: "Sua carta [sobre a prisão de seu irmão] não me surpreendeu. Parece que quase todos os homens judeus na Alemanha têm o mesmo destino de seu irmão e do meu. Onde quer que eu vá, as pessoas receberam telegramas com pedidos semelhantes ao que você e eu recebemos...".[213] Arnold e Marianne sabiam agora que seus irmãos haviam sido presos. Eles não sabiam qual seria o destino de Hellmuth e Kurt, mas temeram o pior e procuraram pensar no que poderiam fazer para ajudá-los.

Para Marianne, a situação era especialmente difícil, uma vez que seu emprego ia terminar antes do previsto. Ela havia abandonado o quarto onde morava para economizar os 3 dólares semanais do aluguel enquanto trabalhava como enfermeira residente e agora não sabia para onde iria se mudar dentro de dois dias. Seu sentimento de impotência diante da situação de Kurt se misturava às incertezas de seu próprio dia a dia e à constatação de que não podia confiar no correio como sua única forma de contato com a Alemanha para manter-se atualizada com as notícias. Ela ainda não tinha nem mesmo um endereço para que a correspondência fosse remetida e precisava urgentemente arranjar um emprego e um lugar para morar.[214] E ainda mais desesperadamente queria ajudar o irmão. A segurança profissional para si mesma e a proteção para sua família que Marianne buscara ao decidir emigrar para os Estados Unidos pareciam totalmente impossíveis em meados de novembro de 1938, e assim permaneceriam por muitos anos ainda.

5 O POGROM DE NOVEMBRO (1938) E SUAS CONSEQUÊNCIAS PARA KURT E SUA FAMÍLIA

O que está acontecendo na Alemanha é tão terrível que deixa a gente perplexa e impotente. Eu não acho que pessoas como seu irmão e "meus velhos" venham sofrer danos. Mas não sei se meu irmão continua seguro em seu quarto.[1]

A preocupação com Kurt que Marianne expressou nessa carta de novembro de 1938 não era infundada. Na noite de 9 de novembro e nos dois dias seguintes, mais ou menos 26 mil judeus foram presos em toda a Alemanha e levados para campos de concentração. A violência do Pogrom de Novembro (a *Kristallnacht*) foi um prenúncio do que ainda estava por vir: prisão, deportação, expulsão e subsequente assassinato de judeus na Europa. Kurt era particularmente vulnerável por sua posição precária como funcionário da Centralverein e por já ter sido preso uma vez em 1934.

Kurt havia sido aprovado com distinção em sua segunda bateria de exames de qualificação profissional em direito (*Assessorexamen*), em Berlim, e voltara para casa, em Altenessen, em novembro de 1933, para escrever sua tese de doutorado.[2] No entanto, por ser judeu, ele não tinha permissão para trabalhar no sistema judiciário. A legislação antijudaica havia fechado as portas para Kurt atuar como advogado tanto no setor público como no setor privado da Alemanha nazista. Tendo trabalhado com a Associação de Jovens da Centralverein por muitos anos, ele foi contratado, no dia 1º de março de 1934, como representante legal do conselho da filial em Essen da Central-

Foto 5.1 Da direita para a esquerda: Kurt, Doris Meakin, Hanna e amigos, setembro de 1933

verein para a região da Renânia do Norte-Vestfália.[3] Uma de suas principais responsabilidades era prestar consultoria em questões legais e financeiras, além de tomar conta da correspondência do escritório em Essen.[4] Kurt obteve seu doutorado em jurisprudência pela Universidade de Bonn em agosto de 1934, mas isso não tornou mais fácil para ele praticar a advocacia na Alemanha nazista. (Ver Foto 5.1.)

Apenas três meses depois de ter começado a trabalhar na Centralverein de Essen, ele e dois de seus superiores foram presos e colocados em "prisão preventiva" supostamente por terem difundido "propaganda de atrocidades". A Gestapo suspeitava que a Centralverein e outras organizações de judeus na Alemanha estivessem passando informações negativas sobre o tratamento de judeus para a imprensa internacional e outros contatos no exterior, bem como estimulando o boicote de produtos alemães.[5] Em consequência disso, os representantes da Centralverein de todo o país passaram a ser intimidados e interrogados.[6] Em uma das batidas, a Gestapo apreendeu uma circular enviada pela filial de Essen da Centralverein da região da Renânia do Norte-Vestfália a seus grupos locais em 27 de abril de 1934. O presidente da sede local de Essen, Ernst Plaut, respondia às queixas dos membros de que ouviam cada vez mais canções antijudaicas, que eram cantadas de forma agressiva e provocativa.[7] A Gestapo alegou que a Centralverein estava usando aquela circular para desacreditar o regime nazista no exterior. No entanto, o chefe da polícia de Essen teve de admitir num relatório secreto à agência da Gestapo em Berlim que a investigação não havia encontrado nenhuma prova de delito por parte dos dirigentes da Centralverein de Essen. A acusação de "propaganda de atrocidades e campanha em prol do boicote" tinha, portanto, de ser retirada.[8] Kurt e seus dois superiores, David Krombach e Ernst Plaut, foram soltos no dia 13 de junho de 1934 após uma semana em "prisão preventiva".[9] Com a Centralverein e seus dirigentes que continuavam na Alemanha em constante vigilância da Gestapo, eles se concentraram em suas responsabilidades como organização de ajuda aos judeus, isso até os acontecimentos fatídicos do Pogrom de Novembro.

Kurt trabalhou na filial de Essen até ser promovido a conselheiro geral da Filial Hesse-Nassau e Estado de Hesse da Centralverein em Frankfurt, em 1º de abril de 1938. Seu predecessor, Wolfgang Matzdorff, havia emigrado com sua esposa para a Nova Zelândia em março de 1938, e outros ao seu redor estavam também emigrando. A partida de Marianne no início daquele verão para os Estados Unidos deve ter sido muito difícil para Kurt. Ambas as suas irmãs já haviam deixado a Alemanha. Durante uma viagem a trabalho para Fulda, ele escreveu uma breve mensagem para Marianne dizendo que gostaria que ela estivesse à sua espera quando ele embarcasse no navio em Roterdã. Em suas palavras finais, escreveu os votos de esperança "até nos vermos novamente", admitindo que o futuro de Marianne parecia "melhor do que o nosso aqui".[10]

Depois de sua transferência para o escritório de Frankfurt e de ter trabalhado quatorze meses sem nenhuma folga, Kurt conseguiu sair de férias em agosto.[11] Ele visitou parentes e amigos e tomou a importante decisão de se inscrever no consulado americano para obter um visto de imigração, o que fez no dia 1º de setembro. Naquele momento, ele ainda não estava preparado para discutir seus planos com a família em Essen nem com seus colegas em Frankfurt, e pediu à sua irmã nos Estados Unidos que mantivesse sigilo e silêncio absolutos: "Minhas intenções [de emigrar] devem ser mantidas em segredo. De nenhuma maneira ninguém aqui deve saber delas".[12] Ele comunicou a seus familiares de Essen em alguma ocasião de setembro que havia se inscrito no consulado americano em Stuttgart. (Ver Foto 5.2.) Prevendo um longo período de espera, ele havia se registrado para o caso de decidir ir embora, apesar de não conseguir realmente se imaginar deixando

Foto 5.2 Kurt com Selma e Henny, Essen, junho de 1938

a Alemanha.[13] Deixar os membros mais velhos da família para trás seria sofrimento emocional demais, e ele receava deixá-los em situação extremamente vulnerável.[14] Kurt havia ajudado a sustentar sua mãe e sua tia no período entre 1934 e 1938, em suas palavras, "em termos consideráveis".[15] Enquanto aguardava pelos ansiados documentos que lhe permitiriam emigrar para os Estados Unidos, Kurt planejou melhorar seu inglês e aprender taquigrafia. Ele imaginava que essas habilidades lhe seriam úteis no setor privado.[16]

Quando retomou seus compromissos profissionais na Centralverein de Frankfurt em setembro de 1938,[17] ele ficou surpreso ao descobrir que a rua havia mudado de nome – de Mendelssohnstrasse para Joseph-Haydn-Strasse. O Ministério do Interior do Reich havia decretado a mudança "de nome de todas as ruas que tivessem nomes judeus".[18] Ele também notou que muitos colegas e conhecidos haviam conseguido encontrar um jeito de escapar do ambiente cada vez mais hostil aos judeus na Alemanha: "Muitas pessoas em meu círculo que permaneceram 'intocadas' até agora, em breve, não estarão mais aqui".[19]

Kurt retomou suas responsabilidades na Centralverein enquanto as tensões políticas continuaram aumentando na Alemanha por todo o outono. No dia 11 de novembro de 1938, Selma tomou conhecimento de que ele havia sido preso naquela manhã em Frankfurt. Desconhecendo qualquer outro detalhe com respeito ao fato, o primeiro impulso dela foi, é claro, encontrar um jeito de obter a soltura. Ela ouvira dizer que os prisioneiros que se mostrassem dispostos e em condições de emigrar poderiam ser liberados dos campos de concentração. No caso de Kurt, parecia prudente levar adiante sua intenção de emigrar para os Estados Unidos, uma vez que ele já havia se inscrito no consulado americano.[20] Selma enviou imediatamente um telegrama para Marianne, suplicando sua ajuda para acelerar a concessão de visto de emigração para Kurt. No telegrama, Selma sucintamente implorava: "Envie os papéis de Kurt [carta de fiança] imediatamente".[21] As preocupações com a censura a impediram de mencionar que Kurt havia sido preso na manhã daquele mesmo dia. Em resposta ao telegrama de sua mãe, Marianne rascunhou sem demora uma carta ao "Ilustríssimo Cônsul Americano" em Stuttgart, solicitando um visto para Kurt e assegurando às autoridades dos Estados Unidos que "Para mim será uma grande satisfação ajudá-lo [a Kurt] aqui neste país de todas as maneiras que puder".[22] Marianne escreveu urgentemente para Arnold, que estava em State College, no dia 11 de novembro:

Recebi hoje um telegrama de mamãe pedindo que eu envie imediatamente os papéis para Kurt. Provavelmente isso quer dizer que ele está na prisão ou num campo de concentração. Meu fiador enviará a carta de fiança [para

Kurt] na segunda-feira. Espero do fundo de meu coração que ela possa ajudar meu irmão. Enquanto isso, não sei nem o que aconteceu com ele nem se ele continua vivo.[23]

Vários dias depois, Selma enviou outro telegrama em resposta ao de Marianne, dizendo o seguinte: "Telegrama recebido. Número de registro 19.590. Pedir tratamento preferencial de urgência no consulado. Kurt incomunicável. Envie endereço de Stern. Mãe".[24] Como enviar um telegrama da Alemanha custava caro, seu uso era limitado para mensagens importantes e emergenciais, e esse era obviamente o caso. O nervosismo de Selma, sua confusão e o medo se evidenciam nas entrelinhas de uma carta de 12 de novembro; algumas de suas frases estão inacabadas, escritas às pressas, usando vírgulas em lugar de pontos. A carta soa como um pedido desesperado de socorro:

Estou insistindo para que você tome as providências, não sei o que consta na carta de fiança, escrever [às autoridades americanas] que esta é uma questão de extrema urgência e que o fiador pede tratamento preferencial. O número de registro é extremamente alto, mas talvez algo possa ser feito. Talvez você possa perguntar no consulado, não, isso provavelmente não é certo, para alguma outra autoridade, se podemos fazer alguma coisa aqui em Stuttgart. Mas provavelmente não há nada que se possa fazer. Eu não sei o que dizer com respeito à carta de fiança, não sei o endereço do fiador. É provável que seja melhor o fiador dar os passos seguintes a partir daí.[25]

Nos dias seguintes, Marianne nos Estados Unidos e Selma na Alemanha fizeram tudo que estava ao alcance delas para acelerar a emigração de Kurt sem nem mesmo saber do paradeiro dele. Marianne, preocupada com a sorte de seu irmão, procurou ajuda de muitas organizações e pessoas entre os judeus de Nova York. Em poucos dias, soube exatamente quantas famílias estavam sendo prejudicadas pelas prisões em massa na Alemanha nazista. Ela transmitiu a Arnold o conselho que havia recebido com respeito ao caso de seu irmão, com esperanças de que servisse para ajudar o irmão dele, que também havia sido preso.[26]

Na Palestina, Lotti estava há muito tempo preocupada com o aparente otimismo cego de Kurt diante do agravamento da situação na Alemanha.

Ao analisar as diferenças entre os sexos nos processos de tomada de decisão de emigrar, a historiadora Marion Kaplan concluiu que, como os homens judeus alemães tinham relações mais próximas com a política, a cultura e o comércio do que as mulheres na Alemanha, eles hesitaram em decidir ir embora com suas famílias.[27]

O primo de Flora Kaiser-Blüth, Arthur Stern, que havia fornecido a carta de fiança para Marianne em outubro de 1938, estava disposto a fazer o mesmo em favor de Kurt.[28] Porém, ele não via nenhum sentido em enviar a carta de fiança naquele momento, porque ela teria de corresponder à condição financeira do fiador no momento em que o número de registro do solicitante fosse chamado. Kurt escreveu para Marianne dizendo que o número de seu registro era "entre 19.000 e 20.000! Considerando-se o ritmo atual, significa um período de espera de dois a três anos... Não há nenhuma pressa para a carta de fiança. Pelo contrário, não faria sentido enviá-la agora".[29]

As pressões sobre as comunidades judaicas na Alemanha foram notadamente intensificadas no outono de 1938. Quando, em outubro de 1938, o governo polonês determinou novas regras para a emissão de passaportes a cidadãos poloneses vivendo no exterior, o governo nazista entendeu que essa medida significava que o governo polonês, cada vez mais antissemita, pretendia retirar a cidadania dos judeus poloneses para impedir que eles retornassem à Polônia. O governo alemão usou, então, isso como pretexto para a deportação dos judeus poloneses da Alemanha. Mesmo enquanto os governos alemão e polonês pareciam tentar resolver suas diferenças com respeito às deportações e aos supostos "mal-entendidos" da situação por meios diplomáticos, o governo alemão prosseguiu com a deportação de aproximadamente 20 mil judeus poloneses. Entre eles estava a família do garoto Herschel Grynszpan, de 17 anos, que havia nascido em Hanover, onde sua família havia vivido por mais de 25 anos. Na época, ele vivia em Paris e resolveu retaliar a deportação e detenção de sua família em condições terríveis na fronteira entre a Alemanha e a Polônia. Na manhã do dia 7 de novembro, Grynszpan atirou num funcionário de baixo escalão da embaixada alemã em Paris, o secretário em missão diplomática Ernst vom Rath, tomando-o pelo embaixador. Quando esse ato desesperado de um jovem desesperado ficou conhecido, e mesmo antes de vom Rath morrer em consequência dos ferimentos às 5h30 da manhã do dia 9 de novembro, o ministro alemão de Propaganda e Informação Joseph Goebbels incentivou a mídia a usar como propaganda e fazer grande alarde em torno desse último atentado dos "judeus do mundo".[30]

O Pogrom de Novembro (*Kristallnacht*) foi planejado pelos mais altos escalões do Partido Nazista e executado principalmente pelas tropas de choque da organização paramilitar nazista (as milícias da SA), por sua unidade de elite (SS) e pela Juventude Hitlerista (HJ), apesar de a maioria ter agido vestida à paisana para disfarçar suas ligações oficiais. Suas ações eram recebidas em geral passivamente e apenas ocasionalmente com a participação ativa da população.[31] A relativamente rápida orquestração do *pogrom* foi facilitada pelo fato de, na noite de 9 de novembro, muitos grupos do Partido Nazista local e muitas unidades da SA estarem celebrando o 15º aniversário do Putsch da Cervejaria, na maioria dos casos com um consumo considerável de álcool.[32] Apesar de o Pogrom ter sido obviamente programado, o governo nazista sustentou que foi uma manifestação popular que resultou em atos "espontâneos" de violência, como a destruição de lojas de judeus e o incêndio de sinagogas.[33]

Na noite de 9 de novembro, Goebbels e Hitler estavam em Munique, durante seu próprio jantar de comemoração do Putsch da Cervejaria, quando souberam da morte de Ernst vom Rath. Depois de Hitler ter deixado abruptamente o restaurante onde estavam comemorando, Goebbels anunciou às 22h30 que "os ataques aos judeus e às suas sinagogas não devem ser interrompidos".[34] O chefe do Serviço de Segurança [Sicherheitsdienst ou SD) Reinhard Heydrich decretou à 1h20 da madrugada do dia 10 de novembro que "as únicas ações permitidas são aquelas que não colocam em risco a vida e a propriedade dos alemães, por exemplo, incendiar sinagogas somente em casos que não colocam em risco as áreas circundantes".[35] Enquanto essas ordens foram cumpridas estritamente na maioria das partes da Alemanha, o Corpo de Bombeiros de Essen não foi apenas um observador passivo dos incêndios tempestuosos, mas também participante ativo do ato de atear fogo. O historiador Ulrich Herbert observou que eram necessárias habilidades especiais para incendiar com êxito uma sinagoga, em particular a enorme sinagoga da Steeler Tor, aquela frequentada pela família Steinberg.[36] Um testemunho ocular contou o que viu pessoalmente do Pogrom de Novembro em Essen: "As SA e o pessoal da SS, todos vestidos à paisana, seguindo um plano preciso, iam de porta em porta com machados e pés de cabra, gasolina e fósforos". Ele prosseguiu relatando o choque que sentiu ao assistir à destruição de lojas de judeus em Essen: "Em minha rua, notei que todas as lojas de judeus foram destruídas e saqueadas. A sinagoga e o Centro da Juventude Judaica estavam em chamas. Os bombeiros apenas protegeram as construções ao redor, mas não fizeram nada para acabar com o incêndio".[37] De acordo com o livro de registros da principal estação do Corpo de Bombeiros, o Centro da Juventude Judaica pegou fogo às 5h55 da manhã do dia 10 de novembro. Do prédio, que havia sido projetado em estilo modernista pelo famoso arquiteto judeu Erich Mendelsohn, não sobrou nada.[38]

Hanna Levy, a namorada de Kurt Steinberg, morava no Centro da Juventude, que era administrado por seus amigos, Hanna e Walter Sternberg. Ela trabalhava ali na cozinha do restaurante. As notícias sobre o atentado à Embaixada Alemã em Paris haviam se espalhado rapidamente por toda a Alemanha. As comunidades judaicas também ficaram cientes de que vom Rath estava morrendo e temiam que o regime nazista explorasse a morte. Em seu depoimento por escrito em 1988 sobre os acontecimentos daquela noite, Hanna observou que o nível de ansiedade já era extremamente alto entre as pessoas que se encontravam no restaurante do Centro da Juventude Judaica horas antes de começar a acontecer o Pogrom de Novembro:

Quando o restaurante ficou vazio, meus amigos pediram aos empregados que fossem embora (a filha de 2 anos deles já havia sido mandada para a casa de amigos). Os únicos que restavam na imensa casa eram os Sternbergs, o bibliotecário e eu... De repente, ouvimos os barulhos terríveis de picaretas demolindo as portas, quebrando os vidros e toda a gritaria. No escuro, peguei um casaco, vesti-o por cima da camisola e corri com todos os outros para o porão. De repente, percebi que estava sozinha, porque não conhecia a saída para a rua por meio da pista de boliche. Ali, naquele momento, soube o que era o medo de morrer... Finalmente, consegui fugir, seguindo o feixe de luz, determinada a escapar daquele cerco implacável. Eu atravessei correndo a horta e "voei" por cima da cerca. Até hoje estou convencida de que o pânico era tamanho que eu realmente "voei" por cima da cerca, que tinha uma altura normal, mas com arame farpado na borda... Ao chegar ao outro lado da cerca, fiquei caminhando de um lado para outro, confusa e sem saber para onde ir – com os pés descalços e de camisola, com um casaco comprido que havia encontrado no escuro jogado por cima dela.[39]

Temendo por sua vida e em total desespero, Hanna encontrou, nas primeiras horas da manhã, muitas pessoas simpáticas e prestativas que passavam por ali e que lhe deram algumas fichas para telefonar para o quartel-general da polícia. Depois de ouvir o relato da situação em que ela se encontrava, o delegado de polícia do outro lado da linha recomendou a Hanna que buscasse ajuda numa casa próxima. Quando Hanna retrucou que "não se vê nenhuma janela sem a bandeira nazista e que centenas de olhos viram a fuga arriscada por cima da cerca e ninguém veio ajudar", o delegado de polícia repetiu que estava apenas cumprindo ordens e se queixou "Estamos com as mãos atadas".[40]

O relato de Hanna contrapõe, talvez involuntariamente, o desinteresse, senão a hostilidade, dos vizinhos próximos ao Centro da Juventude – que assistiram a tudo passivamente, talvez até simpatizando com os nazistas – à ajuda prestada por estranhos que a levaram para o hospital católico Johanniter e ajudaram-na a se recompor. O guarda do hospital cuidou dos ferimentos, deu-lhe chinelos para calçar e fez os telefonemas necessários para que Hanna entrasse em contato com os amigos.[41] Quando estava indo ao encontro de Walter e Hanna Sternberg, mais tarde, naquela mesma manhã, ela passou pelo Centro da Juventude em chamas, que apenas algumas horas antes havia sido não apenas seu local de trabalho, mas também sua moradia. Selma, Henny e o tio Hermann, temendo os ataques violentos em Essen, se refugiaram na casa de Herta Poth, a amiga não judia da família. Herta, cujo apelido era Pötte, e seus pais acolheram generosamente os três idosos em seu apartamento num momento em que não se sabia por quanto tempo o *pogrom* ia durar.[42] Lotti informou Marianne sobre a situação de seus familiares durante o *pogrom*: "A propósito, a Pötte mais uma vez provou quem é. Nossos três 'velhinhos' ficaram na casa dela por um dia e uma noite enquanto sinagogas e casas eram saqueadas. Deve ter sido terrível em Essen".[43] Kurt descobriu, depois, que os assassinos nazistas haviam procurado por ele na casa de sua família em Essen, mas pelo visto só ficou sabendo o que havia acontecido com sua família durante o Pogrom de Novembro muito tempo depois, quando já estava em relativa segurança.[44] Ele passou, então, também para Marianne as notícias tristes sobre a destruição do Centro da Juventude e de todas as sinagogas de Essen, mencionando que "os serviços [religiosos] estão sendo mantidos na ex-loja do senhor Silber, na Hindenburg-Strasse".[45]

Enquanto os membros mais próximos da família de Kurt em Essen estavam em relativa segurança na casa dos pais de Herta, a irmã mais velha de Selma e Henny, Bertha Kaufmann Lachs, viúva de 68 anos que morava em Hochkirchen, aproximadamente 80 quilômetros ao sul de Essen, no distrito de Düren, sofreu diretamente a violência do *pogrom*. Conforme relatou um cronista local:

No dia 10 de novembro de 1938, o dia seguinte ao da malfadada Kristallnacht, um bando de assassinos nazistas chegou também a Hochkirchen. Um grupo de homens atacou a casa da família de judeus Lachs/Haase, quebrou as vidraças, despedaçou os móveis e destruiu as mercadorias da loja. Uma multidão de moradores de Hochkirchen ficou assistindo horrorizada da rua sem fazer nada. Como em toda a Alemanha, ninguém se atreveu a intervir.[46]

As notícias vindas de Plettenberg, cidade da região de Sauerland, aproximadamente 64 quilômetros a sudoeste de Essen, onde moravam o primo de Alex Steinberg, Julius Bachrach, e sua mulher Olga, também não eram nada boas. A mensagem que Selma escreveu para Marianne no dia 14 de novembro, sobre um convite para ir a Plettenberg, soa como se fosse uma visita costumeira à família: "A tia Olga nos convidou. Ela dispõe de muito mais espaço agora".[47] Porém, levando-se em consideração a mensagem seguinte, de 13 de dezembro, o leitor entende que o que Selma havia transmitido era a notícia perturbadora da prisão de um parente, só que em linguagem cuidadosamente cifrada: "A tia Olga esteve aqui ontem e pareceu extremamente deprimida. Seu marido tem estado ausente por um tempo".[48] Selma conseguiu disfarçar a informação de que Julius Bachrach havia sido solto de um campo de concentração na seguinte frase aparentemente inócua de sua carta a Marianne de 8 de janeiro de 1939: "Nós tivemos muitas visitas esta tarde, inclusive a do tio Julius, de Plettenberg".[49] Depois do retorno de Julius Bachrach do campo de concentração de Sachsenhausen, no dia 16 de dezembro de 1938, sua esposa Olga suplicou ao cônsul dos Estados Unidos, sem êxito, a concessão de um visto para ele.[50] Daquele dia em diante, Julius passou a andar com cápsulas de cianureto, "decidido a não deixar que a experiência que havia tido no campo de concentração voltasse a se repetir".[51] (Ver Foto 5.3.) As experiências de intimidação, violência e traumas sofridos

Foto 5.3 Da esquerda para a direita: Selma, Julius e Olga Bachrach, e Henny, inverno de 1939-1940

durante o Pogrom de Novembro e a detenção em campos de concentração resultaram, em muitos casos, na desintegração psíquica dos ex-detentos.[52]

Em uma carta a Marianne, Kurt descreve sucintamente suas experiências durante o Pogrom de Novembro:

Depois que fui eleito por unanimidade como representante de Frankfurt [da Comunidade Israelita], as sinagogas foram totalmente incendiadas, algumas

Foto 5.4 Retrato de Kurt, 1938

horas depois, e judeus foram presos em massa no dia 10 de novembro. Tive o mesmo destino às 6h30 da manhã do dia 11 de novembro. Eu não quis deixar meu posto no dia anterior porque, mesmo antecipando muitas prisões, nós esperávamos que, no início, elas se restringissem a certas pessoas individualmente. Soube de prisões em massa tarde da noite de 10 de novembro e decidi passar a noite numa garagem.[53]

A Comunidade Israelita de Frankfurt (Israelitische Gemeinde) realizou a reunião marcada regularmente para a noite de 9 de novembro, na qual Kurt foi eleito como um de seus representantes. (Ver Foto 5.4.) Outro advogado e membro da Comunidade Israelita de Frankfurt, Julius Meyer, participou da mesma reunião. Ele recordou a partir da visão distanciada de 1940 que a polícia, muito tempo antes, criara listas com nomes de judeus, indicando, em sua visão, que as prisões ocorridas no dia 10 de novembro haviam sido planejadas, mas também observou que as listas não haviam sido atualizadas.[54] Isso explicaria por que os assassinos nazistas procuraram Kurt primeiro em Essen e por que ele não foi detido já no dia 10 de novembro em Frankfurt, mas apenas um dia depois.

Depois de terem passado a noite de 10 para 11 de novembro juntos numa garagem, Kurt e um de seus colegas acreditaram erroneamente que estavam seguros. Kurt lembrou: "De manhã, nós soubemos, por intermédio de uma fonte confiável, que as prisões tinham sido suspensas. Eu me deixei convencer a dar uma rápida passada em casa, e foi onde eles me pegaram, com meu amigo e colega".[55] A tal "fonte confiável" pode muito bem ter ouvido pelo rádio a ordem de Goebbels de 10 de novembro para suspender a "operação" e tê-la tomado em sentido literal.[56] Na verdade, como observa o historiador e arquivista Wolf-Arno Kropat, enquanto a ordem de Goebbels para suspender o *pogrom* era propagandeada pelo rádio, ela não era comunicada pelos canais oficiais.[57] Por isso, o *pogrom* continuou em muitos locais. Além disso, o pronunciamento de Goebbels pelo rádio referia-se apenas ao fim da violência e dos saques, não ao fim das próprias medidas contra os judeus. Pelo contrário, no final de seu pronunciamento pelo rádio, ele ameaçou: "Os judeus irão receber a resposta definitiva ao assassinato praticado em Paris por meio de leis e decretos".[58] Depois das ordens secretas de Müller e Heydrich na noite anterior para que os alvos principais fossem "judeus ricos e não velhos demais", as prisões de judeus em suas casas, lojas e nas ruas não apenas continuaram, mas foram intensificadas.[59]

Embora Selma soubesse que Kurt havia sido detido em Frankfurt, ela só foi saber para onde ele fora levado uma semana depois. Atormentada pelas incertezas, ela escreveu em sua carta para Marianne no dia 18 de novembro: "Alguém do escritório de Kurt escreveu para mim hoje informando que, pelo fato de o número do pedido de Kurt ser muito alto, nós deveríamos solicitar tratamento preferencial em Washington. Eu não sei se isso vai ajudar".[60] Desde o dia 10 de novembro de 1938, todos os escritórios da Centralverein estavam fechados, mas os colegas de Kurt que haviam conseguido evitar a prisão estavam tentando dar assistência aos membros das famílias muito aflitas de seus colegas presos.

Apesar de desconhecer os detalhes sobre a prisão de Kurt, nós conseguimos juntar algumas informações pelos relatos de testemunhas oculares, de homens judeus em cargos de posição de alto nível em organizações judaicas, como o de Julius Meyer da Comunidade Israelita de Frankfurt:

Fomos então colocados em ônibus e levados para o salão de exposições [Festhalle]... Fomos conduzidos para dentro do salão e soubemos imediatamente o que estava acontecendo. Os homens da SS estavam acossando os detidos e dando-lhes ordens... Tivemos de esvaziar nossas carteiras e nossos bolsos. O dinheiro e os objetos valiosos eram colocados dentro de um envelope lacrado.

Fomos então separados em grupos, cada um com um homem da SS encarregado de nos conduzir. A razão oficial que nos foi dada era que, para que não ficássemos resfriados naquele enorme salão gelado, nós devíamos ficar andando de um lado para outro.[61]

Julius Meyer descreveu detalhadamente as primeiras horas após sua entrada no salão de exposições de Frankfurt. Os detidos tinham de gritar "Nós somos judeus" enquanto eram instruídos a fazer exercícios militares extremamente rigorosos. Eles tinham de ficar correndo, rastejando, abaixando e levantando, com suas bagagens, por horas seguidas sem interrupção. Meyer recorda um momento particularmente horripilante: "Finalmente, recebemos a ordem para sentar, mas virados contra a parede. A razão era passada aos sussurros através das fileiras: alguém havia morrido. Ele não suportara os maus-tratos e havia desfalecido... Ele foi coberto com um pano e nós tínhamos de ficar marchando, rastejando e correndo em volta dele. O cadáver permaneceu ali até o fim da tarde". Tão horríveis quanto as atividades físicas extenuantes eram os insultos e as humilhações que os detentos tinham de suportar. Quando os detidos chegaram, à noite, à estação ferroviária da parte sul de Frankfurt, a Südbahnhof, um número impressionante de espectadores havia se juntado ali.[62]

Kurt foi preso um dia antes de Julius Meyer e muito provavelmente também esteve provisoriamente no salão de exposições.[63] As experiências desumanas de Meyer foram presumivelmente semelhantes às de Kurt. Como ambos pertenciam à comunidade judaica, eles foram vítimas de abusos dos homens da SS, cujos alvos preferidos eram os judeus em cargos de liderança. Porém, conforme Meyer relatou, os homens judeus detidos foram também expostos ao virulento antissemitismo das "pessoas comuns" que se juntaram na Südbahnhof [estação de trem] de Frankfurt:

Havia multidões de pessoas que se juntaram ali para assistir ao espetáculo e nos insultar. Saímos do ônibus rapidamente, atravessamos correndo a passagem inferior e subimos para a plataforma. Nós tivemos sorte. Os detidos que vieram atrás de nós não foram apenas insultados. Muitas meninas, mulheres e também homens golpearam os judeus indefesos com varas, guarda-chuvas e objetos pesados. Mas aquele tormento também passou e fomos empurrados para dentro do trem que nos levou para o nordeste... Nós soubemos, então, que provavelmente acabaríamos no campo de concentração perto de Weimar.[64]

Os tormentos continuaram durante a viagem e a chegada a Weimar. Kropat resume os relatos de diversas testemunhas oculares: "Os judeus destinados ao campo de concentração de Buchenwald foram empurrados para a passagem por baixo da estação ferroviária de Weimar. Eles eram espancados e fustigados. Muitos dos judeus sofreram lesões graves nos olhos e na cabeça. De manhã, foram levados de caminhão para o campo de concentração".[65] Os prisioneiros foram obrigados a descer correndo os degraus ensaboados para a passagem inferior. Quem caía levava coronhadas de rifles. Depois de uma noite sem dormir, de violência e abuso, os prisioneiros chegaram ao portão do campo com sua malfadada inscrição "A cada um o que lhe é de direito" e foram novamente espancados por fileiras duplas de homens da SS. O arquivista do Memorial Buchenwald Museum, Harry Stein, cita o relato de um dos judeus que chegaram ao campo de concentração de Buchenwald (KZ Buchenwald): "Os prisioneiros que já estavam por mais tempo em Buchenwald nos saudaram no portão e nos acalmaram. Eles nos conduziram em grupos até a área de inspeção chamada [Appellplatz], onde tivemos de permanecer em pé, em fila, até tarde da noite, porque os alojamentos para os judeus ainda não estavam prontos".[66]

Além de Kurt, então com 32 anos, dois de seus primos da região da Renânia, Ernst Kaufmann, com 18 anos, de Drove[67], e Eugen Roer, com 41 anos, de Kreuzau, foram detidos e levados para o campo de concentração de Buchenwald. Anos depois, na segurança dos Estados Unidos como sua nova pátria, e depois de ter servido no exército americano durante a Segunda Guerra Mundial, Ernst recorda suas próprias experiências de novembro de 1938:

Eu encontrava trabalho como mecânico com amigos cristãos da família em cidades onde ninguém sabia que eu era judeu, até a manhã do dia 10 de novembro de 1938 [perto de sua cidade natal de Drove]. Recebi um telefonema de minha irmã [Lotte Kaufmann] me dizendo para voltar imediatamente para casa, porque, como ela disse em inglês, "Todas as sinagogas estão em chamas". Eu peguei a minha bicicleta e tomei o caminho de casa, a uma distância aproximada de 24 quilômetros, passando por nossa sinagoga [já] incendiada. Assim que cheguei em casa, vi que meu pai [Leo Kaufmann] fora obrigado a fechar seu comércio [açougue]. Aí, o policial de nossa localidade, vizinho e cliente nosso de longa data, chegou e explicou, se desculpando, que tinha ordens para prender todos os judeus do sexo masculino entre 16 e 65 anos de idade "para protegê-los do populacho alemão enfurecido", porque um jovem judeu polonês havia assassinado um funcionário do Consulado Alemão em Paris. O policial sabia que meu pai ainda não tinha 65 anos, disse que ia desconsiderar as ordens, mas que eu teria de acompanhá-lo. Foi a única vez na vida que vi meu pai levantar a voz, quando perguntou por que raios ele havia passado quatro anos nas trincheiras lutando pela Alemanha e por que raios dois irmãos de sua esposa – minha mãe – haviam dado suas vidas lutando pela Pátria. O nosso bom vizinho não teve, é claro, nenhuma resposta para lhe dar, e lá fui eu com ele, para a prisão, uma sala convertida em cela na sede local do Corpo de Bombeiros.[68]

A prisão de Ernst pode ter sido típica de uma região rural. As famílias tinham permissão para levar refeições aos poucos detidos. Depois de passar duas noites ali, os presos foram levados de carro para um local de agrupamento na cidade grande mais próxima, Düren. Já sob seu controle, Ernst e seu primo Eugen compreenderam que a SS não perderia nenhuma oportunidade de humilhar e espancar ainda mais cada um dos detidos. As recordações de Ernest Kaufman em sua entrevista em 2005 dão uma ideia da rotina no campo:

Em fila para a chamada, tivemos nossas cabeças raspadas e, em seguida, fomos levados marchando para os alojamentos, que tinham beliches com muitos andares, como se fossem prateleiras, um aproximadamente 90 centímetros acima do outro. Era o dia 13 de novembro e, tendo chegado apenas com as roupas do corpo, com as quais permanecemos por todo o tempo em que estivemos no campo, nos deitamos apertados nas pranchas nuas para não congelarmos. Éramos alimentados uma vez por dia, quando nos alinhavam em colunas, e as primeiras fileiras de nós recebiam os pratos e as colheres distribuídos pelos assim chamados "outros" prisioneiros do campo – que usavam uniformes listrados –, de quem recebíamos uma conchada de alguma lavagem não identificável que devíamos comer sem sair da fila.

As condições primitivas e de superlotação do campo de concentração de Buchenwald — consideradas muito piores do que as dos campos de Sachsenhausen e Dachau — tornavam-se ainda mais horríveis a cada nova deportação. Milhares de pessoas detidas logo após o Pogrom de Novembro foram inicialmente empilhadas em dois alojamentos e uma antiga lavanderia enquanto três novos alojamentos ainda estavam sendo construídos. Aqueles que ficaram conhecidos como "judeus de novembro", homens judeus presos e detidos em meio ao Pogrom de Novembro, não receberam uniformes de prisioneiro e usaram suas próprias roupas durante todo o tempo em que estiveram presos.[69] Eles não precisavam cumprir deveres nem realizar tarefas corriqueiras e eram colocados em alojamentos de "emergência", desprovidos de calefação, janelas, piso e banheiro. Esse especial "campo do *pogrom*", chamado de Sonderlager (ou Sonderzone), foi descrito pelo arquivista de Buchenwald, Harry Stein, da seguinte maneira:

> *O Sonderlager, que a SS abriu logo após o Pogrom de Novembro nas proximidades da área de inspeção [Appellplatz], continuou sendo provisório em todos os sentidos. Não apenas as acomodações e as condições de alimentação e de higiene para os 10 mil judeus que chegaram ali entre 10 e 14 de novembro eram catastróficas, mas também a administração do campo de concentração era um total fracasso. No começo, as listas com os dados pessoais de muitos detidos eram incompletas. Em consequência disso, e pela primeira vez na história do campo, os nomes dos falecidos eram frequentemente desconhecidos.*[70]

Os detidos no Sonderlager eram separados do resto da população carcerária do campo, que incluía cerca de 10 mil prisioneiros, em geral não judeus do campo de concentração de Buchenwald, que eram ali encarcerados por serem membros da resistência política, comunistas, sociais-democratas e outros proeminentes antinazistas, além de criminosos já condenados, testemunhas de Jeová, "elementos antissociais" e homossexuais. Embora já houvesse mais de mil judeus no campo de Buchenwald, detidos como efeito da Ação de Junho (*Juni Aktion*) contra os considerados "elementos antissociais", as deportações em massa de homens judeus após o Pogrom de Novembro atingiram uma escala sem precedentes.[71] Os internos do campo especial ou Sonderlager suportaram tratamentos desumanos, com violência física e terror psicológico, especialmente nos dias entre 10 e 14 de novembro, comemorados como a *Mordwoche* ou "Semana da Morte".[72] Ernest Kaufman (antes Ernst Kaufmann) relembra aqueles eventos terríveis:

> *Era pavoroso ver os SS enforcando as pessoas ou vê-los colocar um homem num poste e chicoteá-lo até deixá-lo inconsciente, amarrar as mãos de um homem em suas costas e então pendurá-lo de uma maneira que ficava parecendo ganchos de carne numa parede, e só soltá-lo quando já estava desfalecido, ou, pior ainda, enfiar um homem num tonel com pregos, fazê-lo rolar morro abaixo e deixar que os cães acabassem com ele.*[73]

Magnus Heimann, de Meiningen, com 68 anos, sogro de Eugen Roer, foi deportado para o campo de Buchenwald, apesar de ter mais de 65 anos.[74] Ele morreu lá de causas naturais, como eram chamadas, no dia 21 de novembro de 1938. Ernest recordou que o senhor Heimann sucumbiu ante as condições horríveis, a degradação e a falta de condições de higiene, mas presumiu que ele provavelmente tenha morrido de um ataque cardíaco causado por *estresse*.[75]

Em consequência do Pogrom de Novembro, aproximadamente quatrocentos homens judeus de toda a Alemanha morreram em três campos de concentração, 227 deles apenas no Sonderlager de Buchenwald.[76] Todos tiveram o corpo cremado no principal cemitério da cidade próxima de Weimar. Na maioria dos casos, as famílias só eram informadas de suas mortes após a cremação e eram, então, obrigadas a entrar numa batalha burocrática com o governo municipal para reaver as cinzas.[77]

As prisões, as deportações, as condições terríveis e a bestialidade dos homens da SS nos campos de concentração tinham um objetivo principal: apavorar e intimidar os 26 mil judeus detidos e suas famílias para que não vissem alternativa senão emigrar.[78] De acordo com Ernest Kaufman: "Nossas famílias eram informadas de nosso paradeiro e que nós podíamos ser soltos se tivéssemos para onde ir fora da Alemanha. Isso fazia com que nossas famílias se mexessem, é claro".[79]

Assim que soube do paradeiro de Kurt no campo de concentração de Buchenwald, Selma começou a se virar para encontrar qualquer lugar possível para a emigração dele ou um refúgio provisório. Enquanto tentava acelerar a imigração do filho para os Estados Unidos com a ajuda de Marianne, ela também entrou em contato com muitas pessoas com quem tinha relações pessoais na Inglaterra, na Holanda e na Palestina, onde Kurt pudesse aguardar em segurança a chamada do número de seu pedido de imigração para os Estados Unidos. Depois de tentar por um breve período conseguir a permanência de Kurt na Holanda, seu primo Moritz não conseguiu obter visto para ele.[80] E a possibilidade de obter uma permanência provisória na Inglaterra também foi se mostrando cada vez menos provável.

Além de tentar encontrar um lugar seguro para o filho, mesmo que fosse provisório, Selma e a namorada de Kurt, Hanna, também estavam empenhadas em conseguir a soltura dele do campo de Buchenwald. As duas foram juntas ao quartel-general da polícia em Frankfurt no dia 26 de novembro, onde Hanna, que conhecia Kurt havia muitos anos e cuja relação havia se tornado muito próxima no outono de 1938, apresentou-se como noiva dele, embora Kurt ainda não tivesse assumido tal nível de compromisso. Isso permitiu que ela assumisse a legítima defesa de Kurt. Selma deu a Hanna uma procuração autorizando-a, como noiva, a tratar dos "trâmites de passaporte" para Kurt.[81] Quando descreveu para Nanna o que levou à sua soltura no final de novembro, Kurt observou: "A mãe e Henny estavam totalmente ocupadas com meus problemas e ainda estão. Foi de grande ajuda a participação de Hanna, do contrário, teria sido demais para as 'velhinhas', especialmente porque tudo tinha de ser feito em Frankfurt".[82]

Durante o tempo em que Kurt esteve encarcerado, seu antigo superior na Centralverein de Essen, Ernst Plaut, tentou conseguir a emigração dele ara a Argentina com uma "deportação de aproximadamente 25 pessoas".[83] Parece que Plaut havia entrado em contato com um dos chamados grupos de Riegner, que havia desenvolvido um projeto específico para prestar ajuda a jovens judeus alemães. A iniciativa de Kurt Riegner, que tinha de fato ligações com a Centralverein, conseguiu organizar e executar a emigração para a Argentina de três grupos de jovens judeus alemães num período de três anos.[84] Ernst Plaut, que não fora detido durante o Pogrom de Novembro, também entrou em contato com o Serviço de Assistência a Trabalhadores Rurais Judeus (Jüdische Landarbeit ou JLA), que treinava judeus para trabalhar na agricultura no exterior. A JLA enviou uma carta em favor de Kurt, assegurando a sua iminente emigração/imigração, pré-requisito para que os internos judeus de Sonderlager fossem soltos do campo de concentração de Buchenwald.[85]

Kurt, sem poder se comunicar com seus familiares e colegas enquanto estava no campo de concentração de Buchenwald, a não ser enviar um único cartão-postal com texto prescrito, foi pego de surpresa quando foi "solto de repente, sem nenhuma explicação".[86] Quando ele ligou para sua mãe de Weimar, soube que Hanna estava à sua espera em Frankfurt. O que Kurt não sabia na época era que Hanna havia feito sua própria solicitação por escrito para que ele fosse solto do campo de Buchenwald com base na carta da JLA para a Polícia Estadual de Frankfurt, que havia sido assinada por Fritz Schwarzschild, secretário da JLA.[87] O fato de a carta da JLA conter detalhes tão específicos como a data exata de partida em 10 de dezembro de 1938, cabine número 265 do navio a vapor *Ozeania*, partindo de Trieste, indica a forte possibilidade de ter sido escrita em favor de outro detido cujo nome foi ilicitamente substituído pelo de Kurt. Contudo, a Polícia Estadual não percebeu a falsificação e enviou um telegrama para o campo de concentração de Buchenwald determinando a soltura imediata de Kurt.[88]

O próximo obstáculo de Hanna para obter a soltura do namorado e seus papéis em ordem era a Gestapo. Embora os trâmites para a obtenção de passaporte fossem normalmente atribuições da polícia comum, os pedidos de passaporte para judeus tinham de ser aprovados também pela Gestapo.[89] Como a Gestapo estava, no fim de 1938, basicamente interessada em acelerar a emigração de judeus, ela concedia passaportes a judeus que queriam emigrar em quase todos os casos. Porém, o caso de Kurt era um pouco complicado. A precondição para a obtenção do visto argentino era ter um passaporte alemão válido emitido antes de 19 de julho, uma vez que essa era a data do pedido original de visto do solicitante, e, para fazer a solicitação, a pessoa precisava já possuir um passaporte alemão válido. A carta forjada da JLA afirmava que o governo argentino havia autorizado seu cônsul na Alemanha a emitir o visto. Kurt tinha agora de provar que seu passaporte havia sido emitido antes de 19 de julho. Hanna precisava, portanto, convencer os oficiais da Gestapo a pré-datar o passaporte de Kurt.[90] Ela reprimiu seu desconforto, dirigiu-se aos intimidadores escritórios da Gestapo e ouviu a porta de ferro se fechar depois de sua passagem.

Procurou um oficial da Gestapo de nome Müller, famoso por molestar e atormentar os judeus desesperados que eram obrigados a deixar a Alemanha. Müller costumava prolongar o sofrimento deles fazendo-os esperar mais tempo do que o necessário para obter seus passaportes.[91] Enquanto esperava para ser atendida por Müller no escritório dele, Hanna testemunhou a intimidação de outro visitante, cena que a fizera tremer em suas bases. Porém, ela teve muita sorte, e Müller foi compelido depois de hesitar, ao ser desarmado pelo argumento de Hanna de que, sendo ela a noiva de Kurt, ele "poderia se livrar de dois judeus de uma só vez".[92] O filho de Kurt e Hanna narrou esse episódio com quase as mesmas palavras: "Minha mãe disse ao oficial: 'O senhor quer se livrar de um judeu e eu quero levá-lo comigo'".[93] Müller mandou seu subordinado pré-datar o passaporte de Kurt para 15 de julho. Outro oficial da Gestapo aconselhou Hanna a enviar 100 RM para o quartel-general do campo de concentração de Buchenwald para pagar por "cama e comida" de Kurt, o que Hanna fez no mesmo dia, 28 de novembro de 1938.[94]

Graças à carta da JLA confirmando a emigração de Kurt para a Argentina, ele foi solto do campo de concentração de Buchenwald no dia 28 de novembro, depois de quase três semanas de detenção.

Ele descreveu esse evento para Marianne:

> *Liguei de Weimar para casa e soube que Hanna já estava em Frankfurt [para onde eu devia voltar]. Ao chegar lá, outras notícias me surpreenderiam. Você pode imaginar a nossa felicidade ao nos vermos novamente. Ela havia conseguido a minha libertação com documentos que garantiam a minha emigração para a Argentina, o que deveria ocorrer dez dias depois. Eu ia fazer parte de um grupo de artesãos da JLA fundado pela Centralverein – que havia me aceitado pela circunstância especial em que me encontrava.*[95]

Os internos do Sonderlager que tinham a sorte de ser libertados voltavam para suas cidades de trem, sozinhos ou em pequenos grupos, mas sem guardas da Gestapo, partindo da estação de Weimar, a cidade mais próxima do campo de concentração de Buchenwald. As mulheres judias das cidades de Weimar, Erfurt e Apolda, as quais, diferentemente dos homens, a dos internos e os ajudavam a embarcar nos trens. Os homens tinham que pagar suas passagens de volta para casa. Se não tivessem sido presos com dinheiro suficiente, as comunidades de judeus mais próximas ou os judeus que também estavam detidos ali ajudavam.[96] Embora tivesse visto recentemente prisioneiros nos escritórios da Gestapo, que ela descreveu como "criaturas de aspecto espantoso com suas cabeças raspadas e cheiro horrível",[97] nada havia preparado Hanna para encontrar Kurt na mesma condição. Contudo, apesar de seu estado físico precário e do sofrimento mental que o acompanhou em sua soltura do campo de concentração de Buchenwald, Kurt não podia se dar ao luxo de ter tempo para convalescer.

Depois de semanas de sofrimento e intimidação, ele, como todos os outros judeus que sobreviveram aos campos de concentração, foi advertido por ocasião de sua soltura a jamais contar algo sobre as experiências que havia tido no campo de Buchenwald. A ruptura em suas vidas pessoais e profissionais, a perda da dignidade humana e a privação de necessidades básicas afetaram profundamente os ex-detentos pelo resto de suas vidas. Parecia que Kurt jamais conseguiria falar de sua estadia em Buchenwald para sua família, supostamente porque era doloroso demais reviver o horror e o medo que vivera ali, mas também, provavelmente, porque ele não queria traumatizar seus familiares. Ele apenas aludiu a "quase três semanas das experiências mais horripilantes no que de longe é o pior campo de concentração" em carta para sua irmã Marianne, cerca de seis semanas depois da soltura.[98] O sofrimento de Kurt no campo de Buchenwald acabou resultando em perda permanente de cabelos e graves problemas de saúde, como doença cardíaca e hipertensão.[99]

Como aconteceu com outros presos no arrastão do Pogrom de Novembro, como precondição para a soltura de Kurt do campo de concentração, ele teve que assinar o compromisso de deixar a Alemanha até 31 de dezembro de 1938. As autoridades alemãs, bem cientes da extrema dificuldade, senão impossibilidade, para os detidos durante o *pogrom* de cumprir todas as formalidades exigidas em tão pouco tempo, recorriam a métodos de intimidação e molestamento para aumentar a pressão para que emigrassem. Não obstante as limitações de tempo e as longas filas de espera em cada escritório, os prisioneiros soltos precisavam também se apresentar regularmente à Gestapo ou à polícia.

Como a carta que o havia tirado de Buchenwald fora forjada, Kurt não fazia realmente parte do grupo programado para embarcar para a Argentina no dia 10 de dezembro, conforme atestava a carta. Ele mantinha, no entanto, a esperança de deixar a Alemanha rumo à Argentina no fim do ano como participante de um dos grupos de Riegner.[100] Com a ajuda do American Jewish Joint Distribution Committee, também conhecido como "Comitê Misto", três grupos de jovens organizados por Riegner haviam conseguido partir da Alemanha para a Argentina entre 1937 e abril de 1939, com dificuldades cada vez maiores. O terceiro grupo, aquele ao qual Kurt tinha mais probabilidade de se juntar, teve de enfrentar problemas quase insuperáveis. A alusão de Selma no final de novembro às "grandes dificuldades em Frankfurt", que teriam de ser superadas para que Kurt pudesse emigrar, tinha provavelmente tudo a ver com a partida retardada do grupo, que finalmente ocorreu em abril de 1939.[101] Muitas organizações de judeus na Alemanha, como a Centralverein, tinham contatos de longa data com a Associação Judaica de Colonização, que mantinha grandes assentamentos na Argentina e no Brasil. A família de Hanna já havia emigrado para a Argentina, onde havia conquistado uma situação financeira razoavelmente segura.[102] Hanna não havia nem considerado a possibilidade de emigrar para a Argentina antes de novembro de 1938 e, a essa altura, o país sul-americano já havia colocado restrições à emigração.[103] Em consequência da Conferência de Evian, o governo argentino restringiu ainda mais a imigração. Alegando razões econômicas, mas provavelmente em resposta a pressões internas e internacionais, o governo argentino restringiu, de fato, a entrada de imigrantes no país.[104] Dali em diante, sua política de imigração estaria centralizada em Buenos Aires, o que deixava menos liberdade de ação para os consulados no exterior, incluindo os que tinham base na Alemanha.

As assim chamadas *llamaden*, ou seja, as solicitações para que os membros da família pudessem se reunir aos já emigrados para a Argentina, se tornaram ainda mais complicadas por uma nova exigência de "permissão de desembarque" (*permiso de libre desembarco*).[105] Com essas novas regras mais rígidas, os imigrantes na Argentina podiam fazer solicitações apenas para pais, cônjuges e filhos. Os imigrantes também tinham de provar que já viviam na Argentina por pelo menos dois anos. Não lhes era permitido solicitar a imigração de irmãos e, com isso, a única esperança de Hanna era obter a permissão por intermédio de sua mãe, Sofie Levy. Em extrema necessidade, Hanna havia pedido a sua mãe que entrasse com uma *llamada* (solicitação) para ela e seu futuro marido Kurt. No entanto, Sofie ainda não preenchia a exigência de dois anos de residência e, portanto, não pôde ajudá-los.[106] E, assim, a busca por um refúgio seguro prosseguiu.

Depois de semanas que passaram alternando-se entre a esperança e a desesperança, e esforços incessantes para emigrar para qualquer país que estivesse disposto a recebê-los, Kurt e Hanna souberam, no início de dezembro, que não poderiam emigrar para a Argentina. Kurt escreveu posteriormente: "Quando esse negócio [emigração para a Argentina] não deu certo, apesar de nossas esperanças e expectativas, nós passamos as seis semanas seguintes empenhados em conseguir visto para qualquer país possível. O meu prazo já havia se esgotado e o nível de nossa energia era reduzido. Não havia literalmente nenhuma fronteira aberta, do contrário, teríamos partido sem nem mesmo o visto de imigração, talvez para a Holanda ou a Bélgica".[107]

Com a esperança de que os Estados Unidos acelerassem os trâmites de imigração para os judeus alemães encarcerados depois do Pogrom de Novembro, Marianne havia pedido a seu "padrinho" americano, Arthur Stern, que enviasse o mais rápido possível a carta de fiança em favor de Kurt ao consulado americano em Stuttgart. Pelo visto, a carta de fiança enviada por Stern, que Selma disse ter chegado a Stuttgart no dia 22 de novembro de 1938, se extraviou no consulado americano.[108] As alegações foram de que tanto a carta de fiança quanto a carta de reforço que Marianne havia conseguido do congressista de Nova York, Bruce Barton, não se encontravam no consulado havia meses. Em fevereiro de 1939, o consulado de Stuttgart informou Barton — que, pelo visto, havia inquirido sobre a situação dos trâmites de imigração para Kurt — que eles haviam acabado de encontrar a carta de fiança de Stern.[109]

Kurt estava compreensivelmente muito nervoso com respeito à sua partida e, em particular, quanto aos detalhes da situação em que se encontrava seu pedido de imigração nos Estados Unidos. Duas semanas antes do prazo que haviam lhe dado para deixar a Alemanha, ele escreveu para Marianne:

Agradeço mais uma vez a você e ao senhor Stern por toda a ajuda. Infelizmente, ela de nada serviu até agora. Eu só posso lhe pedir com a maior urgência que não envie nenhuma carta de fiança para o consulado ou para a companhia de navegação. É absolutamente inútil fazer isso se ao e/imigrante ainda não foi solicitada a apresentação de seus documentos [ao consulado]. Enviar a carta de fiança para o consulado não faz nenhum sentido neste momento, especialmente se você, por acaso, tiver esquecido de indicar o número do pedido, como devo supor que tenha acontecido em meu caso. As cartas de fiança formam uma enorme pilha em Stuttgart, e nenhum funcionário do consulado sabe de quem são. Todas as cartas de fiança devem ser enviadas diretamente para o próprio emigrante/ imigrante. Essa é a única maneira de se conseguir o "exame preliminar" em Stuttgart para um visto de trânsito (Zwischenvisum) na Inglaterra. Tenho de lhe pedir, portanto, que envie uma segunda carta de fiança para o meu endereço em Essen assim que eu solicitar por telegrama.[110]

O consulado dos Estados Unidos em Stuttgart era totalmente incapaz de processar a avalanche de telegramas, cartas de fiança, solicitações de entrevistas e visitantes que apareciam sem ter marcado hora. Quando Avra Warren, responsável pelo órgão do Departamento de Estado dos Estados Unidos, encarregado da concessão de vistos, inspecionou diversos consulados americanos na Europa, no fim de 1938 e no início de 1939, ele constatou que a maioria não tinha pessoal suficiente para lidar com as 300 mil pessoas que procuravam refúgio sob a cota da Alemanha. Ele também tomou conhecimento de certas irregularidades, como a venda ilegal de vistos no consulado de Stuttgart.[111] Para aliviar uma situação insuportável, Warren designou mais dez pessoas para trabalhar no consulado de Stuttgart. Essa pode ter sido a causa da "grande revisão" que Kurt mencionou em sua carta para Marianne: "Algumas coisas não estavam em sua devida ordem lá, mas os detalhes ainda não são conhecidos".[112]

Desesperado por encontrar um jeito de sair da Alemanha, Kurt percorreu todos os caminhos que sua mãe e sua noiva já haviam percorrido. Com a ajuda de seus antigos colegas da Centralverein, como também da Hilfsverein e de outras organizações, Kurt tentou obter ingresso em diferentes países para escapar ao ambiente hostil da Alemanha enquanto aguardava os documentos de imigração para os Estados Unidos. Em sua autobiografia em 1998, Hans Reichmann, colega de Kurt na Centralverein de Berlim, conta uma piada amarga que circulava no início de 1939 entre os judeus que haviam recebido ordens de deixar seu *Heimat* [país natal]:

Um judeu alemão que havia sido solto de um campo de concentração e precisava deixar a Alemanha pediu a Hilfsverein que lhe indicasse um país para onde ele pudesse emigrar. O conselheiro aponta para o globo. O homem necessitado gira o globo, examina-o do Polo Norte ao Polo Sul, de leste a oeste, e pergunta: "Isso é tudo que você tem?".[113]

Em dezembro de 1938, Kurt precisava urgentemente encontrar um país onde pudesse aguardar seu visto para os Estados Unidos. Devido ao número relativamente alto de seu pedido no consulado americano e a uma espera estimada em mais de dois anos, a única chance de encontrar refúgio na Inglaterra nesse ínterim seria uma garantia de um residente naquele país que pudesse responsabilizar-se por ele e se comprometer a satisfazer as suas necessidades materiais. Porém, isso também havia se tornado mais complicado e, naquele momento, envolvia mais do que um simples convite. Selma comunicou a Marianne a nova regulamentação: "Se Kurt quiser passar na Inglaterra enquanto espera sair o visto para os Estados Unidos, o que esperamos não demorar tanto quanto parece agora, ele terá de apresentar ao Departamento de Imigração [britânico] uma conta bancária, além do convite. Um convite com a garantia de sustentar o imigrante não é mais o suficiente".[114]

Respondendo à oferta de uma amiga britânica de Marianne, Doris Meakin, de receber, ela e seu marido, de bom grado, qualquer membro da família Steinberg na Inglaterra, Selma pediu a Doris ajuda para garantir uma permanência provisória para Kurt, mas novas restrições impostas pela Inglaterra se tornaram um obstáculo enorme à imigração dele.[115] Como mais tarde relatou para Marianne: "Não deu para eu ir para a Inglaterra porque Doris não se dispôs a assinar as novas exigências de garantia".[116] É bem provável que Doris não dispunha dos recursos necessários ou não se sentia em condições financeiras de depositar todo aquele dinheiro numa conta bancária para Kurt.

Uma parente distante de Marianne e Kurt na Inglaterra, Nora Kaufmann, também tentou agir em favor dele, primeiro junto a "Woburn House [centro de conferências] e depois ao Ministério do Exterior".[117] No final de 1938, o Ministério do Interior e o Departamento de Estrangeiros da Inglaterra foram inundados de pedidos de parentes e amigos para ajudar a salvar as pessoas queridas ainda na Alemanha e permitir que escapassem para a Inglaterra.[118] Isso dificultou ainda mais qualquer possibilidade de Kurt ir para lá.

Em seu livro *The Abandonment of the Jews*, o historiador David Wyman critica as políticas de imigração dos Estados Unidos e da Grã-Bretanha. Ele argumenta que as duas potências tentaram evitar o grande fluxo de refugiados e "consequentemente suas políticas visavam obstruir as possibilidades de resgate e abafar as pressões públicas para que o governo tomasse uma atitude".[119] Quando o governo dos Estados Unidos deixou de aumentar a cota para refugiados alemães em consequência do Pogrom de Novembro, o ministro do Interior britânico, Samuel Hoare, sugeriu, no dia 14 de novembro, que a cota destinada a britânicos que havia sido subutilizada fosse transferida para os judeus alemães. Essa ideia foi rejeitada pelo primeiro-ministro Neville Chamberlain porque ele não queria aumentar as tensões já existentes nas relações entre a Grã-Bretanha e a Alemanha.[120] Com pouca pressão do público e apenas uma atenção moderada da mídia na Grã-Bretanha e nos Estados Unidos, o aspecto humanitário da crise em torno da questão dos refugiados foi muitas vezes obscurecido pelas considerações de política exterior entre a Grã-Bretanha, os Estados Unidos e a Alemanha.

Em seu *Relatório Anual de 1938*, a organização oficial dos judeus na Alemanha, a *Reichsvertretung*, enfatizava a gravidade da situação no fim do ano:[121]

> *Em vista da longa lista de espera no âmbito da cota americana, surgiu a necessidade extrema de passar esse período provisoriamente em outro país. Para isso, no entanto, são necessários fundos consideráveis que não podem ser levantados pela organização de ajuda. Contudo, pelo menos nos casos em que havia a garantia de custeio das despesas com o sustento por parentes, bem como de a migração ocorrer em pouco tempo, a possibilidade de estadia provisória foi criada em uma série de países europeus, principalmente na Inglaterra.*[122]

A Grã-Bretanha teve, de fato, o papel mais importante entre os países europeus em termos de aceitação de refugiados da Alemanha. As autoridades britânicas concederam refúgio provisório a milhares de transmigrantes a caminho de refúgio mais permanente em outros países, principalmente durante o período entre o Pogrom de Novembro e 1º de setembro de 1939, quando começou a guerra.[123] Não obstante as desavenças entre os membros de seu conselho ministerial, o governo britânico decidiu, no dia 16 de novembro de 1938, aumentar o número de cotas concedidas a refugiados provisórios.[124] Essa mudança positiva deveu-se parcialmente aos esforços do Conselho de Judeus Alemães na Inglaterra, que negociou diversos acordos com o governo britânico, inclusive a alocação de mais pessoal e verbas para as agências governamentais que tratavam das questões relativas a refugiados, bem como a garantia de aceitar mais transmigrantes da Alemanha nazista e dos territórios ocupados pelos nazistas.[125]

Enquanto isso, na Alemanha, a prioridade máxima da embaixada e dos consulados britânicos no período subsequente ao Pogrom de Novembro foi conseguir libertar prisioneiros judeus dos campos de concentração.[126] Muitas autoridades britânicas perceberam que o tempo era essencial e, em muitos casos, tentaram acelerar o processo de obtenção de vistos. Diversos altos funcionários britânicos, inclusive o cônsul geral Robert Smallbones, em Frankfurt, assumiram para si mesmos a tarefa de negociar com a Gestapo a libertação de detidos em campos de concentração, prometendo às autoridades alemãs visto de imigração para as pessoas em questão.[127] Se Smallbones conseguiu ajudar a tirar Kurt do campo de concentração de Buchenwald, não se sabe. Como Kurt obteve a libertação com documentos falsificados que garantiam sua imigração para a Argentina, ele não podia ser colocado em nenhuma lista de detidos, concorrendo a uma possível imigração mantida pelas organizações britânicas de ajuda a refugiados. Essas estavam tão sobrecarregadas com pedidos de pessoas que não tinham outras opções que não podiam se dar ao luxo de prestar ajuda a quem parecia já ter outras possibilidades. Kurt enfrentou uma panóplia de obstáculos em sua tentativa de emigrar para a Inglaterra, mas, em sua busca de visto, ele acabaria encontrando o cônsul britânico em Colônia, encontro esse que teria muita importância no futuro.

Kurt jamais havia pensado seriamente em emigrar para a Palestina, porque achava que lá não teria nenhuma oportunidade de trabalho em sua área.[128] Entretanto, nas condições de extrema dificuldade em que se encontrava após sua soltura do campo de concentração de Buchenwald, ele foi tomado pela ansiedade de conseguir um visto para qualquer lugar, inclusive a Palestina. Os cônsules britânicos na Alemanha já haviam, no passado, concedido vistos de turismo para a Palestina por até seis meses, com a opção de renová-lo se o transmigrante conseguisse provar que tinha meios para financiar o período limitado de estadia por lá. Ele também teria de provar que estava na Palestina apenas em trânsito e que emigraria para outro país. Depois de voltar para Essen da visita que fez ao consulado britânico em Frankfurt, Selma escreveu instruções detalhadas para Lotti no dia seguinte ao da libertação de Kurt do campo de concentração de Buchenwald:

Para obter um visto de turista para a Palestina, a pessoa precisa ter um convite registrado em cartório com a garantia de que a pessoa tem condições de assumir o sustento do requerente. Você precisa mandar para cá esta carta. Kurt tem de preencher um formulário com o número de seu pedido [no consulado dos Estados Unidos] e enviá-lo juntamente com a sua carta para o consulado britânico. As autoridades de lá iniciam, então, o exame da carta de fiança [no consulado americano] e, se tudo estiver em ordem, a pessoa pode conseguir um visto [limitado] dentro de uma semana.[129]

A prioridade máxima de Lotti era com certeza ajudar seu irmão a sair da Alemanha. Ela também tinha grande interesse em ter um membro da família vivendo por perto e pretendia mudar as ideias preconcebidas de Kurt com respeito à Palestina. Para Lotti e Hans, a Palestina era o melhor país do mundo para ser a nova pátria dos judeus: "Eu estou esperando a vinda de Kurt para cá. Gostaria que ele conhecesse a Palestina. Estou convencida de que nenhum outro país do mundo venha algum dia a se tornar a nossa pátria [*Heimat*] de novo".[130]

Esse plano, no entanto, não deu resultado. Devido ao fato de o número do pedido de Kurt no consulado dos Estados Unidos (sendo esse país seu objetivo último de emigração) ser muito alto, o cônsul britânico em Frankfurt não lhe concedeu um visto para a Palestina, apesar de Lotti e Hans terem depositado 200 LP [libras da Palestina] como garantia para o visto de turista para ele. O cônsul britânico argumentou que o período de espera previsto para Kurt emigrar para os Estados Unidos ultrapassaria em muito o tempo de duração de um visto de turista. A essa altura, Kurt e Hanna já nem sabiam mais se conseguiriam emigrar para o mesmo país. Eles pretendiam se casar no devido tempo, mas não tinham certeza de que queriam uma solução provisória. Hanna passou a procurar suas próprias opções de emigrar para a Argentina, e, como Kurt tinha de sair da Alemanha, ele tentou ir para qualquer lugar.[131]

A situação de Kurt vinha se tornando cada vez mais desesperadora: ele havia sido obrigado a prometer às autoridades nazistas que estaria fora da Alemanha antes do dia 31 de dezembro de 1938. Tendo já ultrapassado esse prazo por vários dias e com medo de voltar a ser preso, Kurt recebeu uma ajuda crucial de Hans Jacobi, diretor do Conselho de Emigração da Hilfsverein de Colônia.[132] No exercício de suas funções, Jacobi estava acostumado a negociar com a Gestapo e as autoridades policiais, bem como com autoridades consulares estrangeiras, a libertação de prisioneiros judeus dos campos de concentração, concedendo-lhes vistos e procurando garantir-lhes uma emigração segura. Jacobi relembra:

> Muitos dos prisioneiros libertados que tinham de comparecer ao meu escritório me contavam confidencialmente o que haviam suportado em Dachau, Sachsenhausen e outros campos. Eu tinha de reunir minhas forças muitas e muitas vezes para continuar exercendo minhas funções. Tive muitas vezes que declarar a médicos e cônsules estrangeiros que as doenças e deformações de prisioneiros recentemente libertados se deviam inteiramente aos abusos que haviam sofrido nos campos de concentração e não a qualquer outra causa.[133]

Depois de Kurt já ter tentado duas vezes em vão receber um visto de turista para a Palestina, Jacobi interveio a seu favor e pediu ao cônsul britânico que tivesse um encontro pessoal com Kurt.[134] O fato de o cônsul britânico em Colônia, J. E. Bell, haver testemunhado o Pogrom de Novembro em Colônia e comunicado sua indignação às autoridades britânicas pode ter contribuído para o seu entendimento da gravidade da situação de Kurt.[135] Só quando Kurt entendeu que fornecer ao cônsul um relato detalhado poderia ajudá-lo a sair da Alemanha, ele se arriscou a confiar em Bell, contando-lhe os horrores que havia passado no campo de concentração de Buchenwald.[136] Essa foi, talvez, a única ocasião em que ele falou sobre o assunto com alguém.

Quando Kurt falou para Bell sobre o tratamento que recebera no campo de Buchenwald e a situação precária em que vivia após sua soltura, Bell prometeu um visto de turista para a Palestina primeiro para ele, mas depois também para sua noiva Hanna, desde que eles se casassem imediatamente.[137] Numa entrevista posterior à guerra, Marianne descreveu seu entendimento do pedido desesperado de Kurt ao cônsul britânico, é claro que por meio de suas próprias lentes:

> Meu irmão foi solto do campo de concentração com a condição de deixar a Alemanha, parece que em questão de dias. Mas ele não foi morto. Depois de deixar o campo de concentração, ele foi ao consulado britânico em Colônia pedir um visto para a Palestina. Ele o conseguiu e chegou mesmo a contar sua experiência, embora tenha recebido dos nazistas, na ocasião, a ameaça de que seria liquidado

se algum dia falasse sobre o que havia visto e ouvido no campo de concentração. Eles sempre saberiam onde encontrá-lo. No entanto, Kurt passou horas com o cônsul britânico e contou-lhe tudo.[138]

Àquela altura, o cônsul britânico não deveria mais fornecer visto de turista para a Palestina. Mas assim mesmo Bell concedeu para Kurt e Hanna. Em consequência de sua desobediência, Bell perdeu seu cargo na Alemanha e foi transferido para a Suíça.[139] (Apesar de a intenção ter sido puni-lo, a Suíça pode ter sido uma situação mais confortável para ele na Europa de 1939.) Foi só quando Kurt se viu em dificuldades extremas para encontrar um lugar seguro que ele chegou a considerar a obtenção de um visto para a Palestina. Ele não se imaginava fazendo parte do que era amplamente considerado um "experimento sionista" e também estava muito preocupado com suas perspectivas de trabalho na Palestina como advogado formado na Alemanha e com poucas outras habilidades. Quando se viu, no entanto, diante de uma situação de vida ou morte, Kurt agarrou o que lhe pareceu ser a última chance de escapar de um ambiente cada vez mais hostil na Alemanha nazista. Em questão de poucos dias, Kurt e Hanna tiveram de se casar, providenciar passaportes e realizar trâmites financeiros, pagar todo tipo de emolumentos e taxas, empacotar seus pertences e encarar as difíceis despedidas de seus amigos e familiares – alguns dos quais eles jamais voltariam a ver. Foi com grande alívio que Kurt escreveu para Marianne de seu refúgio seguro na Palestina:

> *Depois de ter de comunicar mais uma vez às autoridades a quantas andava a minha emigração, tentei mais uma vez obter visto para a Palestina [no consulado britânico] em Colônia. O resto você já sabe. Todo mundo ficou com inveja de nós. Aqui [na Palestina] todo mundo quis saber como conseguimos sair para que pudessem contar a seus parentes. Mas nós recebemos quase o último visto para turistas em todo o Reich.*[140]

Enquanto as autoridades alemãs forçavam os judeus a emigrar rapidamente, também fizeram da emigração um negócio altamente lucrativo para a economia alemã. Segundo o historiador Avraham Barkai, o Estado alemão angariou rendas acima de 2 bilhões de RM nos meses entre o Pogrom de Novembro e a deflagração da Segunda Guerra Mundial com a cobrança de uma "taxa de reparação" (*Sühneleistung*) pelos prejuízos causados pelo *pogrom*, a Taxa de Migração paga ao Reich, além de obrigar as companhias de seguro a pagar pelas perdas ao Estado, não a seus proprietários judeus, pelos prejuízos incorridos durante o Pogrom de Novembro.[141]

Kurt resumiu a situação material dele e de Hanna no momento em que deixaram a Alemanha numa carta para Marianne:

> *Eu recebi uma indenização muito conveniente da Centralverein, que deu para pagar os custos de nossa emigração e até mesmo fazer novas aquisições. É claro que todas as minhas economias acabaram. Hanna também tinha aproximadamente 800 RM. Considerando-se a pressa com que tivemos de embarcar, nós conseguimos trazer muitas coisas úteis, como roupas, incluindo alguns ternos e vestidos novos, roupas de cama, toalhas de mesa, roupas de baixo, alguns utensílios domésticos, pratos, presentes de casamento, um serviço de mesa, um ventilador e muitas coisas de nossa mãe, inclusive sua prataria.*[142]

Por ocasião de sua dissolução em novembro de 1938, a Centralverein tinha recursos consideráveis, pelo menos seu ativo operacional para todo um ano.[143] A indenização que Kurt recebeu da Centralverein, somada a suas economias, pagou os custos de emigração/imigração dele e de Hanna. Nos cálculos dos bens de Hanna para o propósito de estimar a "taxa de reparação", o fato de ela ter perdido a maior parte de seu patrimônio durante o Pogrom de Novembro foi levado em consideração. Kurt, por sua vez, teve de pagar 320 RM para o German Gold Discount Bank.[144] Essa foi a taxa de Deságio que ele precisou pagar pelos ativos e bens de uso pessoal que levou consigo ou despachou para fora da Alemanha.

Kurt e Hanna fizeram um total de sete malas e providenciaram o despacho por navio de um contêiner com móveis, roupas e utensílios domésticos, que eles esperavam chegar à Palestina alguns meses depois.[145] Os nazistas confiscaram o contêiner com seus pertences na Antuérpia depois de terem invadido a Bélgica. Kurt e Hanna perderam tudo, com exceção do que levaram consigo em sua bagagem na viagem de navio. Com apenas alguns dias para os preparativos, o casal celebrou seu matrimônio no dia 15 de janeiro de 1939, oficiado pelo rabino de Essen, Hugo Hahn, e com aproximadamente 45 convidados na casa de Selma, Henny e tio Hermann, em Essen. Para essa ocasião especial, os médicos concederam um dia de licença para

Henny deixar o hospital, onde estava se recuperando da cirurgia para remoção de um tumor renal. Apesar de preocupada com a saúde de sua irmã e o futuro de seu filho, Selma procurou parecer animada em suas cartas para Marianne. Ela fazia alusões a como a vida tinha sido "agitada" com toda a "reviravolta" depois da saída de Kurt do campo de concentração de Buchenwald. Ao mesmo tempo, Selma também assegurou para Marianne o quanto estava se sentindo aliviada pela solução provisória de emigração para a Palestina de Kurt e Hanna.[146]

Depois de suas alegres núpcias, Kurt e Hanna deixaram Essen com um peso no coração, apesar do otimismo de em breve voltarem a se reunir com Selma, Henny e tio Hermann. Em Colônia, diversos membros da família e amigos foram à estação ferroviária ver os recém-casados. A carta de Kurt a vários membros da família, escrita durante a estadia provisória [do casal] na casa da prima de Hanna, Lore Ross-Landau, e sua família em Milão, transbordava de animação por ele finalmente ter conseguido deixar a Alemanha. No entanto, a situação dos Landaus, judeus com passaportes alemães, havia se tornado bastante delicada depois do aperto da legislação antijudaica por Mussolini na Itália em 1º de setembro de 1938.[147] Os Landaus haviam recebido ordens para deixar a Itália em março de 1939 e não faziam ideia de onde poderiam ir. Mesmo assim, eles deram boas-vindas a Kurt e Hanna quando o casal chegou em janeiro daquele ano.

Em sua carta de Milão, Kurt falou de sua ansiedade em relação às formalidades envolvidas no processo de emigração. Procurando respeitar todas as regras e até mesmo antecipar possíveis armadilhas burocráticas, ele havia levado consigo toda a documentação escrita de seu escritório de contabilidade e do órgão fiscal municipal para provar que havia pagado os últimos impostos — que teria de mostrar na fronteira com a Suíça.[148] Para grande alívio de Kurt e Hanna, suas quatro malas grandes haviam sido conferidas pelas autoridades alfandegárias e lacradas na Alemanha para que eles não tivessem de se preocupar com a bagagem durante a viagem.[149]

Embora o tom geral da carta de Kurt enviada de Milão a todos os membros da família fosse animado e otimista, o adendo enviado anexo para Marianne deixava transparecer nas entrelinhas suas preocupações com os membros da família deixados para trás:

Você não pode imaginar o quanto estamos felizes por termos conseguido sair. Apesar de a despedida ter sido difícil para a mamãe, ela estava extremamente aliviada. Nós não temos ideia do que vai ser de nosso futuro, nem mesmo aquilo que os imigrantes "normais" saberiam nos últimos anos. [O que é] importante é que estamos "fora" [da Alemanha]. Isso parece ainda mais importante considerando-se as grandes preocupações que os nossos parentes têm aqui [na Itália] depois de não se verem mais como imigrantes. Nós três [irmãos] temos de fazer de tudo para tirar nossos "velhos" da Alemanha o mais rápido possível.[150]

6 NOVOS COMEÇOS NA PALESTINA, 1935-1939: LOTTI E KURT

Alguns meses depois de seu casamento, em março de 1935, Lotti havia emigrado para a Palestina com seu marido Hans, um dos dois filhos de Flora e Julius Kaiser-Blüth. Julius e seu meio-irmão Karl eram donos da Mannsbach & Lebach Company, situada na Lindenstrasse, em Colônia, uma indústria têxtil que fabricava roupas de trabalho até ter sido "arianizada" em dezembro de 1938.[1] Hans havia sido membro ativo do Movimento Juvenil Blau Weiss (Azul e Branco).[2] Tendo estudado em Munique e Berlim, ele se formou em engenharia mecânica e elétrica.[3] Apesar de ter trabalhado como aprendiz na prestigiada Deutz Company, de Colônia, ele não conseguia encontrar trabalho em sua profissão depois que os nazistas chegaram ao poder. Hans conseguiu ser contratado apenas por comissão para ser representante de vendas na Palestina pela MAN (Machine Factory Augsburg-Nuremberg) Company, em março de 1935, mas apenas depois de estar resolvido que ele imigraria para a Palestina.[4]

Lotti conheceu Hans Kaiser-Blüth num curso de hebraico organizado pelo movimento sionista de Colônia.[5] Hans, sem conseguir encontrar trabalho como engenheiro na Alemanha e, como sionista engajado, ansioso por seguir o ideal de abraçar a Palestina como a pátria dos judeus, já havia feito planos para emigrar antes de conhecer Lotti. Em poucos meses, Lotti e Hans se casaram e planejaram a mudança para a Palestina.

Um ex-namorado de Lotti, Heiner Frohmann, que permaneceu em contato com ela durante muitos meses após o rompimento, não estava preparado para interromper toda forma de contato. Ele enviou de Erlangen um presente de casamento: uma cafeteira elétrica.[6] Heiner escreveu para Lotti:

> O presente acabou se tornando maior do que era a intenção, possivelmente porque eu queria incluir todos os meus melhores votos para vocês dois ... Escolhi algo prático. Achei que um presente pessoal não seria o mais apropriado, pois queria que fosse algo que fosse útil tanto para você como para seu noivo. Eu ficaria muito feliz se o seu noivo pudesse entender a sincera amizade que há entre nós dois.[7]

Na mesma carta, Heiner se referiu ao seu grande respeito por pessoas dispostas a fazer sacrifícios em nome de suas convicções, "quaisquer que elas sejam". Embora mencionasse sua própria atração juvenil pelo sionismo e continuasse defendendo a Palestina como pátria dos judeus, ele também escreveu que via com ceticismo cada vez maior aquilo que considerava oportunismo no movimento sionista. Heiner escolheu manter-se fiel a seus princípios, às vezes exagerando: "Mas ninguém a não ser você, Lotti, sabe que abandonei *tudo* por minhas convicções, meu senso de obrigação. Resta-me rezar para que eu continue tendo forças para fazer sacrifícios".[8] Heiner tentou comunicar a Lotti a dor que sentira em consequência de não ter sido capaz de se empenhar por um futuro com ela. Em vez de seguir seu coração, ele se sentira obrigado a sacrificar seu amor e um possível futuro com ela para cuidar da mãe e das irmãs.

Depois de muitos relacionamentos e quase noivados rompidos, que foram decepções para ela, Lotti estava ansiosa por se casar quando encontrou Hans Kaiser-Blüth. Como o pai de Hans lembrou ao jovem casal em sua carta por ocasião da *Hanukkah* de 1938: "Aproveitem o ânimo maravilhoso quando no domingo o *Menorah* iluminar Tel Aviv, tanto quanto eu senti ao voltar para casa num sábado à noite, quatro anos atrás. Foi quando você, querida Lotti, foi à nossa casa jantar pela primeira vez. Alguns dias depois, soube que você seria minha nora."[9] Depois de um rápido noivado, Lotti e Hans se casaram no dia 28 de março de 1935. A prima de segundo grau de Lotti, Marianne Bachrach, filha de Julius e Olga, de Plettenberg, se lembra da festa de casamento como "um evento esmerado com muitos pratos se sucedendo durante horas".[10]

A decisão de Lotti de emigrar para a Palestina foi definitivamente influenciada pelo sentimento de exclusão e aprisionamento na Alemanha sem nenhum futuro profissional, apesar de ela manter um forte sentimento de identidade alemã. Temos conhecimento de algumas situações em que Lotti sentia necessidade de se afirmar como judia na Alemanha nazista. Um desses incidentes ressalta as afirmações ridículas da propaganda antissemita e as suposições estereotipadas sobre os judeus, bem como a autoconfiança de Lotti. O incidente ocorreu numa viagem que ela fez após a cerimônia de casamento, quando visitou seus "queridos parentes", os Bachrachs, em Plettenberg, para se despedir antes de partir para a Palestina. Um homem usando o emblema do Partido Nazista entrou em seu compartimento no trem, sentou-se à sua frente e começou a flertá-la. Quando ela disse a ele que era tanto casada como judia, ele não acreditou, observando sua "falta de características raciais". Ela o despachou, observando que ele estava fazendo um "elogio" a uma judia.[11] Exemplos como esse de "equívoco de identidade" eram bastante comuns. Como a propaganda nazista descrevia os judeus como "o outro", os alemães comuns não tinham, muitas vezes, nenhum escrúpulo em apontar quem "parecia judeu".

O casamento de Lotti com um membro da rica família Kaiser-Blüth oferecia a ela um futuro pessoal e profissional muito mais promissor, bem como o acesso a uma nova pátria. Além de disponibilizar os recursos necessários para o casal emigrar para a Palestina, os sogros de Lotti também compraram o equipamento de última geração da Siemens para o seu consultório de dentista. Em 1922, o governo do Mandato Britânico da Palestina estabeleceu categorias de solicitantes de imigração de acordo com os recursos pessoais, a profissão e a idade do próprio solicitante, bem como de seu familiar residente na Palestina. Os Kaiser-Blüths ofereceram os recursos necessários para que Lotti e Hans fossem qualificados para o Certificado Capitalista, também conhecido como categoria A1, que era restrita a possíveis imigrantes com recursos pessoais significativos. Os candidatos a imigrantes dessa categoria tinham de comprovar que seus ativos disponíveis eram de pelo menos 1 mil LP (libras palestinas) — equivalentes a 1 mil libras britânicas — com 50% ou mais em espécie.[12] Na época da imigração de Lotti e Hans, 1 mil LP correspondiam a aproximadamente 15 mil RM.[13] Essa quantia era maior do que a renda anual de um advogado ou um médico.[14] O mesmo certificado permitia a imigração de um casal ou pais com um ou dois filhos com menos de 18 anos.

Imigrar para a Palestina havia se tornado mais atraente em termos financeiros para os judeus alemães depois do verão de 1933, graças ao Acordo Haavara (Acordo de Transferência).[15] Em resumo, esse acordo controverso entre os líderes sionistas e o governo nazista foi forjado para incentivar a imigração de judeus alemães para a Palestina em circunstâncias financeiras favoráveis e com a condição de venda de produtos alemães para a Palestina.[16] Ele também contribuía para tirar a Alemanha nazista de sua difícil situação no mercado de moeda estrangeira, conforme deixa transparecer a formulação do Imposto de Emigração do Reich. Nos primeiros anos do regime nazista, o câmbio de reichsmarks por outras moedas era estritamente limitado, mas em 1938 passou a ser totalmente proibido.[17]

Pelo Acordo Haavara, no entanto, os candidatos a imigrantes da Alemanha para a Palestina podiam ignorar as atuais restrições do câmbio, depositando seus fundos em marcos alemães em contas bloqueadas em um ou outro dos bancos aprovados pela Palestine Trust Society for Advice to German Jews Inc. (mais conhecida como Paltreu).[18] Eles recebiam, então, um certificado do Haavara, que lhes dava o direito ao equivalente aos fundos bloqueados em libras palestinas em forma de bens importados da Alemanha ou propriedade na Palestina.[19] Os importadores de produtos alemães na Palestina depositavam os fundos para a compra desses bens no Anglo-Palestine Bank. Foi esse o banco que Lotti e Hans e, depois de sua chegada à Palestina, também Kurt e Hanna usaram para fazer todas as suas transações bancárias.[20]

O Acordo Haavara atraiu críticas internacionais de diversas tendências e gerou discussões acaloradas quando seu conhecimento veio a público. Alguns opositores apontaram que esse acordo facilitava apenas a entrada de judeus ricos na Palestina, enquanto a maioria mais pobre teria de continuar na Alemanha. A oposição veio principalmente de grupos de judeus fora da Alemanha que defendiam um boicote econômico e rejeitavam qualquer negociação com o regime nazista. Entretanto, o Acordo Haavara possibilitou um reassentamento significativo de judeus alemães na Palestina. A maioria dos 60 mil judeus alemães que emigraram para a Palestina no período entre 1933 e a deflagração da Segunda Guerra Mundial foi direta ou indiretamente beneficiada pelo Acordo Haavara.[21] Durante esse mesmo período, 100 milhões de RM aproximadamente foram transferidos para a Palestina.[22]

As chances para os engenheiros judeus exercerem sua profissão na Palestina eram significativamente menores do que em muitos outros países de imigração.[23] Mesmo que os engenheiros que chegassem como militantes sionistas recebessem certo apoio para encontrar trabalho, frequentemente passavam muito tempo desempregados e precisavam trabalhar em outras áreas que não tinham nada a ver com eles. A Palestina, que na década de 1930 estava apenas começando a sua industrialização, tinha uma necessidade limitada de engenheiros e muitos outros profissionais. O fato de Hans Kaiser-Blüth estar ligado à Federação Sionista Alemã (a ZVfD) e ter contrato com a MAN Company como um de seus representantes de vendas na Palestina possibilitou que ele fizesse alguns negócios por intermédio do Acordo Haavara. O filho de Hans, Michael, recordaria mais tarde que fora o fato de seu pai estar ligado à MAN Company que o ajudara a conseguir permissão para trabalhar na Palestina.[24] Para Hans e muitos outros na mesma situação, o Acordo Haavara proporcionou uma base financeira sobre a qual construir, mas, como acabou se revelando, ela não era sólida nem duradoura.[25]

Uma das razões para o sucesso instável dos negócios de Hans estava na natureza política e econômica precária do Acordo Haavara. No fim de 1935, ele havia conseguido concluir seu primeiro negócio bem-sucedido, como Lotti relataria com orgulho para Marianne.[26] O negócio coincidiu com o aumento da imigração de judeus vindos da Alemanha depois da criação das Leis de Nuremberg, em setembro de 1935.[27] Para facilitar a debandada de judeus da Alemanha para a Palestina, mas talvez também para incentivar que ela fosse feita sob o Acordo Haavara, os produtos alemães importados pela Palestina precisavam ter preços competitivos. Por isso, o Haavara introduziu, em 1935, medidas que efetivamente reduziram os preços de produtos importados da Alemanha e os tornaram mais competitivos no mercado palestino.[28] O breve sucesso de Hans em concluir um negócio naquela ocasião possivelmente teve algo a ver com esse incentivo econômico de 1935.

Mais judeus entraram como imigrantes na Palestina em 1935 do que em qualquer outro ano (61.900). Esse mesmo ano foi, entretanto, marcado pelo menor número anual de imigrantes judeus alemães na Palestina (14% do total de imigrantes judeus) em relação a qualquer outro ano entre 1933 e 1941.[29] O total de imigrantes judeus alemães durante esses oito anos ou mais corresponde a 24% do total de judeus que foram para a Palestina. De todos os judeus alemães, apenas 10% aproximadamente (cerca de 60 mil) emigraram para a Palestina durante o regime nazista.[30] Desses 60 mil, 80% se estabeleceram em cidades,[31] quase a metade deles em Tel Aviv.[32] Em outras palavras, Hans e Lotti pertenciam àquela minoria de judeus alemães que foi para a Palestina, mas, que, uma vez lá, passou a fazer parte da maioria de imigrantes judeus que escolheu viver em centros urbanos.[33] Lotti e Hans se estabeleceram em Tel Aviv, que havia sido fundada por judeus em 1909, não distante da antiga cidade portuária árabe de Jaffa. Em 1936, a população de judeus na Palestina constituía mais ou menos 28% do total, enquanto a população árabe era de quase 72%.[34]

Apesar de existirem poucas referências por escrito aos primeiros meses de Lotti e Hans na Palestina, é quase certo que, como a maioria dos imigrantes judeus alemães na metade da década de 1930, eles passaram por um período difícil de adaptação. Tendo chegado em meio ao calorão do verão, tiveram de se acostumar a um ambiente totalmente estranho, tanto em termos de clima como de estilo de vida. Eles tiveram a sorte de aportar na moderna cidade portuária de Haifa, e não em Jaffa, onde muitos imigrantes tinham de saltar do navio em que viajavam para pequenos barcos, nos quais trabalhadores árabes os conduziam remando até a costa.[35] Embora a vida não tenha sido fácil para Lotti naqueles primeiros meses, e muitas comodidades e a própria infraestrutura que tinha como certa na Alemanha tenham deixado de fazer parte de sua vida cotidiana, ela fala com carinho, décadas mais tarde, sobre o espírito de pioneirismo, "o sentimento de pertencer a uma comunidade e a ajuda mútua" que experimentou na Palestina.[36]

Lotti recorda a maravilhosa recepção que tiveram na Palestina pelos contatos sionistas de Hans: "Desde o começo, tivemos um círculo de pessoas muito amáveis à nossa volta. Nós nos sentimos muito bem acolhidos".[37] Na Palestina, a Associação de Imigrantes Alemães (HOG),[38] que fazia parte da Agência Judaica para a Palestina,[39] era muito ativa em oferecer ajuda inicial, apesar de seus recursos limitados. Ela costumava distribuir boletins informativos e organizar cursos de língua hebraica para novos imigrantes vindos da Alemanha.[40]

Apesar de, segundo as notícias, Lotti e Hans ficarem "animados e terem alugado um quarto em Tel Aviv" por algumas semanas de um dos primos de Lotti, os familiares, na Alemanha, estavam preocupados com eles.[41] Marianne escreveu em seu caderno de notas no dia 4 de outubro de 1935: "Eu receio que eles estejam passando por um período difícil lá devido à guerra que irrompeu entre a Itália e a Abissínia [Etiópia]".[42] A invasão da Etiópia pela Itália fascista ameaçou desestabilizar o Oriente Médio. Nos anos seguintes, a intranquilidade na Palestina preocupou os membros da família de Lotti fora do país. Por sorte, a vida em Tel Aviv era relativamente segura. Quase no mesmo dia em que Marianne escreveu falando sobre suas preocupações com a segurança de Lotti e Hans na Palestina, Lotti estava otimista, planejando a ida de seus familiares, inclusive de Marianne, que se juntariam a eles em sua nova vida:

De qualquer maneira, nós estamos aguardando a sua [de Nanna] chegada em breve. E seria ótimo se os outros também pudessem vir. Eu gostaria de propor que o tio Hermann solicitasse logo um visto na categoria A1. Pode levar anos para consegui-lo. Se ele então não o quiser, poderá simplesmente recusá-lo. Não seria nenhum problema para nós termos nossa mãe e tia Henny aqui, especialmente se você também estiver aqui. Em qualquer caso, acho que não teremos problemas para provar que tia Henny é como se fosse a nossa segunda mãe. Obter um visto na categoria A1 não deve ser nenhum problema. Mais ou menos três meses antes de o número ser chamado, tudo teria de ser vendido. O dinheiro teria de ser depositado apenas cerca de quatro semanas antes da transferência. Não é necessário reservar nenhum dinheiro extra. Os ganhos com a venda de todas as propriedades provavelmente excederiam as necessárias mil libras palestinas. Acho que poderíamos também solicitar outro visto A1 para Kurt, se o tio Hermann liquidasse todas as suas economias, o que espero que ele faça. Eu espero que, antes disso tudo, você e nós estejamos estabelecidos de maneira a podermos ajudar financeiramente os "nossos velhos". Aproximadamente 150 LP por ano seriam mais do que suficientes. Os "velhos" poderiam viver parcialmente de suas economias. Portanto, recomendo com veemência que você solicite de qualquer maneira um visto, mesmo que ninguém de nossa família tenha, no momento, a intenção de imigrar. Tudo isso em função do aspecto financeiro.

Quanto às condições de vida: depois de ter passado parte do período mais quente do ano aqui, tenho certeza de que o clima será mais tolerável. Você simplesmente pode ficar dentro de casa nas horas mais quentes do dia, se não for obrigada a sair. E, afinal, por que os "velhos" teriam de sair? Há serviços de entrega em casa de todos os tipos de comida. Eles poderiam facilmente administrar seu próprio apartamento com a ajuda de uma empregada duas horas por semana. Eles precisariam de um apartamento de dois quartos com cozinha e banheiro. Mesmo que seja necessário varrer e tirar mais o pó, isso é fácil para pessoas habituadas. As cozinhas e os banheiros são de azulejo. Muitos apartamentos dispõem de armários embutidos e também de água corrente quente e fria.[43]

Depois de ter vivido por volta de três meses em Tel Aviv, Lotti arquitetou esse plano detalhado para instalar sua família na Palestina. Marianne lembrou a Lotti que tanto ela quanto Kurt duvidavam de que conseguiriam arrancar Selma facilmente de seu lugar, mas que também se sentiam aliviados por Lotti e Hans estarem dispostos a receber os familiares mais velhos, caso fosse necessário.[44]

Lotti parecia naquela época não ter dúvidas de que Nanna iria para a Palestina e que, então, a ajudaria a acomodar Selma, a tia Henny, o tio Hermann e o irmão Kurt. Enquanto Lotti estava convencida de que o futuro de sua família estava na Palestina, em meados dos anos 1930, nem Marianne nem Kurt, sobretudo por razões profissionais, consideravam seriamente a possibilidade de viver lá.

Ao descrever para a família o seu estilo de vida na Palestina, Lotti se empenhava em parecer muito animada e enfatizar as vantagens que teriam — especialmente a disponibilidade de alimentos familiares e a possibilidade de frequentes idas à praia, para onde se podia ir a pé de seu apartamento. Nos dias mais quentes de outubro de 1935, Lotti orgulhava-se de servir a seu marido um cardápio de três pratos no almoço — "Sopa, batatas, salada de pepino e bife no primeiro dia; caldo de carne, coxas de frango com molho branco, feijão, e pudim de sobremesa no dia seguinte".[45] Como muitos imigrantes judeus alemães na Palestina, ela conservou os hábitos alimentares que havia adquirido na Alemanha. Muitos judeus alemães não gostavam de comidas estranhas como *homus* e *techina*,[46] mas costumavam aproveitar a abundância local de verduras.[47] Apesar de Lotti ter demonstrado otimismo ao dizer que o clima seria suportável para todos, alguns dias depois ela admitiu na mesma carta para sua irmã que Hans havia sofrido terrivelmente no início por causa do calor fora do comum. Ele havia amargado letargia, irritabilidade e incapacidade para trabalhar.[48]

Lotti e Hans, assim como outros judeus burgueses vindos da Alemanha, mobiliaram e decoraram seu apartamento no estilo europeu. Numa foto de

Foto 6.1 Lotti e Hans na sala de estar de sua casa em Tel Aviv, 1936

família de 1936, Lotti e Hans estão sentados à volta de sua mesa para *Kaffee und Kuchen*, com toalha de linho branco, um buquê de flores e xícaras e pires de porcelana fina. O elegante armário de vidro do velho mundo, expondo valiosos objetos de porcelana e vidro, o sofá confortável e uma gravura do quadro de Vermeer, *Moça com Brinco de Pérola*, contribuíam ainda mais para a imagem de gosto refinado e conforto burgueses. A decoração interior escura e pesada escolhida por esse casal *Bildungsbürger* da Alemanha, incluindo estantes com livros de literatura clássica, parece entrar em choque com a intensa luminosidade do lado de fora. (Ver Foto 6.1.) Uma foto de 1936 da sacada de Lotti e Hans revela fileiras de prédios brancos recém-construídos de três e quatro andares em estilo Bauhaus ou Internacional. A rua parece estar vazia, com pouquíssima vegetação e apenas uma ocasional árvore recém-plantada.[49] (Ver Foto 6.2.)

Lotti pretendia instalar seu consultório dentário assim que chegasse à Palestina. Mas os instrumentos e o equipamento que seus sogros haviam despachado por navio foram retidos por um ano no porto de Jaffa em razão

Foto 6.2 Lotti na sacada de sua casa, Tel Aviv

da intranquilidade que reinava na Palestina na época.[50] Depois de chegar à Palestina, ela conseguiu começar a tratar de pacientes usando o espaço nos consultórios de outros dentistas que conhecia. Um deles, ela se gabou, "estava localizado em um dos prédios mais modernos que um dos melhores arquitetos havia construído para ele mesmo".[51] Quando estava em condições de instalar seu próprio consultório, ela montou uma clínica dentária que passou a ser muito bem considerada. Em Tel Aviv, Lotti tratou de um amigo mais jovem da família, que era originalmente de Plettenberg. Sessenta anos depois, ele recordaria: "Lotti estava entre os melhores cirurgiões dentistas e com certeza era a mais atraente". Como Hans conseguira realizar poucos negócios e a família dele não podia continuar lhes enviando ajuda financeira no início, em virtude de regras alemãs desfavoráveis, a maior parte da renda familiar provinha do consultório dentário de Lotti.[52]

Depois que Hans e Lotti se instalaram na Palestina, os pais de Hans e a mãe de Lotti, Selma, foram visitá-los, só que em diferentes ocasiões. Porém, nenhum deles considerava na época a possibilidade de permanecer ali ou de imigrar. Os Kaiser-Blüths visitaram Lotti e Hans no verão de 1936 e permaneceram com eles por três ou quatro semanas. A circunstância é notável, uma vez que as tensões na Palestina começaram a piorar. Presumivelmente a viagem havia sido programada com bastante antecedência e as passagens já haviam sido pagas. Em abril de 1936, o Alto Comitê Árabe (ACA), então presidido pelo controverso Grande Mufti de Jerusalém, Haj Amin El-Husseini, exigiu o fim de toda imigração de judeus para a Palestina e a total proibição de transferir terras para os judeus.[53] O ACA declarou uma greve geral, seguida de rebeliões e protestos contra a onda de imigração de judeus para a Palestina.[54] Um dos mais importantes centros da greve foi Jaffa, uma antiga cidade portuária não distante de Tel Aviv, onde os instrumentos do consultório dentário de Lotti haviam sido retidos. Entre abril e junho de 1936, quase todas as edições da *Jüdische Rundschau*, uma publicação semanal da Federação Sionista da Alemanha, em Berlim, traziam artigos de primeira página sobre os tumultos violentos na Palestina. Os artigos intitulados "Bloody Riots in Jaffa"[55] e "Continued Arab Terror"[56] eram reportagens sobre a irrupção da violência em diversos locais. No entanto, os velhos Kaiser-Blüths seguiram seus planos de visitar a Palestina.

Lotti e Hans ficaram muito felizes por poderem receber Selma e os pais de Hans em Tel Aviv. Sabem-se pouquíssimos detalhes sobre a viagem dos Kaiser-Blüths à Palestina em 1936. Uma foto de família mostra Lotti com sua sogra Flora, ambas sorrindo em uma praia em Tel Aviv, felizes por estarem juntas, mesmo que fosse por pouco tempo. Julius, nem um pouco tentado a se mudar ou a transferir seus bens para a Palestina, ainda acreditava que o regime nazista seria de curta duração e que ele e seu negócio lucrativo em Colônia sobreviveriam àqueles tempos difíceis.[57] Nem mesmo depois do fim de 1938, após o Pogrom de Novembro, Julius arredaria pé de sua determinação de permanecer na Alemanha. Selma comentou com Marianne a frustração de Lotti e Hans com respeito às ilusões de Julius: "Lotti e Hans estão furiosos com o pai dele por ele não ter tomado nenhuma medida para emigrar. As fantasias do tio Julius se tornaram obsoletas. Ele deve ter perdido totalmente o contato com a realidade".[58]

Selma visitou Lotti e Hans durante a primavera e o verão de 1937. (Ver Foto 6.3.) Numa foto familiar da visita de Selma, ela aparece usando um vestido de mangas longas na sacada do apartamento de Lotti, buscando a sombra para se proteger da intensa luz solar refletida nas casas brancas de

Foto 6.3 Selma em visita a Lotti e Hans em Tel Aviv, 1937

estilo Bauhaus. Outra foto mostra uma Selma pensativa na sala de estar do apartamento de Lotti, com vasos de plantas, candelabros de porcelana e cortinas brancas transparentes delicadamente dispostas ao fundo. Selma teve de ficar na Palestina por muito mais tempo do que pretendia, porque precisou se submeter a uma cirurgia de emergência (uma apendicectomia) que exigiu um período de recuperação. Lotti acompanhou a mãe na viagem de volta para Essen em setembro de 1937, com uma parada na Itália.[59] Em retrospecto, Lotti se mostra muito arrependida por não ter tentado convencer a mãe a permanecer com eles na Palestina.[60] Contudo, nem durante nem nos meses seguintes à sua viagem à Palestina Selma considerou a possibilidade de emigrar/imigrar.

Enquanto isso, o ACA passou a contestar cada vez mais a entrada de imigrantes judeus na Palestina. O governo britânico, em busca de uma solução territorial para os conflitos étnicos na Palestina, propôs dois Estados, um judaico e um árabe. Quando o plano tornou-se público em julho de 1937, uma nova onda de violência irrompeu na Palestina. As lideranças representativas tanto dos judeus como dos árabes rejeitaram a ideia desse Plano de Divisão.[61] Apesar de tentar honrar a promessa da Declaração de Balfour, de 1937, de estabelecer um "lar nacional" para os judeus, o governo britânico não conseguiu alcançar uma solução viável para todos os envolvidos.[62]

Em julho de 1938, quando os líderes mundiais se encontraram na Conferência de Evian para discutir a crise dos refugiados judeus alemães, a situação na Palestina continuava tensa. As notícias de primeira página do *Jüdische Rundschau*, sionista da Alemanha, causaram grandes preocupações entre os amigos e parentes de Lotti: "Nos últimos dias, foi noticiada uma vasta série de atos terroristas, ataques e combates que ocorreram na Palestina. O número total de judeus mortos foi dezessete. Em Tel Aviv e Haifa, diversos bombardeios causaram muitas vítimas".[63] No jornal havia também comentários sobre "condições que se assemelham à de uma guerra civil".[64] Lucie e Chaim, amigos de Lotti que haviam visitado Tel Aviv mais ou menos na mesma época em que Selma esteve lá, escreveram para Lotti: "Nós temos agora apenas as nossas lembranças [de nossa visita no ano passado], porque a situação sofreu mudanças muito drásticas. Eu tenho acompanhado os atuais acontecimentos deploráveis com interesse e compaixão. Infelizmente, o resultado é ainda incerto... Você tem algum plano para o futuro ou continua esperando por tempos melhores?".[65] A tia Johanna (tia de Lotti), de 81 anos, irmã de seu pai, também estava muito preocupada com a sobrinha: "Nós todos desejamos e esperamos que o governo [da Palestina] consiga restabelecer a lei e a ordem para todos no país para que a economia volte a prosperar".[66]

É interessante observar que, em suas cartas para Marianne, Lotti se mostrava muito preocupada com os eventos inquietantes na Alemanha, mas não comentava os atos de violência que estavam ocorrendo na Palestina.[67] Por sua vez, os amigos e parentes de Lotti na Alemanha expressavam em suas cartas seus temores com respeito à Palestina, mas não faziam referências à situação interna de seu próprio país. É claro que eles sabiam que suas cartas eram censuradas e podiam não querer arriscar a sua interceptação ou serem punidos por escrever sobre os perigos que os judeus enfrentavam na Alemanha. Cada um dos lados achava que o outro lado é que estava em maior perigo. Talvez Lotti quisesse poupar os amigos e parentes dessas notícias ruins, mas também pode nem ter pensado em mencioná-las pelo fato de tais eventos não afetarem diretamente sua vida cotidiana. Naquela época, Lotti tinha muitas preocupações pessoais: além de trabalhar excessivamente, sofrer de enxaquecas, passar mal por várias semanas e dirigir seu concorrido consultório dentário, ela também cuidava de uma amiga doente.[68] Além disso, continuava com a esperança de que seus familiares deixariam a Alemanha e iriam para a Palestina, e provavelmente tinha a intenção de evitar causar-lhes impressões negativas. Lotti continuou acreditando que a Palestina seria o futuro lar de seus irmãos e dos membros mais velhos da família.[69]

O consultório dentário de Lotti estava em franca prosperidade no início de 1938,[70] como ela deixa claro em suas descrições da "boa clientela"[71] e do luxo ao qual podia "se dar fazendo compras".[72] O fato de Lotti ter podido abrir seu próprio consultório dentário e ter alcançado sucesso em relativamente pouco tempo na Palestina deveu-se principalmente à instrumentação avançada que seus sogros haviam comprado para ela. Muitos outros profissionais tiveram de aceitar trabalhos humildes e baixar radicalmente o *status* social.[73]

Enquanto Lotti se tornava uma dentista bem-sucedida, o negócio de Hans enfrentava grandes dificuldades. Os detalhes do desenvolvimento do Acordo Haavara revelam que, em 1938, os fundos haviam sofrido uma redução de mais da metade em comparação com o ano anterior.[74] Hans desconhecia em 1938 os conflitos na Alemanha entre o Ministério da Economia, o Ministério do Exterior e o do Interior do Reich com respeito a continuar apoiando o Acordo Haavara e o impacto econômico dele sobre as oportunidades de negócios.[75] Além disso, quando o programa nazista de rearmamento de 1938 – o Plano Quadrienal – devorou ainda mais a moeda estrangeira, o Ministério da Economia do Reich reduziu drasticamente o volume de produtos alemães a serem exportados sob o Acordo Haavara. O Ministério criou uma lista de produtos alemães que podiam e não podiam ser exportados para a Palestina.[76] As máquinas da MAN que Hans estava tentando levar para a Palestina podiam muito bem não ter mais permissão para serem importadas. Essa podia ser mais uma explicação para o declínio de seus negócios. Apesar das controvérsias políticas, do número reduzido de produtos alemães incluídos no Acordo Haavara, do aumento dos custos de transferência e da redução drástica no valor cambial do dinheiro necessário para um "certificado capitalista", o volume de produtos incluídos no Acordo Haavara atingiu seu pico em 1937.[77] Entretanto, apenas um ano depois, a quantidade de produtos transferidos sofreu uma redução mais drástica do que antes.[78] Extremamente frustrado, Hans relatou a Marianne que o negócio dele havia sofrido as consequências da situação política na Palestina e na Europa no verão de 1938. Ele foi atingido por outro golpe quando a transferência de certas máquinas foi interrompida no outono. Contudo, já estava empenhado em vender produtos alternativos e contava com outros projetos mais abrangentes.[79]

Apesar de a renda de Hans oscilar e ficar abaixo de suas próprias expectativas como também das de Lotti, o padrão de vida deles era bastante alto em comparação com o padrão de muitos outros *olim* – palavra hebraica para designar imigrantes legais. Embora as memórias de muitos imigrantes que se assentaram na Palestina na década de 1930 destaquem o espírito pioneiro unificador e o senso comunitário e de pertencimento à Eretz Israel [Terra de Israel], as realidades da época eram, muitas vezes, bem mais complicadas. As tensões no interior da *Yishuv* [comunidade judaica], principalmente entre os imigrantes e refugiados judeus vindos da Europa Oriental e da Europa Ocidental, muitos dos quais fugindo da Alemanha nazista, tinham origem, muitas vezes, nas diferentes práticas culturais e nos costumes, como também nas diferenças percebidas como de classe social relacionadas com a identidade e a religiosidade judaicas. A "batalha linguística" dos anos 1930 entre o iídiche e o hebraico foi decidida em favor do último.[80] Lotti e Hans, no entanto, assim como Kurt e Hanna e muitos outros imigrantes vindos da Alemanha, continuaram a falar alemão em casa e em seus círculos sociais. Porém, assim como aconteceu com a maioria dos imigrantes, eles passaram a introduzir cada vez mais palavras hebraicas em suas correspondências. Muitas dessas palavras, como *ima* (mãe), *osereth* (empregada doméstica), *assutah* (maternidade hospitalar) e *b'rith milah* (celebração da circuncisão), indicam o cruzamento da língua alemã dessa família com a língua hebraica do "mundo exterior".

Os imigrantes judeus vindos da Alemanha, chamados *yekkes* (Jeckes), referem-se, com frequência, às dificuldades que tiveram para aprender o hebraico.[81] Apesar de a Associação de Imigrantes Alemães oferecer cursos da língua, a combinação de métodos de ensino obsoletos, a evidente falta de estímulo para falar hebraico no dia a dia e o profundo apego dos judeus alemães à língua e à cultura alemãs, muitas vezes, retardaram o processo de aculturação.[82] Embora não existam estatísticas sobre o aprendizado da língua hebraica pelos imigrantes judeus alemães na Palestina, as evidências anedóticas sugerem que muito mais homens do que mulheres fizeram cursos intensivos da língua para aumentar as chances de encontrar trabalho.[83] É claro que havia uma suposição mais forte de que os homens e não as mulheres teriam de entrar no mercado de trabalho. No caso de Lotti e Hans, entretanto, foi Lotti quem, como profissional numa área em que havia poucos, teve de aprender o hebraico para se comunicar com seus pacientes e, como consequência, aprendeu a falar melhor a língua do que Hans. O filho deles recorda: "Ela estava mais envolvida com o meio do Leste Europeu, onde o hebraico era a língua mais falada. Ela tinha um grupo misto de pacientes".[84]

Lotti e Hans mantiveram laços estreitos com seus familiares e amigos na Alemanha. Embora a situação na Palestina também fosse instável, o perigo de guerra tornava-se iminente na Europa Central à medida que Hitler exigia com cada vez mais agressividade a posse da região dos sudetos no fim do verão de 1938. Como a maioria dos alemães judeus e não judeus não podia imaginar a extensão do horror e da destruição que a Alemanha nazista provocaria na Europa pouco tempo depois, eles eram a favor de se evitar a guerra a qualquer custo. Por isso, preferiram comemorar a paz, ainda que frágil, alcançada pela conciliação do Acordo de Munique a esperar que as potências ocidentais derrotassem Hitler por meio de uma intervenção agressiva. Lotti e Hans manifestaram alívio em cartas para Marianne. Resumindo a resposta de Lotti e a sua própria ao que ele considerava o fim de uma "grave situação na Palestina" e da "crise europeia", Hans proclamou com otimismo: "Mas agora, de qualquer maneira, a paz está assegurada. Eu estou convencido de que tão cedo não haverá guerra".[85] Lotti e Hans queriam apressar a emigração de seus familiares para a Palestina. Lotti, que havia por algum tempo se preocupado com o destino de Kurt na Alemanha, garantiu a Marianne que não seria difícil obter um certificado de imigração para ele, mas, ao mesmo tempo, duvidava que o irmão encontraria trabalho na Palestina.[86]

As tensões políticas na Palestina e na Alemanha coincidiram com as dificuldades que Lotti e Hans enfrentavam no casamento. Embora não falassem abertamente sobre elas em sua correspondência com os familiares, o leitor atento não poderia deixar de perceber os conflitos subjacentes. As cartas escritas por Lotti e Hans podem ter sido enviadas para Marianne num mesmo envelope, mas demonstram perspectivas e prioridades bem diferentes. Lotti se queixava de Hans e falava das incompatibilidades em termos de preferência de atividade para as horas de lazer. Enquanto ela gostava de sair para dançar, Hans raramente se dispunha a fazer isso com ela ou ir ao cinema ou a um café. Mais sério do que as preferências recreativas era o medo de Lotti de ter de assumir o papel de principal provedora da casa. Hans não sabia que ela estava percebendo claramente a gravidade da situação financeira do casal quando pediu à sua cunhada Marianne que não contasse para sua mulher que ele havia descrito para ela um quadro muito mais desolador do que ele havia permitido que Lotti soubesse.[87] Lotti descreveu para Marianne o quanto realmente se sentia sobrecarregada:

> *O meu consultório dentário oferece certa estabilidade. Mas agora, como a nossa renda depende dele, estou começando a ficar ressentida. Sempre soube que não pertenço à categoria de "mulheres fortes" que gostam de competir com os homens em termos de trabalho e renda. Mesmo que o meu trabalho e a minha renda me proporcionem muita satisfação, seria muito mais fácil se fosse menos uma questão de necessidade e mais de escolha. Devido ao fato de dependermos de minha renda e aos custos relacionados com um bebê, nós não podemos nem pensar em ter filhos por enquanto. Essa decisão é muito amarga para uma mulher da minha idade e afeta o meu estado de espírito.*[88]

Lotti ainda não conseguia falar diretamente do assunto, mas suspeitava que estivesse grávida e estava preocupada com as implicações financeiras caso a gravidez se comprovasse.

Durante suas férias com Hans no Monte Carmelo, Lotti desfrutou seus dias de relaxamento, ainda sem saber das mudanças que a vida lhe reservava: "Olho para o verde Monte Carmelo e vejo a vasta extensão do mar azul. Dificilmente haverá neste planeta uma visão mais bela do que esta. Apenas para que você tenha uma ideia de nossas refeições aqui: no almoço, sopa, patê, ganso assado com purê de batata, ervilha, salada de repolho e sobremesa".[89]

Depois das férias, ao voltar para Tel Aviv, Lotti descobriu que estava, de fato, grávida. Em uma semana, suas prioridades mudaram. Apesar de concordarem que a hora era "não tão adequada", Lotti e Hans desejaram ter aquele bebê. Ela decidiu comunicar a gravidez aos futuros avós na Alemanha mais cedo do que faria normalmente para que eles começassem a enviar "aos poucos" roupas, fraldas e outros acessórios de bebê. Ela também se perguntava: "Quem sabe por quanto tempo isso ainda será possível?".[90] Selma ficou muito feliz e respondeu que o melhor presente de aniversário que havia recebido era a notícia da gravidez de Lotti.[91]

Apenas três dias depois de Selma ter escrito essa carta, os acontecimentos terríveis do Pogrom de Novembro mudaram dramaticamente a situação dos judeus na Alemanha. Vivendo em relativa segurança no exterior, Lotti, Hans e Marianne ficaram muito preocupados e se apressaram para entrar em ação, tentando resgatar Kurt e planejando a imigração de seus "velhos". Desesperados e mais determinados do que nunca, Lotti e Hans pensaram em como poderiam levar a velha geração para a Palestina. Lotti escreveu para Marianne no dia 5 de dezembro de 1938, alguns dias depois da libertação de Kurt do campo de concentração de Buchenwald:

> *Estou convencida de que nenhum outro país além da Palestina poderá se tornar uma nova pátria para nós. Continuo esperando que todos nós nos reunamos aqui no futuro. Por isso, a sua proposta de primeiro trazer nossos "velhos" para a Palestina e depois transferi-los para os Estados Unidos é totalmente absurda. Este aqui é o único país no qual nossos velhos podem viver bem e se sentir em casa. Eles podem falar alemão em todos os lugares, as pessoas lhe são familiares, e não mudaria muito para eles. Aqui a gente não se sente de maneira alguma estrangeiro, nem por um instante. Também acho que nossa mãe quer vir para cá o mais rápido possível. Farei tudo que puder para conseguir um certificado de imigração para ela.[92]*

Hans tampouco havia perdido a esperança de reunir os "velhos" de Lotti na Palestina e descreveu para Marianne o que considerava ser um cenário plausível, bem como citou a necessidade de ela contribuir financeiramente para resolver o problema:

> *Se meus pais pudessem ainda transferir entre 1.500 e 2.000 LP, eles poderiam viver aqui com os juros... Apenas para que você tenha uma ideia das despesas aqui: a acomodação para todos os cinco mais velhos de nossas famílias custaria 24 LP; alimentação, por volta de 3 LP por pessoa. Nisso não estão incluídos os passeios, o entretenimento e as doenças. Suponho que faríamos o almoço todos juntos e as outras refeições em separado. O custo de vida aqui é muito mais baixo do que nos Estados Unidos, mas os salários são mais altos aí. De maneira que*

suas contribuições não pesariam muito para você. Lotti já explicou a você que a residência permanente de nossos velhos deve ser a Palestina.[93]

Como indício do quanto eles desconheciam a vida que o outro levava, Hans não fazia ideia do grau de dificuldade financeira que Marianne estava enfrentando. Para conseguir chegar ao fim do mês e com esperança de conseguir economizar o suficiente para ajudar a mãe e a tia, Marianne havia aceitado um emprego por seis meses como enfermeira, 24 horas por dia, de um casal de idosos na Flórida, a uma distância considerável de seu namorado Arnold e das poucas pessoas que conhecia nos Estados Unidos. Em seus pensamentos fantasiosos, Hans também incluía uma solução involuntariamente engraçada para a questão de como Lotti e Marianne poderiam conseguir autorização para os familiares irem para a Palestina: se o tio Hermann se casasse com Selma, conjecturou, eles poderiam imigrar com uma única autorização.[94]

Entretanto, ainda mais urgente do que tirar seus familiares idosos da Alemanha era a necessidade de ajudar Kurt. A detenção e o encarceramento dele logo após o Pogrom de Novembro intensificaram as tentativas de resgatá-lo por parte de suas irmãs nos Estados Unidos e na Palestina. Enquanto Marianne tentava freneticamente acelerar a ida do irmão para os Estados Unidos, Lotti e Hans depositaram 200 LP no consulado britânico em Frankfurt para o que Kurt descreveu como "estadia provisória" na Palestina.[95] Lotti e Hans também entregaram ao consulado os documentos necessários para assegurar um visto de turista para Kurt. Lotti havia se oferecido para conseguir um certificado ou um visto de residência para ele até que conseguisse emigrar para os Estados Unidos.[96] Ela queria ter a certeza de que ele concordaria e esperava que lhe desse notícia assim que deixasse o campo de concentração. O telegrama de Kurt foi recebido na Palestina por uma Lotti muito preocupada no dia 2 de dezembro: "Estou de volta. Mande comprovante de depósito e convite reconhecido em cartório imediatamente."[97] Graças ao que Lotti chamava de seus "contatos", ela conseguiu enviar a Kurt os papéis solicitados na mesma manhã, incluindo o convite reconhecido em cartório e o recibo do dinheiro enviado por telegrama para a Alemanha.[98] Mas, por alguma razão, todos esses esforços para levá-lo para a Palestina foram em vão. Felizmente, no entanto, algumas semanas depois, o solidário

Foto 6.4 Hanna e Kurt no navio rumo à Palestina, fevereiro de 1939

cônsul britânico em Colônia, J. E. Bell, concedeu a Kurt, já desesperado, e à sua futura esposa Hanna um dos últimos vistos de turista para a Palestina.[99]

Kurt e Hanna tiveram a sorte de receber vistos para a Palestina e, apesar das circunstâncias difíceis, desfrutaram a viagem para lá passando pela Itália. Kurt descreveu vividamente numa carta para Marianne e para os familiares na Alemanha a viagem de trem de Milão a Trieste, a beleza da costa do Adriático, a vegetação exótica e a arquitetura mediterrânea. Como Kurt e Hanna tiveram de aguardar em longas filas para a vistoria de seus passaportes e suas bagagens no porto de Trieste, não tiveram tempo para desfrutar as delícias do Caffè degli Specchi, como Selma esperava que fizessem.[100] (É muito possível que ela tenha visitado aquele famoso café com Lotti em sua estadia na Itália, em 1937, quando retornava para a Alemanha de sua viagem à Palestina.) Depois de terem passado a noite no trem de Milão a Trieste, eles estavam muito empolgados quando enfim embarcaram no *Gerusaleme* e tiveram uma travessia tranquila para o Chipre e de lá para a Palestina. (Ver Foto 6.4.)

Kurt e Hanna chegaram ao porto de Jaffa, próximo a Tel Aviv, no início de fevereiro de 1939. Em uma carta aos familiares na Alemanha, Kurt descreveu seu espanto diante do que considerou um ambiente exótico e dos códigos culturais estranhos quando ele e Hanna lá aportaram pela primeira vez:

Na manhã do dia seguinte, mais cedo do que esperava, eu vi vários navios ancorados quando olhei para fora pela janela de nosso camarote. Então, avistei a costa e uma cidade. Era Jaffa! Logo o nosso navio atracou e, de repente, o lugar fervilhava de gente de todos os tipos – árabes, bagageiros e vendedores. Um deles [árabe] aguardava diante da porta de nosso camarote e me seguia onde quer que eu fosse, até no banheiro. Afinal, minhas suspeitas se desfizeram quando descobri que ele só queria mayim [água]. É claro que o ajudei e, com isso, acabei fazendo um amigo.[101]

A carta de Kurt revela sua falta de familiaridade com diferentes culturas, suas ideias preconcebidas e seu receio dos árabes. Ele olhou com espanto para o que considerou um lugar exótico com pessoas de aspecto curioso, percebendo que levaria um tempo para compreender os novos códigos de conduta. Suas expectativas foram confrontadas mais de uma vez. O filho de Kurt e Hanna, Gideon, resumiu a primeira vez na vida que seu pai se viu diante de uma oliveira numa anedota simbólica. "Quando meu pai viu pela primeira vez uma oliveira, ele esperava que os frutos fossem doces como os da cerejeira. Quando provou uma azeitona, não suportou o gosto e cuspiu-a fora. Depois disso, passou anos sem nem mesmo provar uma azeitona".[102]

Kurt e Hanna foram recebidos em sua chegada por Lotti, emocionada, e Hans. O encontro deve ter sido tão emocionante que Kurt, mal encontrando palavras para expressar sua enorme alegria, deixou para o destinatário de sua carta imaginar suas emoções. Ele comentou de uma maneira a dar a entender: "Bem, e então... O que devo dizer? Nós conversamos e estávamos todos felizes". Kurt expressou o quanto aguardou a noite seguinte, quando os dois casais planejavam comemorar o casamento dele com Hanna com um jantar festivo e um ganso assado.[103] (Ver Foto 6.5.)

Entretanto, a euforia em torno da chegada de Kurt e Hanna logo deu lugar às preocupações corriqueiras com emprego, moradia e o começo de uma nova vida numa cultura totalmente estranha. Foram as circunstâncias, e também um pouco de sorte, não por escolha deles, que haviam levado Kurt e Hanna para a Palestina. Durante os primeiros meses, dividiram um apartamento apertado com Lotti e Hans, que esperavam seu primeiro filho para junho. Esse foi um período complicado para todos. A falta de apartamentos em Tel Aviv tornava muito difícil para os refugiados recém-chegados

Foto 6.5 Da esquerda para a direita: Hans, Lotti, Hanna e Kurt, Tel Aviv, primavera de 1939

encontrar um para alugar. Por sorte, Lotti soube que a família de um de seus pacientes estaria, em breve, desocupando o apartamento de um quarto em que morava. Ela conseguiu que Kurt e Hanna ficassem com o apartamento, inclusive com um aluguel razoável. Ter o próprio apartamento de um quarto para morar facilitou muito o processo de adaptação de Kurt e Hanna. Kurt falava com entusiasmo da nova moradia. Mesmo sem a chegada de seus móveis, eles ficaram muito felizes com a independência, ainda que as condições de vida fossem modestas.[104] Como recém-casados, Kurt e Hanna ainda não haviam conseguido viver sozinhos e estavam muito felizes por poderem fazer isso agora.

Porém, quase imediatamente após a mudança de Kurt e Hanna, o irmão de Hans, Ernst, que havia acabado de chegar da Alemanha, foi morar com Lotti e Hans.[105] Novamente, o entusiasmo inicial pela vinda de outro membro da família para a Palestina foi logo tomado pelos desafios da vida cotidiana. Esse era mais um peso para Lotti grávida. Levaria mais de sete meses para que ela e Hans voltassem a ter seu pequeno apartamento só para eles mesmos. Assim como Kurt, o irmão de Hans, Ernst Kaiser-Blüth, considerava a Palestina apenas um trampolim de onde passaria para os Estados

Unidos. Contudo, diferentemente da reação inicial de Kurt, de entusiasmo por ter conseguido sair da Alemanha, onde havia sido preso e sofrido maus-tratos no campo de concentração de Buchenwald, as primeiras observações e a atitude crítica de Ernst para com a Palestina não eram de bom agouro nem mesmo para uma breve estadia naquele país. Ernst era um dos poucos judeus jovens de classe média que tiveram a sorte de não ter ido parar num campo de concentração após o Pogrom de Novembro. Provavelmente ele estava menos preocupado com sua sobrevivência e mais com o fato de que precisava encontrar um novo país para recomeçar a vida; então, escreveu para Marianne: "Você teve sorte em ir diretamente para a América. Aqui não há nada para se ganhar. Os espertos aqui são aqueles que vivem de suas economias. Dessa maneira, perdem menos do que se trabalhassem".[106] Ernst esperava permanecer na Palestina por apenas alguns meses, pois, como o número de seu pedido era relativamente baixo para a cota de imigrantes dos Estados Unidos, parecia que ele tinha a sua ida assegurada para lá até o fim de 1939.[107]

No começo de sua nova vida na Palestina, Kurt trabalhou por vários meses numa *moshav*, ou cooperativa agrícola, que criava frangos, em Ramoth Hashavim, onde Günter, um de seus amigos dos tempos de universidade, também trabalhava.[108] O filho de Kurt e Hanna, Gideon, explicou:

Bem, existem os kibutzim e os moshavim. Os kibutzim não tinham nenhuma propriedade privada e neles tudo funcionava de acordo com os princípios comunistas. Tudo pertencia a todos: a cada um de acordo com suas necessidades, e a cada um de acordo com suas capacidades. Os moshavim eram um pouco diferentes. Eles existem ainda hoje. Cada um tem um pedaço de terra: um cultiva bananas, o outro cria galinhas, e assim por diante. Mas há um sistema comunal de distribuição. Esta é a principal diferença: no kibutz, existe um depósito de comida, de onde cada um pega o que precisa... Ou seja, meu pai, o procurador público (Oberlandesgerichtsrat), virou funcionário numa cooperativa de criação de galinhas.[109]

Lotti recordou, numa entrevista em 1988, que na Palestina "Kurt e Hanna passaram por extremas dificuldades no início".[110] Formado em direito na Alemanha, onde o curso é mais orientado para o direito romano do que para o anglo-americano, Kurt não pôde exercer sua profissão. Porém, estava ansioso à procura de trabalho, pois precisava ganhar rapidamente seu sustento.[111] Kurt trabalhou na *moshaw* por algumas semanas, mas deixou-a porque mal conseguiu ganhar algum dinheiro ali. De volta a Tel Aviv, decidiu se inscrever num curso de hebraico e ter aulas particulares de conversação em inglês.[112] Ele ainda pretendia ir para os Estados Unidos, mas, enquanto esperava, queria aumentar suas chances de emprego em empresas britânicas. Hanna, sem nenhuma formação específica nem nenhuma experiência de trabalho na Alemanha ou na Palestina, conseguiu um emprego de garçonete, mas não durou muito, supostamente por ela não falar hebraico.[113]

Outra preocupação que afligia Kurt e Hanna era sua condição legal provisória. Como advogado e burocrata alemão, Kurt continuava preso às regras e sentia necessidade urgente de ter toda a papelada em ordem. Como tinha planos de permanecer na Palestina apenas temporariamente, hesitava em tomar medidas para obter residência — ainda que fosse semipermanente — no país e sofria ao pensar que precisaria pedir renovação dos vistos de turista para ele e Hanna. Ele tinha ouvido um boato de que era melhor não alertar os funcionários da imigração para a sua data de vencimento em breve. Mas não ter os papéis na devida ordem legal seria, como Kurt disse, "ir contra as próprias convicções".[114] Para grande alívio dele, as cartas de fiança de Marianne e Arthur Stern em favor da imigração aos Estados Unidos chegaram ao consulado americano em Stuttgart.[115] Os vistos de turista para Kurt e Hanna foram renovados por mais três meses no início de maio de 1939, supostamente por Kurt ter conseguido comprovar a posse dos recursos necessários. Se as cartas de fiança em favor de sua ida para os Estados Unidos contribuíram para que os dois conseguissem renovar os vistos de turista na Palestina, isso não fica claro. Entretanto, parece que Kurt achava que sim, e ficou contente por consegui-los. Com respeito à maneira que os funcionários britânicos na Palestina tratavam os imigrantes, especialmente os provisórios, Kurt escreveu: "Eles são extremamente chatos com todos os grupos de imigrantes que estão aqui no momento".[116] Kurt não sabia, na época, que o Parlamento Britânico estava instituindo mudanças drásticas nas políticas de imigração, as quais foram publicadas duas semanas depois num *White Paper*. De acordo com as mudanças efetivadas, a imigração de judeus na Palestina ficara drasticamente limitada a um total de 75 mil pessoas por um período de cinco anos a partir de 1939.[117]

Lotti, que havia se adaptado de forma bastante rápida e muito bem à vida na Palestina, mostrava-se impaciente diante do que entendia como relutância de Kurt em buscar novas oportunidades e do que ela considerava "passividade" dele para procurar novos trabalhos. Lotti via Kurt como um "típico acadêmico alemão", sem pragmatismo e fazendo tempestade em copo-d'água em vez de enfrentar com vigor os novos desafios.[118] Porém, Lotti pode ter subestimado os efeitos das experiências traumáticas vividas pelo irmão nos últimos meses dele na Alemanha nazista, bem como o choque cultural inicial na Palestina. Kurt e Hanna acabaram se adaptando às novas realidades, mas isso, é claro, levou algum tempo.

Em sua procura por trabalho, Kurt finalmente obteve algum sucesso. Ele teve de esperar semanas para receber a aprovação dos britânicos para trabalhar com um "distribuidor [britânico] de livros, revistas e publicações muito importante" no fim de maio.[119] Ele foi contratado primeiro como vendedor em base experimental, com um salário mínimo. Depois de dois meses, ele e Hanna deveriam abrir uma combinação de banca de jornal e livraria na principal base militar britânica nos arredores de Sarafand, onde um novo *shopping center* estava sendo construído.[120] Kurt aguardava ansiosamente a liberação da aprovação final pelas autoridades britânicas e se preparava para o novo trabalho, lendo muitas publicações britânicas e americanas. O prazer dele em ser capaz de recomendar para Marianne livros e jornais em inglês foi prejudicado pelas dificuldades que teve de enfrentar algumas semanas depois:[121]

> *As coisas aqui seguem seu curso normal, o que quer dizer de maneira particularmente lenta. Gosto do trabalho e acho que temos uma renda decente. Mas a construção em Sarafand ainda nem começou. Não por culpa de minha empresa, que tem muito interesse em que ocorra rapidamente. O governo militar é o responsável pelo progresso lento. E, antes da abertura, não tenho como exigir nenhum salário. Porém, devo admitir que não estou sendo explorado, mas treinado. Se demorar muito mais tempo, terei outro adiantamento. Contudo, não importa quanto tempo irá demorar, eu acho melhor simplesmente continuar com esta empresa, que parece ser sólida, em vez de procurar algum tipo de trabalho inferior. Essa sempre seria uma limitação para mim, mas, mesmo assim, teria de encontrar primeiro.[122]*

A situação financeira de Kurt e Hanna era muito séria naquele momento. Tudo que Hanna ganhava eram 4 LP por mês como garçonete por meio período.[123] Naquela época, segundo os cálculos de Hans, a renda mensal de subsistência para um casal era 10 LP.[124] Esse era, de fato, o nível de subsistência, considerando-se que, em meados dos anos 1930, a Federação Geral dos Trabalhadores em Eretz Israel (Histadrut) calculou que uma pessoa solteira precisava ganhar no mínimo 8 LP mais 3 LP por qualquer pessoa a mais na família.[125] A difícil situação material de Kurt e Hanna foi agravada pelo fato de todo o contêiner com móveis, roupas e utensílios domésticos deles ter sido retido no porto de Antuérpia oito meses antes de começar a guerra.[126] Como resultado, os dois jamais voltaram a ver os seus pertences.

Os membros da família queriam ajudar, mas não era fácil. Para grande decepção de Selma, ela não obteve permissão para enviar dinheiro da Alemanha para a Palestina.[127] Marianne, que, apesar de suas altas qualificações, estava trabalhando como enfermeira na enfermaria de um acampamento no verão de 1939, era a única esperança. Ela conseguiu enviar algum dinheiro para Kurt e Hanna, provavelmente com a venda de parte da tão preciosa coleção de selos do irmão.[128] Kurt, um apaixonado colecionador de selos, havia pedido a Marianne que, como medida de segurança, levasse parte de sua coleção com ela para os Estados Unidos. Quando ficou claro que Kurt não conseguiria permissão para emigrar para lá num futuro próximo, ele pediu a Marianne para enviar-lhe ou vender parte da coleção para que ele pudesse receber os proventos urgentemente necessitados. Em julho de 1939, Kurt sugeriu que a irmã lhe enviasse os selos selecionados que ela guardava:

> *Você quer saber quanto valem os selos? Esses sete selos devem valer por volta de 320 RM na Alemanha; no exterior, é claro, valem menos. Sendo assim, por favor, envie-os para mim, se não for pedir demais. No momento, sugiro que você os envie. Eles devem estar em seus devidos lugares no álbum. Estou pensando em enviar vários álbuns completos da coleção para você. Nesse meio-tempo, adquiri muito mais selos valiosos aqui do que os que você tem aí [de minha coleção].*[129]

Na primavera de 1939, as notícias que vinham da Palestina não eram boas. Num esforço para controlar as revoltas árabes e o descontentamento com o número crescente de imigrantes judeus, o governo britânico publicou seu *White Paper*. Depois disso, qualquer nova imigração de judeus estaria condicionada ao acordo dos árabes palestinos. O *White Paper* também restringia severamente a aquisição de terra por judeus e visava a um estado binacional com uma minoria judaica de aproximadamente um terço da população total.[130] Depois da publicação do *White Paper*, manifestações enormes de judeus irromperam em Tel Aviv. Kurt e Hans estavam entre os manifestantes. Kurt, por sua parte, profundamente ressentido:

> (...) *essa recente política britânica, se é que se pode chamá-la assim. A maneira como os britânicos tratam agora as promessas que um dia fizeram [a Declaração de Balfour] e sua "solução" para o futuro da Palestina é inacreditável ... Você deve ter ouvido ou lido notícias sobre as manifestações aqui. Hans e eu estávamos entre os 50 mil manifestantes, um quarto da população de 200 mil habitantes. Nós todos marchamos em perfeita ordem e disciplina – e, ao contrário do que ocorria na Alemanha nazista, sem nenhuma pressão – até o estádio, onde ouvimos os discursos em hebraico e cantamos o Hatikvah [hino de Israel].*[131]

O *White Paper* representou um importante retrocesso para os judeus, tanto para os que estavam na Palestina como para os que continuavam na Europa com esperança de imigrar. Exatamente quando o número de judeus europeus procurando refúgio na Palestina aumentou dramaticamente, o governo britânico fechou todas as suas portas para a imigração de judeus. Embora quase todos os judeus na Palestina rejeitassem o *White Paper*, as diferentes respostas revelaram conflitos internos subjacentes entre o Labor Party (Ma'pai), liderado por David Ben-Gurion, e o Revisionist Party, de oposição, também conhecido como Union of Zionist Revisionists (Ha-Zohar), dirigido por Zeev Jabotinsky. Ambos os grupos estavam de acordo quanto à necessidade de uma "nação pátria" na Palestina para o povo judeu, mas em desacordo em relação a como alcançar essa meta. Eles também estavam em desacordo quanto a questões como imigração, identidade religiosa e soberania, entre outras.[132] O principal objetivo do militante do Partido Revisionista era a iminente fundação de um estado judeu soberano que ele estava preparado para alcançar por meio da violência.[133] Os revisionistas também rejeitaram a política oficial do Ma'pai de compromisso com os britânicos, que consideravam desprovida de propósito, e exigiram investimentos privados como meio mais rápido de levar um número maior de judeus para a

Palestina, inclusive para as terras de ambos os lados do Rio Jordão.[134] Kurt e Hanna, e supostamente também Lotti e Hans, eram contrários à política divisória e provocativa dos revisionistas. Alguns meses depois de chegarem, Kurt e Hanna foram diretamente afetados pela precária situação política na Palestina. Hanna escreveu para Marianne dizendo que os "estúpidos revisionistas haviam matado um árabe. É por isso que temos toque de recolher e não podemos ficar na rua depois das 21h30".[135]

Depois do resultado frustrante da Conferência de Evian e das medidas cada vez mais restritivas da política britânica de imigração para a Palestina, o problema dos refugiados na Europa Central atingiu dimensões trágicas, mesmo antes da irrupção da Segunda Guerra Mundial. Em 1938, o Comitê pela Imigração Ilegal (Mossad le Aliyah Bet) havia se tornado uma das principais forças por trás da entrada clandestina de judeus da Alemanha e da Europa Oriental na Palestina. Os imigrantes ilegais (*ma'apilim*) arriscavam suas vidas tentando chegar à Palestina, a maioria por meio de barcos e navios, sem nem saber se conseguiriam desembarcar no final de sua arriscada travessia. Enquanto milhares deles morreram em suas tentativas de aportar na costa da Palestina, mais de 40% dos que conseguiram chegar entre 1939 e 1941 eram *ma'apilim*.[136] A imigração clandestina era obviamente uma empreitada controversa. As autoridades nazistas como o Serviço de Segurança (Sicherheitsdienst ou SD) e a Gestapo não apenas estavam cientes dessas operações, mas as apoiavam ativamente para reduzir o número de judeus na Alemanha.[137] As tragédias humanas que ocorreram durante essas tentativas de imigração causavam enormes preocupações entre os judeus na Palestina e nos países dos quais os judeus estavam tentando fugir.

Hans aludiu em uma carta do fim de abril de 1939 a um "navio com imigrantes ilegais que recentemente foi mandado de volta. O destino daquela pobre gente deve ser terrível. Elas normalmente ficam a bordo de um velho navio de carga por mais ou menos cinco semanas, mal tendo algum lugar para dormir, com comida insuficiente e horríveis condições sanitárias".[138] Hans devia estar se referindo a um dos dois barcos que partiram da Romênia em março e abril, o *Sandu* e o *Assimi*. Ambos foram dados como "capturados e mandados de volta". Eles levavam 270 e 470 pessoas a bordo, respectivamente, nenhuma das quais teve permissão para desembarcar.[139]

Naqueles dias dramáticos, o nascimento do filho de Lotti e Hans, Michael Alexander, no dia 9 de junho de 1939, ocupou o lugar central no palco para a família Kaiser-Blüth na Palestina. O pai orgulhoso enviou telegramas e cartas com relatos detalhados do nascimento para os avós superfelizes em Essen e Colônia: "Depois de a enfermeira ter passado o bebê para Lotti, ele descansou sua cabecinha sobre as próprias mãos como numa atitude de pensador e ficou olhando pensativamente para sua *ima* [mãe]".[140] A alegria genuína de Lotti como mãe pela primeira vez transpareceu em cada uma de suas frases sobre o maravilhoso menino. Mesmo no dia seguinte ao do nascimento, ela admitiu que "a alegria compensa a dor do parto".[141] Quando deixou a maternidade, uma enfermeira que havia trabalhado por quatorze anos na ala feminina do Israelitisches Asyl em Colônia, Hedwig Schwarz, ajudou Lotti nas duas semanas seguintes em casa.[142]

Hans estava encantado com seu filho recém-nascido; descrevia em detalhes todos os traços físicos da criança e se dizia orgulhoso pela semelhança com ele mesmo, coisa que Lotti já havia detectado no dia seguinte ao do nascimento de Michael. Depois de certa deliberação, Lotti e Hans escolheram dar ao bebê o nome Michael Alexander. Hans explicou que o nome Michael significa "aquele que é igual a Deus" e que o segundo nome, Alexander, era em homenagem ao falecido pai de Lotti.[143] Antes de Lotti voltar para casa com Michael, eles tiveram permissão para realizar o *bris* (*b'rith milah*), ou ritual de circuncisão, na própria maternidade.[144] Hanna foi a madrinha de Michael, e Ernst, o irmão de Hans, o padrinho, segundo ele, "no lugar do avô Julius". Depois disso, no evento alegremente comemorado já em casa com mais ou menos quarenta convidados, a ausência fortemente notada dos avós e de Marianne trouxe à lembrança a triste realidade da separação dos familiares. No entanto, a esperança de a família voltar a se reunir manteve o ânimo de todos. Hans não deixou passar a oportunidade de tirar fotos de Lotti e Michael em seu primeiro dia em casa para enviar aos familiares na Alemanha. Para que os avós tivessem uma impressão vívida, Hans chegou a gravar os balbucios de Michael.[145]

Kurt também estava muito orgulhoso de seu sobrinho e ficou surpreso ao perceber a capacidade de Michael de sorrir com toda a face: "Ele já está parecendo bastante humano e cresce espantosamente. Eu não posso confirmar a semelhança com Hans que Lotti detectou desde o início. A questão continua em aberto: a quem Michael vai puxar".[146] Enquanto ainda estava na Alemanha, no início de 1939, Kurt havia comprado um carrinho de bebê que Julius despachou de navio para a Palestina.[147] Para satisfação dos pais orgulhosos, o carrinho chegou logo após o nascimento de Michael.

Desde o início, Lotti assumiu totalmente a maternidade, observando alegremente o crescimento e o desenvolvimento físico de Michael. Ela entretinha seus próprios familiares e os de Hans com histórias maravilhosas de seu progresso e disposição radiante, considerando a maternidade a realização de sua "condição feminina".[148] Mesmo com a ajuda generosa dos avós na Alemanha, especialmente dos pais de Hans, que lhes deram móveis e roupas, e continuavam suprindo todo tipo de necessidades materiais do bebê e dos jovens pais, as economias de Lotti e Hans encolheram precipitadamente. Lotti queria ficar em casa com o bebê por um tempo, mas teve receio de que a falta de sua renda pudesse agravar ainda mais a situação financeira do casal. Ela pareceu muito desapontada quando escreveu para Marianne no fim de maio de 1939: "Nós temos de economizar cada centavo".[149] Então, a grande esperança deles de um dos importantes negócios de Hans se realizar finalmente parecia prestes a ocorrer:

> *Na sexta-feira passada, nós recebemos a boa notícia. A MAN Company conseguiu, depois de um ano e meio, a aprovação para que Hans possa transferir o maquinário avaliado em algo em torno de 14 mil RM mais 45% em moeda estrangeira. Isso quer dizer que Hans teria de encontrar compradores [na Palestina] dispostos a pagar o equivalente a 25 mil RM. Eles teriam de transferir os 45% em moeda estrangeira para a Alemanha e pagar o restante para ele aqui. Hans pagaria essa transação por meio de sua conta em RM aqui. Tudo isso não vai ser fácil, mas pelo menos parece ser a chance de uma mudança favorável.*[150]

Hans estava muito animado não apenas porque esse importante negócio prometia trazer o dinheiro extremamente necessitado, mas também porque envolvia viajar para a Alemanha. A transação final desse importante negócio, que parecia envolver o aparelhamento de uma fábrica de cimento,[151] deveria ocorrer em Augsburg.[152] Da perspectiva de hoje, é muito difícil imaginar que um judeu alemão vivendo no exílio fosse retornar voluntariamente à Alemanha numa viagem a negócios, especialmente depois do Pogrom de Novembro, quando 26 mil judeus foram presos, levados para campos de concentração e torturados. Porém, no verão de 1939, essa parecia a coisa certa a ser feita. Hans trabalhava para a MAN e havia participado de acordos de transferência [Haavara] com a Alemanha por um bom tempo, e aguardava por essa chance há anos. Apesar dos rumores sobre a iminência de uma guerra, existiam ainda esperanças de que ela pudesse ser evitada, como havia ocorrido por ocasião do Tratado de Munique, menos de meio ano antes.[153] O negócio de Hans foi mais uma vez adiado, mas ele havia decidido que não perderia aquela enorme chance, "apesar da situação crítica".[154]

Aparentemente, a direção da MAN havia pedido a Hans por telegrama que fosse à sua sede em Augsburg. Como o passaporte que ele tinha naquele momento era do mandato britânico, a empresa alemã tivera de convencer a Gestapo em Berlim para fazer o cônsul alemão em Jaffa conceder a Hans um visto por três semanas.[155] No fim de julho, Hans se despediu de Lotti e de seu filho Michael, de seis semanas, otimista de que finalmente embolsaria uma ótima soma com aquele negócio.[156] Apesar de ter ficado triste por deixar sua família na Palestina, ele também aguardava ansiosamente a hora de escapar do calor opressivo do meio do verão dali, de ver seus pais em Colônia e visitar Selma e Henny.

A viagem a negócio de Hans, que parecera extremamente promissora apenas algumas semanas antes, foi interrompida antes do que ele esperava depois que chegou a Augsburg. Hans solicitou uma pequena extensão para a validade de seu visto, possivelmente para visitar mais uma vez a mãe, Flora, dessa vez para o aniversário de 59 anos dela, no fim de agosto. Quando ele solicitou a renovação de seu visto, o diretor da MAN, senhor Carstanjen, com um pressentimento de que a guerra estava prestes a irromper, decidiu que era melhor não pedir às autoridades alemãs.[157] O filho de Hans e Lotti, Michael, narrou os eventos de acordo com o que lembrava dos relatos do pai, dados muitos anos antes: "O nome do diretor da MAN era Carstanjen. Ele saiu de uma certa reunião e lhe disse: 'Olha, senhor Kaiser-Blüth, não tenho muito a lhe dizer, mas se quer meu conselho, esqueça tudo sobre o negócio, faça suas malas e deixe a Alemanha o mais rápido possível'".[158]

Depois de ter passado meses planejando e cultivando esperanças, ficou dolorosamente claro para Hans que a principal condição para a realização daquele negócio promissor, ou seja, a inexistência da guerra, não estava mais garantida.[159] Por sorte, seguiu o conselho do senhor Carstanjen e deixou a Alemanha ainda em tempo. Hans admitiu que também ele "acreditou até o último dia que haveria apenas uma guerra de nervos. A opinião com respeito a Hitler e ao nazismo na Alemanha era: 'Você tem que considerá-los como o movimento das ondas. Em dois meses, o tempo de Hitler chegará ao fim.' Essa era a opinião dos mundialmente renomados industriais. Eu não sou tão otimista".[160]

Michael relatou o episódio da escapada por um triz de seu pai:

Meu pai ainda foi até Colônia para se despedir de seus pais, depois teve que aguardar a partida do próximo navio de Trieste para Haifa. Ele decidiu parar em Bled, na Eslovênia, à beira do lago daquela cidade. Na manhã seguinte, sentou para tomar café da manhã e leu no Times de Londres uma notícia sobre o acordo Molotov-Ribbentrop... Em seguida, foi para Trieste e embarcou num navio que desceu a costa italiana. O navio recebeu ordens para voltar a Trieste, pois a guerra havia começado e eles deveriam esperar pela decisão da Itália... O que disse o Duce? A Itália não vai entrar na guerra. E assim todos seguiram para Haifa e meu pai voltou para casa.[161]

Lotti estava fora de si de tanta preocupação com o retorno de Hans em segurança. Como aguardava ansiosamente, ela não estava em condições de escrever cartas e deixou que Kurt relatasse as notícias mais importantes para Marianne, que também as aguardava com ansiedade:

Hans ainda não voltou da Europa. Ele estava a bordo do Galilea em Rhodes quando o navio foi chamado de volta para a Itália. Nós passamos dias horríveis. Não tínhamos nenhuma notícia, nem dele nem da companhia de navegação. Alguns dias atrás, nós recebemos um telegrama de Hans ... Eles saíram ontem de Trieste de novo e chegarão aqui no sábado. Enquanto isso, a situação melhorou, pelo menos enquanto a Itália permanece neutra.[162]

Depois de viajar por mais de duas semanas, às vésperas da guerra e durante a sua deflagração, com os familiares rezando para que ele voltasse são e salvo, Hans finalmente chegou a Tel Aviv no dia 9 de setembro de 1939. Lotti sentiu um grande alívio quando o marido finalmente voltou para casa; como mãe de primeira viagem, ela estava se sentindo particularmente vulnerável e exaurida. Apesar de ambos se sentirem muito afortunados por Hans ter conseguido voltar para a Palestina, eles também ficaram muito desolados ao verem evaporar suas esperanças de prosperidade. Em sua volta à Palestina, Hans constatou que, depois de ter esperado quatro anos por aquele negócio, no final, ele havia deixado de receber encomendas num valor entre 250 mil e 300 mil LP aproximadamente, além dos gastos com a viagem. Hans comparou sua falta de sorte com um "alpinista que está quase chegando ao topo da montanha quando uma avalanche o arrasta para o abismo antes dele alcançar a meta".[163] De acordo com seu contrato como representante de vendas trabalhando para a MAN por comissão, Hans tinha direito ao reembolso de seus gastos com viagens e outras despesas apenas se conseguisse concluir um negócio com êxito.[164]

É claro que os membros da família espalhados por três continentes achavam que a guerra não fosse durar muito, depois que irrompeu. Kurt descreveu o difícil dilema enfrentado por muitos refugiados judeus alemães com respeito aos familiares que continuavam na Alemanha quando a guerra deflagrou. Para conscientemente se distanciar de qualquer associação com a Alemanha nazista, ele escreveu em inglês a carta seguinte para Marianne:

> *Hitler deu início à guerra! Quanto ao ponto de vista geral, não há nada a ser dito. Tudo está perfeitamente claro, as causas e os objetivos. A Agência Judaica e especialmente o doutor Weizmann estão certos: a comunidade judaica precisa estar e está do lado da Grã-Bretanha. Mas, do ponto de vista pessoal, você vai entender que passo o tempo todo pensando em nossa mãe e nos outros envolvidos. Nós só podemos esperar voltar a vê-los depois que tudo acabar.*[165]

Com a irrupção da Segunda Guerra Mundial, a Palestina, enquanto território do mandato britânico, e a Alemanha haviam se tornado "países inimigos". Apesar de Kurt estar totalmente preparado para apoiar a guerra contra Hitler, ele estava, é claro também, muito preocupado com o que ela implicaria para seus familiares na Alemanha. Em 1º de outubro de 1939, cerca de 135 mil judeus, o que constituía 85% de todos os homens judeus na Palestina, haviam se inscrito para o serviço voluntário.[166] Kurt informou Marianne sobre a gravidade da situação e seus novos planos:

> *A partir da próxima semana, os judeus podem se inscrever na iniciativa da Agência Judaica em seus escritórios especiais para prestar serviços voluntários na Palestina, que significam manter a economia, proteger a ordem e a segurança e estar à disposição das forças britânicas no país. Apesar de, com a Itália neutra,*

Foto 6.6 Hanna trabalhando na banca de revistas, Sarafand, 1940

não haver nenhum risco de ataque imediato, a situação pode mudar de um dia para outro. E como essa medida é de máxima importância, tanto para a Nação Pátria como para a Grã-Bretanha, acho que devo também me alistar.[167]

Parece que Kurt e Hanna, ambos com 33 anos de idade na época, se alistaram para servir em setembro de 1939, mas, segundo Kurt, apenas homens mais jovens eram convocados para a tarefa.[168] Além disso, em geral, o exército britânico só permitia que homens judeus da Palestina servissem em unidades de combate durante as últimas fases da guerra.[169] No entanto, os imigrantes judeus alemães contribuíram com os esforços bélicos britânicos de muitas outras formas, como manufaturando e entregando suprimentos, construindo trincheiras para impedir o avanço dos tanques e na fortificação das fronteiras.[170]

Kurt ficou muito preocupado com a ampliação da guerra em meados de 1940, quando a Alemanha nazista invadiu a França e os Países Baixos.[171] Ele temia que os prospectos do modesto negócio dele e de Hanna fossem grandemente atingidos se a guerra se espalhasse até o Mediterrâneo. Felizmente, depois de ter vivido na Palestina por mais ou menos dezoito meses, o casal conseguiu finalmente realizar o projeto de dirigir uma livraria na principal base militar britânica em Sarafand. Kurt estava muito orgulhoso de sua loja, que incluía uma biblioteca que emprestava livros. Eles também vendiam jornais, revistas, máquinas de escrever, presentes e, nas palavras de Kurt, "artigos de papelaria de primeira qualidade".[172] Uma fotografia sem data, supostamente tirada em 1940, mostra Hanna queimada de sol, feliz e sorridente vendendo jornais a dois clientes da base militar britânica. Entre os jornais em hebraico e inglês expostos, o *Palestine Post* aparece com lugar de destaque à frente da banca. (Ver Foto 6.6.)

Em junho de 1940, Kurt e Hanna se mudaram para um apartamento arejado no povoado vizinho de Rishon le-Zion. O único problema parecia ser o fato de trabalharem em turnos diferentes e, com isso, se verem muito pouco fora da banca de jornal. Como Kurt descreveu a situação numa carta para Marianne: "O único problema são as longas jornadas de trabalho. Nós começamos a vender jornais às 5h30 e trabalhamos o dia todo sem nenhuma pausa até às 20 horas. Como a banca tem de ficar aberta durante o dia inteiro, Hanna e eu nunca folgamos no mesmo dia, nem mesmo no Shabbat".[173] Embora admitisse que a guerra estivesse chegando mais perto da Palestina, com a Itália entrando como uma potência do Eixo e aliada da Alemanha nazista, Kurt estava menos preocupado com esse perigo do que Marianne.[174] Os ataques aéreos da Itália a Haifa e Tel Aviv em setembro de 1940 devem ter sido particularmente perturbadores, mas jamais foram mencionados na correspondência entre os irmãos.[175]

Quando soube, no começo de 1940, que o número de seu pedido de visto para os Estados Unidos seria chamado antes do que havia originalmente pensado, Kurt se viu de repente diante da difícil decisão de permanecer na Palestina ou ir para os Estados Unidos. Ele escreveu para Marianne: "Estou plenamente ciente dos perigos políticos aqui. Se pudéssemos continuar tendo uma renda segura, permaneceríamos aqui. Estamos vivendo relativamente bem no momento, mas isso pode mudar a qualquer hora". Kurt decidiu que ele e Hanna permaneceriam por enquanto na Palestina, apesar do curso imprevisível da guerra e das incertezas quanto a ter uma renda estável, porque, em suas palavras, a Palestina "é o único país no qual não somos tratados como 'imigrantes'".[176] Depois de terem enfrentado as dificuldades iniciais para encontrar trabalho e moradia, aprender a nova língua, se adaptar à cultura, ao clima e aos costumes, Kurt e Hanna, assim como Lotti e Hans, decidiram ficar na Palestina.

7 ESFORÇOS PARA RESGATAR AS PESSOAS QUERIDAS ENREDADAS NA ALEMANHA NAZISTA, 1939-1942

Ao ter que se despedir de seu único filho e de sua recente nora, Selma se sentiu dividida entre a tristeza e o alívio. Ela escreveu para Nanna, que estava nos Estados Unidos havia seis meses: "Nossos filhos estão agora prontos para partir. Quando você receber esta carta, eles estarão quase chegando à Palestina, se Deus quiser. Estou sentindo um grande alívio por eles terem encontrado uma solução, mesmo que seja provisória. Esse foi um período muito cansativo, cheio de vaivéns num ritmo frenético. Nós mal conseguíamos sentar juntos por uma hora".[1] Com seu último filho deixando a Alemanha, o suspiro lúgubre de Selma – "Agora, tudo que me resta de vocês são suas cartas"[2] – ecoa uma expressão comum usada com frequência pelos judeus alemães da época.[3] O sentimento de ter de substituir, pelo menos temporariamente, o contato pessoal direto por trocas postais vinha muitas vezes acompanhado da esperança de que a separação dolorosa não fosse por muito tempo.

Dos mais de 170 mil judeus que existiam na Alemanha no início da guerra, 32% tinham mais de 60 anos.[4] Em 1941, aproximadamente dois terços dos judeus na Alemanha estavam acima da meia-idade, e nessa parcela havia um número desproporcionalmente alto de mulheres. A historiadora Marion Kaplan conclui que para as mulheres mais velhas "a idade, ainda mais do que o fato de ser mulher, agiu contra a oportunidade de escapar; juntos, esses dois fatores foram letais".[5] Em 1939, os membros que restavam na Alemanha de toda a parentela Kaufmann-Steinberg eram quase exclusivamente idosos e, em sua maioria, mulheres, apesar de haver também alguns casais e dois homens de 69 anos, o solteirão tio Hermann e Karl Kaufmann, viúvo da irmã mais nova de Selma e Henny, Paula.[6]

No começo de 1939, Henny teve de se submeter a uma cirurgia para a retirada de um tumor renal, e, apesar de se recuperar plenamente durante a primavera de 1939, muitos desafios importantes estavam reservados para ela e Selma. A proprietária não judia do imóvel que elas ocupavam encerrou o contrato de aluguel, apesar de a nova legislação antijudaica, que restringia severamente os direitos dos inquilinos judeus, não exigir isso dela.[7] O apelo de Selma à proprietária, que alegou que a propriedade fora danificada durante o Pogrom de Novembro em função de ser ocupada por locatários judeus e que ela precisava proteger seus bens, foi em vão.[8] Obrigadas a deixar seu apartamento em Essen, as duas irmãs decidiram com muito pesar que elas próprias se mudariam para Colônia e que o tio Hermann, juntamente com sua irmã Johanna, iria para um asilo de idosos naquela mesma cidade. O médico do tio Hermann havia diagnosticado-o como portador de arteriosclerose progressiva, sem nenhuma perspectiva de recuperação, e colocou-se com veemência contra qualquer possibilidade de ele emigrar.[9] A constatação de que o tio Hermann teria de permanecer na Alemanha foi realmente muito preocupante. No entanto, assegurar um jeito dele poder, a longo prazo, permanecer em Colônia deixaria as duas irmãs livres para seguir seus próprios planos de emigrar. Selma expressou o alívio que estava sentindo numa carta para Marianne:

> *Eu tinha que sempre pensar no que seria melhor para o tio Hermann. Agora, estou muito menos preocupada. Não podia suportar a ideia de deixá-lo para trás sem os cuidados de que necessita. Espero que a decisão que tomamos tenha sido a mais acertada. No estado em que ele se encontra, tornou-se inteiramente impossível até mesmo considerar a possibilidade de emigração ... Espero que ele logo se acostume ao novo ambiente.*[10]

Enquanto isso, na Palestina, assim que Kurt e Hanna começaram a se acomodar, eles tentaram "com muito empenho levar a mãe e a tia para a Palestina".[11] Essa não foi uma empreitada fácil, especialmente porque nem Kurt nem Hanna tinham renda regular e estavam ambos ainda se adaptando ao clima, aprendendo a língua e assimilando a cultura. Mas, tendo passado por experiências terríveis na Alemanha nazista, Kurt estava determinado a levar seus familiares para a Palestina. Lotti e Hans estavam totalmente de acordo. Enquanto esperava seu primeiro filho em junho de 1939, Lotti desejava ter sua mãe e sua tia com ela na Palestina. Assim que souberam da gravidez de Lotti, as futuras avós na Alemanha começaram a comprar o enxoval do bebê para enviarem à Palestina. Selma contou o quanto ela e Flora estavam entusiasmadas com a perspectiva de se tornarem avós.[12] Julius insistia para que as duas comprassem apenas o que havia de melhor e mais bonito.[13] Mas a alegria delas também deu lugar à dor por estarem longe de seus filhos e agora também de seu primeiro neto. O único consolo de Selma era a esperança de ela e Henny irem finalmente viver com Lotti, Hans e o bebê na Palestina.[14]

Logo depois de o tio Hermann ter sido acomodado na clínica de idosos do Israelitisches Asyl de Colônia, onde Marianne havia concluído a sua residência, Selma e Henny se entregaram ansiosamente aos preparativos de sua mudança para Colônia. No entanto, sem perder o otimismo. Antes de deixar Essen, onde haviam vivido por 37 anos, "passando por bons e maus momentos",[15] Selma e Henny, como judias, foram obrigadas por lei a entregar suas modestas posses em ouro e prata.[16] A loja de penhores municipal pesou e registrou as onze colheres, as 93 moedas de prata, um anel e um colar de ouro de Selma. De acordo com a prática nazista de extorquir descaradamente as posses dos judeus, esses recebiam uma quantia irrisória por seus bens. A loja de penhores em Essen pagou a Selma a absurdamente ridícula quantia de 41,14 RM, mais ou menos 12% do valor real.[17]

No fim de junho de 1939, Selma, Henny e a irmã delas, Emma, se mudaram para a casa dos pais de Hans, os Kaiser-Blüths, em Colônia. Seis meses depois de sua fábrica de tecidos ter sido "arianizada", Flora e Julius decidiram alugar o segundo andar de sua casa para Selma e as irmãs. O conselho da sinagoga a qual elas pertenciam havia incentivado em diversas ocasiões naquela primavera os membros de sua congregação a aceitar "voluntariamente" inquilinos judeus antes que o prefeito da cidade os obrigasse a fazê-lo.[18]

Apesar de viverem numa bela e espaçosa casa no subúrbio de Colônia chamado Braunsfeld, o espaço para os três novos ocupantes no segundo andar se limitava a dois quartos e um banheiro.[19] Selma e Henny tiveram de vender seus utensílios domésticos não essenciais, inclusive suas camas. Tentando fazer o melhor possível da situação, Selma se agarrava à esperança de que a mudança para Colônia seria uma solução de muito curto prazo: "Nós vamos dormir nas camas de Ernst e Hans, mas com nossas próprias roupas de cama. Mantivemos nossos colchões de crina de cavalo, que serão nossas camas até que se aproxime a nossa ida para a Palestina".[20] Como os quartos do segundo andar da casa dos Kaiser-Blüths eram aquecidos a carvão, as irmãs, já com sessenta e tantos anos, tinham de subir 65 degraus carregando briquetes de carvão do porão.[21] Selma estava com um pouco de receio de passar o inverno ali: "Esperamos não ter de aquecer nossa nova moradia e que até lá estejamos com Lotti".[22]

Lotti havia solicitado em abril a permissão para sua mãe e sua tia irem para a Palestina. Mas, no mês seguinte, o governo britânico havia publicado seu *White Paper*, que restringia dramaticamente a imigração de judeus para a Palestina. Lotti escreveu para Marianne no fim de maio: "As autoridades ainda não responderam ao meu pedido de imigração para os nossos velhos. Elas haviam acabado de emitir certificados de acordo com a tabela atual, mas só para pessoas que já estão aqui".[23] O governo britânico estabeleceu uma tabela, ou cota, de maneira que, de tantos em tantos meses, um determinado número de pessoas era qualificado para receber certificado de imigração. De acordo com o [jornal] *Jüdisches Nachrichtenblatt*, entretanto, uma grande parte dos certificados foi reservada para pessoas jovens.[24] Infelizmente, Lotti enviou equivocadamente os documentos de imigração para as autoridades na Palestina em vez de enviar para o consulado britânico em Colônia. O consulado britânico retornou, então, o pedido de Lotti para imigração de Selma e Henny em agosto, informando-a apenas que nenhum pedido seria considerado "até novas ordens".[25] Devido à ênfase da atual tabela na prioridade aos jovens ou àqueles com visto de turista ou vivendo ilegalmente na Palestina, é muito pouco provável que Selma e Henny tivessem sido incluídas na cota de junho-setembro de 1939, mesmo que não tivesse havido o erro de Lotti. Aquela lista acabou sendo a última antes de a guerra começar. A imigração legal da Alemanha para a Palestina, apenas 52% da imigração total de judeus para a Palestina em 1939, caiu para 20% em 1940, o que correspondeu a 900 pessoas.[26] Esses foram os últimos imigrantes legais que partiram da Alemanha e entraram na Palestina.

O sonho de Lotti e Kurt de levarem sua mãe e sua tia para a Palestina ganhou novo alento com a viagem de Hans para a Alemanha no verão de

1939. Uma vez que estivesse lá, ele esperava convencer pessoalmente seus pais da absoluta necessidade de deixar a Alemanha e emigrar para a Palestina. Ele também planejava acompanhar sua sogra ao consulado britânico em Colônia para solicitar uma reconsideração do pedido de visto dela. Mas como teve de encurtar sua viagem em razão da iminente deflagração da guerra, não conseguiu fazer nada com respeito à emigração tanto de seus próprios pais como dos "pais" de Lotti.

A irrupção da guerra foi um choque para a família Kaufmann-Steinberg, embora fosse de alguma maneira esperada. Foi, sem dúvida, uma notícia avassaladora para a família espalhada por três continentes. Flora, a mãe de Hans, escreveu: "Parece que fui otimista demais. Estava convencida de que haveria uma solução pacífica. Pobre humanidade!".[27] Julius, o pai de Hans, acrescentou: "Nós estamos agora em plena segunda guerra, mas ainda tenho esperança de que o conflito possa ser resolvido. Estou me esforçando para levantar o ânimo das... senhoras aqui".[28] Selma, Henny e Emma enviaram diversas cartas e postais para os filhos com a intenção de tranquilizá-los, embora estivessem repletas de preocupação. Uma carta comovente de Selma passava seus sentimentos divididos entre muito pesar e muita esperança:

> *Esta carta é para que vocês saibam que estamos todos bem de saúde. Aguardamos ansiosamente notícias de vocês. Espero com todo o meu coração que esta guerra acabe logo para o bem de toda a humanidade. Eu também espero haver um dia em que a guerra exista apenas como uma triste lembrança que nunca mais voltará a se repetir. Que, pelo menos, nós consigamos permanecer em contato. Esta é a única coisa que resta a nós, velhos, de vocês.*[29]

A eclosão da guerra resultou imediatamente em atrasos e interrupções dos serviços postais entre Alemanha, Palestina e Estados Unidos. As trocas postais entre a Alemanha e os Estados Unidos ficaram interrompidas por pelo menos um mês depois do início da guerra.[30] O serviço postal direto entre a Alemanha e a Palestina como mandato britânico e, portanto, território em guerra com a Alemanha foi totalmente interrompido pelo tempo que durou a guerra. Por isso, Marianne, nos Estados Unidos, teve de se encarregar de enviar a correspondência para lá e para cá entre seus familiares na Alemanha e na Palestina. No início, Moritz Kaufmann, o sobrinho de Selma que morava nos Países Baixos, território neutro perante a guerra, e sua esposa Bertl também serviram de intermediários na correspondência entre Palestina e Alemanha.[31] Moritz escrevia nos envelopes "escrita em alemão" para que as cartas passassem mais rapidamente pela censura. A invasão dos Países Baixos pela Alemanha no dia 10 de maio de 1940 foi um evento preocupante para todos os membros da família. A propagação da guerra não significava apenas o fim da correspondência entre os membros da família por intermédio de Moritz, mas também um futuro incerto para ele e os familiares, que se consideravam em segurança naquele país neutro. Para estabelecer outra linha de comunicação e se manter em contato com seus parentes, Selma procurou a mãe de Hanna, Sofie Levy, que havia emigrado para a Argentina em 1937. Selma e Sofie se corresponderam por alguns anos, mas, como as cartas levavam até dezesseis meses para chegar, não se pode dizer que essa tenha sido uma correspondência regular.[32]

Durante os dias de celebração do Rosh Hashanah e do Yom Kippur, a família orou pela paz e pela continuidade do serviço postal. Selma escreveu para Marianne:

> *O nosso mais profundo desejo é obviamente que haja paz entre todos os povos para que possamos estar livres do pesadelo da guerra. Esperamos poder voltar a viver como antes e que a lembrança do tempo atual seja apenas uma lembrança. Que o Senhor Todo-poderoso nos ajude! O melhor presente que poderíamos ganhar nestes dias santos seria a paz. Que todas as armas sejam depostas e que todas as nações possam conviver em paz.*[33]

Em consideração às regras impostas pela estrita censura durante a guerra, Selma chegou a mudar a sua letra. Ela explicou para Marianne: "Estou escrevendo em grafia latina para que seja mais legível aos censores da fronteira. Espero que assim minhas cartas cheguem mais rapidamente até você".[34] Para evitar provocar os censores, Selma não informou os filhos sobre as novas restrições impostas aos judeus. No Yom Kippur de 23 de setembro de 1939, os judeus foram obrigados a entregar seus rádios às delegacias locais de polícia.[35] Essa medida degradou ainda mais os judeus que observavam o Dia do Perdão em preces solenes e jejum. O rádio não era apenas uma fonte de notícias, mas também de entretenimento. Flora havia escrito sobre a família reunida em torno do rádio para ouvir novelas, concertos ou óperas.[36]

Enquanto rezavam por um rápido retorno à "paz e normalidade", Selma e Henny estavam preocupadas com o fato de tantos membros mais velhos da família continuarem na Alemanha. Selma descreveu a visita que haviam feito à irmã mais nova numa carta para Marianne: "Nós visitamos a tia Thekla por alguns dias. Há pais solitários em todas as partes... Quase não restam mais jovens em nossa família [na Alemanha]... Os velhos estão ficando cada vez mais sozinhos".[37] Entre uma e outra de suas viagens em visita à tia Thekla, ao irmão Leo e a outros parentes, Selma e Henny viviam, como elas diziam, "em silêncio e reclusão". Como era típico das mulheres de sua geração na Alemanha, elas se ocupavam no outono com a conserva de frutas e legumes. Selma escreveu a seus filhos no início de setembro: "Nós também fizemos conservas de um pouco de frutas e estamos agora preparadas para [enfrentar] o inverno. As ameixeiras da tia Flora produziram frutas em abundância. Mas quem sabe quem poderá comê-las conosco?".[38] Selma e Henny podem também ter pressentido que guardar provisões numa época de guerra podia ser uma precaução necessária contra a falta de alimentos. O governo nazista começou a racionar a comida depois da deflagração da guerra e cortou explicitamente cada vez mais produtos da lista disponível aos judeus. Primeiro, a quantidade de manteiga e carne foi limitada. Em seguida, eles foram proibidos de comprar cacau e arroz. Em janeiro de 1940, passaram a não ter permissão para comprar a maior parte dos legumes, frutas e carnes.[39] Além da restrição de produtos alimentícios, os judeus só podiam fazer compras em horários rigidamente restritos e inconvenientes.[40]

Embora Selma e Henny se esforçassem para mostrar nas cartas aos filhos que estavam animadas, Marianne comentou com os irmãos o "estado mental deprimido" que ela havia notado ao ler nas entrelinhas das cartas da mãe e da tia.[41] Assim como muitos outros "pais solitários", Selma esperava estar em breve junto de pelo menos um ou dois de seus filhos.[42] Os presságios, porém, não eram muito otimistas. Antes de a guerra começar, Selma havia, por um momento, considerado a possibilidade de emigrar para a Palestina, mas hesitara. Ela achava que o peso financeiro que recairia sobre Lotti e Hans seria demasiado, especialmente pelo fato de eles terem de ajudar Kurt e Hanna a se estabelecer na Palestina. Três semanas depois da guerra ter começado, Lotti escreveu dizendo "tremo só de pensar em nossas pessoas queridas lá na

Alemanha. Foi azar demais não termos conseguido obter vistos a tempo para nossas queridas mãe e tia".[43]

Mesmo que a deflagração da guerra tivesse destroçado as esperanças de Selma e Henny de emigração para a Palestina, Kurt não desistiu de tentar tirá-las da Alemanha. Embora ele e Hanna já tivessem se estabelecido na Palestina, Kurt manteve ativo o seu pedido de imigração para os Estados Unidos; tanto ele como Hanna continuavam considerando a possibilidade de emigrar para aquele país e mantendo a esperança de levar também Selma para lá. Selma calculava que poderia levar até seis anos para que o número de seu pedido de imigração para os Estados Unidos fosse chamado. Ela escreveu para Marianne no outono de 1939: "Se pelo menos pudéssemos estar juntas! Eu adoraria ajudar a tornar seu lindo apartamento ainda mais aconchegante. Vamos torcer para que possamos estar juntas no futuro... Mas até lá precisaremos ter muita paciência".[44]

Em novembro de 1939, Kurt entrou em contato com o consulado americano em Jerusalém e pediu para:

> (...) *transferir o pedido para minha mãe Selma Steinberg (número 31691) sob o meu próprio acima mencionado. Minha mãe, sendo viúva, sempre morou em minha casa, e tínhamos a intenção de emigrar juntos para os Estados Unidos ... Antes de conseguirmos os vistos, fui obrigado a partir de repente por ordem da Gestapo... Não pude trazer minha mãe comigo porque não consegui um visto para que ela viesse para a Palestina... Nós estamos ansiosos por ficarmos novamente juntos em nossa casa nos Estados Unidos.*[45]

Possivelmente ele e Hanna teriam emigrado para os Estados Unidos se ele tivesse conseguido um visto para que Selma também emigrasse para lá. Em meados de abril de 1940, Kurt ficou desapontado com a resposta do consulado dos Estados Unidos em Jerusalém: "O Consulado Geral não pode incluir em suas listas de espera para imigração nomes de pessoas que não vivem neste país... Se sua mãe vier para este país, terei o prazer de conceder a ela a mesma prioridade na lista de espera de acordo com o número de seu pedido".[46] Se Selma conseguisse de alguma maneira miraculosa chegar à Palestina durante a guerra, o consulado americano em Jerusalém respeitaria seu pedido individual como parte da cota para os alemães, mas não a colocaria sob o pedido de seu filho nem a faria avançar mais rapidamente na lista da cota. As esperanças de Kurt – ilusórias, para dizer o mínimo – foram destroçadas.

Ele colocou Marianne a par da possibilidade de imigração de Selma para os Estados Unidos e pediu a ela que interviesse junto ao Departamento de Estado em Washington, DC, em favor da mãe:

> *Nós tentamos de novo obter visto para nossa mãe [para a Palestina], mas em vão. Não consegui incluir nossa mãe em meu pedido de imigração [para os Estados Unidos] no consulado daqui. Talvez você possa tentar aí nos Estados Unidos. Por favor, peça para que mamãe seja incluída sob o número do meu pedido "prioritário" [no consulado americano] em Stuttgart. Isso deve ser possível, uma vez que mamãe e eu sempre moramos na mesma casa. Nós fomos separados "por circunstâncias fora do nosso controle". Fui obrigado a partir, e mamãe não conseguiu visto para a Palestina. Nós gostaríamos de voltar a viver juntos o mais rápido possível... Como você sabe, o número do meu pedido já foi chamado. O consulado americano daqui emitiria vistos [para Kurt e Hanna, mas não para Selma] imediatamente. Eu já havia solicitado, antes de deixar a Alemanha, junto ao consulado americano em Stuttgart, que Hanna e mamãe fossem incluídas no meu pedido de visto. Isso foi possível para Hanna, mas não para mamãe.*[47]

As diretrizes da política de imigração dos Estados Unidos – e sua prática – eram mais complexas do que Kurt imaginava. O fato de o número ser chamado não garantia a concessão de visto, apenas a revisão do pedido a ser considerado para a sua concessão. Outras exigências teriam de ser cumpridas para que o visto fosse concedido, como comprovante de rendimentos e bens, inclusive cartas de fiança de parentes próximos ou amigos, para que o solicitante não viesse "a se tornar um encargo público", de acordo com a assim chamada cláusula LPC da lei que regula a imigração nos Estados Unidos.[48]

A lei de 1924 que regulava a imigração para os Estados Unidos, que continuou em vigor até 1965, visava a "limitar a imigração de estrangeiros para os Estados Unidos" e provia a base para a emissão de vistos de acordo com as cotas nacionais de 2% para cada grupo nacional que constituía a população dos Estados Unidos em 1890. Por ocasião da *Anschluss* [anexação] da Áustria em março de 1938, a cota de imigração para os Estados Unidos relativa à Grande Alemanha, à Alemanha e a todo o território austríaco já anexado à

Alemanha correspondia a menos de 27 mil imigrantes.[49] Mas, mesmo assim, durante todo o Terceiro Reich, foi no único ano orçamentário de 1º de julho de 1938 a 30 de junho de 1939 que a cota foi preenchida e até mesmo ultrapassada. Isso ocorreu graças a uma combinação de instruções intencionalmente restritivas do Departamento de Estado a seus cônsules no exterior e à prática de muitos adidos consulares de emitir vistos de forma seletiva a um número muito menor de solicitantes do que a cota permitia.[50]

A lei dos Estados Unidos para regular a imigração, que foi implementada pelo Departamento de Estado, não continha nenhuma cláusula especial para refugiados. O Departamento de Estado costumava orientar seus funcionários consulares no exterior, que detinham com exclusividade a autoridade para conceder vistos, para que fossem cautelosos com os refugiados.[51] Era a visão particular de cada cônsul, normalmente subjetiva, que decidia cada caso de pedido de imigração individualmente. Havia variações consideráveis não apenas entre os quatro diferentes consulados na Alemanha, mas também entre os diferentes funcionários do mesmo consulado, especialmente com respeito a avaliar se uma carta de fiança ou um conjunto delas bastava para convencer o funcionário de que o solicitante não iria "se tornar um encargo público".[52] Como as cartas de fiança não eram compromissos legalmente válidos, muitos funcionários consulares relutavam em aceitar qualquer uma que não oferecesse as garantias mais prováveis de que o novo imigrante não iria se tornar um encargo público.[53] Os cônsules não precisavam prestar contas de suas decisões, e não havia nenhum direito de apelação.[54]

Depois de iniciada a guerra na Europa, os cônsules americanos passaram a impor padrões mais rígidos para as cartas de fiança, muitas vezes exigindo do fiador que depositasse dinheiro para o seu protegido em bancos americanos. Essa prática mais severa e o fato dos refugiados que deixavam a Alemanha não poderem levar consigo dinheiro alemão tiveram um impacto devastador sobre a imigração direta da Alemanha. Depois de setembro de 1939, os cônsules passaram a julgar apenas 10% dos pedidos de imigração para os Estados Unidos para que fossem qualificados a receber vistos, e os números eram chamados de acordo com sua cota.[55]

Em 1940, os funcionários do Departamento de Estado reduziram a entrada de refugiados nos Estados Unidos por medo de que houvesse agentes nazistas, mesmo entre os judeus alemães.[56] Essa política de "segurança pública" contra os refugiados, somada ao antissemitismo presente em todos os escalões do Departamento de Estado e que também prevalecia na opinião pública americana da época, atuava diretamente em detrimento dos judeus alemães que solicitavam vistos.[57] O Departamento de Estado considerava os judeus solicitantes de vistos que tinham parentes próximos que seriam deixados para trás na Alemanha e no território ocupado pela Alemanha como especialmente vulneráveis a servir aos nazistas pelo fato de estarem preocupados com o bem-estar deles. Já em junho de 1940, foram dadas instruções a seus cônsules na Europa para que negassem vistos a essas pessoas.[58]

Infelizmente para Selma, os funcionários do consulado americano em Stuttgart eram conhecidos por serem especialmente rígidos para com os judeus que solicitavam vistos.[59] Existem exemplos abundantes de decisões aparentemente arbitrárias, como a tomada no outono de 1938, quando o pedido de visto de um judeu alemão vinha acompanhado da carta de fiança de um conhecido com renda anual excedente de 15 mil dólares e um saldo bancário médio de 5 mil dólares. Nem mesmo tamanha riqueza conseguiu convencer o funcionário do consulado em Stuttgart que o solicitante não iria se tornar um encargo público, porque considerou o fiador, com 67 anos de idade, velho demais para garantir apoio financeiro a quem quer que fosse.[60] A possibilidade de Selma chegar a ganhar seu sustento era desprezível e, portanto, a probabilidade dela ser julgada como candidata a se tornar um encargo público parecia alta, a não ser que apresentasse uma carta de fiança extremamente convincente.[61] Nem Marianne nem Kurt conseguiram perceber em 1940 a dimensão do problema que atuava contra qualquer possibilidade de levar sua mãe para os Estados Unidos.

Sem receber nenhuma correspondência dos filhos por vários meses, a carta que Selma escreveu a eles em julho de 1940 revelava sinais de cansaço e depressão. A carta, que relatava atividades corriqueiras, estava marcada por um sentimento de melancolia e tristeza, e concluía: "E assim os dias vão passando".[62] Ela se sentia ainda mais isolada pelo fato dos judeus não poderem mais ter telefone.[63] (Ver Foto 7.1.)

A combinação das iniciativas frustradas de Selma para emigrar/imigrar imediatamente antes da deflagração da guerra, a maior demora à chegada da correspondência e o grande aperto nas medidas contra os judeus na Alemanha depois da guerra ter começado aumentaram o nível de *estresse* entre os membros da família. Kurt, visivelmente frustrado com a ausência de

Foto 7.1 Retrato de Selma, Colônia, abril de 1940

progresso no andamento do pedido de imigração para Selma, desabafou suas frustrações em uma carta para Marianne de agosto de 1940. Reagindo à recente entrada da Itália na guerra e à ameaça do conflito chegar à Palestina, Kurt observava que, a despeito desse perigo, ele achava que sua mãe "preferiria estar aqui conosco a estar sozinha". Kurt perguntava suplicante a Marianne se ela não podia levar a mãe deles para os Estados Unidos, uma vez que, na opinião dele, em breve chegaria a vez número do pedido dela ser chamado.[64]

Kurt parecia reconhecer a urgência, talvez por ter sofrido na própria pele até onde podia ir a violência nazista. Em sua carta de 18 de agosto de 1940, Kurt começou a insistir naquilo que ele acreditava que sua irmã Lotti podia e devia ter feito no ano anterior para levar sua mãe em segurança para a Palestina. Desabafando sua própria frustração por se sentir tão impotente para garantir a imigração de sua mãe e sua tia, ele escreveu:

> Não posso poupar Lotti de sérias críticas por não ter solicitado muito antes o visto de imigração para a nossa mãe. Ela tentou depois que eu e Hanna chegamos,

mas já era tarde demais. Hans e Lotti sempre criticaram Julius [Kaiser-Blüth] por sua incrível falta de visão e por não querer sair da Alemanha. E nem assim trouxeram a nossa mãe, que tão ardentemente queria vir para cá. Agora, é claro, Lotti diz que ela não queria partir "antes que todos os seus filhos tivessem partido". Não é o que penso, na realidade, foi o contrário: não fui eu o obstáculo à emigração de nossa mãe, pelo contrário, o fato de nossos "velhos" continuarem na Alemanha foi um dos motivos que me impediram de pensar em me separar deles, nem emocional nem financeiramente. Bem, não há nada que possa ser mudado agora. Tenho certeza de que Lotti e Hans não agiram de má-fé. Foi apenas a tão conhecida preguiça de Lotti que levou a melhor. Ela simplesmente deixa as coisas acontecerem. Achei muito estranho Lotti ter pedido à mamãe em suas cartas no ano passado que comprasse um monte de coisas para sua nova casa e fizesse todo tipo de mudança de móveis. Finalmente, a proibi de persuadir mamãe a continuar gastando antes que ela conseguisse seu visto [de imigração], ainda que nem tudo fosse mobiliado da maneira ideal. Em vez disso, mamãe deveria ter algum dinheiro lá [na Alemanha] para as coisas mais urgentemente necessárias. Ela chegou a pedir para mamãe lhe comprar uma geladeira![65]

Kurt manifestou, então, suas esperanças de que Marianne conseguisse levar a mãe deles para os Estados Unidos, mas, em 1940, Nanna não estava em condições de garantir a segurança financeira de ninguém. Um pouco antes de receber a carta de Kurt de agosto de 1940, com o pedido para "tomar conta" da mãe deles, ela havia confiado a seu caderno de notas suas muitas preocupações — com dinheiro, com a guerra e seus familiares:

Estou numa situação de estresse mental e econômico [sic] como jamais estive. A situação mundial é terrível e como tal envolve as nossas vidas pessoais. Tem a situação de calamidade na Europa que afeta todos os meus queridos familiares em Colônia e na Palestina. São as ameaças terríveis a este país como ... o que está acontecendo na Europa ameaça agora todo mundo aqui, inclusive nós dois e particularmente você [Arnold] como homem.

No fim deste ano, provavelmente estarei sem trabalho, e minhas poucas economias, que nunca foram grande coisa, a essa altura terão se esgotado. Alguns meses depois, surgirá o problema de trazer mamãe e provavelmente também minha tia para cá.

É este que parece ser o cenário do futuro.[66]

Marianne vinha lutando para conseguir chegar ao fim do mês desde que aportara nos Estados Unidos em julho de 1938. Às vezes, trabalhava como acompanhante, mas na maioria das vezes, como enfermeira particular, chamada para atender 24 horas por dia por vários meses, ao mesmo tempo que se preparava para prestar os exames que lhe dariam licença para trabalhar como médica no Estado de Nova York. Sua renda anual de 250 dólares em 1938, menos do que teve de pagar naquele ano em multas alfandegárias, duplicou em 1939, além de ganhar mais 125 dólares trabalhando num acampamento de verão para meninas. Ela passou nos exames e conseguiu licença médica para aquele ano, mas precisaria ainda concluir uma residência nos Estados Unidos para poder exercer a medicina. Em 1940, trabalhou como residente sem remuneração no Tewksbury State Hospital em Massachusetts. A única renda que teve naquele ano foi a de 150 dólares que recebeu por trabalhar outra vez no acampamento de verão para meninas.[67] Marianne, com seu histórico de rendimentos e suas parcas economias, não tinha como fornecer uma carta de fiança convincente.

No fim do verão de 1940, ela estava preocupada com seu relacionamento com Arnold, com quem havia se encontrado muito raramente naquele ano entre um e outro de seus muitos trabalhos e sua residência em Massachusetts. As anotações no caderno de Marianne feitas no início daquele verão indicam que esperava que Arnold estivesse pronto para se casar com ela.[68] Mas Arnold, como imigrante alemão, estava com dificuldades para encontrar emprego na maioria das empresas de engenharia voltadas para a defesa, para o que ele estava qualificado, e arranjara um trabalho como desenhista de projetos — mas estava preocupado até mesmo por não saber se conseguiria mantê-lo.[69] Se Marianne chegou nessa ocasião a pedir ajuda a ele para o sustento dos queridos familiares dela, isso não fica claro, mas Arnold, na visão de Marianne, bateu em retirada súbita: "E agora o que está acontecendo? No momento em que mais preciso de você, quando descubro que não há apenas alegria e diversão à nossa espera, nesse momento, você quer me deixar. Você prefere uma vida comparativamente fácil sem mim, pois viver comigo impõe a você algum tipo de sacrifício".[70]

Com o coração partido, mas ciente de que não estava em condições de fornecer uma carta de fiança para a imigração de sua mãe e sua tia para os Estados Unidos, Marianne esperava concluir sua residência até o final de 1940. Ela achava que, podendo exercer a medicina, teria condições de sustentar Selma e Henny. Em dúvida a respeito de aceitar ou não a proposta de continuar no Tewksbury Hospital depois de Arnold ter-lhe escrito no dia 7 de janeiro de 1941 da cidade de Nova York "não posso fazer nada contra o fato de sentir que não estou em condições de me casar e que é melhor cada um de nós tomar conta de si mesmo",[71] Marianne respondeu à carta de Arnold na qual ele dava para trás, mudando-se ela mesma para Nova York. Finalmente, o fato de viver na mesma cidade pareceu fazer toda a diferença, porque em dois meses e meio eles estavam casados — e por um rabino. A fim de economizar dinheiro para que cada um pudesse abrir o próprio negócio e prover uma razoável carta de fiança para a mãe, Marianne voltou a trabalhar como enfermeira particular das 8 horas às 20 horas, sete dias por semana, para ganhar 70 dólares por mês. Pouco depois, a situação profissional de Arnold também começou a melhorar; ele conseguiu um emprego como desenhista de usinas elétricas em Nova York.[72] Marianne estava feliz por dormir com ele sob o mesmo teto, por mais apertado que fosse o apartamento de um quarto no qual morava com seu novo marido.[73]

Uma semana depois do casamento, Marianne recebeu notícias importantes de Selma e Henny: um novo comunicado do consulado americano em Stuttgart havia aumentado as esperanças. Aparentemente, todos os solicitantes de visto, cujo número de inscrição estava abaixo de 54 mil, estavam sendo convocados para entregar a papelada. Isso queria dizer que ela e Henny seriam em breve chamadas para entregar os documentos exigidos para o pedido de visto. Preocupada, porém esperançosa, Selma escreveu para a filha caçula:

> *Se tudo der certo, o nosso número deverá ser chamado em breve. Tenho certeza de que muitos números não serão usados; em primeiro lugar, devido a problemas de transporte durante a guerra e, em segundo, porque o alto custo das passagens de navio terá de ser pago em dólares. Ouvi dizer que uma passagem, incluindo um mínimo de bagagem, custa entre 300 e 350 dólares. Entendo que, devido a esse preço exorbitante, a pessoa pode levar apenas as coisas mais essenciais. Como poderíamos conseguir a carta de fiança e o dinheiro? A tia Flora garantiu-me que seus outros parentes talvez possam ajudar, mas não tenho certeza disso. Estou sempre pensando nisso, mas até agora não consegui encontrar uma solução. As dificuldades são infinitas.*

As preocupações de Selma com respeito à carta de fiança eram totalmente justificadas. Depois da morte de Arthur Stern, primo de Flora, em dezembro de 1940, que era provedor da carta de fiança para que Marianne fosse para os Estados Unidos, Selma não conhecia nenhum cidadão americano que tivesse condições e disposição para fornecer tal carta.[74]

Marianne escreveu para seus irmãos no dia 27 de março informando-os de seu casamento na semana anterior, repassando as novidades do consulado de Stuttgart e anexando a carta de sua mãe e da tia Henny de 18 de fevereiro de 1941. Marianne transmitiu a Kurt e Lotti os resultados de suas buscas: o custo de uma passagem de navio, 850 dólares para ambas, e despesas com sustento, um mínimo de 60 dólares mensais por pessoa. Ela escreveu para Kurt e Lotti via correspondência aérea com um sentimento de premência e ansiedade diante do problema em questão e informando-os que nem ela nem Arnold podiam pagar as passagens nem o sustento mensal das duas. Nanna queria saber se eles podiam contribuir e, em caso afirmativo, de que maneira ela poderia receber suas contribuições, suplicando por seus conselhos:

> *Eu não sei o que escrever para elas [Selma e Henny]. É terrível. Mas também não sei de onde [tirar] os 850 dólares e tampouco como sustentá-las se vierem para cá. Se fosse apenas uma ... Mas é claro que é impossível separar mamãe de tia Henny agora. E então, o que vamos fazer? Por favor, respondam imediatamente.*[75]

Marianne respondera imediatamente à carta de Selma e Henny de 18 de fevereiro de 1941 explicando os custos das passagens. Ela confessou que suas economias no momento resumiam-se a 215 dólares e acrescentou:

> *Vocês entenderão que, nas atuais circunstâncias, terei que consultá-los [Kurt e Lotti] antes de assumir qualquer compromisso definitivo ... Além de nossa carta de fiança, que por seu valor monetário pode ser apenas uma carta de fiança suplementar, também tenho uma do marido de Trude. Então, precisaremos de mais uma carta de fiança adicional para vocês duas, e minha próxima tarefa é consegui-la.*

Ela pediu à sua mãe e à tia que enviassem um telegrama se ocorresse alguma mudança antes das duas voltarem a ter notícias dela e recomendou: "não percam a coragem".[76]

A carta de Marianne no final de março com as notícias de que a mãe e a tia estavam prontas para emigrar só chegou à Palestina no dia 11 de maio. Apesar de Kurt ter respondido em dois dias,[77] e Lotti duas semanas depois, as respostas só chegaram a Marianne no início de julho.[78] Essas longas demoras em situações de extrema urgência para a família complicaram ainda mais as coisas, especialmente por Marianne achar que devia esperar a resposta de seus irmãos com respeito a como pagar as passagens, mesmo sabendo que precisava agir rapidamente para conseguir as cartas de fiança.

Enquanto isso, Selma e Henny continuaram enviando cartas para Marianne, ao mesmo tempo que procuravam encontrar um equilíbrio entre o sentimento de urgência e o entendimento da difícil situação financeira e profissional da caçula. Nanna escrevia quase semanalmente, mas as cartas levavam de quatro a oito semanas para chegar até elas. Porém, o telegrama de Marianne informando sobre o casamento com Arnold chegou no mesmo dia. A resposta de Selma foi imediata:

> *Fiquei muito feliz e triste ao mesmo tempo. Fiquei triste por não poder estar com você e compartilhar de sua felicidade. Meus pensamentos estavam com você, lembrando-me da pequena, porém festiva, cerimônia que organizamos para o casamento de Kurt.*
>
> *A bênção de sua mãe estará sempre com você. Desejo que vocês sejam muito felizes em sua vida conjugal... Infelizmente não tenho como enviar minhas congratulações de uma forma mais rápida. Agora, nós só podemos enviar telegramas que dizem respeito a questões de emigração, e isso tem de ser feito por meio de uma agência ... Tenho que te pedir mais uma vez para que faças tudo que puder para tornar possível a imigração. Nós só podemos esperar que você encontre os modos e os meios. Por favor, não me leve a mal por estar de novo pedindo para você averiguar todas as possibilidades para nós.[79]*

Agora que os números dos pedidos de Selma e Henny estavam para ser chamados no consulado americano, a comprovação do pagamento das passagens de navio adquiria prioridade máxima. O pagamento das passagens só podia ser feito por pessoas que morassem em países neutros.[80] Selma comunicou à Marianne que ela também havia procurado fazer sua parte, pedindo conselhos da Hilfsverein.[81] Preocupada com as dificuldades de Marianne para levantar os fundos necessários, a mãe prometeu para a filha que, uma vez nos Estados Unidos, ela e Henny se encarregariam das tarefas domésticas enquanto Nanna se encarregaria de montar o próprio consultório médico, sonho que sempre tivera.[82]

A geração mais velha sentia o cerco do regime nazista. Em 1941, muitos descreveram a experiência de estarem divididos entre o medo e a esperança. Selma mencionou todos os esforços que seus parentes estavam fazendo para emigrar para os Estados Unidos: Leo e Else Kaufmann em Drove, Leopold e Thekla Heumann em Linnich, e Karl Kaufmann em Lüxheim. Todos eles, assim como os Kaiser-Blüths em Colônia, estavam cheios de esperança enquanto exploravam todas as vias possíveis. Julius escreveu com otimismo para Marianne em março de 1941:

> *Espero e desejo que possamos testemunhar diretamente sua felicidade neste outono. Temos motivos para acreditar que isso não está muito longe de acontecer. Os nossos documentos estão sendo examinados em Stuttgart [no consulado americano]. Espero que meu primo Langsdorf possa nos ajudar com o dinheiro para as passagens de navio. Então seremos chamados para uma entrevista em Stuttgart.*[83]

Quando o consulado americano terminava de examinar os documentos que acompanhavam os pedidos de imigração e decidia em favor da concessão do visto, era enviada ao felizardo uma notificação. Então, depois de o solicitante ter comprovado o pagamento da passagem de navio, o consulado o chamava para a emissão do visto.[84] Flora tinha uma visão menos otimista do que a de seu marido Julius e contou os fatos de maneira mais direta para Marianne em uma carta escrita em 24 de março de 1941: "As chances de conseguirmos chegar até aí estão ficando menores a cada dia que passa, apesar da notificação do consulado americano. Simplesmente não faz sentido fazer qualquer plano, porque a situação muda de um dia para outro. Sua mãe e sua tia são muito corajosas e não vão desistir".[85]

Selma e Henny, antecipando a sua imigração, já haviam até começado a estudar inglês. Porém, tiveram pouco progresso, devido ao que Selma descreveu como "distrações não muito agradáveis".[86] Essa era muito provavelmente uma alusão à mudança forçada de sua irmã Thekla e o marido dela para uma "casa de judeus" (*Judenhaus*) em Kirchberg ao meio-dia de 24 de março de 1941. Obedecendo a uma ordem do administrador do distrito de Jülich para desocupar suas residências e se mudar para a Villa Buth, uma "casa de judeus", em Kirchberg, um total de 96 judeus se mudou para aquela casa; entre eles, Thekla e Leopold Heumann.[87] Por questões de censura, Selma não deu mais nenhuma informação, mas sua dolorosa conclusão resume seu estado de espírito: "Estamos sobrecarregados de problemas e preocupações, mas temos de superá-los. Não há outra saída".[88]

Enquanto isso, nos Estados Unidos, Marianne não havia recebido nenhuma resposta de seu irmão e de sua irmã das notícias que havia lhes enviado sobre a aproximação dos números dos pedidos de suas "mães" e o pedido de ajuda financeira para as passagens delas. Até que no dia 25 de maio de 1941 chegou o telegrama deles, que dizia: "Qualquer demora insuportável. Imigração Palestina impossível tempo de guerra. Solicitamos metade custo passagens. Não demore. Telegrafe".[89] A essa altura, Marianne já havia conseguido a primeira promessa de cartas de fiança de amigos. Quando a carta de sua mãe e sua tia datada de 23 de março de 1941 chegou, felicitando-a por seu casamento e informando que elas haviam começado a estudar inglês, Marianne entendeu que não havia mais tempo para esperar. Naquela carta, Selma e Henny não mediram as palavras para instar todos os filhos a fazerem tudo que estivesse em poder deles para facilitar a imigração delas para os Estados Unidos. Selma suplicou: "Procurem fazer o que puderem para tornar possível a nossa imigração, e esperamos que os meios e recursos possam ser encontrados".[90] Marianne concentrou-se em assegurar as cartas de fiança, informando-se na filial de Nova York do National Council of Jewish Women sobre a melhor maneira de apresentar uma carta de fiança suplementar e como saber que tipo de detalhes precisava-se incluir para que tivesse mais possibilidade de ser aceita. As mulheres dali deram a ela um impresso com diretrizes bastante assustadoras de como seria uma carta de fiança convincente, mas nenhuma ajuda sobre como conseguir mais dinheiro nem para as passagens nem para aumentar os recursos a serem listados de maneira a fortalecer o apoio a suas queridas "mães". Marianne, sentindo-se pressionada e desolada por não ter recebido nenhuma notícia de seus irmãos, escreveu para Lotti no dia 1º de maio de 1941. Ela expressou suas preocupações de uma forma que, muito mais adiante, em julho, quando Lotti e Kurt leram a carta, se sentiram insultados:

Há seis semanas, mamãe vem me bombardeando com o desejo premente de vir para cá. Expliquei as dificuldades financeiras na última carta que escrevi a vocês. Apesar de tudo, estou fazendo o que posso para tornar possível a vinda delas para cá. O que as espera lá – só Deus sabe. Eu consegui cartas de fiança para elas esta semana, quer dizer, a promessa; elas ainda não foram escritas. Foi muito mais difícil consegui-las do que eu imaginava. Não podemos nos esquecer de que elas são duas idosas incapazes de ganhar o sustento aqui – e as pessoas a quem pedi as fianças receiam a responsabilidade. A outra dificuldade é Arnold. Ele diz – e, para ser honesta, ele tem toda razão – que nós não temos como sustentá-las, pelo menos por enquanto. Além disso, tem a espantosa quantia de 850 dólares para as passagens – não sei de onde tirá-los. Vocês sabem que tenho trabalhado como escrava e economizado tudo que posso nestes últimos meses para ter meu consultório pronto até julho ou setembro. E, mesmo assim, só consegui juntar 360 dólares. E preciso desse dinheiro para o consultório, senão nunca vou poder começar. De qualquer maneira, pretendo enviar as [cartas de] fianças na semana que vem e também pagar a entrada [Anzahlung] das passagens. Tenho o pressentimento de que precisamos fazer todo o possível para tirá-las de lá. Mas só Deus sabe como vamos conseguir dar conta de tudo posteriormente.[91]

Levou tempo para que Marianne conseguisse as outras cartas de fiança, mas ela entregou sua própria no dia 17 de maio de 1941 para a mãe e a tia Henny, acompanhada de uma solicitação ao cônsul dos Estados Unidos em Stuttgart:

Ficarei imensamente agradecida se o senhor fizer a gentileza de conceder vistos de imigração para minha mãe, Selma Steinberg, e minha tia, Henriette Kaufmann, ambas com residência na Raschdorffstrasse, 17, Colônia-Braunsfeld, Alemanha.

Aguardo ansiosamente a vinda de ambas, minha mãe e minha tia, para morarem comigo; minha tia sempre viveu na casa de minha mãe e eu a tenho como minha segunda mãe.

Gostaria de acrescentar que não tenho nenhum outro dependente e que serei, portanto, capaz de sustentar minha mãe e minha tia, de maneira que elas nunca se tornarão um encargo público.[92]

Na carta de fiança de Marianne, pelo fato de ela não ser cidadã americana, tinha de constar se havia feito sua Declaração de Intenção de adquirir cidadania americana, uma vez que fosse elegível. Ela especificou sua "ocupação regular" tanto como médica quanto como enfermeira com uma renda média de "35 dólares semanais mais refeições" e "saldo bancário de 420 dólares". O vice-presidente do City Bank de Nova York, onde ela tinha conta desde 2 de maio de 1939, atestou o saldo bancário em sua conta "a partir da referida data". Seu atual empregador forneceu uma carta confirmando o salário de 35 dólares por semana mais refeições e o emprego desde 27 de fevereiro de 1941, descrevendo-a como uma pessoa "sincera, honesta e sempre pronta a cumprir suas obrigações".[93]

Marianne entregou a carta de fiança com seu nome de solteira, apesar de ter se casado mais de dois meses antes. Numa carta via correspondência aérea, explicou para a mãe e a tia que havia usado seu nome de solteira na carta de fiança porque esse era seu nome profissional, que constava em sua conta bancária e em sua licença, etc., e que em nenhum lugar da papelada ela tivera que declarar seu estado civil. Marianne também explicou que Arnold não estava enviando uma carta de fiança por conta de "certas circunstâncias que o impedem de fazê-lo e que exigiriam tempo demais para que fosse explicado aqui". Não ficam claras quais eram as circunstâncias que impediam Arnold de fornecer uma carta de fiança. Talvez ela tenha usado seu nome de solteira para não despertar dúvidas no cônsul americano quanto ao fato de seu marido não ter também fornecido uma carta de fiança.[94]

Marianne havia sido aconselhada pelo National Council of Jewish Women a enviar sua própria carta de fiança, mas não esperar a resposta do cônsul antes de enviar cartas de fiança adicionais, as quais ela, de qualquer maneira, ainda não tinha em mãos. Além da carta de fiança suplementar para tia Henny de sua amiga Trude e o marido, ela obteve a promessa de outros amigos de garantir o sustento de Selma por meio de depósitos numa conta bancária especial. Marianne prometeu à sua mãe e sua tia que enviaria as outras cartas de fiança assim que tivesse uma resposta do cônsul. Ela também explicou que era inútil se apressar, porque ainda estava tentando conseguir o dinheiro para as passagens. E pediu que as duas entendessem que Lotti e Kurt estavam naquele momento sem condições de ajudar.[95]

Marianne duvidava que Lotti e Kurt conseguiriam enviar dinheiro. Em sua resposta ao telegrama enviado pelos irmãos no dia 25 de maio de 1941, ela escreveu: "Entendo que vocês estão tentando obter permissão para pagar a metade do preço das passagens. É claro que não posso afirmar, mas duvido que vocês consigam". Ela descreveu resumidamente a carta de fiança que havia enviado e as cartas que tinha em reserva, dizendo simplesmente: "Arnold não fez nenhuma carta de fiança para elas". E então advertiu: "A coisa toda vai levar um bom tempo até elas poderem realmente vir para cá — as passagens, o dinheiro para as passagens, o problema relativo ao sustento aqui, etc. Mas o quanto antes começarmos a agir, melhor. E elas terão suas esperanças renovadas se souberem que algo está sendo feito".[96] Essa carta via correspondência aérea enviada por Marianne no dia 4 de junho de 1941, na qual ela informa seus irmãos na Palestina que havia enviado as cartas de fiança para Selma e Henny, levou dois meses para chegar lá, demora essa que exacerbou as tensões e os mal-entendidos entre os irmãos.

Quando Kurt e Lotti receberam a carta enviada por Marianne em 27 de março de 1941, eles não tinham como saber o que havia acontecido nas seis semanas seguintes ao envio da carta. Em sua resposta, no dia 23 de maio de 1941, Lotti se mostrava muito agitada por Marianne não ter-lhes enviado um telegrama com notícias de Stuttgart sobre suas "mães" e preocupada com a possibilidade de já ser tarde demais. Ela receava que as preocupações financeiras de Marianne com respeito a como sustentar a mãe e a tia quando as duas chegassem a haviam impedido de seguir imediatamente em frente com os preparativos para a imigração delas. Lotti não entendeu que as preocupações da irmã tinham uma relação direta com a incerteza a respeito das cartas de fiança bastarem ou não para a concessão de vistos. Exatamente como Kurt havia despejado em Marianne, um ano antes, sua frustração por Lotti não ter agido rápido, Lotti agora culpava Marianne por não ter agido antes e da maneira que ela considerava decisiva:

> *Sinto muito, mas não entendo como suas preocupações com o "depois" [depois da chegada de suas "mães" aos Estados Unidos] podem ter impedido você, por sua vez, de tentar imediatamente preparar a imigração. Não entendo os problemas financeiros com respeito às passagens de navio. Também não entendo por que você não nos enviou um telegrama. Se existe a possibilidade de tirar nossa mãe e a tia deste inferno, temos de fazer tudo que estiver ao nosso alcance para ajudar, por mais difícil que seja. Quem sabe por quanto tempo ainda teremos a possibilidade de fazer alguma coisa por elas? Considerando-se a idade avançada delas e a*

situação terrível em que se encontram... Peço a Deus para que nesse meio-tempo você tenha tomado todas as providências necessárias. Três meses se passaram desde a carta de nossa mãe! Não sou capaz de imaginar a situação se Julius e Flora conseguirem partir e mamãe e tia Henny tiverem de ficar para trás! E como a América pode entrar na guerra a qualquer semana, as portas para nossa mãe e nossa tia serão fechadas. É absolutamente impossível elas virem para a Palestina no momento. Residentes de países inimigos ou de países ocupados pelo inimigo não têm permissão para imigrar. Por isso, a única chance delas é a imigração para os Estados Unidos.[97]

Lotti, já num tom mais calmo, passou então a explicar que a contribuição financeira deles dependia da obtenção de uma permissão do órgão que controlava o câmbio exterior na Palestina, mas que, se conseguissem, eles poderiam completar o dinheiro para as passagens e contribuir com o sustento mensal delas. Hans acrescentou que havia tomado conhecimento de que podiam enviar, via telégrafo, o dinheiro por meio do American Jewish Joint Distribution Committee em Nova York para as passagens de navio, mas que só ficaria disponível depois da partida de Selma e Henny da Alemanha ou de países ocupados por ela. Assim, Marianne precisaria dar um jeito de pagar as passagens de navio e só depois teria a possibilidade de receber a ajuda dos irmãos.[98] Kurt respondeu rapidamente no dia 13 de maio quando recebeu a carta que Marianne escrevera em março:

Por ora, só posso dizer isto: as duas precisam partir, se houver alguma maneira humanamente possível. Você [e Arnold] pode contar totalmente conosco, agora e depois. Mas, no momento, não vejo nenhuma possibilidade de trazê-las para cá. E isso é uma vergonha gritante, pois poderíamos sustentá-las facilmente sem a sua ajuda. Naturalmente, vai ficar mais difícil enviar dinheiro para você, em primeiro lugar, por causa das severas leis do câmbio em vigor (vou verificar as regras exatas para tais casos) e, em segundo, porque a soma que poderíamos enviar teria provavelmente um poder de compra significativamente menor aí nos Estados Unidos.[99]

Kurt prosseguiu sua carta sugerindo que Nanna e Arnold tentassem tomar dinheiro emprestado de alguém em particular ou de alguma organização judaica, e garantindo a eles que isso não tinha nada de vergonhoso, uma vez que pretendiam devolvê-lo e fariam o que fosse humanamente possível para isso. Ele chegou até mesmo a sugerir que Nanna pedisse ajuda ao casal para o qual ela havia trabalhado em Miami Beach ou a seu antigo rabino, doutor Hahn, que no momento liderava uma congregação judaica em Nova York. E concluía: "Acho que, por enquanto, temos que deixar a questão em suas mãos, mas vou verificar o que é possível fazer daqui e darei o máximo de apoio financeiro possível. Sinto o coração dilacerado por estarmos aqui condenados à inação, mas continuo achando que esta empreitada não pode fracassar por dificuldades financeiras".[100]

Os membros mais velhos da família ainda na Alemanha estavam preocupados com a expansão alemã para a Iugoslávia e a Grécia, e até mesmo para a África setentrional na primavera de 1941, e com o fato de que ela poderia afetar suas chances de emigrar/imigrar. Selma, que normalmente tentava passar um tom de otimismo e esperança nas cartas para os filhos, despejou suas aflições em meados de maio de 1941 numa carta para Sofie Levy, a mãe de Hanna, que morava na Argentina:

Às vezes fico totalmente desanimada. A gente vai envelhecendo e as chances de emigrar tornam-se cada vez mais difíceis. Estamos agora tentando aprender inglês. Deve ser horrível demais estar num país estrangeiro cuja língua a gente não sabe falar. A gente deve se sentir muito desamparada. Mas ainda não estamos na América. Vai levar ainda um bom tempo. Tem vezes que perdemos todas as esperanças. São muitas as distrações, que normalmente não são boas. Em breve, teremos outro endereço, pois precisamos nos mudar.[101]

Apesar da referência aparentemente inócua à mudança de endereço, ela representava, no entanto, uma importante ruptura para os cinco moradores da casa de Colônia, que costumavam compartilhar suas refeições, preocupações, lembranças e as cartas que recebiam dos filhos. Depois de viverem juntos por aproximadamente dois anos, eles foram todos obrigados a deixar a bela casa dos Kaiser-Blüths. A polícia de Colônia emitiu uma ordem para que toda a população de judeus esvaziasse seus apartamentos e suas casas nos subúrbios.[102] Marianne transmitiu as notícias desconcertantes para seus irmãos na Palestina:

Elas tiveram que sair da Rua Raschdorff e vivem agora, as três, num mesmo quarto, na Rua Linden, 19. Tia Flora e tio Julius se mudaram uma semana depois para a mesma casa e ocupam agora um quarto no andar de cima. Eles parecem estar muito deprimidos, tudo deve ser muito apertado, além dos desapontamentos com respeito a imigrar – é tudo tão lamentavelmente triste.[103]

Aparentemente, a moradia no novo endereço na Lindenstrasse havia pertencido aos Kaiser-Blüths. O prédio havia sido um anexo da fábrica de sua empresa, a Mannsbach & Lebach, até ser "arianizado" no final de 1938. Essa habitação havia sido usada como "casa de judeus" (*Judenhaus*) até maio de 1941. Os Kaiser-Blüths ocuparam o andar de cima, enquanto Selma e suas irmãs, o térreo.[104] O processo de expulsão dos judeus de suas casas e o confinamento em espaços superlotados nas chamadas "casas de judeus", por vezes chamado de "guetização", foi mais uma degradação. Os nazistas não instituíram propriamente os guetos na Alemanha, como fizeram nos territórios ocupados do Leste Europeu, mas as "casas de judeus" tinham propósito semelhante.[105]

Os Kaiser-Blüths, Selma e suas irmãs tiveram que deixar o bairro nas proximidades do Stadtwald, o imenso parque da cidade que tanto amavam, e sair do subúrbio arborizado de Braunsfeld, mais próximo da Cidade Nova, ao sul de Colônia. A mudança forçada não significou apenas menos espaço, mas também uma vizinhança menos hospitaleira em relação aos judeus. Flora já havia notado um antissemitismo aberto enquanto estivera fazendo compras ali em janeiro de 1939: "Eu me sinto mais à vontade em Braunsfeld do que aqui. Sinto-me totalmente isolada aqui; uma sensação muito desagradável".[106]

Com duas e três pessoas ocupando um mesmo quarto, o espaço vital foi ficando cada vez mais apertado e difícil para os Kaiser-Blüths e as irmãs Kaufmann, especialmente depois que os Kaiser-Blüths foram obrigados a aceitar mais inquilinos. Marianne ficou preocupada quando soube que o tio Leo e a tia Else tiveram que acomodar todos os judeus de sua cidade. Todos os 26 judeus de Drove precisaram morar em sua casa por vários meses. Conforme Marianne descreveu a situação: "O significado de tudo isso é apenas o totalmente óbvio: gueto".[107] Em seu artigo "Os Judeus de Drove", o escritor da Alemanha Ocidental Heinrich Böll celebrou aqueles que foram "amontoados na casa de Leo Kaufmann à espera de serem arrastados para a morte, morte que eles acreditaram até o último instante que não ocorreria".[108]

No verão de 1941, a guerra chegou à Renânia. Colônia, como uma das maiores cidades industriais da região, tornou-se o principal alvo. Os ataques aéreos britânicos destruíram parte da indústria local, mas também áreas residenciais como Braunsfeld.[109] Como já haviam feito antes, mas agora em condições muito piores nas já superlotadas habitações da Lindenstrasse, os Kaiser-Blüths acolhiam conhecidos necessitados. Quando Paula, a tia de Hanna, não teve onde ficar, ela passou dez dias ali. Apesar de viverem num espaço superlotado e em condições extremamente precárias, os Kaiser-Blüths e as irmãs Kaufmann tentavam manter uma aparência de normalidade. Às vezes, eles convidavam as tias de Hanna para as refeições. Selma e Henny continuavam a visitar o tio Hermann e a irmã dele, Johanna, no Israelitisches Asyl.[110]

No início de julho, Marianne ficou sabendo que os consulados americanos na Alemanha e nos países ocupados haviam sido todos fechados em torno de 1º de julho e que todos os pedidos de visto teriam agora de ser feitos ao Departamento de Estado em Washington, DC.[111] Ao telegrafar para o Departamento de Estado solicitando os novos formulários para pedidos de visto, Nana foi informada de que eles não estavam disponíveis para pessoas que moravam na Alemanha e em países ocupados por ela. Além da exigência das usuais cartas de fiança suplementares, os candidatos a imigrantes tinham agora que entregar também uma "declaração biográfica" para impedir a imigração de "elementos indesejados (a quinta coluna)".[112] Os críticos da época suspeitaram que essa medida, supostamente contra espiões nazistas, fosse apenas uma desculpa muito conveniente para os Estados Unidos restringirem a entrada de imigrantes.[113] Afinal, muitos dos solicitantes eram judeus idosos, como Selma e Henny. Com isso, as chances de imigrar se tornavam mais distantes, dia após dia.

Com o fechamento dos consulados americanos na Alemanha em julho de 1941, a única esperança que restava para Selma e Henny era encontrar um país transitório no qual pudessem ficar até que lhes fosse concedido o visto de imigração para os Estados Unidos. Marianne investigou a possibilidade de conseguir vistos de trânsito em Cuba, inicialmente tanto para sua mãe como para sua tia. No outono de 1941, tanto o jornal judeu-alemão *Aufbau* nos Estados Unidos como o altamente censurado *Jüdisches Nachrichtenblatt* na Alemanha incentivavam os potenciais emigrantes a procurar "transmigrar" via países do Terceiro Mundo, recomendando Cuba, México, Equador e a República Dominicana. O único problema era obter a concordância das autoridades desses países em conceder tais vistos de trânsito.[114]

No fim do verão de 1941, Marianne explorou as possibilidades tanto de Cuba como da Suíça como países transitórios. Quando calculou o preço de uma passagem e do visto para Cuba, e os custos da espera naquele país pelo visto de imigração para os Estados Unidos, ficou claro que o dinheiro que tinha disponível só dava, no máximo, para uma pessoa. Ela teve que, portanto, pedir à sua mãe, com o coração apertado, que considerasse a possibilidade de emigrar sozinha, sem a querida irmã Henny. Marianne pediu que a mãe lhe enviasse um telegrama assim que tivesse tomado uma decisão.[115] Sem perceber a necessidade de tanta pressa, Selma não respondeu por telegrama, conforme Marianne havia lhe instado, mas várias semanas depois lhe enviou uma carta, concordando com uma permanência provisória em Cuba sem Henny. Entretanto, quando Marianne recebeu a resposta de Selma no início de outubro, a situação já havia mudado completamente. Em consequência da expulsão do cônsul alemão, em meados de agosto, por Cuba, aquele país havia parado por um tempo de emitir vistos.[116] Depois dessa interrupção, não apenas os custos de um visto cubano aumentaram consideravelmente, mas também o processo se tornou mais difícil. Marianne escreveu para sua mãe e a tia Henny: "Vocês estão certas, o negócio cubano não é muito confiável e tem algo de fraudulento. É por isso que tudo ficou mais complicado e mais caro".[117] Entretanto, naquela ocasião, um antigo colega de Kurt na Centralverein, Fritz Schwarzschild, tomou para si a tramitação do "negócio cubano" para Selma.[118] Três anos antes, Fritz Schwarzschild havia arranjado a carta forjada para Kurt ser libertado do campo de concentração de Buchenwald. Depois disso, emigrara para os Estados Unidos e trabalhava agora numa agência de viagens. O envolvimento de Schwarzschild aliviou um pouco os receios de Selma quanto a Cuba ser uma opção segura em consequência da viagem catastrófica do St. Louis apenas dois anos antes.[119] O cruzeiro transatlântico estava transportando mais de 900 refugiados judeus, a maioria da Alemanha, que não tinham permissão para desembarcar em Cuba e tiveram de retornar à Europa ocupada pelos nazistas. Entre os passageiros, havia dois conhecidos da família.[120] Selma estava preocupada com a possibilidade de seus filhos perderem o dinheiro que haviam suado para ganhar caso a viagem de navio se revelasse um negócio duvidoso.¹²¹ No início de outubro, ela colocou de lado todas as suas dúvidas e enviou um telegrama urgente para Marianne: "Mesmo endereço. Corra visto cubano".¹²²

Não é difícil reconstruir as razões para Selma começar a sentir toda essa urgência. A situação dos judeus na Alemanha havia se tornado insuportável e estavam em curso os preparativos para a deportação de judeus alemães para a Polônia.¹²³ Muitos dos irmãos de Selma e seus familiares já haviam sido internados em "locais de ajuntamento" (*Sammellager*). Na verdade, a alusão que Selma fez em sua carta de 3 de outubro de 1941 à tia Bertha — "A tia Bertha está agora na mesma situação da tia Thekla; ela ainda não sabe seu novo endereço"¹²⁴ — é uma mensagem codificada dizendo que Bertha seria logo levada para um dos muitos locais de ajuntamento da Alemanha.¹²⁵ Selma estava muito perturbada com essa notícia e sentia mais urgência do que nunca em deixar a Alemanha. Em outubro de 1941, após a "partida" de seus irmãos com suas famílias e o começo das primeiras deportações em massa, quando ela ainda tinha esperança de ir para Cuba, Selma confidenciou seu desespero a uma amiga não judia da família, Herta Poth, que havia dado abrigo a ela, à sua irmã Henny e ao tio Hermann durante o Pogrom de Novembro:

> Mas agora eu gostaria de dar a você o endereço de Marianne para o caso de algo imprevisto ou terrível nos acontecer. Os tempos são tão agourentos ... A gente nunca sabe o que vai acontecer no dia seguinte. Espero nunca chegar a esse ponto, mas, se chegar, por favor, comunique a Marianne ... Estou muito cansada e totalmente exausta, não apenas fisicamente.¹²⁶

Herta havia continuado a visitar Selma e Henny em Colônia, mesmo depois de ela própria ter se mudado de Essen para Berlim. Nem mesmo o decreto que ameaçava os "arianos" que "aparecessem em público ou tivessem amizade com judeus" com prisão preventiva ou encarceramento por até três meses fez com que parasse.¹²⁷ Ela se lembrou de sua visita no outono de 1941 à casa na Lindenstrasse numa carta para Marianne depois da guerra:

> Encontrei sua mãe, a tia Henny e a irmã delas de Colônia [Emma] na casa em que também moravam os Kaiser-Blüths. Sua mãe e as irmãs dela ocupavam

um quarto espaçoso e aconchegante com cozinha e banheiro. As circunstâncias externas ainda eram suportáveis. Porém, havia muita agitação. Pessoas iam e vinham trazendo notícias desagradáveis. Ter velhos amigos por perto era um grande conforto. A saúde de sua tia Emma estava muito frágil, como também o estado emocional da tia Henny. A sua mãe, no entanto, vinha mantendo sua calma gentileza e até mesmo certo rasgo de humor, se é que podemos chamar assim seu distanciamento das dificuldades diárias. Saber que todos os seus três filhos estavam bem era mais importante para ela do que qualquer outra coisa.[128]

Selma e Henny ficaram sabendo, no dia 1º de setembro de 1941, que dentro de algumas semanas os judeus precisariam de permissão oficial para sair da comunidade em que moravam e teriam de usar uma estrela amarela.[129] Elas pretendiam ir a Hochkirchen visitar sua irmã Bertha em seu aniversário de 75 anos, por sorte antes das novas restrições entrarem em vigor. Entretanto, diferentemente de alguns anos antes, elas não puderam mais passar a noite lá, porque "havia agora muitas pessoas morando em sua casa".[130] Como a casa de seu irmão Leo em Drove, a casa de Bertha em Hochkirchen também havia se tornado uma "casa de judeus".

Como alguém poderia manter a aparência de normalidade depois de ter sido privado de tantos direitos fundamentais? Selma escreveu para seus filhos: "Eu fico dizendo repetidamente a mim mesma que precisamos manter nossas cabeças erguidas. Temos que tentar permanecer saudáveis e conservar viva a esperança de voltar a nos vermos".[131] No mesmo dia em que Selma escreveu essas palavras tranquilizadoras, todos os judeus que moravam na Alemanha passaram a ser obrigados a usar o distintivo com a Estrela de Davi.[132] Para a historiadora Marion Kaplan, essa exigência, por ser mais visível na esfera pública do que as medidas anteriores, indicava um novo nível de perseguição.[133] Os judeus que viviam na Alemanha já vinham sendo, havia muitos anos, aviltados, atormentados e privados de seus direitos, mas não marcados publicamente como judeus, cidadãos de segunda classe, o que para muitas pessoas foi uma humilhação insuportável. Eles podiam agora facilmente se tornar alvos de molestamento e atos de violência. Depois que passaram a ser obrigados a usar a Estrela de Davi, muitos judeus preferiam permanecer em seus alojamentos apertados a suportar a experiência de serem humilhados publicamente. Além disso, desde o início da guerra, vigorava na Alemanha o toque de recolher às 20 horas no inverno e 21 horas no verão.¹³⁴ Um jornal de ampla circulação em Colônia, o *Kölnische Zeitung*, ecoava a típica propaganda antijudaica para justificar o uso do distintivo na época: "O soldado alemão viu o judeu em sua total repulsividade e inumanidade no Fronte Oriental... Essas experiências levaram o soldado alemão e o povo alemão como um todo a exigir que o judeu não tenha mais permissão para continuar se escondendo em sua terra natal".¹³⁵ Em sua carta no início de outubro de 1941, Flora revelava discretamente os efeitos dessa nova indignidade: "Não tenho nenhuma novidade para lhe contar. Nós raramente saímos de casa".¹³⁶

Enquanto isso, na Palestina, Kurt e Lotti passaram o verão se sentindo cada vez mais frustrados e impotentes, imaginando todo tipo de coisa. Eles só foram receber em agosto a carta que sua irmã escrevera em 4 de junho de 1941, informando que Selma havia recebido a carta de fiança. A carta de Marianne que chegava com meses de atraso expunha suas frustrações e sua versão truncada do que ela havia feito em favor da imigração de sua mãe e sua tia, contrapondo-as com a boa notícia que havia surgido nesse ínterim de que as duas em breve deixariam a Alemanha. Kurt e Lotti não conseguiam conter todos os sentimentos de censura e frustração pelo que imaginavam que Nanna devia ou podia ter feito. Os irmãos de Marianne não sabiam qual era a situação exata em que ela vivia nos Estados Unidos nem tampouco sabiam da recomendação que ela havia recebido quanto a quais cartas de fiança deveria enviar e quando e sobre quais os procedimentos necessários para a obtenção de visto para os Estados Unidos, etc.

Kurt, sentindo-se extremamente frustrado com o fato — de acordo com sua percepção — de as coisas não estarem andando, já havia escrito para Marianne e Arnold em 9 de julho de 1941:

De nossa parte, fizemos tudo que pudemos imediatamente, mas infelizmente isso não foi o bastante. Estávamos planejando dispor de uma quantidade considerável de dinheiro com a venda de alguns bens valiosos de Lotti e com as modestas economias minhas e de Hanna, mas precisaríamos obviamente de permissão para enviar dinheiro para o exterior. E ficamos aguardando seu telegrama ... Pelo visto, você estava aguardando a nossa resposta antes de conseguir de alguma maneira o dinheiro para pagar [a passagem de navio] imediatamente. Lotti e eu simplesmente não conseguíamos entender o que estava acontecendo com você, pois estávamos convencidos de que você não esperaria para agir depois de ter enviado a carta. A soma pode parecer alta para vocês dois nas atuais circunstâncias, mas considerando-se o "objeto" e as condições americanas, não parece tão ruim. Nós ainda não conseguimos entender por que você não tomou dinheiro emprestado de uma organização de ajuda a judeus ou de uma pessoa em particular. Afinal, ambas as suas profissões deveriam prover uma sólida garantia de pagamento do empréstimo. É ainda menos compreensível para nós a ênfase que vocês dois colocam nas dificuldades que teriam após a chegada de nossas queridas "mães". Todos nós afirmamos: "Quando elas chegarem aos Estados Unidos, tudo correrá bem". Seria muito doloroso imaginar que nós, filhos, fracassamos na primeira oportunidade que tivemos para dar à nossa mãe algo em gratidão por todas as preocupações e pelos sacrifícios que ela sempre fez por nós. Você, querida Nanna, terá de admitir que essa oportunidade deveria ter ocorrido anos atrás. Fiquei com lágrimas nos olhos quando li que mamãe em sua idade está aprendendo inglês.[137]

Marianne respondeu a Kurt e Lotti em 22 de agosto de 1941: "Ambas as suas últimas cartas soam extremamente desgostosas e repreensíveis com respeito às dificuldades para conseguir os vistos de imigração para nossa mãe e nossa tia. Parece que vocês absolutamente não entenderam que fiz o que pude — elas estavam com as cartas de fiança em mãos quando, uma semana depois, a notícia sobre o fechamento dos consulados se tornou oficial". Nanna informou-os num tom áspero sobre a situação referente ao fechamento dos consulados, acrescentando: "Como vocês podem ver, o problema se agravou muito. As passagens não são mais o único problema, mas, antes, a possibilidade de se conseguir os vistos."[138] Marianne deixou claro a seus irmãos que estava agindo e que, de fato, não só era capaz como também havia assumido o encargo dos problemas.

Ela passou, então, a explicar que havia a possibilidade de Selma e Henny irem para Cuba, onde aguardariam a emissão dos vistos americanos, mas que isso envolveria custos enormes: de 1.200 a 1.400 dólares por pessoa.[139] Num tom comedido, Marianne transcreveu para seus irmãos o que havia escrito para sua mãe a respeito dessa opção: "Infelizmente, devido aos altos custos, não poderíamos pagar a passagem de tia Henny ao mesmo tempo, mas faremos depois o que for possível. Pedi a ela que, por favor, enviasse imediatamente um telegrama dizendo se estava disposta a viajar sozinha, para que então tomássemos as medidas necessárias".[140]

Marianne voltou-se, então, às críticas de seus irmãos:

Os seus comentários referentes ao valor do dinheiro aqui – parece que vocês não estão nem aí para o fato de a gente dispor ou não de 900 dólares – me surpreendem. Para começar, não disponho de todo esse dinheiro. Com nossa mãe aqui, todas as minhas economias acabarão e [então] não poderei nem pensar em abrir meu consultório. Em primeiro lugar porque não me restará nenhum dinheiro para fazê-lo e, em segundo, porque terei que imediatamente ganhar mais dinheiro e não poderei ficar sentada à espera de pacientes ... Houve um tempo, como vocês bem sabem, que elas poderiam ter ido para a Palestina com muito menos dificuldades e despesas, e para uma – aparentemente, na época – casa mais segura do que é a nossa no presente momento.

Embora isso não sirva de nenhum consolo, estamos todos no mesmo barco. Os pais de Marianne Bachrach [a prima de Alex e o marido dela, de Plettenberg] e muitas outras pessoas que conhecemos – simplesmente também não conseguem vistos. Hans, você me perguntou como estão seus pais. Pelo que Ernst nos disse ... eles estão com as passagens pagas desde fevereiro no JDC [American Jewish Joint Distribution Committee], mas até agora não foi marcada nenhuma data. Como eles não têm vistos, as passagens não lhes servem para nada. Marianne Bachrach me disse ontem pelo telefone que gostaria de levar os pais dela para tentar conseguir vistos na Suíça. Porém, no consulado suíço lhe informaram que não há, no momento, nenhum meio de transporte da Alemanha para qualquer outro país. Em resumo, vocês podem ter certeza de que tentarei fazer tudo que for possível. Mas não se esqueçam de que a situação é extremamente difícil, na verdade, além da capacidade da gente. Eu os manterei informados sobre qualquer possibilidade que surgir e, assim que algo puder ser feito, tenham certeza de que o faremos.[141]

Em razão do acúmulo causado pelos atrasos postais, até o início do outono, toda essa correspondência emocionalmente sobrecarregada era recebida e respondida meses depois do contexto em que era escrita e quando a situação já tinha mudado fazia muito tempo. As recriminações chegaram ao clímax com a carta que Kurt escreveu em 12 de agosto de 1941 em resposta às cartas de Marianne de 1º de maio e 4 de junho. Incapaz de esconder as decepções e os ressentimentos, Kurt se mostrava furioso pelo fato de Marianne ter se sentido "bombardeada" pelas cartas de Selma que expressavam o desejo da mãe de emigrar. Ele tampouco conseguia entender o fato de seu recente cunhado não estar em condições de fornecer uma carta de fiança. Kurt criticava o que considerava leviano na maneira que Marianne enviara as cartas de fiança. Ele não conseguia compreender a prioridade que ela estava colocando em abrir seu consultório, em vez de, na sua maneira de ver, colocar a imigração de sua mãe e sua tia em primeiro lugar. Além disso, declarava que ele e Lotti não conseguiam mais reconhecê-la, lembrando Marianne:

> *Você sempre, em todos os anos desde 1933, porém mais especificamente depois de 1933, trabalhou exclusivamente por sua própria formação médica. Você sabe o quanto sempre me preocupei, quando ainda tinha meu trabalho, com a questão de conseguir refúgio para nossa mãe e a tia Henny, para que elas pudessem emigrar e para que a migração de nossa família pudesse ser feita de uma maneira ordenada. Eu sempre receei ... não sossegaria enquanto você e Lotti não tivessem mamãe e tia Henny com vocês. E então as coisas chegaram exatamente a esse ponto. E quando agora, coisa que não era de se esperar, surge a chance de você fazer tudo por essa boa causa, todos os seus outros interesses e as suas preocupações, sem exceção, têm de ser colocados em primeiro lugar.*

Kurt encerrava o assunto com um pressentimento: "Está claro para você que lá, a essa altura, elas podem estar com problemas financeiros? De acordo com as minhas estimativas, todos os recursos que tinham já devem ter acabado e só Deus sabe como as nossas velhinhas estão conseguindo ou conseguirão viver num futuro muito próximo".[142]

As palavras de censura e as emoções por trás do medo avassalador que os irmãos estavam sentindo de não conseguirem tirar [da Alemanha] seus entes queridos a tempo estavam fadadas a prejudicar sobremaneira a relação entre eles. Lotti e Hans só voltaram a escrever para Marianne e Arnold depois de quase seis meses. A correspondência entre Kurt e Hanna de um lado e Marianne e Arnold de outro se centrava antes de tudo nas explicações dadas por Marianne e Arnold sobre as providências para as passagens de suas velhinhas para Cuba e sobre o que sabiam e não sabiam a respeito da Alemanha. Lotti finalmente escreveu no dia 6 de dezembro de 1941, expressando um pouco de cansaço emocional e resignação, apesar de falar em esperança: "Não há quase nada a ser dito: pode-se apenas ter esperança... e aguardar. Torço para que vocês já saibam mais do que nós e que as notícias sejam favoráveis". Em seguida, prosseguiu num tom comovente de reconciliação: "Mas, seja como for, aceite meus sinceros agradecimentos pelo que você fez neste caso, e que suas intenções sejam bem-sucedidas com a ajuda de Deus!".[143]

Quando as portas de Cuba para a imigração pareceram se fechar em agosto de 1941, Marianne escreveu para uma conhecida alemã que morava na Suíça, com a esperança de encontrar outro jeito de conseguir vistos provisórios para a mãe e a tia naquele país e de lá para os Estados Unidos.[144] Quando finalmente ela recebeu a resposta, escrita em 5 de novembro de 1941, a notícia sobre a possibilidade de obter vistos provisórios não foi nada animadora; sua amiga ainda estava tentando resgatar seus próprios pais.[145] Felizmente, no outono de 1941, conseguir vistos para Cuba voltou a parecer possível, mas corriam boatos sobre a necessidade de pagamento de suborno. Marianne e Arnold começaram a planejar e juntar dinheiro para a imigração de Selma. Havia sido muito difícil para Nanna confessar às suas queridas mãe e tia que, no momento, eles só tinham condições de pagar a viagem de uma delas, sabendo o quanto seria difícil para Selma tomar a decisão de partir deixando para trás sua querida irmã Henny, ainda que apenas por um tempo. Mas, então, Marianne se pôs a planejar cuidadosamente a estadia provisória de Selma em Cuba, recomendando que roupas a mãe deveria levar para o clima quente de lá e também para os invernos gelados de Nova York, e explicando a ela que um representante do Overseas Travel Service estaria aguardando sua chegada em Havana. Parecia que tudo estava correndo muito bem. Selma subiria a bordo do navio português Nyassa no final de dezembro de 1941 ou logo no início de janeiro de 1942.[146]

O processo de emigração/imigração, com todas as suas complicações, estava deixando Selma totalmente desconcertada. Ela estava empenhada em conseguir juntar todos os papéis, tirar fotografia para o passaporte e tomar vacinas, ao mesmo tempo que cuidava de sua irmã Emma, que estava doente, e tudo isso em condições de vida extremamente precárias. No momento em que a rapidez na comunicação entre Selma e Marianne era um fator essencial, as cartas levavam muitas semanas para chegar, e, em novembro de 1941, não se podia mais enviar telegramas da Alemanha para os Estados Unidos, conforme Selma informou a seus filhos.[147] Apesar de tudo, ela se esforçava para parecer tranquila e otimista em suas cartas para Marianne e Arnold, que haviam conseguido que o visto fosse emitido para Selma por uma delegação cubana em Berlim, além de marcar a passagem de navio.[148]

A partida de Selma para a América Central parecia quase certa em novembro de 1941: ela estava com seu passaporte com visto válido para Cuba[149] e com a passagem para viajar no Nyassa.[150] Aparentemente, Flora e Julius também estavam com vistos transitórios para Cuba no final daquele ano.[151] Parecia que finalmente tudo estava dando certo para Selma e os Kaiser-Blüths.

Enquanto calculava que teria de partir de Colônia por volta de 25-27 de dezembro, para embarcar em Lisboa rumo a Cuba em 4 de janeiro, Selma foi ficando cada vez mais apreensiva ante a possibilidade de as autoridades alemãs não emitirem o visto obrigatório de saída (*Sichtvermerk*) a tempo. A demora em conseguir o visto de saída, que ela acreditava ser momentânea, acabou mostrando ter causas muito mais sérias e implicações muito mais abrangentes.[152]

Para muitos refugiados em potencial, o visto para Cuba parecia ser a luz no fim do túnel. O *Aufbau* do dia 5 de dezembro de 1941, no entanto, advertia seus leitores nos Estados Unidos para que considerassem o visto cubano como uma "estreita saída de emergência do caldeirão fervente. Mas muitos não conseguirão se espremer o suficiente para sair dele". O artigo criticava o governo nazista por fornecer tão pouca informação sobre o futuro da emigração judaica da Alemanha e pedia o "fim da presente interrupção dos transportes [em nome da segurança]".[153] Como se sabe, dois dias depois, os japoneses bombardearam Pearl Harbor e a Alemanha declarou guerra aos Estados Unidos, encerrando definitivamente qualquer possibilidade de Cuba aceitar refugiados transmigrantes da Alemanha, cujas chances de obter vistos para os Estados Unidos desapareceram totalmente da noite para o dia. Kurt, numa carta datada de 18 de janeiro de 1942, expressava sua gratidão a Marianne e Arnold por terem conseguido o visto cubano para Selma, sem saber se, de fato, a mãe havia conseguido sair da Alemanha. Apesar de seu tom conciliatório para com sua irmã e seu cunhado, a carta não demonstrava, entretanto, otimismo com respeito à sua mãe: "Eu sou extremamente grato e tenho muito orgulho de vocês dois por terem afinal conseguido o visto cubano. Sua carta de 30 de outubro me trouxe grande alívio ... Mas não consigo acreditar que elas tenham realmente saído. Em meados de dezembro, os Estados Unidos já haviam entrado na guerra".[154]

Como se soube muito tempo depois, em outubro de 1941, Heinrich Himmler havia secretamente ordenado o fim da emigração de judeus da Alemanha enquanto a guerra durasse.[155] Essa ordem havia sido emitida dois meses antes da entrada dos Estados Unidos na guerra, no início de dezembro de 1941. Depois do fechamento dos consulados americanos em 1º de julho e diante da probabilidade da guerra se alastrar, o governo nazista, especialmente o órgão central de segurança do Reich, foi avisado de que os judeus alemães não tinham mais permissão para continuar a emigrar para os Estados Unidos enquanto durasse a guerra.[156] Em outubro de 1941, o plano nazista para o que ficou conhecido como "Solução Final para a Questão Judaica" estava em andamento. O governo nazista não estava mais disposto a perder tempo com a emigração dos judeus, uma vez que estava pronto para começar as deportações em massa. A política antijudaica passava de perseguição, expulsão e concentração para encarceramento brutal e aniquilação, de acordo com o protocolo de uma reunião especial do Partido Nazista e a participação dos representantes oficiais do governo alemão na Conferência de Wannsee em 20 de janeiro de 1942.[157]

Como os nazistas mantiveram segredo sobre o fim da emigração, Selma achava que o único motivo para que ela não pudesse emigrar fosse a declaração de guerra da Alemanha aos Estados Unidos em dezembro de 1941. Meses depois, ela resumiu a trágica mudança de rumo dos acontecimentos que a impediram de receber o visto de saída obrigatório para deixar a Alemanha: "Eu tinha tudo pronto para viajar para Cuba, menos o visto de saída. A passagem de navio já estava paga. Então veio a guerra e tudo foi por água abaixo. As 'crianças' [Marianne e Arnold] já haviam alugado outro apartamento com um quarto para mim".[158] Todos os refugiados da Alemanha que estavam a bordo do Nyassa quando ele finalmente partiu de Lisboa haviam deixado a Alemanha antes do fim da emigração ou haviam encontrado uma saída clandestina para Portugal.[159]

Com a declaração de guerra aos Estados Unidos no dia 11 de dezembro de 1941, toda comunicação direta entre os dois países deixou de ser possível. O único recurso que restava era enviar mensagens de 25 palavras transmitidas pela Cruz Vermelha Internacional. O receptor da mensagem podia escrever sua resposta no verso, posto que os países em guerra, em geral, limitavam a correspondência ao uso de um formulário mensal por família.[160] Selma e Henny enviaram várias mensagens no inverno de 1941-1942 e na primavera de 1942 para Kurt e Lotti na Palestina, bem como para Marianne nos Estados Unidos, mensagens que eles receberam fora da sequência das datas de envio entre março e novembro de 1942.[161] Kurt repetiu a notícia sobre o nascimento de sua filha Miryam no dia 19 de abril de 1942 em várias mensagens para a mãe e as tias, sem saber se e quando elas estavam recebendo.[162] Marianne esperou para enviar uma mensagem depois de saber notícias delas: "Podemos responder à carta de mamãe via Cruz Vermelha, mas nós mesmos só podemos escrever uma vez por ano". Por isso, ela só enviaria uma mensagem para Selma e Henny quando essa fosse uma resposta à carta delas, o que só viria a ocorrer em julho de 1942.[163] Procurar determinar quem havia tomado conhecimento do que e a fonte das informações para as referências nas cartas não era tarefa fácil para os irmãos. A correspondência entre eles próprios costumava levar meses para chegar e as cartas enviadas por intermédio da Cruz Vermelha da e para a Alemanha eram ainda mais imprevisíveis.

Depois de receber as mensagens de Selma, datadas de fevereiro e março de 1942, enviadas por meio da Cruz Vermelha, com as notícias inquietantes de que ela e as irmãs, Henny e Emma, haviam sido obrigadas a se mudar para o que era eufemisticamente chamado de "campo comunitário" (*Gemeinschaftslager*) em Colônia-Müngersdorf, Marianne — visivelmente preocupada — escreveu para os irmãos na Palestina em 24 de julho de 1942: "Agora elas tiveram que deixar também a Lindenstrasse. Tudo que espero é que elas continuem lá e não [tenham sido] deportadas. Ernest Kaufman (originário de Drove), que está hoje no Exército, nos escreveu contando que seus pais, sua tia Thekla e o marido dela foram deportados em março". Marianne temia que Müngersdorf fosse apenas "um trampolim para a deportação" e sentiu alívio ao saber de Kurt que ele e Lotti estavam recebendo mensagens mais regulares de Selma e Henny.[164] Eles haviam recebido a última carta — escrita em 13 de abril — dois meses depois, em junho. De acordo com a versão dada por Kurt da carta de abril (Ver Foto 7.2.):

> *As três irmãs continuam juntas e dizem gozar de boa saúde. O endereço delas agora é: Colônia-Müngersdorf, Wohngemeinschaft, Baracke 17, Zimmer 4. Elas estão separadas de Julius e Flora, que foram obrigados a se mudar para a Rubensstrasse. Quanto ao tio Leo e a nossos outros parentes, elas disseram que foram deportados. Tudo isso é mais terrível do que a gente consegue imaginar, e meu desejo mais profundo é ainda poder oferecer à nossa mãe um bom e longo tempo de vida, e voltar a viver todos juntos, de preferência aqui neste país.*[165]

Esforços para Resgatar as Pessoas Queridas Enredadas na Alemanha Nazista, 1939-1942   247

Foto 7.2 Local de Ajuntamento Colônia-Müngersdorf (reproduzido com a permissão do NS-Dokumentationszentrum Köln)

Na última mensagem via Cruz Vermelha que enviara para algum de seus filhos, escrita em Müngersdorf em 27 de maio de 1942, Selma assegurava que ela e as irmãs estavam bem de saúde, mas aflitas por não terem notícias deles.[166] Selma e Henny haviam recebido pelo menos algumas das mensagens que os filhos haviam escrito rapidamente em resposta no verso das mensagens originais.[167]

Sem conseguir entrar em contato com os filhos, Selma continuou se correspondendo com as duas únicas pessoas com as quais ela já havia trocado cartas: Sofie Levy, que morava na neutra Argentina, e Herta Poth, em Berlim. Selma escreveu para Herta dizendo que havia recebido "uma carta muito triste de despedida de seus queridos parentes" antes deles serem deportados.[168] O único consolo dela era pensar nos filhos, no único neto e no bebê de Kurt e Hanna, cujo nascimento era esperado para abril.[169] Mas a situação de Selma e as duas irmãs piorou ainda mais no início de 1942.[170] A pontuação atípica e as frases atropeladas transmitem o grito esbaforido de desespero dela na carta que escreveu para Herta em fevereiro de 1942:

> *Agora a nossa sorte está decidida. Precisaremos nos mudar para os alojamentos no dia 18 de fevereiro. Espero que haja algum adiamento (Galgenfrist), mas todas as moradias têm que estar desocupadas no fim do mês. Você pode imaginar*

o nosso estado de espírito, não quero dizer mais nada sobre isso, mas só espero que dessa vez ninguém perca a cabeça pela sobrevivência. Apenas a esperança de que algum dia as coisas melhorem para nós e que voltaremos a ver nossos filhos nos mantêm vivas.[171]

Henny, também tentando ser forte, incentivou Herta a visitá-las de novo e acrescentou: "Não vamos pensar nisso agora; vamos precisar de toda a nossa coragem para sobreviver. Esse é nosso dever para com nós mesmas e para com as pessoas que amamos".[172]

Apesar do risco que Herta corria ao visitar amigos judeus, ela ousou visitar Selma e suas irmãs mais uma vez, no fim de fevereiro de 1942, antes delas serem obrigadas a se mudar outra vez. Em gratidão, Selma lhe enviou um pequeno pacote. Mesmo vivendo nas condições mais difíceis, continuou sendo a mesma pessoa atenciosa:

Estou lhe enviando alguns dos belos cartões-postais de Kurt ... Não posso me dar ao luxo de mantê-los em nosso espaço cada vez mais exíguo, por mais difícil que seja separar-me dessas lembranças de cultura ... Por favor, aproveite as poucas maravilhas que seguem anexas. Depois de sua visita, fiquei furiosa comigo mesma por ter deixado você ir embora sem levar algo para comer em sua viagem de volta.[173]

Já em março de 1942, Selma e as irmãs estavam morando com 2 mil outros judeus no ajuntamento de Colônia-Müngersdorf.[174] Desde o final de 1941, os judeus de Colônia estavam sendo alojados ali antes de serem transportados para o "leste". Embora provavelmente já tivessem ouvido rumores sobre Müngersdorf, eles não estavam preparados para a crua realidade dali: "Morar num mesmo quarto com sete pessoas exigiu de nós uma enorme adaptação".[175] Selma talvez tenha usado essa forma suave para desviar a atenção dos censores. O inverno de 1941-1942 foi extremamente rigoroso e as condições de vida em Müngersdorf eram desumanas: "nenhum sistema de esgoto, água encanada e outras 'comodidades'".[176] Em cômodos extremamente apertados, a água escorria das paredes. Algumas pessoas haviam conseguido introduzir às escondidas algum objeto pessoal como um retrato ou um guardanapo, o que fazia as condições lamentáveis parecerem ainda mais terríveis.[177] Outra testemunha ocular relatou: "Cada alojamento tinha por volta de quatro quartos com mais ou menos oito pessoas em cada um. Cada quarto media aproximadamente 6 x 8 metros".[178]

Já desconsolada por ter que, aos 70 anos de idade, viver nos alojamentos de Müngersdorf, Selma recebeu a notícia terrível de que seus irmãos Leo, Thekla e Bertha e os familiares deles "haviam partido para o leste no final de março". Selma ficou arrasada e observou em sua carta para Sofie Levy: "Você pode entender o quanto é dolorosa esta separação para todos nós que sempre estivemos tão perto de nossos irmãos". Selma informava Sofie de que as cunhadas dela também haviam sido levadas para Lodz (Litzmannstadt): "Mas não existe nenhuma comunicação postal de lá para cá e vice-versa. A única coisa apropriada para se enviar é transferência de dinheiro".[179]

É difícil afirmar que os judeus — e também os não judeus, neste caso — entendiam o que havia por trás da terminologia oficial de dissimulação como "partida" ou "emigração" (*Abwanderung*), "reassentamento" (*Umsiedlung*) ou "evacuação" (*Evakuierung*). Tais eufemismos faziam parte da estratégia de camuflagem dos nazistas. A maioria das pessoas supôs no início que o tal "transporte para o leste" fosse para colônias penais. Essa suposição foi logo dissipada em virtude do número desproporcional de detidos idosos e em consequência da ausência de notícias daqueles que haviam partido. Para evitar novas suspeitas, o governo nazista fez circular o rumor de que Theresienstadt, uma cidade-fortaleza situada ao norte de Praga, no protetorado tcheco ocupado pela Alemanha, serviria como o "Gueto do Reich para os Idosos", um lugar tranquilo onde os judeus idosos poderiam viver em paz.[180]

Embora haja dúvidas de que a população alemã tivesse conhecimento das deportações para o leste, o que continua sendo objeto de polêmica entre os historiadores,[181] é quase certo que uma grande parte dela, incluindo judeus e não judeus, tinha uma ideia, ou até mesmo informações seguras, de que a deportação podia significar morte.[182] Contudo, mesmo que tivessem ouvido rumores sobre a morte e cremação em massa de judeus no leste no final de 1942, eles pareciam incríveis demais para ser verdade.[183] Algumas informações sobre guetos, campos e unidades móveis de extermínio se infiltraram na Alemanha por intermédio de soldados em licença do fronte oriental, alemães que trabalhavam nos serviços de ferrovias e postais, e dos jovens que prestavam serviços compulsórios. Todos eles tinham visto pessoalmente judeus sendo presos e deportados; e, embora estivessem proibidos de falar sobre isso, alguns deles naturalmente falaram.[184]

Ainda que poucos detalhes do tal "transporte para o leste" pudessem ser conhecidos na época, a maioria dos judeus sabia que a expressão significava mudança forçada, perda da liberdade pessoal e condições de vida inadequadas em guetos ou campos. Sentindo-se impotentes para impedir a deportação das pessoas queridas e diante da perspectiva lamentável da própria deportação, as respostas mais comuns foram a resignação e o suicídio. Sentindo-se sem saída e sem esperanças, milhares de judeus se suicidaram, especialmente quando se espalharam os rumores sobre iminentes deportações. Durante os anos de deportação, entre 1941 e 1943, houve um salto dramático no índice de suicídios entre os judeus alemães. Em seu pico, chegou a 2%.[185] O historiador Konrad Kwiet caracterizou os suicídios entre os judeus alemães como um "fenômeno de massa". Justamente quando a população judaica que restava na Alemanha era constituída de pessoas idosas, as que cometiam suicídio estavam entre 60 e 70 anos.[186]

Como a família descobriu depois da guerra, Flora Kaiser-Blüth, que consolidava o centro de convívio de toda a sua parentela, desesperou-se a ponto de também tentar o suicídio com pílulas para dormir. Ela foi encontrada a tempo de ser salva.[187] Um testamento do estado de desespero de Flora é o texto que ela escreveu no verso da fotografia colocada na lápide de seu pai:

> *Mesmo que seu corpo tenha voltado ao pó, seu espírito vive em mim. Minha querida mãe jaz ao seu lado desde março de 1918. Era meu desejo estar com vocês dois, mas meu querido Julius me impediu. Nossos filhos estão espalhados pela vastidão do mundo. O espírito de vocês, assim como o nosso, continua vivo neles. Nosso neto, o filho de Hans, levará adiante o que há de bom no mundo, com a ajuda de Deus.*[188]

Selma e Henny devem ter sido profundamente afetadas por essas tragédias ao seu redor.

Sob a tensão emocional causada pela perda de tantos membros da família e amigos de sua geração para um destino indefinido, porém horripilante, e vivendo em condições desumanas nos alojamentos de Müngersdorf, Selma viu seu desespero se transformar em resignação e sina. Ela não recebia nenhuma correspondência dos filhos havia meses e escreveu em sua carta para

Herta Poth em junho de 1942: "Não havia sido fácil para nós, mas agora não resta mais nada da vida que tivemos. Não há outro jeito senão aceitar os fatos, por mais duros que sejam... Perde-se toda a vontade de viver".[189] Ela havia abandonado a ideia de livrar-se da deportação, de voltar a estar com seus filhos e conhecer seus netos. Nesse estado de ânimo, Selma talvez tenha pressentido que o pior ainda estava por vir, especialmente porque rumores sobre deportações não paravam de circular e alguns de seus irmãos já haviam sido "transportados para o leste". Herta, ao receber essa carta, planejou outra visita a Selma e suas irmãs. Porém, devido a uma cirurgia de emergência em Essen, ela não pôde viajar para Colônia como pretendia.[190]

Muitas outras pessoas foram levadas para Müngersdorf, especialmente depois dos bombardeios da RAF [a força aérea britânica] sobre Colônia na noite de 30 para 31 de maio de 1942, que causaram grandes danos. O resultado foi uma superlotação ainda maior.[191] Uma jovem judia que fora levada para Müngersdorf junto com Selma e suas irmãs recordou mais tarde aqueles bombardeios:

> Müngersdorf era uma antiga fortaleza. O lugar fora escolhido para ser um local de ajuntamento. Nós estávamos confinados naquele campo. Os ataques aéreos tiveram um terrível efeito emocional sobre mim. Tive dores de barriga terríveis. As sirenes deixavam a gente aterrorizada ... Nós queríamos que a Alemanha fosse bombardeada, mas naquele momento nós éramos o alvo.[192]

Em resposta aos bombardeios, as autoridades alemãs ordenaram que o Israelitisches Asyl — hospital e asilo para idosos — fosse evacuado para dar lugar aos alemães não judeus e que os pacientes judeus e idosos que ali viviam fossem levados para Müngersdorf. O tio Hermann e sua irmã Johanna não tiveram de suportar essa provação: ambos haviam morrido de causas naturais no final de 1941.[193] Muitos dos pacientes doentes e idosos foram levados para Müngersdorf; entre eles, o cunhado de Selma, viúvo de 71 anos, Karl Kaufmann.[194] As irmãs escreveram uma carta para o filho de Karl, Moritz, que vivia na Holanda, no dia seguinte, assegurando-lhe que estavam todos bem de saúde. Aquela foi a última carta de Müngersdorf para qualquer membro da família Kaufmann. A letra quase ilegível escrita pelas mãos trêmulas de Karl e a confusão que fazia entre sua antiga moradia em Ehrenfeld e Müngersdorf revelam — mais do que suas palavras literais —

a desorientação e o estado de desespero em que ele se encontrava: "O que mais poderia acontecer? Tudo é simplesmente horrível".[195] Henny tentou parecer forte e otimista: "Temos que manter nossa cabeça erguida na esperança de voltar a ver as pessoas que amamos". Selma, que normalmente procurava soar otimista, acrescentou estas linhas desesperadas:

> *A gente precisa ter nervos fortes para suportar o peso desses dias. Se ao menos pudéssemos enxergar um raio de luz e receber uma mensagem de nossos filhos! Meu neto [Michael] vai fazer 3 anos daqui a alguns dias. Se Deus quiser. Será que nunca irei vê-lo? Não tenho mais nenhuma esperança. Também não sei do bebê de Kurt. Ele deve nascer em abril. Há alguns dias, chegaram mensagens da América por intermédio da Cruz Vermelha, infelizmente não para nós.*[196]

Com as condições de vida se deteriorando, as três irmãs e seu cunhado continuaram em Müngersdorf por mais duas semanas. Em meados de junho de 1942, Selma enviou um cartão-postal com uma triste despedida para Herta Poth, para o endereço dos pais dela em Essen (veja cópia do verso do cartão nas ilustrações 7.3a e 7.3b):

> *Querida Herta,*
> *Eu quero apenas me despedir rapidamente de você. A nossa viagem terá início amanhã de manhã, aparentemente para Theresienstadt. Cuide bem de sua saúde e pense em nós. Se você escrever para Nanna ou Lotti por intermédio da Cruz Vermelha, por favor, transmita a elas nossas sinceras saudações. Nossos abraços mais calorosos também para você e seus pais.*[197]

Esforços para Resgatar as Pessoas Queridas Enredadas na Alemanha Nazista, 1939-1942   253

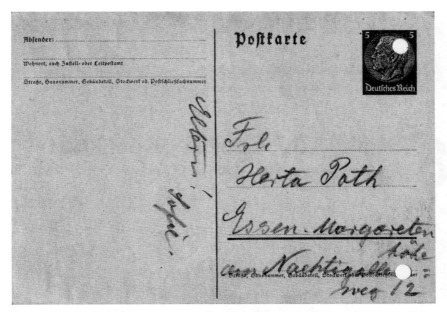

Foto 7.3 a e b Cartão-postal enviado por Selma para Herta Poth, Colônia-Müngersdorf, junho de 1942

8 RUMORES DOS TEMPOS DE GUERRA E REVELAÇÕES DO PÓS-GUERRA

Espalhados por diferentes continentes, Marianne, Kurt e Lotti receberam, no início de novembro de 1942, a última mensagem enviada por sua mãe e sua tia por intermédio da Cruz Vermelha, datada de 27 de maio do mesmo ano. No final de novembro, Kurt enviou para Marianne uma "mensagem triste", com a notícia que lhe havia sido passada pelo cunhado do primo deles, Ernst Roer:

> *Richard Rothschild recebeu em Tel Aviv uma mensagem de Ernst Roer [irmão da esposa dele], então em Essen ... dizendo que estavam indo para o "Gueto dos Idosos do Reich" em Theresienstadt, "para onde as tias de Colônia já haviam ido". Isso é tudo que sabemos. É óbvio que entre as "tias de Colônia" nós, com certeza, devemos incluir a nossa querida mãe... Acho que não preciso lhe dizer o que estou pensando e sentindo, particularmente com respeito às notícias terríveis sobre a comunidade judaica na Europa que, em geral, estão sendo publicadas nos jornais.*[1]

Kurt e Lotti enviaram, no final de 1942, cartas para o escritório da Comunidade Judaica (Jüdische Kultusgemeinde) em Praga, pedindo informações, e incentivaram Marianne a fazer o mesmo.[2] Mesmo que a Comunidade Judaica em Praga tivesse informações sobre a detenção de sua querida mãe e de sua tia na antiga cidade guarnecida de Theresienstadt, o escritório não poderia passar prontamente essas informações para países em guerra com a Alemanha, em virtude das detenções e deportações em curso dos membros da comunidade. Mesmo assim, Hans e Lotti enviaram mensagens para lá via Cruz Vermelha, como também para o Vaticano, pedindo informações sobre seus familiares. Hans ficou sabendo, por meio de seus antigos contatos de negócios na MAN Company da Alemanha, que seus pais, Julius e Flora, também haviam sido deportados de Colônia para Theresienstadt.[3]

As pessoas que tinham parentes presos em Theresienstadt se empenhavam em manter uns aos outros a par do que estava acontecendo. Walter Sternberg, que havia trabalhado com Hanna no Centro da Juventude Judaica em Essen, e a irmã dele, Liesel, encontravam-se quase na mesma situação dos irmãos Steinberg. Divididos entre a esperança e a apreensão, os Sternbergs, que haviam escapado separadamente da Alemanha nazista após o Pogrom de Novembro para diferentes partes do mundo, tentavam entrar em contato com o pai, que havia sido deportado para Theresienstadt. Walter escreveu do Chile em setembro de 1942 para sua irmã Liesel na Inglaterra:

> *Hoje é o 74º aniversário de nosso pai. Como e onde estará ele passando este dia? Como ele terá conseguido sobreviver à viagem para Theresienstadt? Nós estamos tentando desesperadamente encontrar uma maneira de entrar em contato com ele, talvez por meio da Cruz Vermelha ... Ouvimos dizer que se pode mandar dinheiro. Nós vamos tentar fazer isso, enviar pequenas quantias, mesmo que não cheguem lá... Dois dias antes de ser deportado, ele recebeu a mensagem que você enviou por intermédio da Cruz Vermelha e ficou radiante.*[4]

Sem o conhecimento de seus filhos, Leopold Sternberg havia sido deportado para Treblinka seis dias antes.[5]

Sabemos hoje que os detidos, como as irmãs Kaufmann e os Kaiser-Blüths, eram informados que seus nomes constavam de uma lista de deportados, e recebiam instruções detalhadas da Associação de Judeus da Alemanha do Reich: eles tinham permissão para levar uma mala ou mochila pesando até 22 quilos, um saco de dormir, 50 RM e comida para três dias por pessoa. Se ainda não tivessem providenciado essas coisas, tinham de preencher uma Declaração de Bens de 16 páginas.[6] Não é difícil imaginar o quanto deve ter sido constrangedor para as pessoas esse ato burocrático de ter de declarar seus próprios bens. Informados de que seriam enviados para um "retiro de idosos", os deportados provavelmente se perguntavam por que tinham de declarar seus bens.

Os fundos de Selma foram transferidos de sua conta bancária em Essen para uma "conta bancária especial W" no Commerzbank de Colônia em

16 de julho de 1942.[7] O órgão do governo nazista que cuidava das questões envolvendo a segurança do Reich, o RSHA, havia ordenado à Associação de Judeus na Alemanha do Reich que abrisse uma "conta bancária especial W". Essa conta era designada a receber o que se chamava eufemisticamente de "contribuições voluntárias". A Gestapo "incentivava" os deportados a transferir os fundos que restavam em suas contas para aquela associação.[8] Embora essa "conta bancária especial W" pertencesse oficialmente à associação de judeus, na realidade, o órgão governamental nazista RSHA exercia o controle sobre ela. Muitos judeus esperavam que suas "doações" fossem ajudar comunidades judaicas, mas, na realidade, a maior parte desses fundos beneficiou direta ou indiretamente os nazistas. Em setembro de 1942, só os judeus da Renânia haviam depositado 1.089.676,27 RM nessa conta do Commerzbank de Colônia. De acordo com o historiador Michael Zimmermann, os fundos que a Gestapo usou para pagar à empresa ferroviária pelas deportações foram cobertos pela "conta bancária especial W": em outras palavras, os deportados arcavam com os custos de transporte de sua própria deportação.[9]

As memórias pessoais dos sobreviventes de Theresienstadt ajudam a reconstruir as experiências vividas ali por Selma, Henny, Emma e os Kaiser-Blüths. Quer os judeus fossem arrebanhados no ponto de ajuntamento de Colônia-Müngersdorf, como Selma e suas irmãs, na sinagoga da Roonstrasse, como Isidor Caro, o rabino de Colônia, e sua esposa Klara, ou no prédio do centro da comunidade judaica na Rubensstrasse, como os Kaiser-Blüths, todos foram levados para os salões de exposição em Colônia-Deutz.[10] Ali, foram confinados atrás de cercas de arame farpado guarnecidas por policiais e soldados da SS. Depoimentos revelam as condições brutais do tratamento dispensado aos detentos.[11] Um judeu que foi testemunha ocular, obrigado pela Gestapo a ajudar em seis transportes de Colônia-Deutz, recorda em seu depoimento no pós-guerra as cenas lastimáveis às quais assistira:

> No primeiro transporte de judeus idosos [de Colônia] para Theresienstadt houve cenas de partir o coração. Era tão desumano deportar todas aquelas pessoas idosas, a maioria delas com mais de 70 anos, e todos aqueles mutilados de guerra. Muitas delas eram incapazes de carregar suas bagagens e estavam psicologicamente destruídas. Mil pessoas velhas e desesperadas aguardavam na Plataforma 5, sabendo que jamais teriam seu descanso final em sua cidade natal.[12]

Os deportados, todos usando o distintivo com a Estrela de Davi costurado a suas roupas e com um crachá personalizado pendurado no pescoço, eram obrigados a esperar até que a SS terminasse de revistar a bagagem de todos em busca de itens proibidos.[13] Selma e suas duas irmãs fizeram parte do primeiro transporte em massa de aproximadamente mil judeus de Colônia para Theresienstadt no dia 15 de junho de 1942, Transporte III-I. No mesmo transporte estavam os quatro Kaiser-Blüths: Julius e seu meio-irmão Karl, com suas respectivas esposas, Flora e Else, que eram irmãs; e também o rabino judeu ortodoxo Isidor Caro e sua esposa Klara. Aparentemente, muitos membros da comunidade judaica se sentiram confortados pelo fato de alguns de seus líderes mais proeminentes estarem entre eles.[14] Enquanto a maioria dos trens que partiam da estação Colônia-Deutz era naquela época composta de trens de passageiros,[15] Klara Caro conta em suas memórias que, no dia 15 de junho de 1942, eles foram transportados em vagões de carga para Theresienstadt, numa visível exceção à regra.[16]

Os judeus da Alemanha foram levados de forma enganosa a acreditar que estavam indo para um "gueto privilegiado" para idosos, com acomodações decentes, entretenimento e assistência médica.[17] Aquela malfadada viagem de trem durou três dias e três noites. Os deportados chegaram à estação ferroviária de Bauschowitz (Bohusovice) sem dormir, desorientados e desesperados.[18] A estação de trem mais próxima de Theresienstadt ficava a aproximadamente 3 quilômetros da cidade guarnecida. Os deportados eram obrigados a percorrer a pé essa distância sob o calor do verão, carregando sua bagagem de mão enquanto eram pressionados e castigados pelos guardas.[19] Uma caminhada que normalmente levaria de 30 a 40 minutos para pessoas jovens e saudáveis levou mais ou menos duas horas para aquele grupo de pessoas muito mais idosas carregando suas bagagens.

Depois de serem submetidos a uma longa espera para receber a "comporta" (*Schleuse*), a área em que sua bagagem de mão era conferida ou simplesmente saqueada, os deportados de Colônia ficaram no sótão de um alojamento militar durante quatro semanas.[20] Cansados da viagem de trem e da árdua caminhada, debilitados pelo sol e pela sede, humilhados pelos guardas e pelas condições devastadoras, muitos judeus de Colônia morreram durante seus primeiros dias em Theresienstadt.[21] Depois dos nazistas terem "relocado" os tchecos gentios que moravam em Theresienstadt para aumentar o espaço do gueto, os deportados do Transporte III-I de Colônia foram transferidos para seus alojamentos (*Ubikationen*).[22] Homens e mulheres foram separados, e cinquenta ou mais pessoas foram amontoadas em pequenos aposentos, muitas vezes obrigadas a dormir no chão. Cada prisioneiro tinha "direito" a 1,6 metro quadrado de espaço vital.[23]

Em seu diário, Philip Manes, 67 anos, de Berlim, faz um relato detalhado de seus primeiros dias em Theresienstadt. Ele apreende bem o sentimento de desorientação e necessidade de responder aos desafios inesperados com um senso de humor negro, às vezes trespassado por questões existenciais sobre quando, se e como ele e seus companheiros de prisão iriam algum dia encontrar seu caminho de volta para uma vida civilizada.[24] Os prisioneiros recebiam "números de gueto", que eram uma combinação do número geral de seu transporte e de seu número individual.[25] Muitos deles passaram os primeiros dias em estado de choque e negação, tentando se adaptar às condições severas e à interminável espera pela sopa ou *ersatz* (substituto) para o café, ou por sua bagagem e, acima de tudo, por algum acontecimento que poria fim ao pesadelo. Porém, a sopa era aguada demais, o pão era bolorento e o que chamavam de café era uma água suja, e, dessa forma, o pesadelo continuava se arrastando. Depois de passar dias esperando em vão pelas próprias malas e por seus conteúdos que trariam alguma lembrança de casa e alguma ilusão de normalidade, ficou claro que muitos objetos pessoais, como roupas e artigos de toalete, tinham sido arbitrariamente confiscados.[26]

Os primeiros dias foram particularmente difíceis para os idosos, muitos dos quais estavam petrificados e emocionalmente entorpecidos.[27] Selma e suas irmãs Henny e Emma chegaram a Theresienstadt no dia 18 de junho de 1942, o mês em que as deportações da Alemanha atingiram seu pico. Dentro de um mês, o número de prisioneiros não apenas duplicou,[28] mas também mudou drasticamente a sua composição demográfica: durante os meses de verão, a porcentagem de prisioneiros acima de 65 anos subiu de 36% em julho para 57% em setembro,[29] e o número de mulheres prisioneiras excedeu em 10 mil o de homens em agosto de 1942.[30] Até maio de 1942, apenas judeus tchecos haviam sido encarcerados em Theresienstadt, mas agora, com os transportes em massa da Alemanha e da Áustria para lá, as diferenças nacionais, culturais e de classe levaram ao surgimento de animosidades entre os respectivos grupos. A SS naturalmente tirou proveito dos conflitos entre grupos de prisioneiros. Eles incentivavam as rivalidades nacionais entre os judeus alemães e os judeus tchecos para que se irritassem uns com os outros e não se unissem contra seus algozes.[31]

A superlotação, as condições precárias de higiene e a comida inadequada causavam epidemias e doenças, as quais, juntamente com o suicídio, contribuíram para um aumento enorme no índice de mortalidade.[32] Deve ter sido um tremendo desafio para Selma, com 71 anos, e suas irmãs um pouco mais novas, porém com saúde mais frágil,[33] sobreviverem naquelas condições atrozes do calorento verão de 1942, que os historiadores de Theresienstadt Miroslav Kárný e H. G. Adler chamaram de "o capítulo mais cruel da história de Theresienstadt".[34] Nós podemos apenas supor que o fato de estar em companhia uns dos outros, apoiando-se mutuamente e buscando consolo no sonho de voltar a ver a família reunida tenha dado às irmãs Kaufmann, aos Kaiser-Blüths e a muitos outros o alimento espiritual que os ajudou a sobreviver. Ou como diz a historiadora de Theresienstadt Anita Tarsi: "As mulheres mais velhas se ajudavam voluntariamente ... A existência [continuada] de uma mulher dava esperança de sobrevivência à outra".[35]

Embora Selma e Henny tivessem morado em Colônia por apenas um período relativamente curto, elas haviam desenvolvido uma relação muito próxima com os Kaiser-Blüths desde que Lotti e Hans se casaram em meados dos anos 1930. Em Theresienstadt, Selma e suas irmãs foram beneficiadas pelas ligações dos Kaiser-Blüths com a comunidade judaica de Colônia; muitos de seus membros chegaram juntos no mesmo transporte. Amizade, ajuda e apoio mútuo eram fatores fundamentais para tornar a vida suportável, como lembram testemunhas oculares. Em seu estudo sobre comportamento em Theresienstadt, a historiadora Anna Hájková defende que as relações sociais constituíam o foco principal das recordações das mulheres encarceradas. Elas ressaltaram muitas e muitas vezes a importância de terem sido deportadas com pessoas queridas ou de tê-las reencontrado em Theresienstadt.[36]

É impossível determinar em que alojamentos estavam as pessoas aprisionadas, especialmente durante o período inicial do verão de 1942. Nós não sabemos como exatamente os alojamentos eram ordenados, mas podemos supor que Selma e suas irmãs tenham sido alojadas juntas. Klara Caro contou, depois da guerra, que ela e Flora haviam morado no mesmo alojamento, mas separadas de Selma e suas irmãs.[37] As internas podiam visitar livremente umas as outras, mesmo que não estivessem no mesmo alojamento, pelo menos durante algumas horas da noite.[38] À maioria dessas internas idosas não eram atribuídas tarefas, mas algumas delas procuravam ser "úteis", colaborando na agência postal ou prestando ajuda a outras internas idosas ou doentes. As outras mulheres, porém, eram encarregadas da limpeza e melhoria dos alojamentos.[39] No entanto, cuidar das próprias necessidades básicas e das pessoas queridas mais vulneráveis tomava a maior parte de seu tempo e de sua energia. Para se enfrentar as exigências da rotina diária de ficar na fila para receber comida, lidar com a sujeira, os vermes e as condições sanitárias abaixo do padrão era preciso ter força interior, paciência e disposição para se ajustar. Isso era particularmente difícil para as mulheres idosas, cujo sistema de valores estava sendo terrivelmente ameaçado. Sua noção de individualidade era profundamente violada pela crua realidade de Theresienstadt. Além disso, os rumores que se espalhavam por Theresienstadt sobre "transportes para o leste" incutiam medo.[40] Muitas pessoas temiam o desconhecido e o fato de deixar as pessoas queridas para trás. Apesar de os prisioneiros não saberem exatamente o que significava os tais transportes, eles supunham que, em qualquer caso, as suas condições só poderiam piorar dramaticamente. A luta diária dos detentos era para não sucumbir à letargia e à depressão, apesar das condições sub-humanas, da fome, da falta de espaço pessoal e da humilhação. Quase todos os depoimentos pessoais de sobreviventes atribuem sua sobrevivência à esperança que mantiveram de reencontrar as pessoas que amavam e retomar a vida normal.

Depois da guerra, Klara Caro contou suas lembranças de ver Selma com bastante frequência em Theresienstadt. Segundo ela, Selma nunca adoecia e tinha sempre uma aparência saudável. Selma e Henny, assim como muitas outras detentas, inclusive a própria Caro, nunca perderam a esperança de sair de Theresienstadt.[41] A falta de comunicação entre Selma e seus filhos deve ter sido extremamente dolorosa. Um pouco antes da chegada dela e de suas irmãs em junho de 1942, a administração nazista do campo havia acabado de proibir os serviços postais em resposta às "recentes infrações do regulamento postal". Pelo visto, alguns detentos haviam burlado as regras de correspondência e tinham sido descobertos. Subsequentemente, esse único meio de comunicação com destinatários na Grande Alemanha, os cartões-postais com o máximo de trinta palavras, foi proibido. Na "Ordem do Dia" (Tagesbefehl) de 14 de maio de 1942, o Conselho de Judeus Idosos de Theresienstadt divulgou a última medida punitiva da administração nazista do campo.⁴² Essa medida só foi revogada em 16 de setembro de 1942, o que significa que Selma, suas irmãs e os Kaiser-Blüths não tiveram permissão para enviar nenhuma correspondência por três meses após sua chegada. O Conselho de Idosos anunciou:

> *A cada morador do gueto é permitido escrever trinta palavras para um destinatário no Império Expandido da Alemanha uma vez por mês. A correspondência tem de ser em alemão. Não é permitido comentar assuntos políticos, degradar a reputação do Reich Alemão e de seus representantes, e distorcer a vida no gueto. Os remetentes têm de escrever seus nomes e seu endereço completo, incluindo o nome e o número de seu transporte, número do prédio e do quarto.*⁴³

Nas circunstâncias vigentes, essa foi uma boa notícia, especialmente porque os deportados pelo Transporte III-I de Colônia formavam o primeiro grupo programado para receber cartões-postais em branco, distribuídos a eles pela administração do campo no dia 20 de setembro de 1942.⁴⁴ Isso significou para Selma, suas irmãs e os Kaiser-Blüths a possibilidade de, pela primeira vez desde que haviam chegado a Theresienstadt, escrever mensagens a seus filhos.

Graças a Richard Rothschild, os filhos souberam, por volta de novembro de 1942, que a mãe e as tias haviam sido deportadas para "um gueto de idosos" chamado Theresienstadt, mas sem saber o que isso realmente significava. No final de 1942, Kurt e Lotti comunicaram com muita excitação para Marianne que haviam falado com um ex-prisioneiro da Alemanha que havia acabado de chegar à Palestina com um grupo de aproximadamente 69 judeus. Os governos alemão e britânico haviam feito um acordo sobre a troca de judeus da Palestina aprisionados na Europa em guerra por alemães (não judeus) residentes na Palestina.⁴⁵ Os judeus homens, mulheres e crianças trocados eram residentes da Palestina que haviam sido pegos pela deflagração da guerra enquanto visitavam a Europa. Ao contrário de Hans, que tivera mais sorte, eles não haviam sido avisados. Como parte do acordo de troca, tiveram permissão para retornar à Palestina. Um pequeno grupo de judeus trocados chegou à Palestina em 18-19 de novembro de 1942 com notícias alarmantes sobre a situação dos judeus na Europa.⁴⁶ No entanto, o ex-prisioneiro, com quem Lotti e Hans se encontraram, aliviou os piores temores quando, com base nos rumores que havia ouvido na Alemanha sobre Theresienstadt, contou a eles: "A evacuação para Theresienstadt é quase desejável nas circunstâncias vigentes. Apenas pessoas acima de 65 anos são levadas para lá. Todos com capacidade para trabalhar são remunerados de acordo com um sistema de pontuação. O pagamento é normalmente suficiente para comprar os alimentos necessários. O tratamento é supostamente humano e eles têm lá até algum tipo de vida cultural".[47] Os irmãos se sentiram um pouco aliviados e nutriram a esperança aparentemente impossível de que Selma e Henny receberiam em Theresienstadt as mensagens enviadas por eles por intermédio da Cruz Vermelha, mesmo que não tivessem permissão para respondê-las.[48]

A guerra entre a Alemanha e os Estados Unidos havia causado uma grave ruptura na comunicação dos irmãos com os entes queridos na Alemanha e, além disso, restringiu o acesso a notícias sobre a Alemanha. A combinação da falta de informações e das notícias sobre a deportação de membros da família complicou ainda mais a ligação dos irmãos Steinberg com seu passado alemão. Kurt, que havia acabado de se tornar pai, passou a se sentir quase nostálgico com relação a suas raízes familiares e descreveu para Marianne o puro prazer que ele e Hanna estavam tendo com a filha Miryam. Ele explicou que "o nome Miryam não foi dado por acaso, mas com o propósito de seguir a tradição da família Steinberg, inclusive você, Nanna, e ao mesmo tempo que é um lindo nome hebraico, é o único que sei existir em nossa família".[49] Trazer uma nova vida para uma nova cultura sem deixar de honrar as tradições familiares e religiosas trouxe tanto alegria como tristeza para Kurt. Tanto ele e Hanna como Lotti e Hans falavam alemão entre si e com as crianças, mas, por estarem morando na Palestina, eles constataram que a língua hebraica e a identidade judaica haviam se tornado uma parte mais explícita da consciência de cada um. Kurt, que frequentemente recordava o passado com seus amigos judeus alemães refugiados, sentia falta de seus amigos da Alemanha e perguntava a Marianne se ela havia encontrado este ou aquele conhecido dele que havia emigrado para os Estados Unidos.[50]

Marianne, no entanto, tinha pouco interesse em tais contatos, que traziam lembranças da Alemanha nazista. Ela respondia ao irmão dizendo que dificilmente tinha algum contato social com tais conhecidos e deixava claro que isso era uma escolha sua:

Embora o rabino Hahn more a apenas dois quarteirões daqui e, volta e meia, nos encontremos na rua, não existe nenhuma ligação real entre nós. Ele provavelmente espera, ou esperou, que participássemos de sua comunidade, mas não estamos a fim disso. As cerimônias religiosas são feitas em alemão e, em geral, não gosto do clima e da atmosfera desse tipo de círculo. Você pode me considerar intolerante e chauvinista, mas a verdade é esta: não gosto nem de falar alemão. Faz-me lembrar dos nazistas, e não quero mais ter nem a língua em comum com eles. Espero que em breve e definitivamente aquilo que a língua alemã representa para mim neste momento seja passado; e que pensar na Alemanha e em sua língua não me traga lembranças de coisas terríveis, mas de coisas boas. Tenho certeza de que então voltarei a falar alemão e terei muito prazer em fazê-lo.[51]

A correspondência entre os irmãos foi se tornando cada vez menos frequente no decorrer de 1943. A demora na entrega da correspondência e a falta de notícias dos familiares os desestimularam. Eles também andavam muito ocupados com suas próprias vidas. Marianne tinha finalmente conseguido abrir seu próprio consultório médico em parte de seu apartamento nas redondezas de Washington Heights, em Nova York, em dezembro de 1941, mas precisava suplementar sua renda, trabalhando como médica de uma escola e, intermitentemente, no ambulatório pediátrico de um hospital.[52] Não foi fácil para ela tornar o consultório lucrativo. Arnold finalmente conseguiu um bom emprego em setembro de 1943 como engenheiro, em Port Jervis, Nova York, a aproximadamente 160 quilômetros de onde moravam em Washington Heights. Eles continuaram viajando diariamente da casa para o trabalho e vice-versa até setembro de 1944, quando Arnold conseguiu emprego na Otis Elevator Company, em Nova York.[53] Em 1946, Marianne finalmente conseguiu ter uma vasta clientela em seu consultório, mas, em parte, isso só foi possível graças à sua disposição de atender pacientes em horários fora do expediente ou em domicílio.[54] Marianne e Arnold tiveram seu primeiro filho, Thomas, em março de 1944, e, por coincidência, foi o velho rabino de Essen, o doutor Hugo Hahn, quem realizou a circuncisão (*bris*), embora os dois nunca tenham participado de sua congregação.

Em meados de 1943, Kurt e Lotti também começaram a se ocupar com seus próprios problemas e passaram meses sem escrever para Marianne. Kurt e Hanna lutavam com problemas de saúde, com a administração da livraria e os cuidados com Miryam quando descobriram, em 1944, que esperavam o segundo filho. Enquanto isso, Lotti e Hans começaram a ter problemas conjugais.[55] Na verdade, depois de mais de dois anos vivendo o que Kurt chamava de "crise permanente", Lotti decidiu finalmente se divorciar de Hans no verão de 1944.[56] No final daquele ano, o divórcio foi concluído e ela se mudou para outro apartamento com o filho Michael, de 5 anos.[57]

Os anos e as milhas de distância somaram-se às cicatrizes criadas pelas recriminações recíprocas dos irmãos por não terem conseguido tirar as pessoas que amavam da Alemanha. Apesar das cicatrizes e das preocupações com seus próprios problemas, os irmãos fizeram esforços especiais para entrar em contato uns com os outros em ocasiões como aniversários e feriados religiosos. Eles sempre se comunicavam quando ouviam algum rumor sobre Theresienstadt ou qualquer outra coisa relacionada aos membros da família que haviam ficado na Alemanha. No final de 1943, tanto Marianne em Nova York como Kurt na Palestina descobriram nomes familiares nas listas de prisioneiros de Theresienstadt que o Congresso Judaico Mundial havia compilado e os dois agiram juntos para processar e interpretar as informações. Marianne descobriu que nem todas as informações que eles haviam recebido do Congresso Judaico Mundial eram exatas. Uma "Emmy Kaufmann" constava de uma lista de deportados de Colônia-Müngersdorf 17/4, o último endereço antes da deportação de Selma, Henny e Emma para Theresienstadt. No entanto, Emmy não era o nome correto de sua tia e a data de nascimento tampouco correspondia. Em razão da falta de confiabilidade das informações, Marianne começou a ter esperança de novo: "Devo confessar que voltei a ter um pouco de esperança de que as três estejam em Theresienstadt e de que nós possamos voltar a vê-las".[58] No entanto, Nanna não havia esquecido as preocupações que ela expressara a seus irmãos no início de 1943 com a possibilidade de "novo transporte" de detentos de Theresienstadt, preocupações essas que tinham bons fundamentos.[59]

No final de dezembro de 1943, Kurt relatou para Marianne:

De nossas queridas na Europa, não temos nenhuma notícia. As mensagens que enviamos por meio da Cruz Vermelha não tiveram respostas, nem nenhum comentário da Cruz Vermelha. Porém, numa lista de internos em Theresienstadt, nós encontramos: Tia Bert[h]a, tia Emma e a prima Martha [Lachs]. Nada de nossa mãe, de tia Henny nem dos pais de Hans. Mas isso não é para desanimar.

A lista não está de maneira alguma completa, não revela nada de negativo, apenas bastante de afirmativo para alguns afortunados.[60]

Os irmãos agarravam-se a qualquer sinal de esperança. Não é difícil imaginar o quanto ficaram empolgados quando souberam de outra troca, dessa vez, uma "troca de prisioneiros", como era chamada na época. Uma pessoa conhecida deles de Colônia, Paula Schwarzschild, chegou à Palestina em junho de 1944, acompanhada de sua filha Eva, num grupo de 222 ex-prisioneiros trocados do campo de concentração de Bergen-Belsen.[61] Foi com muita excitação que Lotti informou sua irmã Marianne:

> *Você provavelmente soube da recente troca de prisioneiros. Entre eles estavam Paula Schwarzschild, sua irmã Else Klipstein e sua filha mais velha Eva. O marido dela, Leo, lamentavelmente morreu de embolia cardíaca no ano passado. Paula e Eva chegaram relativamente em bom estado de saúde. Nos últimos dezoito meses, elas moraram na Holanda. Como já tinham um visto válido [para a Palestina], elas foram levadas para um campo especial na Alemanha. O milagre realmente aconteceu e elas foram trocadas. Deixaram a Alemanha onze dias antes de chegarem aqui. Parece um milagre. O mais importante para elas foi voltar a poder comer o suficiente e não viver mais entre cercas de arame farpado.*[62]

O "relativamente bom estado de saúde" das duas Schwarzschild deveu-se ao fato de elas fazerem parte de um grupo de judeus que a SS pretendia trocar por cidadãos alemães capturados em território britânico. Em abril de 1943, a SS abriu o "campo de moradia provisória" (*Aufenthaltslager*) no complexo Bergen-Belsen para aproximadamente 4 mil prisioneiros judeus sob o pretexto de sua iminente troca. Os prisioneiros, em sua maioria judeus da Holanda, mas também da África Setentrional, França, Iugoslávia e Albânia, vinham principalmente do campo de concentração transitório de Westerbork, na Holanda. Eles não precisavam usar uniformes, apenas o distintivo com a Estrela de Davi costurado à roupa. Por isso, a parte do campo ocupada por eles ficou conhecida como o "campo da estrela". Um dos ex-prisioneiros do "campo da estrela" escreveu uma série de artigos no *Aufbau* sobre o "transporte dos trocados" depois de sua chegada à Palestina. Ele descreveu em detalhes minuciosos as brutais condições de vida no campo e o período difícil entre abril, quando o transporte foi anunciado para os detentores de "documentos palestinos", e 5 de junho de 1944, quando os prisioneiros finalmente deixaram o campo.[63] Encorajados pelo transporte dos trocados de Bergen-Belsen, Kurt e Lotti participaram de uma iniciativa:

> (...) para tirar os parentes de residentes palestinos de Theresienstadt e levá-los para a Palestina. Existem, é claro, muitos obstáculos e dúvidas, além da questão principal quanto a se as pessoas ... continuam lá, mas pelo menos autoridades parecem fazer todo o possível ... Nós queríamos incluir na petição também a tia Emma, que definitivamente consta da lista de internos de Theresienstadt, mas essa petição ... em favor de "só" uma tia, ainda não foi aceita.[64]

Embora a chegada de Paula Schwarzschild à Palestina tenha causado grandes esperanças de novas solturas de prisioneiros, ela também trouxe notícias devastadoras para os irmãos Steinberg. Segundo Schwarzschild, a tia Henny, que lhes era tão querida, havia morrido dois anos antes em Colônia, antes da deportação, conforme Lotti havia comunicado com pesar a Marianne.[65] Kurt conjecturou que Henny e suas irmãs haviam sobrevivido ilesas ao "grande ataque aéreo que lançou mil bombas sobre Colônia no final de maio de 1942. E que tia Henny morreu depois, por volta de julho de 1942". Os irmãos prantearam a morte de Henny, que atribuíram à sua "velha doença", e renovaram os votos de fazer tudo que fosse possível para localizar sua mãe e levá-la para os Estados Unidos ou para a Palestina.[66]

As tentativas de Kurt e Lotti de conseguir visto para a mãe poder imigrar para a Palestina no verão de 1944 pareceram que seriam bem-sucedidas. O problema, no entanto, era que a libertação de Selma dependia de pelo menos uma das três seguintes ocorrências: outra troca de prisioneiros por meio de um país neutro; a libertação de Theresienstadt; ou a derrota do exército alemão. Kurt, incentivado pelos recentes "transportes de trocados" de Theresienstadt para a Palestina, recomeçou a enviar mensagens por intermédio da Cruz Vermelha para Theresienstadt, o último endereço conhecido da mãe. Kurt e Lotti procuravam ansiosamente o nome de Selma em todas as listas de prisioneiros de Theresienstadt que eram publicadas, enquanto esperavam a resposta ao pedido de imigração dela para a Palestina.[67] Eles se rejubilaram quando, em dezembro de 1944, receberam a confirmação de que obteriam o visto de imigração para sua mãe.[68] Embora Kurt de fato não tivesse ainda recebido os vistos de imigração para a Palestina, ele comunicou a Marianne e Arnold o seguinte: "consegui os vistos de imigração para tirar nossa mãe e tia Emma de Theresienstadt". E então, num tom de ironia, ele acrescentou: "Nós jamais conseguimos antes da guerra, quando teria sido muito mais fácil tirá-la de lá".[69]

Em novembro de 1944, o governo dos Estados Unidos informou Marianne que havia concedido "status preferencial" ao pedido de imigração para sua mãe.[70] Marianne havia adquirido cidadania americana depois de cinco anos de residência, no dia 23 de novembro de 1943. Isso significava que sua mãe Selma podia agora imigrar para os Estados Unidos como mãe de uma cidadã. Outra vez, Marianne preparou e enviou uma carta de fiança. Dessa vez, Arnold também o fez.

Em ambos os casos, fosse na Palestina ou nos Estados Unidos, Selma poderia finalmente se juntar aos filhos depois de anos de separação. Se ao menos eles pudessem encontrá-la! Os filhos de Selma precisavam localizá-la e encontrar um jeito de tirá-la da Europa. Suas esperanças de conseguir se comunicar com ela voltaram a ser reacendidas quando Klara Caro, cujo marido, o rabino Isidor Caro, havia morrido em Theresienstadt em agosto de 1943, chegou à Palestina vinda diretamente de Theresienstadt como parte de outra troca de prisioneiros; neste caso, por dinheiro. No final de 1944, o interesse das lideranças nazistas em conversar com as Potências Ocidentais resultou numa negociação, tendo como intermediador o suíço Jean-Marie Musy.[71] Em "troca" de 5 milhões de francos suíços, que as organizações judaicas internacionais depositaram numa conta bancária especial, os nazistas concordaram em soltar 1.200 prisioneiros de Theresienstadt.[72] Esses ex-prisioneiros chegaram à Palestina via Suíça em março de 1945.[73] Antes de colocar os prisioneiros libertados em trens confortáveis, os guardas alemães lhes deram comida e vitaminas, e mandaram que tirassem os distintivos com a Estrela de Davi.[74] Em sua edição do dia 16 de fevereiro de 1945, o *Aufbau* publicou os nomes dos judeus "libertados" de Theresienstadt; entre eles, o de Klara Caro.[75] O artigo relatava o "transporte misterioso" e concluía: "Esta história parece muito estranha, mas não mais do que o que vem acontecendo nos últimos quatro anos".[76] O *Aufbau* também dava a seus leitores instruções detalhadas sobre como encaminhar pedidos de visto para os refugiados incluídos naquele transporte.[77]

Lotti, Kurt e Marianne ficaram muito animados quando souberam que "transportes de refugiados" estavam deixando Theresienstadt rumo à Suíça. Marianne verificou as listas e escreveu para os irmãos na Palestina:

> As listas de nomes estão disponíveis, mas o nome de nossa mãe não consta entre eles, nem o de ninguém que eu conheço. Fui informada, no entanto, pela organização dos Rabinos Ortodoxos, que é responsável por este trabalho de resgate, que, de acordo com o prometido, um desses transportes de 1.200 pessoas chegará de Theresienstadt a cada semana a partir de agora. A organização não tem o direito de escolher as pessoas. Ela simplesmente tem que aceitar aquelas que os nazistas soltam. Vamos, portanto, continuar aguardando e conferindo as listas de nomes. Nós gostamos de saber que você, Kurt, recebeu vistos palestinos para mamãe e tia Emma. Fomos informados pela organização daqui, que nos ajudou com nossos pedidos de visto, que parece que um visto palestino ajuda, às vezes, a libertar pessoas.[78]

Em março de 1945, Kurt pediu ajuda à Marianne:

> Parece que há mais dificuldades do que esperávamos. Quero insistir mais uma vez com você para que de sua parte faça tudo que puder. Não se pode confiar o sucesso a possibilidades muito vagas. Aja como se tudo dependesse de seus esforços. Por favor, use a ração de comida distribuída pelo Comitê [American Jewish Joint Distribution Committee]. Ouvimos dizer que as pessoas em Theresienstadt dependem da comida enviada de fora. Pode não estar distante a hora de finalmente sabermos de nossa mãe e dos outros.[79]

Embora o nome de Selma não constasse de nenhuma das listas, as promessas de novos transportes para a Suíça estimularam Kurt, Lotti e Marianne a se mobilizar.[80] Esperando pelo melhor, e temendo pelo pior, eles buscaram informações sobre o paradeiro de Selma junto ao Serviço de Rastreamento Internacional da Cruz Vermelha, ao Congresso Judaico Mundial e a outras organizações. Marianne telefonou para o American Jewish Joint Distribution Committee em Washington, DC, para checar os rumores de que "os nazistas haviam evacuado os judeus de Theresienstadt".[81] O Comitê não soube dar a resposta, mas informou-a que estavam enviando regularmente suprimentos de comida para Theresienstadt por intermédio da Cruz Vermelha. Marianne entendeu com isso que o Comitê tinha certeza que os suprimentos de comida enviados estavam realmente chegando a seus destinatários.[82]

Os membros da família nos Estados Unidos e na Palestina se encheram de esperanças quando, no outono de 1944, a derrota da Alemanha parecia iminente. Marianne se sentiu um pouco aliviada com aquilo que, para ela, era justiça:

> *Sinto uma enorme satisfação ao saber que Düren e cidades vizinhas [sic] estão sendo bombardeadas. Os alemães tinham de sentir na própria pele o que é haver guerra em seu próprio país e saber o que significa haver guerra em suas próprias cidades, em sua terra [sic]. Quem sabe agora eles entendam o que fizeram com a Rússia, a Bélgica e outros países que invadiram. Arnold acha que os bombardeios dos Aliados fizeram alguma justiça ao deixar algumas cidades alemãs em ruínas.*[83]

Em abril de 1945, numa carta para Marianne, Kurt expôs seus próprios sentimentos contraditórios de alegria e tristeza: "[Com] toda essa alegria transbordante pela marcha vitoriosa dos Aliados adentrando a Alemanha, a satisfação pelo que, finalmente, a *Herrenrasse* [a raça dominante] está passando é grandemente abafada. Por que a nossa mãe não pode estar conosco?".[84]

Três dias depois da Alemanha ter se rendido (no dia 7 de maio de 1945), Arnold expôs seus pensamentos para Kurt e Hanna:

> *Nós fomos suficientemente afortunados por jamais termos estado tão próximos da guerra quanto você, certamente não no sentido físico, de maneira que nos sentimos apenas aliviados por ela ter acabado. As realidades horripilantes dos campos de concentração tomados pelas tropas aliadas na [sic] Alemanha durante as últimas semanas foram amplamente descritas pelos jornais e expostas em revistas e imagens comoventes, e finalmente provaram a veracidade daquilo que nós, entretanto, já havíamos conhecido por doze anos. Pelas reportagens amplamente abrangentes publicadas nos jornais, nós podemos ter uma imagem bastante clara de como está a Alemanha hoje. Vimos pouquíssimas fotos de Colônia, ou seja, do que restou da cidade; e espero que outras cidades alemãs se encontrem nessas mesmas condições.*[85]

Kurt, entretanto, estava muito preocupado com as "notícias deprimentes de que os nazistas evacuaram todos os judeus de Theresienstadt e que nada se sabe de lá [sic]".⁸⁶ No começo de maio de 1945, Kurt pediu a seu ex-chefe da Centralverein em Essen, Ernst Plaut, que havia se refugiado na Inglaterra, ajuda para obter mais informações sobre Selma, Henny e Emma. Kurt esperava que Plaut pudesse ter acesso mais direto a informações sobre as três irmãs por meio das organizações judaicas de Londres. Kurt escreveu:

> *Na lista de 1.200 refugiados que chegaram à Suíça, algum tempo atrás, vindos de Theresienstadt, nós não encontramos nenhum de nossos parentes ... Minha mãe e a irmã dela foram levadas de Theresienstadt para destino desconhecido. Você pode imaginar como estou me sentindo. Tive, no entanto, uma pequena partícula de esperança ao ler que Theresienstadt foi evacuada e que todos os judeus juntos supostamente foram transferidos para o campo de Bergen-Belsen. Depois vieram os relatos horripilantes sobre o tal campo, quando esse foi tomado pelos britânicos.*⁸⁷

Compreensivelmente, os três irmãos estavam se sentindo oprimidos pela incerteza em relação ao destino dos familiares. Lotti repassou as notícias preocupantes enviadas por Klara Caro: "Lamento dizer pais, tio Charles, tia Else mortos. Steinbergs levadas de lá". Lotti acrescentou: "Estou supondo que com 'Steinbergs' ela esteja se referindo à mamãe e à tia Emma".⁸⁸ Supostamente, Flora Kaiser-Blüth morreu em dezembro de 1942 em consequência de uma infecção que contraiu ajudando a levar pessoas doentes para o hospital. A irmã dela, Else, morreu de septicemia dois meses após ter chegado a Theresienstadt; e Julius havia morrido de enterite vários meses antes.⁸⁹ Apesar de pesarosa pela morte dos Kaiser-Blüths, Lotti reacendeu uma chama de esperança de encontrar sua mãe e sua tia Emma ainda vivas, as quais Caro parecia ter visto pela última vez em Theresienstadt.⁹⁰ Ela não sabia qual era o verdadeiro significado de "levadas de lá" e nem mesmo Klara Caro sabia qual teria sido o destino das duas.⁹¹ Aos poucos, os irmãos foram sabendo das condições assombrosas de Theresienstadt e ficaram chocados com os depoimentos de testemunhas oculares. Marianne lamentou:

> *Todos esses relatos horríveis sobre a situação real em Theresienstadt apareceram nos jornais. Parece que os Kaiser-Blüths morreram por lá, e isso pode não ter sido o pior. Segundo as últimas notícias divulgadas aqui, restam entre 1 mil e 3*

mil dos prisioneiros originais daquela cidade, e as listas desses ainda não estão disponíveis por conta da quarentena e do tifo ... Querida Lotti, resta-me pouca esperança.[92]

Lotti, Kurt e Marianne tentavam entender a resposta incompreensível às suas perguntas sobre o destino de suas queridas mãe e tia, mas ainda esperavam por um milagre. Eles ouviram rumores sobre "o que significa ser levado de Theresienstadt", mas não haviam conseguido entender claramente o que significava.[93] Kurt ouvira dizer que o exército americano tinha listas atualizadas dos ex-prisioneiros de campos de concentração e, por isso, acreditava que Marianne seria a primeira deles a ter acesso a tais listas atualizadas. No caso improvável dela encontrar o nome de Selma em alguma das listas, Kurt pedia a Marianne que providenciasse imediatamente o envio de suprimentos de comida e a imigração de sua mãe para os Estados Unidos.

Nos primeiros meses depois do fim da guerra, foram divulgados mais e mais detalhes sobre Theresienstadt e os agourentos transportes de lá para o leste, mas a plena verdade — de que ele não era meramente um campo benigno para idosos privilegiados — só foi revelada muito mais tarde. No dia 6 de outubro de 1945, Kurt confessou para Marianne: "O que nós aqui, nem mesmo a organização oficial, *não* sabíamos era [sobre] aqueles transportes horrendos de Theresienstadt para 'destinos desconhecidos' (não mais desconhecidos agora). Nós sempre achamos que as nossas queridas mãe e tia iriam sobreviver ou não em Theresienstadt, mas não nos atínhamos a essa terceira alternativa. Ela é horrível demais para ser considerada".[94]

Pelas reportagens nos jornais e pelos relatos de testemunhas oculares publicados depois da guerra, os três irmãos tentaram juntar as peças para chegar ao que havia realmente acontecido com seus familiares. O primo deles, Moritz Schweizer, de Essen, que havia acompanhado Marianne até o embarque dela no navio em Roterdã em junho de 1938, havia suportado e sobrevivido aos horrores do campo de concentração de Bergen-Belsen. Na carta que escreveu depois da guerra para Marianne, Moritz tentou lançar alguma luz sobre as perguntas que continuavam sem resposta:

Não sei ao certo se a tia Henny morreu em Colônia e suponho que ela tenha sido deportada com tua mãe e a tia Emma. Alguns conhecidos meus que viram teu tio Karl, de Lüxheim, em Theresienstadt não souberam dizer o que aconteceu com teus parentes... De qualquer maneira, não vejo nenhuma possibilidade das três terem sobrevivido. Depois de tudo, só podemos esperar que o sofrimento delas não tenha sido muito prolongado. A morte não é a parte mais difícil ... o pior é suportar o sofrimento terrível. A julgar pelas experiências em geral, podemos supor que as três senhoras idosas morreram logo depois da chegada.[95]

Ter de abandonar as esperanças de encontrar as pessoas queridas ainda vivas e aceitar a triste realidade era um processo muito difícil. Dentro de um ano, os irmãos colocaram dois anúncios no *Aufbau*: o primeiro em busca de notícias de sua mãe Selma e sua tia Emma, supondo que Henny havia morrido em Colônia;[96] e no segundo, depois de receber a interpretação dos eventos de Moritz, os irmãos prestaram homenagem à sua mãe e às tias Henny e Emma, com um obituário no *Aufbau*.[97] Foi por sugestão de Kurt que eles fizeram constar no obituário [o campo de] Auschwitz como o destino final de suas queridas mãe e tias.[98] Os irmãos concluíram que elas haviam sido deportadas para Auschwitz, porque ouviram dizer que a maioria dos transportes que saíam de Theresienstadt acabava lá.

Com o incentivo de Marianne, Kurt continuou buscando mais informações sobre o destino de sua mãe e suas tias e a requerer indenização pelas perdas materiais. Em setembro de 1946, Nanna enviou para o irmão informações sobre o primo deles, Ernst Kaufmann, que havia mudado seu nome para Ernest Kaufman e lutado com o exército americano contra a Alemanha durante a guerra:

Ele quer reingressar no exército e está se preparando para voltar a morar por um tempo na Alemanha com a esposa. Ele pretende entrar com pedidos de indenização pelas perdas das propriedades. Quanto a isso, Kurt, como nós ficamos? Você sabe se mamãe ainda tinha alguma propriedade (a de Gronau) ou se foi obrigada a vendê-la? Tenho certeza de que podemos pedir indenização por tal perda ... Se houver algo para ser feito, terá de ser agora.[99]

No entanto, nos primeiros anos do pós-guerra, Kurt não estava em condições de tomar quaisquer medidas para pedir indenização pelas perdas materiais. A situação política instável da Palestina, sua insatisfação com o trabalho na livraria e seus decorrentes problemas financeiros fizeram com que ele voltasse a considerar a possibilidade de emigrar para os Estados Unidos.[100] Depois da fundação do Estado de Israel (em maio de 1948), entretanto, Kurt parecia estar muito mais satisfeito. Em 1950, ele entrou com pedidos de reparação no United Restitution Office (URO). Os aliados ocidentais criaram o URO em 1948 para ser uma organização de ajuda, com representações em muitos países. O objetivo principal era garantir indenização por perdas materiais e reparação por danos pessoais causados durante o período nazista para reclamantes judeus que moravam fora da Alemanha. Mas, ao longo desse processo, o URO também se deparou com informações relacionadas ao destino de vítimas do Holocausto.

O URO havia trabalhado em colaboração com a sede de Praga das Comunidades Religiosas Judaicas da Boêmia e da Morávia[101] e enviou a Kurt a seguinte resposta: "Em resposta à sua pergunta de 5 de novembro de 1950, informamos que sua mãe Selma Steinberg... havia sido deportada [no dia 16 de junho de 1942] de Colônia para Terezín, transporte número III-i-652, e de lá para lugar desconhecido no leste, no dia 19 de setembro de 1942, transporte número Bo-1509. Nós não dispomos de nenhuma outra informação". O URO também explicou que não tinha liberdade para emitir atestados de óbito, uma vez que a "causa da morte" teria que antes ser declarada em concordância com a legislação alemã.[102]

No início da década de 1950, Kurt descobriu e informou Marianne que sua tia Henny "não morreu de causas naturais em Colônia, mas também foi deportada".[103] Quando esteve na Alemanha a trabalho para o governo de Israel, em 1955, Kurt realizou suas próprias buscas para saber o destino de sua mãe e suas tias. Ele obteve os atestados de óbito de tia Johanna e tio Hermann em Colônia e a confirmação de que todas as três irmãs haviam sido deportadas juntas para Theresienstadt e de lá para o "leste".[104]

Como hoje é sabido, as deportações de Theresienstadt para o "leste", em sua maior parte para campos de extermínio, foram intensificadas no outono de 1942. De 14 de julho a 29 de setembro de 1942, treze transportes partiram de Theresienstadt com um total de 18.004 prisioneiros, dos quais apenas 55 sobreviveram.[105] Porém, os transportes que ocorreram entre 19 e 29 de setembro de 1942 foram diferentes de todos os outros. Quando a população de Theresienstadt atingiu o pico de 58.491 prisioneiros no dia 18 de setembro, supõe-se que os assim chamados "transportes dos idosos" (*Alterstransporte*), com 2 mil pessoas cada um, passaram a ser feitos para dar espaço aos recém-chegados.[106] Os prisioneiros idosos eram informados de que seriam transportados para outro "gueto privilegiado".[107] Eles tinham de ficar por muitas horas em longas filas para que fossem "registrados" antes de serem transportados em vagões de gado ou trens de passageiros, com algo entre 15 e 20 pessoas por compartimento. O tratamento desumano era exacerbado pelo fato de ninguém ter permissão para ajudar aqueles pobres prisioneiros idosos.[108]

Tem sido muito difícil reconstituir as informações para se chegar aos destinos exatos daqueles transportes de idosos. Estudiosos acreditaram por muitos anos, desde o final da década de 1950 até o final dos anos 80, que o transporte designado Bo (trem número Da 83), realizado no dia 19 de setembro de 1942,[109] o qual as primeiras edições do *Theresienstadt Memorial Book* (*Theresienstädter Gedenkbuch*) relacionam como tendo Selma e suas irmãs a bordo, estava destinado a Maly Trostinec.[110] Maly Trostinec era um campo menor e menos conhecido, situado ao lado de um local de extermínio na floresta próxima de Minsk, na Bielorrússia, onde os prisioneiros eram fuzilados. Foi apenas em 1988 que o estudo seminal do historiador tcheco Miroslav Kárný esclareceu o que de fato aconteceu. Kárný argumenta que os métodos de extermínio usados em Maly Trostinec não podiam ter causado a aniquilação da grande quantidade de prisioneiros trazida de Theresienstadt pelo *Alterstransporte*. Para facilitar a morte sistemática deles, os nazistas haviam inaugurado outro centro de matança em julho de 1942 com o nome de Treblinka. O transporte Bo com 2 mil vítimas, é hoje sabido, chegou a Treblinka no dia 21 de setembro de 1942. As vítimas números 1508 e 1509 eram as irmãs Henny Kaufmann e Selma Steinberg.[111]

Em 1947, Marianne pediu a Erna Karsen, uma conhecida sua americana, cujo marido estava aquartelado com as tropas americanas que haviam ocupado Berlim, ajuda para encontrar Herta Poth, a velha amiga de sua família, de Essen.[112] Marianne supunha que Herta e Selma teriam se mantido em contato, se tivessem tido alguma possibilidade, e esperava que Herta pudesse lançar alguma luz sobre os últimos meses de Selma e Henny na Alemanha. Erna Karsen conseguiu encontrar o endereço de Herta, e Marianne entrou em contato com ela. Profundamente emocionada, Herta, que havia guardado todas as cartas que Selma e Henny haviam escrito em 1941 e 1942, enviou-as para Marianne, que as repassou para Lotti e Kurt. Herta também lhe enviou as lembranças que Selma e Henny haviam pedido a ela para guardar, antes de serem deportadas para Theresienstadt, com a esperança de que ela pudesse algum dia entregá-las aos filhos de Selma.[113] Ao lerem as últimas cartas de sua mãe, os irmãos puderam reconstruir os últimos meses de suas queridas mãe e tia na Alemanha. Aquelas foram as últimas palavras que alguém recebeu de Selma Steinberg e Henriette Kaufmann.

9 EPÍLOGO

Réquiem para uma família

A família: de ambos os lados, há séculos, profundamente enraizada na Alemanha; do lado materno, na Renânia, e do paterno, em (no reino de) Hanover.

Hoje seria o 106º [na verdade, 105º] aniversário de meu pai — se ele ainda estivesse vivo. Graças a Deus — tremo também ao dizer isso — ele deixou este mundo com 66 anos e pôde dar seu último suspiro em sua própria cama, cercado pelo amor de sua família.

Isso foi em junho de 1933.

Minha mãe não teve a mesma sorte: depois de amanhã ela completaria um século. Infelizmente sua saúde era tão boa — tremo ao ter que dizer isso — que conseguiu chegar quase aos 70 anos, apenas para ser levada para Auschwitz depois de uma breve passagem por Theresienstadt. O que isso significa, certamente, não tenho como explicar.

Isso foi em setembro de 1942.

E eu? Eu tenho um único motivo para mencionar o meu próprio nome. Outra vez, dois dias depois do aniversário de mamãe — e até agora tenho tido uma notável constituição física, apesar de tudo —, considerando-se que tudo corra bem, será o meu próprio aniversário. Não quero usar a palavra "comemorar", pois era isso que costumávamos fazer...

Isso foi nos velhos bons tempos ... uma semana inteira de comemoração em nossa família: o domingo daquela semana também era designado o grande dia de comemoração em comum do aniversário de nós três: flores e poemas de manhã cedo à beira da cama de todos os três, em seguida, com ecos vindos da sala de estar, o velho relógio de bronze sobre a mesa da casa de nossos avós indicava a hora e meu irmão Kurt começava a tocar ao piano o cântico de procissão, para que todas as três crianças aniversariantes fossem conduzidas cerimoniosamente até a mesa dos presentes. Surpresas agradáveis, com todos ao redor se dando abraços sinceros e comoventes e, então, íamos para a mesa decorada do café da manhã na sala de estar/jantar. Aquele era o prelúdio da celebração anual da família, para a qual todos os seus membros dedicados voltavam a se reunir com genuíno amor e entusiasmo. O que restou dessa calorosa atmosfera íntima? Quem restou dessa alegre família harmoniosa e amorosa?

Mamãe e tia Henny, aquela alma fiel, sua irmã solteira e nossa segunda mãe — elas seguiram juntas as dificuldades de seu último percurso, da mesma maneira que sempre haviam estado nas alegrias e tristezas. Tio Hermann, o "tio" solteirão tão querido — não apenas por nós, mas também por todos os nossos amigos —, pôde finalmente morrer em seu leito no asilo para idosos judeus. Meu irmão Kurt, que era um jovem totalmente saudável e talentoso, distinguido como "Estudante Exemplar do Povo Alemão", teve que encontrar seu fim em consequência de um insidioso problema cardíaco que teve origem em suas experiências desumanas no Terceiro Reich, que culminaram no campo de concentração de Buchenwald, de onde ele mal conseguiu ser resgatado. Porém, os danos físicos e psicológicos emigraram com ele. Resta apenas a minha irmã caçula, Marianne — ela é médica nos Estados Unidos e eu acabei vindo parar na América do Sul.

Três irmãos — três continentes. Nossos filhos não se conhecem. E jamais saberão o que é conviver em intimidade com todos os membros da família, pelo menos enquanto não tiverem seus próprios filhos e, então, quem sabe o destino não os leve a viver num mesmo país. Deus permita que isso ocorra![1]

CHARLOTTE STEINBERG FROHMANN,
Novembro de 1971

É interessante o fato de Lotti ter dedicado e enviado essa elegia à perda da família para a sua antiga colega de classe e ainda melhor amiga Herta

Poth, na Alemanha. Herta, apesar de não fazer parte da família, havia se mantido próxima dela desde que tinha 10 anos de idade até a sua própria morte [de Herta] no final dos anos 70. A única exceção foi durante a guerra, quando o contato esteve interrompido desde a deportação de Selma e Henny até 1947, quando Marianne conseguiu localizá-la em Berlim. Toda vez que um dos três irmãos retornava à Alemanha (Ocidental) do pós-guerra, o que não era um retorno fácil em muitos sentidos para nenhum deles, tratava de ter um encontro caloroso com Herta. Assim como havia guardado e devolvido as cartas de Selma e Henny, Herta guardou esse Réquiem e, antes de morrer, no final da década de 1970, deixou instruções para que fosse enviado para Lotti em Buenos Aires.[2]

Em 1971, quando Lotti escreveu o *Réquiem*, fazia seis anos que seu segundo marido havia morrido e nenhum de seus filhos — Michael, de seu primeiro casamento, e Alicia, do segundo — moravam com ela. Depois de ter dado início aos trâmites para se divorciar de Hans, Lotti pedira a Marianne que colocasse um anúncio no jornal alemão-judaico *Aufbau* para descobrir o paradeiro de seu grande amor, Heiner Frohmann. Heiner, que jamais havia se casado e que foi contatado por um amigo que viu o anúncio, começou em 1945 uma correspondência com Lotti da casa dele em Buenos Aires. Depois, na fundação do Estado de Israel, na verdade no último avião a decolar do mandato britânico da Palestina, Lotti e seu filho Michael, com 9 anos de idade, aos quais foram negados vistos para a Argentina, voaram para o Uruguai ao encontro de Heiner.[3] Depois de passarem alguns dias juntos de novo pela primeira vez após quase catorze anos, eles se casaram em Montevidéu numa cerimônia celebrada por um rabino ortodoxo e, com isso, puderam viver juntos em Buenos Aires.[4] (Ver Foto 9.1.)

O filho de Lotti, Michael, viveu com eles na Argentina, juntamente com Alicia, a filha deles que nasceu em 1951. Michael, conforme Lotti havia prometido a Hans, retornou a Israel em 1953, na véspera de seu *bar mitzvah*. Lotti nunca mais exerceu a profissão de dentista. Ela passou a se concentrar em sua família e a se adaptar novamente a outro país e outra cultura, apesar de nunca ter se tornado fluente em espanhol. Em 1959, visitou Kurt e Hanna e, é claro, o filho Michael, em Israel, e Marianne nos Estados Unidos. Seguindo para a Alemanha na mesma viagem, pela primeira vez desde 1937, Lotti teve um encontro extremamente emocionante com sua amiga Herta. Em Buenos Aires, ela e Heiner participavam

Foto 9.1 Lotti e Heiner em Buenos Aires, 1949

ativamente da comunidade de uma sinagoga, formada em sua maioria por judeus alemães, mas também faziam parte de uma comunidade alemã mais ampla. Depois da morte de Heiner, em 1965, e de sua filha Alicia ter entrado para a universidade, Lotti retomou o contato com um número cada vez maior de antigos colegas de escola, tanto por meio de cartas como pessoalmente em viagens à Europa e ao interior da Argentina. Nos anos 70, ela também começou a ensinar alemão a cantores de ópera que cantavam Wagner e Mozart e até *Lieder* de Schubert, como também a professores de filosofia que queriam ler Hegel no original. Na visão de sua filha Alicia, depois de no início ter se distanciado da Alemanha, Lotti desenvolveu, após a morte de Heiner, um desejo cada vez mais intenso de retomar o contato com suas origens. Apesar de ter, como esposa de Heiner, passaporte argentino, ela nunca se naturalizou argentina. Quando convivia com Hans e Michael na Palestina, no cotidiano com Heiner e Alicia e, por um tempo, Michael na Palestina, a língua falada era o alemão. Lotti aceitou a oferta do governo da Alemanha Ocidental de restituição de sua cidadania alemã.[5] Além da cidadania do mandato britânico da Palestina, a alemã foi a única que ela possuiu. Em companhia de Alicia, e da filha de Alicia, e de Marianne e Arnold, Lotti comemorou seu 80º aniversário em Essen, em 1988. Ela havia convencido Marianne a participar de uma reunião na escola em que ambas haviam estudado — as duas como convidadas oficiais da cidade de Essen. As irmãs foram entrevistadas nos arquivos da Alte Synagoge — o prédio reconstruído que um dia havia sido sua sinagoga — sobre suas experiências como jovens em Essen antes e durante o Terceiro Reich. Aquela foi a última viagem que as duas irmãs fizeram à Alemanha.[6]

Em 1992, Lotti se mudou para Santiago, no Chile, para ficar perto da filha Alicia, do marido chileno e dos dois filhos dela. Isso ocorreu logo após uma visita à sua irmã nos Estados Unidos, por ocasião do 50º aniversário de casamento de Marianne e Arnold, e lamentavelmente de um rápido declínio de sua saúde. Essa foi a última vez que as irmãs se encontraram. Lotti levou consigo para Santiago a mesma fotografia emoldurada de seus pais com pequenas fotos da tia Henny e do tio Hermann dispostas nos cantos da moldura, que ela trazia consigo desde que partira de Essen, e as manteve ao lado de sua cama até o dia de sua morte, em março de 2003. Todos os dias 3 e 5 de novembro, dias dos aniversários de seu pai e sua mãe, Lotti colocava flores diante da fotografia deles, ao lado de sua cama, em homenagem ao primeiro domingo de cada novembro, quando, em Essen, todos eles colocavam flores ao lado da cama para celebrar coletivamente seus aniversários.[7]

Ao contrário de Lotti, Marianne se lançou completamente na experiência de imigrante, ainda que num país tradicional de imigração, os Estados Unidos. Ela também se sentia menos ambivalente com respeito à Alemanha. Logo depois de ter chegado aos Estados Unidos em meados de 1938, evitava falar alemão e preferia se corresponder em inglês com seus irmãos e seu então namorado Arnold. Quando eles se casaram e finalmente passaram a viver juntos, a língua falada em casa era o inglês, apesar de prateleiras abarrotadas de [livros] clássicos alemães, que Arnold havia trazido consigo no início de 1938, forrarem as paredes da casa. Depois do final da guerra, Kurt e Lotti voltaram a escrever cartas para Marianne em alemão, mas Marianne não. Ela escreveu para eles no dia 6 de abril de 1946:

> [Tommy] *fala inglês assim como nós falamos em casa, mas ele sabe algumas poucas expressões alemãs como Schmeichelkatze, ringel rangle rose [sic] e "tut dem Kindchen nichts mehr weh". Essa última faz cessar quase toda ofensa que ele sofre. Eu tenho certeza, no entanto, que ele não sabe o que ela significa. Quando lhe digo palavras alemãs, particularmente pequenas rimas como essa última, tenho que pensar em mamãe e que ela costumava nos consolar dessa maneira.*[8]

Como as lembranças de cantigas infantis e de consolo materno eram em alemão, Marianne naturalmente recorria a essa língua, mas o interessante é que ela não dizia para seu menino que aquilo era alemão. Quando adultos, Tom e sua irmã menor Sue, que nasceu em 1948, não se lembravam de ter ouvido seus pais falarem alemão, a não ser quando estavam com Lotti ou alguém que insistia em falar tal língua. Mas certas tradições, como os biscoitos alemães de Natal, prevaleceram na família Ostrand, apesar de as crianças só terem entendido bem mais tarde que aquilo era tradição alemã ou natalina, pois acreditavam que fosse parte das celebrações do Hanukkah.[9]

Levou mais de duas décadas para Marianne poder viver de seu trabalho como médica; demora essa que ela atribuiu aos obstáculos profissionais que tivera de enfrentar na Alemanha nazista e depois a todas as dificuldades que tivera para obter permissão para trabalhar em New Jersey após ter mudado para lá em 1952.[10] A Alemanha nazista havia lhe negado a licença médica a que tinha direito e Marianne achava que isso havia atuado contra ela profissionalmente nos Estados Unidos. Em 1955, retornou à Alemanha para reclamar, juntamente com seu irmão Kurt e sua irmã Lotti, seus direitos de indenização pelas perdas de propriedades e por outros danos. Nanna visitou o Ministério do Interior da Renânia do Norte-Vestfália em Düsseldorf, onde fez um apelo especial. Ela pediu que o diploma alemão de medicina lhe fosse concedido retroativamente, uma vez que ele lhe havia sido negado unicamente por sua "linhagem não ariana", depois de ter passado nos exames em 1935 e concluído sua residência em 1938. O Ministério do Interior reconheceu que ela havia preenchido todos os requisitos exigidos e ofereceu a Marianne seu diploma alemão de médica, com a condição de que aceitasse o convite para "retornar" à sua cidadania alemã. Em 1955, quando ela solicitou a concessão retroativa de seu diploma alemão em medicina, apenas cidadãos alemães tinham direito a exercer a medicina. Quando lhe propuseram as credenciais médicas em subordinação a sua retomada da cidadania alemã, ela insistiu em dizer que não queria se tornar cidadã alemã, apenas receber seu diploma de médica. Por fim, depois de exceções especiais terem sido deliberadas e concordadas, foi concedido a ela o diploma alemão em medicina sem que tivesse de aceitar a cidadania alemã.[11] Essa conquista representou toda uma parte do que Marianne considerava sua própria recompensa pessoal por todos os danos e pelas perdas financeiras que havia sofrido ao ser forçada a deixar o país.

Antes de voltar à Alemanha em 1955, Marianne passou muitas semanas com Kurt e Hanna em Israel, seu primeiro encontro com qualquer um de seus irmãos desde que havia deixado a terra natal em 1938. Ao desembarcar em Düsseldorf, Nanna foi saudada no aeroporto por sua amiga Herta se debulhando em lágrimas, com quem ela passou muitos dias. (Ver Foto 9.2.) Kurt havia chegado à Alemanha alguns dias antes, para se acomodar antes de assumir em Arolsen sua nova função no International Tracing Service (ITS) como representante do governo de Israel. Kurt e Marianne se encontraram para visitar os túmulos de seus parentes em Essen e investigar a condição deles: de seu pai, da irmã de seu pai, Fanny, e da avó Steinberg. Em Colônia, eles providenciaram túmulos para seu tio Hermann e a irmã dele, a tia Johanna. Eles procuraram verificar quais túmulos haviam sido vandalizados ou destruídos pelos bombardeios durante a guerra que precisavam ser restaurados ou reparados.[12] Eles também precisavam decidir o que fazer com respeito a estabelecer um marco em memória de sua mãe e da tia Henny. Eles acabaram optando por uma nova lápide para o túmulo de seu pai e acrescentando dois complementos em memória das mortes de sua mãe e de sua tia Henny. Com base no que entendiam como sua última deportação, inscreveram Auschwitz nos complementos.[13] Anos depois, eles descobriram que elas não haviam sido deportadas para Auschwitz. A nova lápide da família reflete a incerteza quanto ao lugar de sua morte, mas a certeza de sua data: no dia 19 de setembro de 1942, Selma Steinberg e Henriette Kaufmann foram "enviadas de Theresienstadt para a morte". (Ver Foto 9.3.)

Foto 9.2 Marianne e Herta Poth no aeroporto de Düsseldorf, 1955

Ao retornar da viagem, primeiro a Israel e de lá para a Alemanha, Marianne escreveu para sua prima Marianne Bachrach (Luedeking), que morava então com o marido na Nicarágua, falando de suas impressões:

> ... mas o que sinto em geral pela Alemanha não mudou em nada ... Nunca deixei de sentir certo antagonismo, uma sensação de não estar no lugar certo, um sentimento de desprezo pelo país onde os nazistas conseguiram mandar. Aqui, neste ponto, devo acrescentar a minha impressão sobre Israel: em Israel me senti em casa.[14]

Foto 9.3 Lápide de Alex e Selma Steinberg, e Henny Kaufmann, Essen-Segeroth

Depois de concluir mais duas residências em New Jersey no fim dos anos 50, em cirurgia e obstetrícia, Marianne conseguiu alcançar um relativo sucesso profissional.[15] Ela teve seu primeiro encontro com a irmã em 1959, quando Lotti a visitou nos Estados Unidos antes de ir para Israel e finalmente para a Alemanha. Marianne voltou muitas vezes a Israel. Ela visitou Lotti na Argentina uma vez, e Lotti a visitou nos Estados Unidos em diversas ocasiões.[16] (Ver Fotografia 9.4.)

Em 1986, depois de se aposentar, Marianne doou aos arquivos da história dos judeus alemães do Leo Baeck Institute em Nova York cópias das cartas que sua mãe Selma havia enviado para Herta em 1941 e 1942. Algumas dessas cartas estavam entre as que ela havia guardado para si mesma, mas parece que não guardou algumas das cartas mais dolorosas. Nanna também doou cópias de uma série de fotografias e documentos relativos à exigência de ter que ressarcir a bolsa de estudos que havia recebido quando os nazistas assumiram o poder, bem como os documentos relativos à concessão de seu diploma médico alemão, pelo visto, todos os documentos que ela considerava ser de interesse histórico.[17] Durante a década de 1980 e no início da de 1990, Marianne deu uma série de palestras a vários grupos da comunidade judaica falando de suas próprias experiências e das de sua família no Terceiro Reich, e também das impressões que tivera ao retornar à Alemanha como convidada da cidade de Essen em 1988. Depois de se mudar para Columbia, Maryland, em 1993, para ficar perto da filha e da família dela, Marianne acabou desenvolvendo a doença de Alzheimer. Ela não comunicara a ninguém que havia guardado a maior parte da correspondência entre ela, seus irmãos e seus familiares que haviam ficado na Alemanha, bem como seus próprios cadernos escritos ao longo das décadas de 1930 e 1940. A filha de Marianne e Arnold, Sue, encontrou o material quando estava arrumando a casa de seus pais em Columbia, Maryland, para colocá-la à venda. A venda se tornara uma necessidade em virtude da doença de Alzheimer de Marianne, que exigia cuidados médicos permanentes, e da internação de Arnold num asilo de idosos. Marianne, que morreu em 2002, não tinha mais suficiente lucidez para responder às muitas perguntas da filha com relação às cartas.

Kurt, o tão querido irmão mais velho de Marianne e Lotti, morreu com apenas sessenta e poucos anos, em 1969. Até 1951, ele continuou dirigindo a livraria, sentindo-se cada vez mais frustrado com o caráter rotineiro de seu trabalho e com seus potenciais irrealizados. Como provedor da família depois que ele e Hanna tiveram filhos, Kurt realizou trabalhos extras, primeiro como auditor financeiro e depois dando aulas particulares de inglês para dar conta das despesas. Infelizmente, começou a dar sinais de problemas cardíacos já em 1950.[18] Muitas pessoas — inclusive sua irmã médica — achavam que seus problemas cardíacos haviam sido causados pelo sofrimento que suportara no campo de concentração de Buchenwald em 1938.[19]

Kurt conseguiu, no verão de 1951, um cargo civil no Ministério da Defesa de Israel, mas continuou precisando fazer trabalhos extras.[20] Ele começou,

Foto 9.4 Marianne e Lotti em Tenafly, New Jersey, 1959

no início dos anos 50, a compilar informações sobre o caso de ressarcimento envolvendo a venda das propriedades de sua família em Essen e Gronau. Kurt entrou em contato com a esposa e os filhos do senhor Krell, que havia comprado a propriedade que ficava em frente ao prédio com o apartamento em que a família morava e tinha a loja Geschwister Kaufmann em Altenessen, e com o senhor Reising, o ex-inquilino que comprara a casa e o pomar de seus avós em Gronau. Ambos se mostraram dispostos e concordaram prontamente em pagar a restituição para compensar o preço abaixo do mercado que havia pagado para Selma e a família de seu marido em 1938-1939, época em que tais "barganhas" com judeus proprietários eram preferíveis, para os judeus pelo menos, à "arianização". Kurt chamou a atenção de Marianne para as boas relações que tivera com ambas as famílias, tanto no final dos anos 30 como na época em que se encontravam. Ele aceitou a oferta de seu antigo amigo e advogado Erich Leeser, que estava de volta à Alemanha trabalhando em casos de indenização que envolviam o United Restitution

Office (URO), para representar a ele e a suas irmãs em seus pedidos de reparação.[21] Em 1954, Kurt sofreu seu primeiro ataque cardíaco. Felizmente, havia recentemente recebido a boa notícia: como parte da compensação que lhe cabia pessoalmente, ele fora reconhecido retroativamente como procurador público distrital (*Landesgerichtsrat*) e receberia a pensão do Estado alemão que correspondia a esse cargo. Ele e Hanna ficaram aliviados de poder finalmente deixar para trás suas preocupações financeiras.[22]

Depois de Kurt se recuperar do ataque cardíaco, surgiu a oportunidade de trabalhar para o ITS com *status* diplomático. Instituído pelos Aliados no final da Segunda Guerra Mundial com o intuito de ajudar os sobreviventes a reencontrar seus familiares e amigos, o ITS reuniu documentos que incluíam depoimentos de primeira mão sobre o destino dos judeus que haviam caído vítimas do nazismo. No início da década de 1950, o governo de Israel solicitou e obteve permissão para microfilmar partes do material coletado pelo ITS relacionadas à vida e ao sofrimento de judeus durante a Segunda Guerra Mundial. De junho de 1955 a novembro de 1957, cerca de 20 milhões de páginas foram fotografadas e dispostas para conservação permanente nos arquivos do (museu) Yad Vashem em Jerusalém.[23] Kurt supervisionou o processo de microfilmagem da equipe do Yad Vashem em Arolsen de meados de 1955 ao final de 1957, com a intenção particular de ajudar os sobreviventes do Holocausto a descobrir o paradeiro dos familiares. Por ser representante do governo de Israel, ele tinha de manter certa distância da sociedade alemã, como mandar seus dois filhos estudar fora da Alemanha, por exemplo. Mas nem por isso Kurt deixou de desfrutar a possibilidade de voltar a viver na Alemanha, reatando algumas antigas amizades, como a com Herta Poth, e fazendo novas com funcionários do ITS, em sua maioria, estrangeiros. Ao mesmo tempo, pôde se beneficiar tanto de seus conhecimentos jurídicos como do fato de estar fisicamente na Alemanha para ajudar a defender os interesses de suas irmãs no caso de reparação pelas perdas de sua falecida mãe.

Morando na Alemanha Ocidental por mais de dois anos com seus dois filhos, Kurt e Hanna aproveitaram a oportunidade para mostrar a eles os lugares em que seus antepassados haviam vivido e conhecer pessoalmente a Europa.[24] Kurt ficou surpreendentemente impressionado com a Alemanha Ocidental do pós-guerra:

> Em geral, se a Alemanha não estivesse vinculada, para nós, a memórias de tais horrores, a gente poderia viver relativamente bem aqui. Ela é simples e totalmente Europa, com tudo que significa para nós. E tem-se que reconhecer que o governo alemão está fazendo tudo que pode para compensar o passado, tanto material como intelectualmente. A atmosfera é absolutamente ocidental em termos de liberdades democráticas. Mas é claro que não se pode trazer de volta à vida aqueles que foram assassinados nem apagar os anos de campos de concentração.[25]

Kurt deixou claro, no entanto, que, com exceção de Herta e outro amigo de Altenessen, Fritz Werner, "não tenho interesse em voltar a ver meus outros 'amigos'".[26] Ao visitar mais uma vez Altenessen, ele se surpreendeu com a feiura que a cidade lhe pareceu ter e, apesar de reconhecer que ela havia sido consideravelmente bombardeada, escreveu para Lotti dizendo que "não consigo acreditar que nós passamos ali uma juventude feliz e fico contente por não ter encontrado ninguém que [ele e sua família] conhecemos".[27]

Kurt fez uma visita rápida a Marianne, Arnold e seus filhos nos Estados Unidos antes de deixar Arolsen e voltar para Tel Aviv. Desde a década de 1930, ele considerava os Estados Unidos como o "país das oportunidades" e continuou tendo como sonho – até, pelo menos, o final dos anos 50 – que seria o último destino de sua imigração.[28] Em 1957, ele chegou a pedir a Marianne que averiguasse a possibilidade de trabalho para ele na sede do URO em Nova York, mas sem nenhum resultado.[29]

Apesar de ser o menos inclinado para o sionismo dos três irmãos quando era jovem e ainda morava na Alemanha, Kurt foi o único deles a se tornar cidadão israelita. Como trabalhava para o governo de Israel, foi-lhe exigida a mudança de seu sobrenome para um nome hebraico, Sella. Kurt, como sua irmã Lotti, aprendeu a falar fluentemente o hebraico – o que sua mulher, Hanna, nunca conseguiu –, e o alemão continuou sendo a língua falada pela família em casa. Como suas irmãs adotaram os sobrenomes de seus maridos e Kurt mudou seu sobrenome de Steinberg para Sella, não restou ninguém com o sobrenome Steinberg. Ele retornou a Israel no fim de 1957 com certo pesar e um sentimento desconfortável de incertezas quanto ao seu futuro profissional. Naturalmente, foi-lhe oferecida em 1958 a oportunidade de trabalhar no sistema jurídico alemão como procurador público (*Oberlandesgerichtsrat*), cargo superior àquele pelo qual ele estava recebendo

Foto 9.5 Hanna, Kurt e Marianne em passeio nos jardins do Knesset [parlamento israelense], Jerusalém, 1968

pensão. Entretanto, logo depois de ter deixado a Alemanha, alguns meses antes, Kurt não levou adiante essa oportunidade. Ele foi designado para chefiar a biblioteca de um dos órgãos do Ministério da Defesa de Israel e continuava trabalhando ali quando, em 1969, morreu prematuramente aos 63 anos em consequência de seu problema cardíaco.[30] (Ver Foto 9.5.)

A guerra, o Holocausto e os esforços dos Steinbergs para recomeçar a vida e lidar com as perdas de pessoas queridas os separaram tanto geograficamente como, até certo ponto, emocionalmente. O sentimento de identidade nacional e cultural passou a afastá-los cada vez mais com o passar do tempo e, com isso, as diferenças entre eles superaram as semelhanças. A educação que haviam tido em comum e suas origens nacional e cultural foram inevitavelmente obscurecidas por suas novas identidades e pelo legado doloroso do Holocausto. Cada um deles teve de lidar com aquilo que Theodor Adorno chamou de *Aufarbeitung der Vergangenheit*, ou seja, lidar com o passado e chegar a um acordo com ele – cada um a seu próprio modo. As experiências que haviam tido em comum foram se desvanecendo e perdendo a importância em suas vidas cotidianas nos diferentes rumos que seguiram nos novos países. Não era fácil transpor os dezessete anos que passaram sem se ver, no caso de Kurt e Marianne, e os 22 anos de separação de Lotti, para Kurt e Marianne, especialmente quando tantos desses anos eram de lembranças tão dolorosas. Eles passaram a se encontrar em diversas ocasiões depois da primeira longa separação, a partir da metade até o fim da década de 1950. Mantiveram uma correspondência regular durante a década de 1960, na qual reconheciam o quanto seria importante para todos os três voltar a se unir como uma família, mas essa reunião jamais ocorreu.

NOTAS

1. INTRODUÇÃO

1. Deborah Gayle, "A German-Jewish Family's Odyssey through the Holocaust". Ensaio em elaboração de acordo com as exigências do History 751, Novembro de 2002, UMBC, Baltimore, Maryland.
2. As traduções de toda a correspondência e da literatura primária e secundária publicada do alemão para o inglês também são nossas.
3. Uma justificativa para não encaixar famílias judeu-alemãs em categorias de pertencentes/não pertencentes ou de acordo com a narrativa convencional de assimilação judeu-alemã — mas deixar que as experiências das famílias falem por si mesmas — pode ser encontrada numa revisão de 2008 da história de W. Paul Strassmann sobre a assimilação de sua própria família judeu-alemã. Ver Gregory P. Shealy, Revisão de W. Paul Strassmann, *The Strassmanns: Science, Politics, and Migration in Turbulent Times, 1793-1993* (Nova York: Berghahn Books, 2008). H-German, H-Net Reviews, maio de 2009. www.h-net.org/reviews/showrev.php?id=23651.
4. Reconhecendo a necessidade de advertir os jovens escritores alemães de biografias com respeito a certos riscos envolvidos nessa empreitada, a Universidade de Ruhr, em Bochum, realizou um seminário em dezembro de 2009 sobre "Identität und Lebenswerk. Praxis der historischen Biographieforschung".
Ver www.hsozkult.geschichte.hu-berlin.de/termine/id=11820.
5. Alexandra Garbarini, *Numbered Days: Diaries and the Holocaust* (New Haven: Yale University Press, 2006).
6. Marion Kaplan, *Between Dignity and Despair: Jewish Life in Nazi Germany* (Nova York: Oxford University Press, 1998).
7. Jürgen Matthäus e Mark Roseman (orgs.), *Jewish Responses to Persecution, 1933-1938* (Lanham, Maryland: Alta Mira Press em colaboração com o United States Holocaust Memorial Museum, 2010). O livro foi publicado na série "Documenting Life and Destruction: Holocaust Sources in Context".
8. Mark Roseman, *The Past in Hiding* (Londres: Penguin, 2000).
9. David Clay Large, *And the World Closed Its Doors: The Story of One Family Abandoned to the Holocaust* (Nova York: Basic Books, 2003).

10. Armin e Renate Schmid, *Lost in a Labyrinth of Red Tape: The Story of an Immigration that Failed*, trad. Margot Bettauer Dembo (Evaston, Ill.: Northwestern University Press, 1996). A edição original alemã pela Fischer Taschenbuch Verlag foi publicada em 1993.
12. Martin Doerry, *My Wounded Heart: The Life of Lilli Jahn 1900-1944*, trad. John Brownjohn (Nova York: Bloomsbury, 2004). A edição original em alemão foi publicada em 2002.
13. A abordagem quantitativa e qualitativa às cartas do Holocausto de Oliver Doetzer em seu *"Aus Menschen werden Briefe": Die Korrespondez einer jüdfischen Familie zwischen Verfolgung und Emigration* (Colônia: Böhlau Verlag, 2002) nunca foi traduzida para o inglês. Essa obra, como também outras obras alemãs, nos ajudou a desenvolver a nossa própria abordagem.
14. Christopher S. Browning, Richard S. Hollander e Nechama Tec (orgs.), *Every Day Lasts a Year: A Jewish Family's Correspondence from Poland* (Nova York: Cambridge University Press, 2007). Uma antologia de cartas de famílias de judeus alemães justapostas a artigos publicados em jornais também merece ser observada aqui, embora sua abordagem menos acadêmica a tenha tornado menos útil para os nossos propósitos específicos. Ver Chaim Rockman, *None of Them Were Heroes: Letters between the Lines 1938-1942* (Englewood, New Jersey: Devora, 2003).

2. A VIDA DOS JUDEUS NA ALEMANHA DA EMANCIPAÇÃO À REPÚBLICA DE WEIMAR

1. Kurt Steinberg, "Allgemeines zu Stammbaum Kaufmann", em "Arquivo da Família Kaufmann-Steinberg", 1934-1938, inédito, 3a.
2. Ver David Sorkin, "Emancipation and Assimilation: Two Concepts and Their Application to the Study of German Jewish History", *Leo Baeck Institute Yearbook*, 35 (1990), 17-33. Ver também Jonathan C. Friedman, *The Lion and the Star: Gentile-Jewish Relations in Three Hessian Communities, 1919-1945* (Lexington, Kentucky: University Press of Kentucky, 1998), 17ff. Cf. Peter Pulzer, "Rechtliche Gleichstellung und öffentliches Leben", trad. Holger Fliessbach, em Steven M. Lowenstein, *et al.* (orgs.), *Deutschjüdische in der Neuzeit*, vol. III: *Umstrittene Integration, 1871-1918* (Munique: C. H. Beck, 1997), 191.
3. Marion Kaplan, *The Making of the Jewish Middle Class: Women, Family and Identity in Imperial Germany* (Nova York e Oxford: Oxford University Press, 1991), 8. Kaplan define *Bildung* como "crença na primazia da cultura e no potencial da humanidade".
4. Friedman, *Lion and the Star*, 17f.
5. *Ibid.*, 15. O assim chamado "imposto de igreja", ou *Kirchensteuer*, que foi formalizado pela constituição de 1919, mas que já era cobrado em muitos estados alemães, impunha o pagamento de uma determinada porcentagem de sua renda para a comunidade religiosa, na forma de imposto.

6. *Ibid.*, 18. Cf. David Harry Ellenson, *After Emancipation: Jewish Religious Responses to Modernity* (Detroit: Wayne State University Press, 2004), 269ff.
7. Ellenson, *After Emancipation*, 274ff.
8. Steven M. Lowenstein, "Das religiöse Leben", em Lowenstein *et al.* (orgs.), *Deutsch--jüdische Geschichte*, vol. III, 101.
9. Friedman, *Lion and the Star*, 18f.
10. Entrevista com Ernest Kaufman, 11 de maio de 2006, Lumberton, New Jersey, realizada por Uta Larkey.
11. Kurt Steinberg, "Allgemeines zu Stammbaum Kaufmann", em "Arquivo da Família Kaufmann-Steinberg", 1934-1938, inédito, 3a-3b.
12. Para ver a lista histórica de sinagogas na Alemanha, visitar o site: www.synagogen.info/en_index.php. Ver também www.ashkenazhouse.org/synagog/Northpercent20Rhine-Westphalia.doc. Ambos acessados em 28 de setembro de 2009. Em 1890, ambos os pais Kaufmann haviam morrido, e os filhos foram separados para viver com parentes. De acordo com a cronologia da cidade, com relação ao ano de 1890, consta no website da cidade de Willich, a qual Schiefbahn foi incorporada: "A comunidade judaica de Schiefbahn construiu uma sinagoga na (rua) Tömp. Anteriormente, a comunidade usava uma casa de orações na Hochstrasse". ("Die jüdische Gemeinde Schiefbahn errichtet am Tömp eine Synagoge. Zuvor hatte die Gemeinde ein Bethaus an der Hochstrasse genutzt".) Ver http://stadt-willich.de. A rua pode muito bem ter tido seu nome alterado e talvez uma nova construção tenha substituído a velha para criar uma sinagoga mais formal, se é que, de fato, já não havia lá uma mais modesta (ou uma casa de orações). Os registros próprios de Kurt referem-se ao fato de uma comunidade judaica maior, a de Gladbach, ter comprado a antiga propriedade de Jacob Kaufmann de seus herdeiros em 1871 "para sua comunidade especial de Schiefbahn", sugerindo que essa comunidade especial de Schiefbahn era, de certo modo, uma extensão da comunidade judaica maior de Gladbach e que a comunidade de Schiefbahn não era uma típica comunidade judaica, permitindo, com isso, a possibilidade de ela também não ter uma sinagoga tradicional própria.
13. Kurt Steinberg, "Allgemeines zu Stammbaum Kaufmann", em "Arquivo da Família Kaufmann-Steinberg", 1934-1938, inédito, 3b.
14. Steven M. Lowenstein, "Jüdisches religiöses Leben in deutschen Dörfern. Regionale Unterschiede im 19. und frühen 20. Jahrhundert", em Monika Richarz e Reinhard Rürup (orgs.), *Jüdisches Leben auf dem Lande* (Tübingen: Mohr Siebeck, 1997), 219ff. Esses professores itinerantes não eram "judeus protegidos" e, por isso, não tinham permissão para residir em muitas comunidades. Os judeus protegidos possuíam capital que podiam emprestar aos habitantes locais que, por sua vez, podiam cobrar deles taxas pela proteção. Quando a emancipação formal foi concluída, em 1871, os judeus que moravam na Alemanha ganharam liberdade para viajar e morar, e mais liberdade para exercer diferentes profissões.

15. Kaplan, *Jewish Middle Class*, 79. Em 1906, 55% das comunidades judaicas da Alemanha seguiam o *mikveh*, embora apenas cerca de 15% das mulheres judias praticassem esse ritual ortodoxo. Essa cifra é menor dos que os 20% estimados de judeus ortodoxos na época. Fotografia do *mikveh* de Schiefbahn, Ostrand Collection.
16. Marion Kaplan, "As Germans and as Jews in Imperial Germany", em Marion A. Kaplan (org.), *Jewish Daily Life in Germany, 1618-1945* (Nova York: Oxford University Press. 2005), 241.
17. *Ibid.* Ver também Árvore genealógica da Família Kaufmann, Ostrand Collection (daqui em diante referida apenas como OC).
18. Ver Árvore Genealógica da Família Kaufmann, OC, e entrevista com Ernest Kaufman, 11 de maio de 2006, Lumberton, New Jersey, realizada por Uta Larkey.
19. Friedman, *Lion and the Star*, 20.
20. Peter Pulzer, *The Jews and the German State: The Political History of a Minority, 1848-1933* (Oxford: Blackwell, 1992), 78. A Câmara da província da Renânia foi a única da Prússia a defender a igualdade de direitos para os judeus antes de 1848.
21. *Ibid.*, 17. Ver também Avraham Barkai, "Die deutschen Juden in der Zeit der Industrialisierung", em Barkai, *Hoffnung und Untergang: Studien zur deutsch-jüdischen Geschichte des 19. und 20. Jahrhunderts* (Hamburgo: Hans Christians, 1998). 21.
22. Pulzer, *Jews and the German State*, 78.
23. Marion Kaplan, "Introduction", em Kaplan (org.), *Jewish Daily Life*, 6. Kaplan presume que a assimilação incluía uma disposição para a conversão e o casamento misto. Cf. Steven Aschheim, "German History and German Jewry: Junctions, Boundaries and Interdependencies", em *In Times of Crisis: Essays on European Culture, Germans, and Jews* (Madison: University of Wisconsin Press, 2001), 86-92. Aschheim ressalta a necessidade de considerar a assimilação como uma via de mão dupla, na qual as subculturas também moldam e redefinem a cultura "majoritária".
24. Friedman, *Lion and the Star*, 19. Cf. Michael A. Meyer, "Schlussbetrachtung", em Michael Brenner, Stefi Jersch-Wenzel e Michael EA. Meyer (orgs.), *Deutsch-jüdische Geschichte in der Neuzeit*, vol. II: *Emanzipation und Akkulturation 1780-1871* (Munique: C. H. Beck, 2000) 356ff.
25. Friedman, *Lion and the Star*, 17. Outros estudiosos apresentam números um pouco diferentes. Avraham Barkai garante que mais de 60% das famílias judias tinham, em 1871, níveis de renda médio e alto, enquanto de 5% a 25%, com consideráveis variações regionais, tinham o nível de renda mais baixo. Portanto, 80% podiam ter renda alta, mas nessa porcentagem pode muito bem estar incluída a classe média baixa. Ver Avraham Barkai, *"Wehr Dich!" Der Centralverein deutscher Staatsbürger jüdischen Glaubens (C.V.) 1893-1938* (Munique: C. H. Beck, 2002), 13. Cf. Monika Richarz, "Introduction", em Richarz (org.), *Jewish Life in Germany: Memoirs from Three Centuries*, trad. Stella P. e Sidney Rosenfeld (Bloomington e Indianapolis: In-

diana University Press, 1991), 16. Richarz afirma que, de acordo com os registros de impostos em 1890, pelo menos dois terços da população judaica eram de classe média.
26. Friedman, Lion and the Star, 17.
27. Barkai, "*Wehr Dich!*", 14.
28. David Blackbourn, *The Long Nineteenth Century: A History of Germany, 1780-1918* (Nova York: Oxford University Press, 1998), 308f. e 416. Para explorar com profundidade o antissemitismo político do final do século XIX, ver Capítulo 5 de Helmut Walser Smith, *The Continuities of German History: Nation, Religion and Race across the Long Nineteenth Century* (Nova York: Cambridge University Press, 2008), 167-210.
29. Blackbourn, *Long Nineteenth Century*, 425f. Ver também Richarz, *Jewish Life in Germany*, 25.
30. Richarz, *Jewish Life in Germany*, 25.
31. Informações encontradas na certidão de casamento nº 217, Alex Steinberg e Selma Kaufmann, Cartório de Registro Civil de Altenessen, 15 de setembro de 1905, AR 102466, "Alex Steinberg", Arquivos da Alte Synagoge, Essen. Ver também Kurt Steinberg, "Allgemeines zu Stammbaum Kaufmann", em Arquivo da Família Kaufmann-Steinberg", 1934-1938, 12.
32. Kurt Steinberg, "Allgemeines zu Stammbaum Kaufmann", em "Arquivo da Família Kaufmann-Steinberg", 1934-1938, 12-3. Cf. Hans-Jürgen Schreiber, "Geschichte der Altenessener Jüdinnen und Juden", manuscrito inédito, Essen, 1994, 17.
33. Informações extraídas da árvore genealógica da Família Kaufmann, OC, e de uma entrevista com Ernest Kaufman, em 11 de maio de 2006, Lumberton, New Jersey, realizada por Uta Larkey.
34. Entrevista com Marianne Steinberg Ostrand (daqui em diante referida apenas como Marianne), em 2 de novembro de 1988, IN 327, registrada nos Arquivos da Alte Synagoge, Essen.
35. Ver Richarz, *Jewish Life in Germany*, 12.
36. Schreiber, "Geschichte der Altenesser Jüdinnen und Juden", 17. Não existe em alemão um termo para designar o plural exclusivamente feminino para irmãs que possuem um negócio em sociedade, diferentemente de *Gebrüder*, quando irmãos homens formam uma sociedade empresarial. O termo *Geschwister* é, no entanto, derivado do feminino *Schwester* (irmã), cujo plural é *Schwestern*, e diferentemente de *Gebrüder*, o termo *Geschwister* inclui tanto irmãs como irmãos.
37. Richarz, *Jewish Life in Germany*, 15f.
38. Essas duas foram as únicas edições de Adressbücher (listas de endereços) da cidade de Altenessen depois da fundação da loja até a incorporação da cidade a Essen, em 1915; Stadtarchiv Essen. Na época, havia apenas listas de endereços, e não listas de telefones, embora elas incluíssem os números de telefone, quando existiam, além de anúncios comerciais.

39. Schreiber, "Geschichte der Altenesser Jüdinnen und Juden", 18.
40. Michael Zimmermann, "Zur Geschichte der Essener Juden im 19. und ersten Dritell des 20. Jahrhunderts", em Alte Synagoge (org.), *Jüdisches Leben in Essen 1800-1933*. Studienreihe der Alten Synagoge, vol. I (Essen: Klartext, 1993), 22.
41. Barkai, "Zwischen Deutschtum und Judentum: Richtungskämpfe im Centralverein deutscher Staatsbürger jüdischen Glaubens, 1919-1933", em Barkai, *Hoffnung und Untergang*, 111ff. Cf. Barkai, *"Wher Dich!"*, 9.
42. Friedman, *Lion and the Star*, 21f.
43. *Ibid.*, 22. Cf. Jehuda Reinharz, *Fatherland or Promised Land: The Dilemma of the German Jew, 1893-1914* (Ann Arbor: University of Michigan Press, 1975), 134. Todas as lideranças da organização sionista alemã, a Zionistische Vereinigung für Deutschland (ZVfD), antes e depois da Primeira Guerra Mundial, eram naturais da Alemanha, tinham nível de educação universitário, e a maioria era bastante abastada, enquanto os membros de sua base eram quase todos imigrantes do Leste Europeu.
44. Zimmermann, "Essener Juden", 15f. A maioria dos judeus alemães homens nascidos na segunda metade do século XIX tinha nomes hebraicos e romanos, célticos ou germânicos.
45. Schreiber, "Geschichte der Altenesser Jüdinnen und Juden", 18f. Cf. entrevista com Charlotte Steinberg Frohmann (daqui em diante referida apenas como Lotti), em 2 de novembro de 1988, IN 291, registrada nos Arquivos da Alte Synagoge, Essen.
46. Kurt Steinberg, "Allgemeines zu Stammbaum Kaufmann", em "Arquivo da Família Kaufmann-Steinberg", manuscrito inédito, 16.
47. Ver "Bochum", para história dos judeus naquela cidade: www.jewishvirtuallibrary.org/source/judaica/ejud_0002_0004_o_03215.html. A população de Bochum era aproximadamente três vezes maior do que a de Duisburg na época: 300 mil e 100 mil respectivamente.
48. Certidão de Casamento nº 217, Alexander Steinberg e Selma Kaufmann, Cartório de Registro Civil de Altenessen, 15 de setembro de 1905, AR 102466, "Alex Steinberg", Arquivos da Alte Synagoge, Essen.
49. Listas de Endereços da cidade de Altenessen correspondentes a 1905 e 1908 e, posteriormente, após a cidade ter sido incorporada a Essen, em 1915, das Listas de Endereços de Essen, Stadtarchive Essen.
50. Hans-Jürgen Schreiber, "Jüdische Bevölkerungsentwicklung in Essen und Altenessen", em Schreiber, "Geschichte der Altenessener Jüdinnen und Juden", Table I, 4. Cf. Marianne Steinberg Ostrand, "Talk about My Invitation and Visit from October 31 to November 7, 1988 to Essen in West Germany, the City of my Birth", Tenafly, New Jersey, 20 de julho de 1989, OC. Cf. entrevista concedida por Marianne, em 2 de novembro de 1988, IN 327, registrada nos Arquivos da Alte Synagoge, Essen. Marianne disse na entrevista que havia apenas quatro famílias

judias em Altenessen e observou que o "círculo de amigos" de seus pais era misto, incluindo tanto judeus como gentios.
51. Marion Kaplan, Monika Richarz e outros historiadores dos judeus na Alemanha observam os limites das relações sociais entre judeus e gentios, e enfatizam que as relações de negócios e entre vizinhos podiam se dar publicamente, mas raramente na casa uns dos outros. No entanto, parece que essa separação não existia para a família Kaufmann-Steinberg.
52. Schreiber, "Geschichte der Altenessener Jüdinnen und Juden", 20.
53. Listas de Endereços de Altenessen relativas aos anos de 1905 e 1908, Stadtarchiv Essen.
54. Listas de Endereços de Altenessen relativas aos anos de 1905 e 1908, e de Essen relativa a 1915, Stadtarchiv Essen.
55. Schreiber, "Geschichte der Altenessener Jüdinnen und Juden", 20.
56. Entrevista com Marianne, 2 de novembro de 1988, IN 327, registrada nos Arquivos da Alte Synagoge, Essen.
57. Zimmermann, "Essener Juden", 10ff. Apenas os homens adultos em suas devidas atividades, pelo menos nos últimos três anos, estavam incluídos na lista de membros relativa a 1910 reproduzida aqui. Apesar de seu irmão Hermann ter sido incluído na lista de membros relativa a 1910, Alex não consta. Hermann, que trabalhava como caixeiro-viajante em Krefeld, a cerca de 55 quilômetros dali, pernoitava frequentemente na casa da família Kaufmann-Steinberg, mas não fica claro por que ele foi incluído na lista de membros, enquanto Alex não.
58. *Ibid.*, 12. Cf. Richarz, *Jewish Life in Germany*, 23.
59. Zimmermann, "Essener Juden", 8.
60. *Ibid.*, 15ff.
61. *Ibid.*, 24ff.
62. *Ibid.*, 24.
63. Informações fornecidas pela senhora Martina Strehlen, arquivista da Alte Synagoge, a Rebecca Boehling, em 25 de maio de 2009, em Essen. Ver também Zimmermann, "Essener Juden", 8. Embora Berlim representasse a exceção, era típica a segregação dos sexos nas comunidades liberais das sinagogas da Alemanha, até mesmo durante a República de Weimar.
64. *Ibid.* Cf. entrevista com Lotti, em 2 de novembro de 1988, IN 291, registrada nos Arquivos da Alte Synagoge, Essen. Presumivelmente, Kurt, depois de adulto, também passou a se sentar embaixo com os homens. Tanto Marianne como Lotti deram a entender que a família assistia regularmente aos serviços do Shabat. O historiador Michael Zimmermann observa que, na sinagoga de Essen, os quipás usados pelos homens refletiam o sistema de castas sociais segundo o qual aqueles que usavam quipá no topo da cabeça pertenciam aos dois mais elevados dos quatro grupos socioeconômicos de homens. Ver Zimmermann, "Essener Juden", 12.

65. Roteiro da Alte Synagoge restaurada com explanações e fotografias concedidas a Rebecca Boehling pela arquivista Martina Strehlen. Ver também *Jüdisches Gemeindeblatt für den Synagogenbezirk Essen*, AR 1179 e AR 1180, Arquivos da Alte Synagoge, Essen.
66. Entrevista com Marianne, 2 de novembro de 1988, IN 327, registrada nos Arquivos da Alte Synagoge, Essen. Ver também informações relacionadas às atividades de Moritz Schweizer na comunidade em: Correspondência de Walter Hoffmann, 29 de outubro de 1989, BR 241; Correspondência com Otto Grausz, 27 de maio de 1987, BR 205; Correspondência de Gerhard Orgler, 19 de maio de 1981, BR 422; e Correspondência com Inge Schweizer, 19 de maio de 1981, BR 507, Arquivos da Alte Synagoge, Essen. Schweizer estava a cargo da Jüdische Winterhilfe, uma organização social beneficente que atuou entre a metade e o final da década de 1930 e, também, exerceu um papel de liderança na metade dos anos 30 na publicação do boletim da sinagoga, o *Jüdisches Gemeindeblatt*.
67. Entrevista com Marianne, 2 de novembro de 1988, IN 327, registrada nos Arquivos da Alte Synagoge, Essen.
68. Entrevista com Lotti, 2 de novembro de 1988, IN 291, registrada nos Arquivos da Alte Synagoge, Essen.
69. Entrevistas com Lotti (IN 291) e Marianne (IN 327), em 2 de novembro de 1988, registradas nos Arquivos da Alte Synagoge, Essen.
70. *Ibid.*
71. Entrevista com Ernest Kaufman, 8 de maio de 2009, Lumberton, New Jersey, realizada por Rebecca Boehling.
72. *Ibid.*
73. Entrevista com Marianne Bachrach Luedeking, 10 de novembro de 2006, Miami, Flórida, realizada por Rebecca Boehling. Kurt e sua esposa continuariam amigos dos Neufeld, convivendo socialmente com eles, mesmo depois de todos emigrarem para a Palestina. Marianne manteve contato com a filha de Julius Bachrach e Olga Neufeld Bachrach, também chamada Marianne, depois de ambas terem emigrado para os Estados Unidos.
74. Hans-Jürgen Schreiber, "Die Familie Loewenstein", esboço de ensaio para o estudo dos judeus de Altenessen, Essen, 2005.
75. Entrevista com Marianne, 2 de novembro de 1988, IN 327, registrada nos Arquivos da Alte Synagoge, Essen.
76. O apoio para o "chamado às armas" foi dado pela sede nacional da Centralverein em Berlim e publicado no *Allgemeine Zeitung des Judentums* de agosto de 1914, 32, 7.
77. Entrevista com Suzanne Ostrand-Rosenberg, 3 de maio de 2006, Baltimore, Maryland, realizada por ambas as autoras.
78. Alex e Selma Steinberg para Felix Kaufmann (primo de Selma), 11 de outubro de 1915, OC. Gustav Kaufmann tinha 36 anos quando morreu.
79. Friedman, *Lion and the Star*, 22.

80. Pulzer, *Jews and the German State*, 206. Ver também Rachel Heuberger, *Hinaus aus dem Ghetto: Juden in Frankfurt am Main, 1800-1950* (Frankfurt: Fischer Verlag, 1988), 132.
81. Fac-símile da carta de 2 de novembro de 1917 de Lord Balfour, ministro das Relações Exteriores da Grã-Bretanha, para Lord Rothschild. www.mfa.gov.il/MFA/Peace+Process/Guide+to+the+Peace+Process/The+Balfour+Declaratiom.html.
82. Friedman, *Lion and the Star*, 22.
83. Schreiber, "Geschichte der Altenessener Jüdinnen und Juden", 20f.
84. Friedman, *Lion and the Star*, 23.
85. Entrevista com Suzanne Ostrand-Rosenberg, 3 de maio de 2006, Baltimore, Maryland, realizada por ambas as autoras.
86. Correspondência de Lotti com os arquivos da Alte Synagoge, 18 de novembro de 1986, BR 165, Arquivos da Alte Synagoge, Essen.
87. Entrevista com Marianne, 2 de novembro de 1988, IN 327, registrada nos Arquivos da Alte Synagoge, Essen.
88. Entrevista com Alicia Frohmann, 27 de abril de 2005, Miami, Flórida, realizada por Rebecca Boehling. Alicia lembrou que sua mãe Lotti sempre dizia que aquela era a única fotografia que mostrava seus pais como eles realmente eram e como ela escolhera guardar como lembrança deles juntos. Lotti a conservara ao lado de sua cama em todos os lugares em que morara até a morte em março de 2003.
89. Schreiber, "Geschichte der Altenessener Jüdinnen und Juden", 20f.
90. De Selma para Marianne, 15 de agosto de 1923, Altenessen, OC.
91. Schreiber, "Geschichte der Altenessener Jüdinnen und Juden", 22. *Schlagball* é um jogo semelhante ao beisebol.
92. De Selma para Marianne, 15 de agosto de 1923, Altenessen, OC.
93. Monika Richarz (org.), *Jüdisches Leben in Deutschland: Sewlbstzeugnisse zur Sozialgeschichte, 1918-1945*, vol. III (Stuttgart: Deutsche Verlags-Anstalt, 1982), 13. Cf. Friedman, *Lion and the Star*, 28f. De acordo com Friedman, de 1900 a 1930, o índice de casamentos mistos passou de 8% para 22%, mas as estatísticas relativas à República de Weimar foram distorcidas pelo fato de o índice de casamentos entre os judeus estar em total declínio, de maneira que, embora os índices de casamento misto tenham aumentado proporcionalmente no período de trinta anos como um todo, seu número real não aumentou muito. Em 1930-1932, em plena Grande Depressão, o número de casamentos mistos diminuiu.
94. Friedman, *Lion and the Star*, 23.
95. *Ibid.*
96. *Ibid.*, 26. Cf. Richarz, *Jewish Life in Germany*, 7. Richarz atribui o aumento das conversões ao aumento do antissemitismo. As pessoas que abandonavam a comunidade judaica não eram mais contadas formalmente como judias.
97. Friedman, *Lion and the Star*, 30.

98. Entrevistas com Marianne (IN 327) e Lotti (IN 291), 2 de novembro de 1988, registradas nos Arquivos da Alte Synagoge, Essen. Até setembro de 1933, Marianne manteve um diário que classificou como "Mein Tagebuch", citado aqui como seu diário. Depois disso, escreveu anotações pessoais num caderno do tipo composição, referido aqui como caderno de notas. Ver Diário de Marianne dos anos 1920 até 1933 e seu Caderno de Notas de 1933 em diante, bem como diversos cartões-postais e outras recordações, OC. Cf. entrevista com Alicia Frohmann, 7 de abril de 2010, Washington, DC, realizada por Rebecca Boehling.
99. Entrevistas com Marianne (IN 327) e Lotti (IN 291), 2 de novembro de 1988, registradas nos Arquivos da Alte Synagoge, Essen.
100. Entrevista com Marianne, 2 de novembro de 1988, IN 327, registrada nos Arquivos da Alte Synagoge, Essen.
101. O Caderno de Notas de Marianne – que ela escreveu como uma espécie de diário – descreve em detalhes esses desdobramentos, OC.
102. Friedman, *Lion and the Star*, 43.
103. Richarz, *Jewish Life in Germany*, 16.
104. *Ibid.*, 24.
105. De Lotti para Marianne, 31 de janeiro de 1930, Munique, OC. Os familiares e amigos de Marianne passaram a chamá-la cada vez mais de Nanna.
106. De Lotti para Marianne, 31 de janeiro de 1931, Berlim, OC.
107. *Ibid.*
108. De Lotti para Marianne, 11 de agosto de 1931, Kiel, OC.
109. De Kurt para Lotti e Marianne, 6 de maio de 1931, Altenessen, OC.
110. *Ibid.*
111. Entrevista com Marianne, 2 de novembro de 1988, IN 327, registrada nos Arquivos da Alte Synagoge, Essen.
112. De Selma para Lotti e Marianne, 6 de maio de 1931, Altenessen, OC.
113. De tia Henny para as *Mädchen* (meninas) Marianne e Lotti, 6 de maio de 1931, Altenessen, OC.
114. Na realidade, os netos de Selma se surpreenderam ao saber da existência da tia Emma, uma vez que seus pais raramente haviam mencionado seu nome – se é que alguma vez mencionaram. De acordo com várias entrevistas realizadas pelas autoras com os netos de Selma – os filhos de Marianne, Sue e Tom; os filhos de Lotti, Alicia e Michael; e o filho de Kurt, Gideon.
115. De Selma para Marianne, 1º de dezembro de 1931, Altenessen, OC.
116. De Kurt para Lotti, 11 de setembro de 1932, Altenessen, Frohmann Collection (daqui em diante referida apenas como FC).
117. De Henny para Lotti, sem data exata, mas no início de novembro de 1932, Altenessen, FC. Marianne não conseguiu estudar na Áustria quando os nazistas tomaram o poder em janeiro de 1933. Em seu lugar, ela se matriculou mais perto de casa, em Düsseldorf.

118. A visita de Rebecca Boehling a Altenessen e seu exame de uma série de mapas históricos no Essen Stadtarchiv, no verão de 2009, confirmaram o novo vizinho no endereço ao lado.

3. A PERDA DO PRÓPRIO NEGÓCIO E DA CIDADANIA: A LOJA GESCHWISTER KAUFMANN, 1933-1938

Pelo fato de as cartas da geração mais velha só terem sido guardadas de forma sistemática a partir de meados de 1938, quando Marianne emigrou da Alemanha, o reservatório factual de palavras de Selma e Henny correspondente aos primeiros cinco anos do Terceiro Reich é bastante escasso. Por isso, este capítulo baseia-se, sobretudo, no Diário de Marianne, nos cartões-postais e nas fotografias, nas entrevistas posteriores à guerra com os Steinberg filhos, netos e primos, bem como em relatos de testemunhas oculares e fontes secundárias de literatura sobre o período.

1. Diário de Marianne, 19 de junho de 1933, Düsseldorf, OC.
2. *Jüdische Rundschau*, 10 de março de 1933, conforme citação em: Dirk van Laak, "Wenn einer ein Herz im Leibe hat, der lässt sich von einem deutschen Arzt behandeln: Die 'Entjudung' der Essener Wirtschaft von 1933 bis 1941" em Alte Synagoge (org.), *Entrechtung und Selbsthilfe: Zur Geschichte der Juden in Essen unter dem Nationalsozialismus*. Studienreihe der Alten Synagoge, vol. IV (Essen: Klartext, 1994), 18. Naquele mesmo mês de março, o prefeito de Essen ordenou que todas as repartições municipais deixassem de comprar em lojas de judeus.
3. Marianne Steinberg Ostrand, "Talk about My Invitation and Visit from October 31 to November 7, 1988 to Essen in West Germany, the City of my Birth", na Hadassah [organização de mulheres judias] de Tenafly, New Jersey, em 20 de julho de 1989, OC. Marianne lembrou que apenas seis famílias de judeus moravam em Altenessen quando os nazistas chegaram ao poder. Isso significaria que o tamanho médio das famílias deveria ser de sete pessoas, e ela devia, portanto, estar se referindo a famílias extensas.
4. Hans-Jürgen Schreiber, "Die Familie Steinberg-Kaufmann", esboço de ensaio preparatório para um estudo dos judeus de Altenessen, Essen, 2005, I. Cf. van Laak, "Herz im Leibe", 19.
5. Na realidade, já em julho de 1933 todos os atos de discriminação contra as grandes lojas de departamentos de judeus foram temporariamente proibidos pelo regime devido ao impacto negativo tanto no plano doméstico como no internacional. Ver Otto Dov Kulka e Eberhard Jäckel (orgs.), *Die Juden in den geheimen NS-Stimmungsberichten 1933-1945* (Düsseldorf Droste Verlag, 2004), 591.
6. Van Laak, "Herz im Leibe", 18.
7. Doris L. Bergen, *War and Genocide: A Concise History of the Holocaust* (Lanham, Maryland: Rowman and Littlefield, 2003), 61f.

8. As cláusulas "arianas" — ou parágrafos — foram derivadas dos estatutos de diversos clubes, associações profissionais e partidos políticos do século XIX, exatamente quando os judeus estavam sendo assimilados pela economia e pela sociedade alemãs. No Terceiro Reich, essas práticas discriminatórias explícitas se tornaram a política oficial do governo e a prática abertamente pública. Ver "Aryan Paragraph", em Walter Laqueur e Judith Tydor Baumel (orgs.), *The Holocaust Encyclopedia* (New Haven e Londres: Yale University Press, 2001), 32.

9. Em abril de 1933, os nazistas aprovaram a "Lei pela Restauração do Exercício Público das Profissões" para excluir os opositores do regime e os assim chamados "não arianos" — aqueles que tinham pelo menos um dos pais ou avós não arianos — de qualquer emprego em todos os setores públicos. Esses decretos em conjunto com outras medidas nazistas contra os considerados racialmente indesejáveis impediram que até 867 mil judeus e outros "não arianos" entrassem ou exercessem suas profissões, estudassem nas universidades ou concluíssem seus cursos na Alemanha nazista. Ver Herbert Strauss, "Jewish Emigration from Germany, Part I", *Leo Baeck Institute Yearbook (LBIYB)* (1980), 326.

10. Yehuda Bauer, *A History of the Holocaust*, ed. rev. (Danbury, Connecticut: Franklin Watts, 2001), 109f. Ver também Strauss, "Jewish Emigration", 342ff. Cf. Saul Friedländer, *Nazi Germany and the Jews: The Years of Persecution, 1933-1939*, vol. I (Nova York: HarperCollins, 1997), 24f. Um bom resumo da controvérsia histórica referente à questão de Schacht ter ou não protegido de alguma maneira as empresas de judeus e, no caso de ter protegido, de isso representar um indício de sua relativa falta de antissemitismo pode ser encontrado em Frank Bajohr, "*Aryanisation" in Hamburg: The Economic Exclusion of Jews and the Confiscation of Their Property in Nazi Germany*, trad. G. Wilke (Nova York e Oxford: Berghahn Books, 2002), 2f.

11. Strauss, "Jewish Emigration", 342ff.

12. Bauer, *A History of the Holocaust*, 131.

13. Avraham Barkai, *From Boycott to Annihilation: The Economic Struggle of the Jews, 1933-1943*, trad. William Templer (Hanover, N. H. e Londres: University Press of New England, 1989), 99f e 173. Essa taxa de deságio não deve ser confundida com a taxa de emigração ou *Auswanderungsabgabe*, que foi imposta em fevereiro de 1939 sobre todos os emigrantes judeus, além e afora a taxa de saída cobrada pelo Reich, que todos os emigrantes tinham de pagar. A justificativa para a cobrança dessa taxa de emigração, a *Auswanderungsabgabe*, era que os judeus mais ricos que estavam emigrando deviam financiar a emigração dos judeus indigentes. De maneira que, em fevereiro de 1939, três diferentes taxas eram cobradas dos judeus emigrantes: a taxa de emigração (*Auswanderungsabgabe*), a taxa de saída cobrada pelo Reich e mais a taxa de deságio.

14. Em 1939, os emigrantes só podiam levar para fora do país bens de uso pessoal, mas esses também estavam sujeitos à taxa de deságio que tinha de ser descontada das contas bloqueadas no Deutsche Golddiskontbank ou Dego. Em alemão, esse

deságio era muitas vezes chamado de *Dego-Abgabe*. Ver Bajohr, "*Aryanisation*" in *Hamburg*, 121f.
15. Barkai, *From Boycott to Annihilation*, 100. Cf. Strauss, "Jewish Emigration", 342ff.
16. Barkai, *From Boycott to Annihilation*, 49f. Na realidade, muitos judeus ricos emigraram nos primeiros meses depois da chegada dos nazistas ao poder, antes da nazificação de todos os órgãos do governo e quando ainda era possível liquidar os bens sem perdas significativas de capital. Apesar do câmbio controlado, alguns emigrantes conseguiram transferir fundos para o exterior nos primeiros anos do regime.
17. Strauss, "Jewish Emigration", 342ff.
18. Barkai, *From Boycott to Annihilation*, 49f.
19. Paul A. Shapiro e Martin C. Dean, "Prefácio", em *Confiscation of Jewish Property in Europe, 1933-1945: New Sources and Perspectives*, Atas do Simpósio de Estudos Avançados sobre o Holocausto realizado no United States Holocaust Memorial Museum Center, Washington, janeiro de 2003 (Washington, DC: United States Holocaust Memorial Museum, 2003), 7.
20. Entrevista com Lotti, 2 de novembro de 1988, IN 291, registrada nos Arquivos da Alte Synagoge, Essen.
21. *Ibid*. Lotti relata nessa entrevista o conteúdo da carta de sua tia Henny.
22. *Ibid*. Adolf Holzgreve, dono da empresa de transportes de Altenessen, serviu de testemunha do casamento civil de Selma e Alex em 15 de setembro de 1905. Bertie Holzgreve foi descrita por Lotti como uma jovem vizinha cujo avô tinha uma casa enorme em Essen. É provável que Bertie fosse parente de Adolf Holzgreve.
23. *Ibid*.
24. *Ibid*.
25. Caderno de Notas de Marianne, 24 de fevereiro de 1935, Altenessen, OC.
26. Após a promulgação das Leis de Nuremberg, o governo nazista obrigou, em 1936, a Associação Central de Cidadãos Alemães de Fé Judaica (a Centralverein) a mudar seu nome para Associação Central de Judeus. Essa exigência de mudança de nome era um claro reflexo da política nazista de negar aos judeus alemães o direito de cidadania.
27. Ernst Herzfeld, "Assimilation, Dissimilation, Auswanderung", *C.V. Zeitung*, XVI/8 (Fevereiro de 1937), 25.
28. Barkai, "*Wehr dich!*", 345.
29. S. Adler-Rudel, *Jüdische Selbsthilfe unter dem Naziregime, 1933-1939* (Tübingen: J. C. B. Mohr, 1974), 73.
30. Mark M. Anderson (org.), *Exiles: Personal Stories of the Flight from Nazi Germany to America* (Nova York: The New Press, 1998), 4.
31. Friedländer, *Nazi Germany and the Jews*, 142f. Cf. Daniel Fraenkel, "Nuremberg Laws", em Laqueur e Tydor Baumel (orgs.), *The Holocaust Encyclopedia*, 451ff.

304 Sob o Fantasma do Holocausto

32. Entrevista com Lotti, 2 de novembro de 1988, IN 291, registrada nos Arquivos da Alte Synagoge, Essen.
33. De Lotti para Marianne, 5 de dezembro de 1938, Tel Aviv, OC.
34. Adler-Rudel, *Jüdische Selbsthilfe*, 73.
35. Entrevista com Lotti, 2 de novembro de 1988, IN 291, registrada nos Arquivos da Alte Synagoge, Essen.
36. Kaplan, *Between Dignity and Despair*, 39.
37. Caderno de Notas de Marianne, 31 de dezembro de 1935, Berna. Ver também De Marianne para Lotti, 2 de março de 1936, Altenessen, OC.
38. De Marianne para Lotti, 25 de março de 1936, Altenessen.
39. Fraenkel, "Nuremberg Laws", 451ff.
40. Porém, ela teria uma recaída no fim do outono e no inverno de 1938-1939. Ver De Lotti para Marianne, 9 de janeiro de 1939, Tel Aviv, OC.
41. Entrevista com Ernest Kaufman, 11 de maio de 2005, Lumberton, New Jersey, realizada por Uta Larkey.
42. Entrevista com Ernest Kaufman, 29 de março de 2005, Lumberton, New Jersey, realizada por Rebecca Boehling.
43. Caderno de Notas de Marianne, 10 de fevereiro de 1937, Colônia-Braunsfeld, OC.
44. As liquidações na Alemanha eram e são rigorosamente regulamentadas por lei e só podem ser realizadas em certas épocas e em certas condições.
45. Caderno de Notas de Marianne, 10 de fevereiro de 1937, Colônia-Braunsfeld, OC.
46. *Ibid.*
47. Essen tinha uma população total próxima de meio milhão de habitantes, com aproximadamente 4.935 judeus em novembro de 1932 e 3.915 em novembro de 1935. Hans-Jürgen Schreiber, "Übersicht über die Geschichte der Juden in Altenessen", esboço de ensaio para o estudo sobre os judeus de Altenessen, Essen, 2005, 4. Tabela demográfica compilada por Schreiber do *Essener Volkzeitung and Statistik des Landkreises Essen*.
48. Kulka e Jäckel, *Geheime NS-Stimmungsberichte*, 615. Göring foi encarregado do "problema judaico" em 1938 e mais tarde formalmente responsabilizado pela implementação da Solução Final.
49. *Ibid.*, 618f. O processo de "arianização" daria um passo à frente em 4 de janeiro de 1938, quando novas leis foram instituídas para impedir o disfarce de negócios de judeus, e, em 22 de abril, foram formalizadas punições severas para todo alemão não judeu que tivesse ajudado a disfarçar empresas de judeus.
50. Entrevista com Lotti, 2 de novembro de 1988, IN 291, registrada nos Arquivos da Alte Synagoge, Essen.
51. Caderno de Notas de Marianne, 27 de setembro de 1937, Colônia, OC.

52. Raul Hilberg, *The Destruction of the European Jews* (Teaneck, New Jersey: Holmes and Meier, 1985), 118f.
53. De Selma e Henny para Marianne, 21 de junho de 1938, Essen, OC.
54. De Selma para Marianne, 24 de junho de 1938, Essen, OC.
55. De Selma para Marianne, 10 de julho de 1938, Essen, OC.
56. De Selma para Marianne, 30 de junho de 1938, Essen, OC.
57. Entrevista com Marianne Bachrach Luedeking, 10 de novembro de 2006, Miami, Flórida, realizada por Rebecca Boehling. Olga e seu marido Julius jamais voltariam a ver sua filha Marianne Bachrach.
58. De Selma para Marianne, 24 de junho de 1938, Essen, OC.
59. De Selma para Marianne, 30 de junho de 1938, Essen, OC.
60. De Lotti e Hans para Marianne e Arnold, 4 de julho de 1943, Tel Aviv, OC.
61. De Henny para Marianne, 12 de julho de 1938, Essen, OC.
62. De Kurt para Marianne, 22 de julho de 1938, Frankfurt, OC.
63. De Selma para Marianne, 17 de julho de 1938, Essen, OC.
64. O sobrenome de casada de Johanna era Moses. De Kurt para Marianne, 23 de agosto de 1938, Frankfurt, OC.
65. De Henny para Marianne, 16 de julho de 1938, Essen, OC.
66. Bauer, *A History of the Holocaust*, 114f. Yehuda Bauer observou que os judeus que operavam seus próprios negócios ou exerciam a advocacia ou a medicina em escritórios/consultórios particulares estavam em melhor situação do que aqueles que exerciam cargos públicos ou governamentais. Observa também que as condições mesmo para os primeiros tornaram-se cada vez mais difíceis graças aos boicotes não oficiais, entre outras coisas. Ele argumenta que o momento decisivo ocorreu na primavera de 1938, com as diversas medidas para identificar o que era propriedade de judeus.
67. De Selma para Marianne, 17 de julho de 1938, Essen, OC.
68. Eugen pode ter sido Eugen Roer, filho da irmã mais velha de Selma, Julie, que havia se casado com o dono de um negócio de couro, ou Eugen Kaufmann, que havia sido banqueiro em Duisburg e era filho do primo em primeiro grau de Selma, Julius Kaufmann, o parente que criou e instruiu Selma em Duisburg quando ela ficou órfã. De Miryam Shomrat para Rebecca Boehling, 24 de outubro de 2011, Viena, e-mail baseado na árvore genealógica meticulosamente elaborada por seu pai Kurt (Steinberg Sella). Ver também Kurt Steinberg, "Stammbaum Kaufmann", em "Arquivo da Kaufmann-Steinberg", 1934-1938, manuscrito inédito.
69. De Selma para Marianne, 17 de julho de 1938, Essen, OC. A *Auflassung* refere-se ao momento da aceitação da oferta de compra, antes do fechamento do negócio.
70. Documentos de Marianne relativos aos processos de reparação, OC.
71. Listas de endereços da cidade de Essen, Stadtarchiv Essen.
72. De Lotti para Marianne, 16 de agosto de 1938, Tel Aviv, OC.
73. De Kurt para Marianne, 22 de julho de 1938, Frankfurt, OC.

74. De Kurt para Marianne, 19 de fevereiro de 1939, Tel Aviv, OC.
75. O senhor Reising, que comprou a propriedade de Gronau, era um antigo inquilino do imóvel. A placa da loja do senhor Reising já aparecia na porta de entrada na fotografia de 1934.
76. Documentos de Marianne relativos aos processos de reparação, OC.
77. De Henny para Marianne, 6 de novembro de 1938, e de Selma para Marianne, 22 de novembro de 1938, Essen, OC.
78. Judeus alemães e austríacos sem visto conseguiam, às vezes, se refugiar em Xangai. No verão de 1938, depois da *Anschluss* [anexação] da Áustria pela Alemanha em março, a comunidade judaica de Viena descobriu que não havia exigência de visto para entrar numa área de Xangai conhecida como International Settlement. Em junho de 1939, quase 10 mil judeus alemães e austríacos viajaram pela estrada de ferro Transiberiana e chegaram, muitas vezes com poucos recursos financeiros, a Xangai (Bauer, *A History of the Holocaust*, 139). Aparentemente, nenhum dos membros da família Kaufmann-Steinberg chegou a considerar essa possibilidade. Os judeus mais idosos não conseguiriam realizar facilmente essa jornada e, em geral, ainda não haviam chegado a tamanho desespero a ponto de considerar essa possibilidade.
79. De Selma para Marianne, 1º de outubro de 1938, Essen, OC.
80. De Henny para Marianne, 6 de novembro de 1938, e de Selma para Marianne, 22 de novembro de 1938, Essen, OC.
81. Leo Grünebaum, "'Jews Not Welcome' in Hotels", em Margarete Limberg e Hubert Rübsaat (orgs.), *Germans No More: Accounts of Jewish Everyday Life, 1933-1938*, trad. Alan Nothnagle (Nova York e Oxford: Berghahn Books, 2006), 69.

4. OBSTÁCULOS PROFISSIONAIS E DIFICULDADES PESSOAIS: LOTTI E MARIANNE, 1933-1938

1. Entrevista com Marianne, em 2 de novembro de 1988, IN 327, registrada nos Arquivos da Alte Synagoge, Essen.
2. Diário de Marianne, 19 de junho de 1933, Düsseldorf, OC.
3. *Ibid.*
4. Barkai, *From Boycott to Annihilation*, 29f.
5. *Ibid.*
6. O currículo (Lebenslauf) de Marianne, arquivos de documentos relativos aos processos de reparação, OC.
7. Kulka e Jäckel, *Geheime NS-Stimmungsberichten*, "Zeittafel", 589. Ver também a *Reichsgesetzblatt* (RGBl), I, 225-6.
8. RGBl.I, 969.
9. Diário de Marianne, 30 de junho de 1933, Düsseldorf, OC.

10. Michael Kater, *Doctors under Hitler* (Chapel Hill e Londres: University of North Carolina Press, 1989), 183.
11. Caderno de Notas de Marianne, 6 de março de 1934, Altenessen, OC.
12. Diário de Marianne, 19 de junho de 1933, Düsseldorf, OC.
13. Bruno Blau, *Das Ausnahmerecht für die Juden in Deutschland, 1933-1945*, 3ª ed. (Düsseldorf: Verlag Allgemeine Wochenzeitung der Juden in Deutschland, 1965), Nr. 45, 25. Ver também Kulka e Jäckel, *Geheime NS-Stimmungsberichte*, "Zeittafel", 595.
14. Declaração de Lotti aos Arquivos da Alte Synagoge, Essen, 11 de maio de 1984, BR 164.
15. Caderno de Notas de Marianne, 18 de novembro de 1933, Cardiff, OC.
16. Ver as seguintes leis: RGBl.I, 350 (2 de junho de 1933); RGBl.I, 983 (20 de novembro de 1933): RGBl.I, 192 (13 de fevereiro de 1935); RGBl.I, 594 (9 de maio de 1935). Depois de 5 de fevereiro de 1934, os estudantes de medicina "não arianos" e os futuros dentistas não tinham mais permissão para realizar exames para obtenção de seus registros profissionais. Blau, *Ausnahmerecht*, 25.
17. Diário de Marianne, 6 de junho de 1933, Altenessen, OC.
18. *Ibid.*, 19 de junho de 1933, Düsseldorf, OC. Ver também Trudi Maurer, "From Everyday Life to a State of Emergency: Jews in Weimar and Nazi Germany", em Kaplan (org.), *Jewish Daily Life in Germany*, 306ff.
19. Hartmut Steinecke, "Einführung I, Deutschland", em Jenny Aloni, "*Ich muss mir diese Zeit von der Seele schreiben...*" (Paderborn: Ferdinand Schöningh, 2006), 34. Ver também Dvora Hacohen, "British Immigration Policy to Palestine in the 1930s: Implications for Youth Aliah", *Middle Eastern Studies*, 37/4 (Outubro de 2001), 206-18.
20. Os empresários prósperos também encontravam mais facilidades para imigrar do que a maioria dos profissionais, pelo menos enquanto podiam levar consigo seus recursos. Entre os principais países para onde os judeus alemães tinham mais probabilidade de imigrar durante o Terceiro Reich estavam os Estados Unidos, a Palestina, a Grã-Bretanha e a Argentina. Ver A. Kruse e E. Schmitt, *Wir haben uns als Deutsche gefühlt* (Darmstadt: Steinkopff, 2000), 6. Cf. Richarz (org.), *Jewish Life in Germany*, 34f.
21. Barkai, *From Boycott to Annihilation*, 11.
22. Diário de Marianne, 19 de junho de 1933, Düsseldorf, OC.
23. Entrevista com Lotti, 2 de novembro de 1988, IN 291, registrada nos Arquivos da Alte Synagoge, Essen.
24. Entrevista com Marianne, 2 de novembro de 1988, IN 327, registrada nos Arquivos da Alte Synagoge, Essen.
25. Bernd Schmalhausen, *Schicksale jüdischer Juristen aus Essen, 1933-1945* (Bottrup e Essen: Pomp, 1994), 118.
26. Entrevista com Marianne, em 2 de novembro de 1988, IN 327, registrada nos Arquivos da Alte Synagoge, Essen. Nem mesmo em 1988 Marianne considerou seu

envolvimento com Edgar um fator para que tenha sido convocada a comparecer à sede local do Partido Nazista, mas essa ligação com ele pode muito bem ter sido um motivo para ela ser interrogada.

27. Diário de Marianne, 21 de agosto de 1932, Würzburg, OC. Marianne deu a entender em seu diário que Edgar pudesse ter tido algumas arengas com membros da SA antes da chegada dos nazistas ao poder. Se Alfred compartilhava as opiniões políticas de Edgar, isso não fica claro, mas se era comunista ou alguém que demonstrasse ser antinazista, isso poderia explicar o porquê dele ter sido morto pela SA na primavera de 1933.
28. Entrevista com Marianne, 2 de novembro de 1988, IN 327, registrada nos Arquivos da Alte Synagoge, Essen. No começo do regime, os comunistas constituíam o grupo mais visado pelos nazistas. Ver Friedländer, *Nazi Germany and the Jews*, 17.
29. Diário de Marianne, 30 de junho de 1933, Düsseldorf, OC.
30. Entrevista com Marianne, em 2 de novembro de 1988, IN 327, registrada nos Arquivos da Alte Synagoge, Essen.
31. De Edgar Meyer para Marianne, 5 de julho de 1933, Würzburg, OC. Edgar confessa que, embora esteja satisfeito com seu trabalho em Würzburg, não fazia nenhuma objeção a trabalhar no exterior.
32. Entrevista com Marianne, em 2 de novembro de 1988, IN 327, registrada nos Arquivos da Alte Synagoge, Essen.
33. Deborah Dwork e Robert Jan van Pelt, *Flight from the Reich: Refugee Jews, 1933-1946* (Nova York e Londres: W. W. Norton, 2009), 18. Contudo, nem todos os refugiados alemães que cruzaram a fronteira de fato imigraram. A França, entretanto, impôs suas restrições para a concessão de vistos a refugiados alemães em 1933.
34. Entrevista com Marianne, em 2 de novembro de 1988, IN 327, registrada nos Arquivos da Alte Synagoge, Essen. Ver Deutsches Studentwerk E.V. to Frl. Marianne Steinberg, 11 de julho de 1933. Marianne Ostrand Collection, AR 5823, Leo Baeck Institute, Nova York.
35. Deutsches Studentwerk E.V. to Frl. Marianne Steinberg, 16 de março de 1933, Marianne Ostrand Collection, AR 5823, Leo Baeck Institute, Nova York. Apesar de Kurt nunca ter aceitado esse estipêndio, ele foi informado de que teria de reembolsá-lo antes de poder emigrar. Ver Hanna Levy Sella, "Bericht über meine Erlebnisse in der Nazi-Zeit", 1988, BR 517, Arquivos da Alte Synagoge, Essen.
36. Deutsches Studentwerk E.V. to Frl. Marianne Steinberg, 11 de julho de 1933, Marianne Ostrand Collection, AR 5823, Leo Baeck Institute, Nova York.
37. Diário de Marianne, 21 de setembro de 1933, Altenessen, OC.
38. Entrevista com Marianne, em 2 de novembro de 1988, IN 327, registrada nos Arquivos da Alte Synagoge, Essen. Marianne conseguiu trabalho com famílias de judeus na Inglaterra em troca de casa e comida, mas por um salário muito baixo.
39. *Ibid.*

40. Caderno de Notas de Marianne, 24 de outubro de 1933, Cardiff, OC. Conforme observou a historiadora Marion Berghahn, a maioria dos judeus alemães emigrados tinha reações semelhantes diante do desejo de retornar à vida que haviam levado antes do Terceiro Reich na Alemanha e uma reação negativa à vida na Inglaterra no início dos anos 30. Ver Marion Berghahn, *Continental Britons: German-Jewish Refugees from Nazi Germany*, ed. rev. (Nova York e Oxford: Berghahn Books, 2007), 77.
41. Caderno de Notas de Marianne, 18 de novembro de 1933, Cardiff, OC.
42. *Ibid.*, 10 de novembro de 1933, Cardiff, OC.
43. *Ibid.*, 9 de dezembro de 1933, Londres, OC.
44. *Ibid.*, 22 de janeiro de 1934, Londres, OC.
45. *Ibid.*, 2 de fevereiro de 1934, Londres, OC.
46. *Ibid.*, 9 de dezembro de 1933, Londres, OC. Ver também entrevista com Marianne, 2 de novembro de 1988, IN 327, registrada nos Arquivos da Alte Synagoge, Essen. Parece que os Lauterbach a apresentaram a Ramona Goodman, representante da WIZO em Londres, com quem ela se correspondeu em 1934 e 1936. A WIZO foi fundada em 1920 como seção feminina da Federação Sionista.
47. Marianne Steinberg Ostrand, "Introductory Notes to Hadassah Talk, April 1990", OC.
48. De Ramona Goodman para Marianne, 1º de março de 1934, Soldiers Green, OC.
49. Do professor doutor Albert Eckstein para Marianne, 6 de dezembro de 1933, Düsseldorf, OC.
50. Caderno de Notas de Marianne, 9 de dezembro de 1933, Londres, OC. Ver também o *Lebenslauf* (*curriculum vitae*) de Marianne, arquivo de documentos relativos ao processo de reparação, OC, e sua entrevista registrada nos Arquivos da Alte Synagoge, Essen.
51. Caderno de Notas de Marianne, 9 de dezembro de 1933, Londres, OC.
52. *Ibid.*, 2 de fevereiro de 1934, Londres, OC.
53. Marianne Steinberg Ostrand, "Introductory Notes to Hadassah Talk, April 1990", OC.
54. Caderno de Notas de Marianne, 6 de março de 1934, Altenessen, OC.
55. *Ibid.*
56. *Ibid.*, 18 de novembro de 1933, Londres, OC.
57. *Ibid.*, 3 de março de 1934, Altenessen, OC. Marianne escreveu: "Que vergonha ... Sinto pena de minha irmã Lotti".
58. Adler-Rudel, *Jüdische Selbsthilfe*, 141.
59. Kulka e Jäckel, *Geheime NS-Stimmungsberichte*, "Zeittafel", 602.
60. Um médico ou dentista alemão que não atendia pelo sistema de seguro social provido pelo Estado precisava ter uma clientela de celebridades endinheiradas que lhe pagassem diretamente pelos serviços ou não sobreviveria financeiramente na profissão.

61. Entrevista com Lotti, 2 de novembro de 1988, IN 291, registrada nos Arquivos da Alte Synagoge, Essen.
62. De Heiner Frohmann para Lotti, Buenos Aires, 9 de julho de 1945, FC.
63. Caderno de Notas de Marianne, 18 de novembro de 1933, Londres, OC.
64. Entrevista com Lotti, 2 de novembro de 1988, IN 291, registrada nos Arquivos da Alte Synagoge, Essen.
65. Entrevista com Alicia Frohmann, 27 de abril de 2005, Miami, Flórida, realizada por Rebecca Boehling.
66. Entrevista com Lotti, 2 de novembro de 1988, IN 291, registrada nos Arquivos da Alte Synagoge, Essen.
67. De Heiner Frohmann para Lotti, Buenos Aires, 9 de julho de 1945, FC. Nesta carta, Heiner confessa para Lotti que recebeu a falência do negócio dele como um golpe do destino que ele mesmo teria de superar: "Em retrospecto, não entendo por que pensava dessa maneira... E então tudo se voltou contra mim".
68. Caderno de Notas de Marianne, 18 de novembro de 1933, Londres, OC.
69. De Lotti para Marianne, 30-31 de janeiro de 1934, Colônia, OC.
70. Diário de Marianne, 6 de março de 1934, Essen, OC.
71. A família de Lotti enviou-lhe um cartão-postal para o seu novo trabalho temporário no consultório dentário de Albert Sulke em Hanover já em 10 de setembro de 1933. De maneira que ela devia estar trabalhando ali parte do tempo enquanto se encontrava primeiro com Heiner e depois com Karl.
72. De Lotti para Marianne, 17 de maio de 1934, Hanover, OC.
73. Entrevista com Suzanne Ostrand-Rosenberg, 3 de maio de 2006, Baltimore, Maryland, realizada por ambas as autoras.
74. De Lotti para Marianne, 17 de maio de 1934, Hanover, OC.
75. Caderno de Notas de Marianne, 19 de julho de 1934, Düsseldorf, OC.
76. *Ibid.*, 14 de maio de 1934, Düsseldorf, OC.
77. Entrevista com Suzanne Ostrand-Rosenberg, 9 de junho de 2008, Baltimore, Maryland, realizada por Rebecca Boehling.
78. Caderno de Notas de Marianne, 14 de maio de 1934, Düsseldorf, OC.
79. *Ibid.*, 1º de junho de 1934, Düsseldorf, OC.
80. *Ibid.*, 5 de julho de 1934, Düsseldorf, OC.
81. Diário de Marianne, 21 de agosto de 1932, Würzburg, OC.
82. Caderno de Notas de Marianne, 5 de julho de 1934, Düsseldorf, OC.
83. Kater, *Doctors under Hitler*, 209f. Ver também Hacohen, "British Immigration Policy", 206ff.
84. Caderno de Notas de Marianne, 5 de julho de 1934, Düsseldorf, OC.
85. *Ibid.* Marianne foi informada sobre a prisão de Kurt (pela Gestapo) e sua soltura numa carta cifrada de sua família, dizendo que ele havia sobrevivido a uma "doença". Ver Arquivos da Gestapo, RW 58-Nr. 28.854, Kurt Alfred Steinberg, HStA Düsseldorf.

86. Edgar teria sobrevivido ao Holocausto escondido na casa de uma família cristã na França. Ver entrevista com Marianne, 2 de novembro de 1988, IN 327, registrada nos Arquivos da Alte Synagoge, Essen. Marianne, acompanhada de seu marido e de seus filhos, visitou Edgar e sua esposa e família na França na década de 1960. Cf. Entrevista com Suzanne Ostrand-Rosenberg, 6 de junho de 2008, Baltimore, Maryland, realizada por Rebecca Boehling.
87. Entrevista com Marianne, em 2 de novembro de 1988, IN 327, registrada nos Arquivos da Alte Synagoge, Essen. Para obter mais detalhes sobre a loja, veja o Capítulo 3.
88. Caderno de Notas de Marianne, 24 de fevereiro de 1935, Altenessen, OC. Michael Kater observa que, depois do expurgo de junho de 1934, aumentaram os atos de intimidação e violência contra os judeus. Ver Kater, *Doctors under Hitler*, 191. O expurgo, também conhecido como "Noite das Facas Longas", foi dirigido contra a SA sob a liderança de Ernst Röhm. Ele e outros líderes nazistas eram considerados ameaçadores para a liderança de Hitler, bem como para os antigos aliados políticos, e foram mortos pela SS.
89. Caderno de Notas de Marianne, 24 de fevereiro de 1935, Altenessen, OC. Em alemão, o nome completo de RV é Reichsvertretung der deutschen Juden.
90. *Ibid.*, 3 de agosto de 1935, Altenessen, OC.
91. *Ibid.*, 19 de julho de 1934, Düsseldorf, OC.
92. *Ibid.*, 24 de fevereiro de 1935, Altenessen, OC.
93. Ver anotações no Caderno de Notas de Marianne em 1934 e 1935, bem como entrevista com ela em 2 de novembro de 1988, IN 327, registrada nos Arquivos da Alte Synagoge, Essen.
94. Caderno de Notas de Marianne, 4 de outubro de 1935, Düsseldorf, OC. As Leis de Nuremberg proibiam as famílias judaicas de empregar mulheres não judias com menos de 45 anos para trabalhar em suas casas.
95. Marianne continuou em contato com os Calmsohns por muitos anos, mesmo depois de eles terem emigrado para a Inglaterra em 1936 e até muito depois do fim da guerra.
96. Caderno de Notas de Marianne, 4 de outubro de 1935, Düsseldorf, OC. O Yom Kippur havia acabado de ocorrer.
97. *Ibid.* Em 1938, Marianne explorou seriamente a possibilidade de trabalhar na Índia. Ela mencionou explicitamente esses fatos biográficos a respeito desse jovem, Mühlfelder, mas não disse se estava considerando a possibilidade de emigrar para a Índia ou a Suíça quando se referiu a ele.
98. De Christina Ogilvy, secretária do Relief Work do International Student Service, para Marianne, 1º de maio de 1935, Londres, OC. Ver também entrevista com Marianne, 2 de novembro de 1988, IN 327, registrada nos Arquivos da Alte Synagoge, Essen; e o arquivo de documentos relativos ao processo de reparação de Marianne, OC.

99. Caderno de Notas de Marianne, 19 de dezembro de 1935, Berna, OC.
100. *Ibid.*, 31 de dezembro de 1935, Berna, OC.
101. *Ibid.*, 2 de fevereiro de 1936, Berna, OC.
102. *Ibid.*, 30 de maio de 1936, local indefinido, mas supostamente na Alemanha, OC.
103. Désirée Aebersold e Sonja Stalder, "Da von dem Erwerb des Titels meine Zukunft abhängt", tese de licenciatura (*Lizentiatsarbeit*) não publicada no Institut für Soziologie, Schriftenreihe Kultursoziologie, Universidade de Berna, 2000, 131 e nota 206.
104. De Marianne para Christina Ogilvy, Relief Work, International Student Service, Londres, 5 de março de 1936, Berna; e Anúncio do International Student Service de abril de 1937 com respeito ao trabalho em favor dos estudantes alemães refugiados, OC.
105. Caderno de Notas de Marianne, 25 de março de 1936, Altenessen, OC. Henny havia sido submetida a uma histerectomia para a remoção de um tumor maligno.
106. De Fritz Beildeck para Marianne, 30 de maio de 1936 e 4 de junho de 1936, e cartão-postal sem data, início de junho de 1936, Essen, OC.
107. Caderno de Notas de Marianne, 11 de julho de 1936, Berna, OC. Ver também as anotações feitas em 25 de maio, 3, 6, 13 e 20 de junho.
108. De Fritz Beildeck para Marianne, 29 de agosto de 1937, Rio de Janeiro, OC.
109. De Ramona Goodman para Marianne, 23 de junho de 1936, Soldiers Green, OC. Não consta nenhuma resposta de Marianne à carta de Goodman.
110. Kater, *Doctors under Hitler*, 215f.
111. Caderno de Notas de Marianne, 10 de fevereiro de 1937, Colônia, OC.
112. Ver Barbara Becker-Jákli, *Das jüdische Krankenhaus in Köln: Die Geschichte des Israelistischen Asyls für Kranke und Altersschwache 1869 bis 1945* (Colônia: Emons Verlag, 2004), 243.
113. Mais tarde, Ursula Zade trabalharia no Israelitisches Asyl na mesma época que Marianne. Ursula Zade era filha de um médico, o doutor Hugo Zade, que trabalhava no Asyl. Pai e filha foram deportados em 21 de outubro de 1941 como líderes de um grupo de médicos que acompanhava um transporte de mil judeus de Colônia para Lodz, juntamente com Martha Zade, mãe de Ursula e esposa de Hugo. O colega deles, doutor Herbert Lewin, foi o único médico do Asyl, da época, que sobreviveu a essa deportação e às posteriores. Ver Becker-Jákli, *Das jüdische Krankenhaus*, 319, 329f., 359.
114. Caderno de Notas de Marianne, 10 de fevereiro de 1937, Colônia, OC.
115. *Ibid.*, 5 de abril de 1937, Colônia, OC.
116. *Ibid.*, 15 de maio de 1937, Colônia, OC. Depois de dar nitroglicerina a um paciente que, um pouco antes de sofrer um ataque cardíaco, havia dito a ela "Eu devo estar morrendo" e, em seguida, se recuperou, Marianne escreveu sobre o sentimento de esperança desse paciente: "Foi incrível. 'Querido Deus, muito obrigada'".

117. *Ibid.*, 5 de abril de 1937, Colônia, OC.
118. *Ibid.*, 6 de julho de 1937, Colônia, OC.
119. *Ibid.*, 25 de julho de 1937, Colônia, OC.
120. Selma havia escrito para Marianne contando sobre o noivado de Trude Löwenstein em Colônia depois da partida da filha para os Estados Unidos. Löwenstein emigraria para os Estados Unidos em meados de 1939, depois de se casar com o fotógrafo senhor Schiff.
121. Caderno de Notas de Marianne, 5 de setembro de 1937, Colônia, OC.
122. Entrevista com Alicia Frohmann, 27 de abril de 2005, Miami, Flórida, realizada por Rebecca Boehling. Ver também Caderno de Notas de Marianne, 27 de setembro de 1937, Colônia, OC.
123. De Arnold para Marianne, 22 de setembro de 1937, Stuttgart, OC. Arnold foi ao consulado americano em Stuttgart no dia 22 de setembro para entregar os documentos que faltavam para seu visto e fazer exame médico. Alguns dias depois, ele recebeu o visto, pelo que parece, pelo correio.
124. Caderno de Notas de Marianne, 11 de outubro de 1937, Colônia, OC. Informações sobre a família de Arnold da entrevista com Arnold Ostrand, 18 de fevereiro de 2004, Columbia, Maryland, realizada por ambas as autoras; e entrevista com Suzanne Ostrand-Rosenberg, 23 de abril de 2008, Baltimore, Maryland, realizada por Rebecca Boehling. Ver também cartas de Arnold para Marianne de maio de 1937 a janeiro de 1938, OC.
125. Entrevista com Suzanne Ostrand-Rosenberg, 9 de junho de 2008, Baltimore, Maryland, realizada por Rebecca Boehling.
126. Caderno de Notas de Marianne, 27 de outubro de 1937, Colônia, OC. Como indício de sua relativa prosperidade, Arnold viajou pela Europa vestindo ternos, *smoking* e casaco de peles, todos feitos especialmente para ele antes de emigrar. Em diversas cartas de seus últimos meses na Europa, ele menciona seus muitos voos através do continente e suas estadias em hotéis de luxo. Seu irmão providenciou os móveis que Arnold levaria para os Estados Unidos, talvez o que havia restado da loja de móveis da família em Leipzig. Ver de Arnold para Marianne, 24 de novembro de 1937, Berlim, OC. Cf. entrevista com Arnold Ostrand, 18 de fevereiro de 2004, Columbia, Maryland, realizada por ambas as autoras.
127. Ver verbete "USA" em PHILO-Atlas, *Handbuch für die jüdische Auswanderung* (Mainz: Philo Verlagsgesellschaft, 1998, repr. da ed. de 1938), 202f.
128. Caderno de Notas de Marianne, 21 de novembro de 1937, Colônia, OC. Arnold e Marianne disseram a seus filhos que haviam se conhecido apenas superficialmente na Alemanha e que sua relação havia começado nos Estados Unidos. Cf. entrevistas realizadas por ambas as autoras com os filhos de Marianne e Arnold: Suzanne Ostrand-Rosenberg, 3 de maio de 2006 (e posteriormente por Rebecca Boehling em 6 e 9 de junho de 2008), Baltimore, Maryland; e Thomas Ostrand, 6 de abril de 2006, Metuchen, New Jersey, realizada por ambas as autoras.

129. Caderno de Notas de Marianne, 20 de dezembro de 1937, Colônia, OC.
130. *Ibid.*, 20 de fevereiro de 1938, Colônia, OC.
131. De Arnold para Marianne, 5 de janeiro de 1938, Londres, OC.
132. Caderno de Notas de Marianne, 13 de janeiro de 1938, Colônia, OC. Cf. de Arnold para Marianne, 31 de janeiro de 1938, State College, Pensilvânia, OC.
133. Caderno de Notas de Marianne, 13 de janeiro de 1938, Colônia, OC.
134. De Arnold para Marianne, 14 e 19 de janeiro de 1938, Nova York; e 21, 25 e 31 de janeiro de 1938, State College, Pensilvânia, OC.
135. De Arnold para Marianne, 14 de janeiro de 1938, Nova York, OC.
136. De Marianne para Arnold, 23 de janeiro de 1938, Colônia, OC.
137. Kater, *Doctors under Hitler*, 211.
138. Maurice R. Davie, *Refugees in America: Report of the Committee for the Study of Recent Immigration from Europe* (Nova York: Harper & Brothers Publishers, 1947), 278.
139. *Ibid.*, 257.
140. *Ibid.*, 262.
141. *Ibid.*, 277.
142. Sibylle Quack, *Between Sorrow and Strength: Women Refugees of the Nazi Period* (Washington, D.C.: German Historical Institute, 1995), 215.
143. De Marianne para Arnold, 23 de janeiro de 1938, Colônia, OC.
144. O [órgão] Palästina-Amt tratava das questões de imigração de judeus alemães para a Palestina.
145. De Marianne para Arnold, 29 de janeiro de 1938, Colônia, OC. A carta de Lotti para Marianne não consta nos arquivos.
146. Caderno de Notas de Marianne, 3 de agosto de 1935, Düsseldorf, OC. Com o aumento do número de cartas que escreveu em 1938, ela passou a escrever cada vez menos em seu Caderno de Notas.
147. De Marianne para Arnold, 29 de janeiro de 1938, Colônia, OC.
148. De Arnold para Marianne, 21 de janeiro de 1938, State College, Pensilvânia, OC. De acordo com Suzanne Ostrand-Rosenberg, Arnold e Hendrik haviam estudado juntos em Berlim. Entrevista a Rebecca Boehling, 23 de abril de 2008, Baltimore, Maryland. Em 13 de novembro de 1937, Arnold escreveu para Marianne falando sobre um cargo de assistente no departamento de arquitetura da State College (atualmente Pennsylvania State University); parece que Andresen o ajudou a conseguir esse cargo de assistente em fevereiro de 1938.
149. Caderno de Notas de Marianne, 20 de fevereiro de 1938, Colônia, OC.
150. De Arnold para Marianne, 10 de fevereiro de 1938, State College, Pensilvânia, OC.
151. Caderno de Notas de Marianne, 20 de fevereiro de 1938, Colônia, OC.
152. Michael Kater descreve como esses médicos judeus que continuaram em hospitais e clínicas de judeus perderam seu *status* formal de doutores em setembro de 1938. Eles perderam a licença e foram rebaixados para trabalhar como *Krankenbehandler*,

que Kater traduziu como "tratadores de doentes", mas talvez o termo mais correto fosse prestadores de assistência médica. Depois do Pogrom de Novembro (*Kristallnacht*) de 1938, os médicos judeus passaram a ter de lidar com um crescente número de suicídios e detenções entre eles mesmos; passaram a ter que, cada vez mais, dar atenção espiritual, além de cuidar fisicamente dos pacientes que restavam. Dois terços dos médicos judeus que conseguiram deixar a Alemanha tinham menos de 45 anos de idade. Kater, *Doctors under Hitler*, 200ff.

153. Os irmãos Siegfried e Moritz Schweizer eram primos de segundo grau de Marianne.
154. De Marianne para Arnold, 6 de fevereiro de 1938, Essen, OC.
155. De Marianne para Arnold, 11 de fevereiro de 1938, Colônia, OC.
156. De Marianne para Arnold, 6 de fevereiro de 1938, Essen, OC.
157. De Marianne para Arnold, 1º de março de 1938, Colônia, OC.
158. De Selma para Lotti, 8 de fevereiro de 1938, Essen, FC.
159. Kater, *Doctors under Hitler*, 215f.
160. De Marianne para Arnold, 16 de fevereiro de 1938, OC. Ela escreveu também que um funcionário judeu havia advertido-a, um pouco antes dela ter tido seu pedido recusado, que a posse de uma carta de fiança não era garantia de que seria chamada para a entrevista que lhe concederia o visto.
161. De Marianne para Arnold, 1º de março de 1938, Colônia, OC.
162. De Marianne para Arnold, 22 de março de 1938, Colônia, OC.
163. De Marianne para Arnold, 9 de março de 1938, Colônia, OC.
164. De Marianne para Arnold, 22 de março de 1938, Colônia, OC.
165. Aebersold e Stalder, "Erwerb des Titels", 129. Permitir que os estudantes não precisassem estar presentes para apresentar suas dissertações era um favorecimento especial da universidade a estudantes estrangeiros como Marianne. Ver também de Marianne para Arnold, 12 de abril de 1938, Essen, OC.
166. De Marianne para Arnold, 12 de abril de 1938, Essen, OC.
167. Ohligs, a pequena cidade onde esses instrumentos eram vendidos, faz atualmente parte de Solingen.
168. De Marianne para Arnold, 12 de abril de 1938, Essen, OC.
169. De Marianne para o doutor R. J. Weingarten, 3 de maio de 1938, e para o doutor E. A. Kahn, 26 de maio de 1938 (ambos em Bombaim), Colônia, OC.
170. De Herta Poth para o consulado alemão (Bombaim), 3 de maio de 1938, Essen, OC.
171. Do doutor Weingarten para Marianne, 17 de maio de 1938, e do doutor Kahn para Marianne, 7 de junho de 1938, Bombaim, OC. Do consulado alemão em Bombaim para Herta Poth, 9 de maio de 1938, OC.
172. Estudos recentes sobre a emigração de dermatologistas alemães, especialmente envolvendo um número extraordinariamente alto de judeus (por volta de 27% em vez dos 16% do total de médicos alemães que em 1933 eram considerados judeus), revelam que menos de 2% dos dermatologistas judeus alemães que con-

seguiram emigrar da Alemanha nazista foram para a Índia. Ver A. Scholz e W. Burgdorf, "The Exodus of German Dermatologists and Their Contributions to their Adopted Countries", *Clinics in Dermatology*, 23/5 (Set./Out. 2005), 520f. Cf. Wolfgang Weyers, *Death of Medicine in Nazi Germany: Dermatology and Dermatopathology under the Swastika* (Lanham, Maryland: Madison Books, 1998).

173. De Marianne para Arnold, 13 de maio de 1938, Colônia, OC.
174. De Marianne para Arnold, 14 de abril de 1938, Essen, OC. Ver "*Unbedenklichkeitsbeischeinigung*", termo especial para designar o documento que provava que a pessoa não tinha dívidas financeiras, em PHILO-Atlas, *Handbuch*, 199f. O termo especial para provar que a pessoa não tinha antecedentes criminais era "*Polizeiliches Führungszeugnis*". Ver também Norbert Kampe, *Jewish Emigration from Germany, 1933-1942*, em Herbert Strauss (org.), *Jewish Immigrants of the Nazi Period in the USA*, vol. IV (Nova York: K. G. Saur, 1992), 276ff.
175. Havia cartazes em que escreviam "Judeus não são bem-vindos" nas janelas de muitos hotéis e restaurantes de Stuttgart. Ver Grünebaum, "'Jews Not Welcome', in Hotels", 69f.
176. De Marianne para Arnold, 20 de abril de 1938, Stuttgart, OC.
177. *Ibid.*
178. Entrevista com Marianne, 2 de novembro de 1988, IN 327, registrada nos Arquivos da Alte Synagoge, Essen.
179. De Marianne para Arnold, 1º de maio de 1938, Essen, OC.
180. De Marianne para Arnold, 4 de junho de 1938, Essen, OC.
181. Davie, *Refugees in America*, 87.
182. De Arnold para Lotti, 26 de maio de 1938, State College, Pensilvânia, OC. Marianne não conseguiu levar esse dinheiro para fora da Alemanha. Como ele chegou à Palestina, não fica claro, mas talvez tenha sido por intermédio de Lotti quando ela retornou à Palestina de sua viagem a Essen em 1937.
183. De Lotti para Marianne, 17 de junho de 1938, Tel Aviv, OC.
184. De Marianne para Arnold, 17 de junho de 1938, do trem de Colônia para Kassel, OC.
185. Caderno de Notas de Marianne, 21 de junho de 1938, Essen, OC.
186. Entrevista com Suzanne Ostrand-Rosenberg, 9 de junho de 2008, Baltimore, Maryland, realizada por Rebecca Boehling. Pelo visto, o delegado conhecia a família. Os judeus não tinham permissão para sair do país com quaisquer bens valiosos, mas Marianne conseguiu levar disfarçadamente diversos objetos de prata da família, entre outras coisas.
187. De Selma e Henny para Marianne, 21 de junho de 1938, Essen, OC.
188. Informação derivada de uma fotografia de Marianne e Arnold nas Montanhas de Berkshire, com a inscrição de Marianne "Meu primeiro fim de semana na América", OC. Ver Foto 4.6.
189. De Lotti para Marianne, 17 de junho de 1938, Tel Aviv, OC.

190. De Marianne para Arnold, 18 e 24 de julho de 1938, Nova York, OC.
191. De Selma para Marianne, 10 de julho de 1938, Essen, OC.
192. Caderno de Notas de Marianne, 21 de julho de 1938, Nova York, OC.
193. De Marianne para Arnold, 24 de julho de 1938, Nova York, OC.
194. De Selma para Marianne, 30 de junho de 1938, Essen, OC. Para mais detalhes sobre a demissão do tio Hermann, ver Capítulo 3.
195. De Kurt para Marianne, 22 de julho de 1938, Frankfurt, OC.
196. De Lotti para Marianne, 1º de julho de 1938, Tel Aviv, OC.
197. De Marianne para Arnold, 24 de julho de 1938, Nova York, OC.
198. De Lotti para Marianne, 1º de julho de 1938, Tel Aviv, OC. De sua família, apenas sua irmã Lotti fazia ideia da intensidade ou dos altos e baixos da relação de Marianne com Arnold.
199. De Marianne para Arnold, 14 e 15 de agosto de 1938, Nova York, OC. Ver também um bilhete sem data de Marianne para Arnold colocado entre as primeiras cartas de agosto.
200. De Kurt para Marianne, 22 de julho de 1938, Frankfurt, OC. Cf. de Selma para Marianne, 17 de julho de 1938, Essen, OC.
201. De Marianne para Arnold, 28 de julho de 1938, Nova York, OC.
202. Caderno de Notas de Marianne, 8 de agosto de 1938, Nova York, OC.
203. De Marianne para Arnold, 6 de outubro de 1938, Nova York; 24 de dezembro de 1938 e 6 de janeiro de 1939, Miami Beach, Flórida, OC.
204. De Marianne para Arnold, 3 de novembro de 1938, Nova York, OC.
205. A Conferência de Munique "resolveu" a crise dos sudetos na Tchecoslováquia pelo acordo assinado pelo primeiro-ministro britânico, Chamberlain, o primeiro-ministro da França, Laval, e o Duce da Itália, Mussolini, permitindo a marcha de Hitler para a anexação do Território dos Sudetos, acabando dessa maneira com a única defesa natural da Tchecoslováquia contra seu vizinho agressor, a Alemanha.
206. De Marianne para Arnold, 6 de outubro de 1938, Nova York, OC. Carta escrita em inglês. Por sugestão de Arnold, eles começaram a se corresponder regularmente em inglês.
207. *Ibid.*
208. De Marianne para Arnold, 13 de outubro de 1938, Nova York, OC.
209. De Marianne para Arnold, 23 de outubro de 1938, Nova York, OC.
210. De Marianne para Arnold, 3 de novembro de 1938, Nova York, OC.
211. De Marianne para Arnold, 10 de novembro de 1938, Nova York, OC.
212. O *New York Times*, que Marianne costumava ler, publicou detalhes e fotos do Pogrom de Novembro em sua primeira página no dia 10 de novembro de 1938 e também fez uma cobertura considerável nos dias seguintes.
213. De Marianne para Arnold, 14 de novembro de 1938, Nova York, OC.
214. *Ibid.*

5. O POGROM DE NOVEMBRO (1938) E SUAS CONSEQUÊNCIAS PARA KURT E SUA FAMÍLIA

1. De Marianne para Arnold, 10 de novembro de 1938, Nova York, OC.
2. Schreiber, "Geschichte der Altenessener Jüdinnen und Juden", 24f. Cf. Diário de Marianne, 19 de junho de 1933, Düsseldorf, OC.
3. Declaração assinada por Kurt para a polícia no dia em que foi detido, 7 de junho de 1934, Arquivos da Gestapo, RW 58-Nr. 28.854, Kurt Alfred Steinberg, HStA Düsseldorf. Cf. Schreiber, "Geschichte der Altenessener Jüdinnen und Juden", 24f.
4. Correspondência oficial de Kurt Steinberg como empregado da Centralverein em Hamm, Essen e Frankfurt, 1932-1938, Registros da Associação Central dos Cidadãos Alemães de Crença Judaica, Berlim (Associação Central de Cidadãos Alemães de Fé Judaica), Fond 721, Record Group II.001M.31, reel 338-1547, 1550, 1556, 1573 e reel 133-2880, Arquivos do United States Holocaust Memorial Museum (USHMM), Washington, DC.
5. Arquivos da Gestapo, RW 58-Nr. 28.854, Kurt Alfred Steinberg, HStA Düsseldorf. Ver também: Holger Berschel, *Bürokratie und Terror: Das Judenreferat der Gestapo Düsseldorf 1935-1945* (Essen; Klartext, 2001), 175. Cf. Daniel Fraenkel, "Jewish Self-Defense under the Constraints of National Socialism: The Final Years of the Centralverein", em David Bankier (org.), *Probing the Depths of German Antisemitism: German Society and the Persecution of the Jews, 1933-1941* (Nova York e Oxford: Berghahn Books, 2000), 345.
6. Segundo as afirmações da Stapo (Polícia do Estado) de Düsseldorf, na ficha pessoal de Kurt (*Personabericht*) na Polícia, a prisão de Kurt em 6 de junho de 1934 "ocorreu por ocasião da operação contra a Centralverein", Arquivos da Gestapo, RW 58-Nr. 28.854, Kurt Alfred Steinberg, 28 de fevereiro de 1935, HStA Düsseldorf.
7. Circular "An unsere Ortsgruppen!", 27 de abril de 1934, Arquivos da Gestapo, RW 58-Nr. 28.854, Kurt Alfred Steinberg, HStA Düsseldorf. Cf. Berschel, *Bürokratie und Terror*, 175.
8. Cópia da carta do Chefe de Polícia em Essen para a Gestapa em Berlim, 18 de junho de 1934, Aktenzeichen Nr. 285/34, Arquivos da Gestapo, RW 58-Nr. 28.854, Kurt Alfred Steinberg, HStA Düsseldorf. A Gestapa era o escritório central da Gestapo em Berlim.
9. Relatório do Chefe de Polícia para a Stapo de Düsseldorf, 13 de junho de 1934, Arquivos da Gestapo, RW 58-Nr. 28.854, Kurt Alfred Steinberg, HStA Düsseldorf.
10. De Kurt para Marianne, 21 de junho de 1938, do trem de Frankfurt para Fulda, OC.
11. De Kurt para Marianne, 23 de agosto de 1938, Kreuzau, OC.
12. *Ibid.*

13. Ibid.
14. De Kurt para Marianne, 18 de agosto de 1940, Rishon le-Zion, OC.
15. De Kurt para Lotti, Marianne e seus respectivos cônjuges, 28 de julho de 1951, Rishon le-Zion, OC.
16. Ibid.
17. Ibid. Kurt ficou mais de uma semana em agosto de 1938 com seu primo Ernst Roer e a esposa dele, Toni, em Kreuzau. Eles foram ambos deportados do local de ajuntamento Holbeckshof em Essen-Steele para Düsseldorf e finalmente para Theresienstadt em 21 de julho de 1942.
18. Decreto do Ministério do Interior do Reich, 27 de julho de 1938, *Ministerialblatt*, 1284. Ver Blau, *Ausnahmerecht*, Documento 171, 49. Incidentalmente, quatro anos antes desse decreto, a Associação pelo Direito dos Locatários (*Mieterschutzverein*) em Frankfurt já havia proposto para o prefeito – doutor Krebs – "a gradual mudança de nome das ruas e praças com nomes não arianos". Ver Wolf Gruner, *Die Verfolgung und Ermordung der europäischen Juden durch das nationalsozialistische Deutschland 1933-1945*, vol. I: *Deutsches Reich 1933-1937* (Munique: Oldenbourg Wissenschaftsverlag, 2008), Documento 132.
19. De Kurt para Marianne, 3 de setembro de 1938, Essen, OC.
20. De Kurt para Marianne, 11 de maio de 1940, Tel Aviv, OC.
21. De Selma para Marianne, 11 de novembro de 1938, Essen, telegrama enviado pela Western Union, OC. Esse telegrama chegou a Nova York no mesmo dia.
22. De Marianne para o cônsul dos Estados Unidos em Stuttgart, 11 de novembro de 1938, Nova York, OC. Original em inglês.
23. De Marianne para Arnold, 11 de novembro de 1938, Nova York, OC.
24. De Selma para Marianne, telegrama sem data enviado pela Union Telegraph, presumivelmente em 14 de novembro de 1938, Essen, OC.
25. De Selma para Marianne, 12 de novembro de 1938, Essen, OC.
26. De Marianne para Arnold, 14 de novembro de 1940, Nova York.
27. Kaplan, *Between Dignity and Despair*, 65.
28. De Marianne para Arnold, 6 de outubro de 1938, Nova York, OC.
29. De Kurt para Marianne, 18 de setembro de 1938, Frankfurt, OC.
30. Wolfgang Benz, "Der Novemberpogrom 1938", em Wolfgang Benz (org.), *Die Juden in Deutschland 1933-1945: Leben under nationalsozialistischer Herrschaft* (Munique: C. H. Beck, 1988), 500ff.
31. Para mais informações, ver: Uwe Dietrich Adam, "How Spontaneous Was the Pogrom?" em Walter H. Pehle (org.), *November 1938: From "Kristallnacht" to Genocide* (Nova York e Oxford: Berg, 1991). Ver também Rita Thalmann e Emmanuel Feinermann, *Crystal Night 9-10 November 1938*, trad. Gilles Cremones (Nova York: Holocaust Library, 1972), Britta Bopf, *"Arisierung" in Köln: Die witschaftliche Existenzvernichtung der Juden 1933-1945* (Colônia: Emons, 2004) e Wolf-Arno Kropat, *"Reichskristallnacht", Der Judenpogrom vom 7. bis 10. November 1938 – Urheber, Täter,*

Hintergründe (Wiesbaden: Kommission für die Geschichte der Juden in Hessen, 1997).

32. No dia 9 de novembro de 1923, Hitler e outros nacionalistas de direita se encontraram numa cervejaria em Munique com a intenção de, inicialmente, derrubar o governo da Bavária e, em seguida, "marchar sobre Berlim". Hitler e outros líderes foram acusados de traição e presos. Enquanto esteve preso, Hitler escreveu suas memórias infames e seu manifesto político, o livro *Mein Kampf* (Minha Luta).
33. Wolfgang Benz, "*Der Rückfall in die Barbarei*", em Walter H. Pehle (org.), *Der Judenpogrom 1938: Von der "Reichskristallnacht" zum Völkermord* (Frankfurt: Fischer Verlag, 1988), 29.
34. Às 23h55, o chefe da Gestapo, Heinrich Müller, enviou a mesma ordem para as sedes distritais da Gestapo, 9 de novembro de 1938. Conforme citado em Berschel, *Bürokratie und Terror*, 323. Ver também Friedländer, *Nazi Germany and the Jews*, 271f.
35. Telefax de Reinhard Heydrich para todas as sedes distritais da Gestapo, 10 de novembro de 1938. Conforme citado em Berschel, *Bürokratie und Terror*, 322.
36. Ulrich Herbert, "Von der 'Reichskristallnacht' zum 'Holocaust': Der 9. November und das Ende des 'Radauantisemitismus'", em Thomas Hofmann, Hanno Loewy e Harry Stein (orgs.), *Progromnacht und Holocaust* (Colônia: Böhlau, 1994), 67.
37. Harry Kaufman, "Mein Leben in Deutschland von und nach Januar 1933", em *Life in Germany Contest* (bMS Ger 91), 1940, Houghton Library, Harvard University.
38. Michael Zimmermann, "Die 'Reichskristallnacht' 1938 in Essen", em Alte Synagoge (org.), *Entrechtung und Selbsthilfe*, 74.
39. Hanna Levy Sella, "Bericht über meine Erlebnisse in der Nazi-Zeit", 1988, BR 517, Arquivos da Alte Synagoge, Essen.
40. *Ibid.*
41. *Ibid.*
42. De Kurt para Marianne, 19 de fevereiro de 1939, Tel Aviv, OC. Herta Poth, cujo pai trabalhava na Empresa Krupp, morava com seus pais num conjunto habitacional da empresa.
43. De Lotti para Marianne, 5 de dezembro de 1938, Tel Aviv, OC.
44. De Kurt para Marianne, 19 de fevereiro de 1939, Tel Aviv, OC.
45. *Ibid.* Cf. Zimmermann, "Die 'Reichskristallnacht' 1938 in Essen", 81.
46. E. Dominicus (org.), *Chronik des Amtsbezirkes Nörvenich 1932-1946*, 2ª ed. (2005), 40. Conforme excerto extraído do website: www.geschichtswerkstatt-dueren.de--juden-fundstellen.
47. De Selma para Marianne, 14 de novembro de 1938, Essen, OC. Os Bachrachs enviaram sua filha adolescente, Marianne, para viver com conhecidos não judeus nos Estados Unidos em fevereiro de 1939.

48. De Selma para Marianne, 13 de dezembro de 1938, Essen, OC.
49. De Selma para Marianne, 8 de janeiro de 1939, Essen, OC.
50. www.plbg.de/lexikon/personen/juden/index.htm (acessado em 15 de dezembro de 2009). Esse website sobre "Jewish Life in Plettenberg" apresenta fotos da loja de Julius e seu cunhado Hugo Neufeld, e das lápides dos Bachrachs e dos Neufelds. Além disso, o website reproduz e cita documentos históricos importantes, bem como um artigo de jornal sobre a visita que Wolfgang Neufeld fez a Israel em 2001.
51. Entrevista com Marianne Bachrach Luedeking, 10 de novembro de 2006, Miami, Flórida, realizada por Rebecca Boehling. Tanto Olga como Julius Bachrach foram obrigados a se mudar de Colônia em 1940-1941 e depois foram deportados para o gueto de Lodz em outubro de 1941, onde mais tarde morreram.
52. Benz, "Der Rückfall in die Barbarei", 41.
53. De Kurt para Marianne, 19 de fevereiro de 1939, Tel Aviv, OC.
54. Kommission zur Erforschung der Geschichte der Frankfurter Juden (org.), *Dokumente zur Geschichte der Frankfurter Juden 1933-1945* (Frankfurt: Verlag Waldemar Kramer, 1963), 32f.
55. De Kurt para Marianne, 19 de fevereiro de 1939, Tel Aviv, OC.
56. Rundruf des Deutschen Nachrichtenbüros in Berlin vom 10. November, 16 Uhr, conforme citado em Kropat, "Reichskristallnacht", 233.
57. Kropat, "Reichskristallnacht", 117.
58. Ibid.
59. Ibid., 92.
60. De Selma para Marianne, 18 de novembro de 1938, Essen, OC.
61. Kommission zur Erforschung der Geschichte der Frankfurter Juden (org.), *Dokumente zur Geschichte der Frankfurter Juden*, 32f. e 40.
62. Ibid., 41.
63. O arquivista Frank Boblenz do Thuringia Main State Archive em Weimar calculou que Kurt provavelmente chegou a Buchenwald no dia 12 de novembro. Ele comentou numa carta para Uta Larkey, em 6 de setembro de 2007: "Nós não temos as datas exatas. A nossa estimativa se baseia em dados conhecidos sobre a chegada dos detentos e seu número de prisioneiro [24.867]".
64. Kommission zur Erforschung der Geschichte der Frankfurter Juden (org.), *Dokumente zur Geschichte der Frankfurter Juden*, 43.
65. Kropat, "Reichskristallnacht", 139.
66. Conforme citado em Harry Stein, "Das Sonderlager im Konzentrationslager Buchenwald nach den Pogromen 1938", em Monika Kingreen (org.), *"Nach der Kristallnachat": Jüdisches Leben und antijüdische Politik in Frankfurt 1938-1945* (Frankfurt: Campus Verlag, 1999), 36.
67. Ernst havia morado com suas tias Selma e Henny e seu tio Hermann, de Essen, por diversos meses enquanto trabalhava como aprendiz numa oficina de con-

serto de uma empresa judaica até que ela foi "arianizada" no início de 1938 e ele foi embora. Ver Ernest Kaufman, "Holocaust-Survivor or Escapee", palestra não publicada proferida em diversas ocasiões depois de 2002. Escrita em inglês. Ernst Kaufmann mudou seu nome para Ernest Kaufman depois de fugir para os Estados Unidos em 1939.
68. *Ibid.*
69. Entrevista com Ernest Kaufman, 11 de maio de 2005, Lumberton, New Jersey, realizada por Uta Larkey. Ver também de Harry Stein para Uta Larkey, 31 de março de 2006, Weimar, por e-mail.
70. De Harry Stein para Uta Larkey, 19 de agosto de 2007, Weimar, por e-mail. Cf. Stein, "Sonderlager", 32.
71. O Chefe da Polícia de Segurança, Reinhard Heydrich, estava desenvolvendo os estágios de planejamento do "ataque contra os elementos antissociais" quando soube da ordem de Hitler no final de maio de 1938 para "prender judeus antissociais e criminosos para o trabalho em larga escala de escavação de terra por todo o Reich". No dia 1º de junho de 1938, o quartel-general da Polícia Criminal do Reich ordenou a prisão de "elementos antissociais" e "homens judeus ... aos quais tenha sido atribuída pelo menos uma sentença prisional por mais de um mês" na semana de 13 a 18 de junho. Como resultado disso, entre os 10 mil homens, cerca de 1.500 judeus foram capturados e levados para três campos de concentração: Buchenwald, Dachau e Sachsenhausen. Essa, que ficou conhecida como Ação de Junho, marcou uma intensificação da perseguição aos judeus na Alemanha. Ver Harry Stein, *Juden in Buchenwald 1937-1942* (Buchenwald: Gedenkstätte Buchenwald, 1992), 16ff.
72. Stein, "Sonderlager", 32.
73. Ernest Kaufman, "Holocaust-Survivor or Escapee", palestra inédita.
74. Eugen Roer era primo de Ernst e Kurt.
75. Entrevista com Ernest Kaufman, 11 de maio de 2005, Lumberton, New Jersey, realizada por Uta Larkey.
76. Stein, "Sonderlager", 47.
77. *Ibid.*, 46.
78. *Ibid.*, 47: "É realista supor que cerca de 1% dos 26 mil judeus detidos tenha morrido imediatamente após sua soltura de causas relacionadas com o encarceramento, ou que tenha cometido suicídio. É muito provável que todo prisioneiro tenha sofrido de feridas físicas ou psicológicas de curta ou longa duração".
79. Entrevista com Ernest Kaufman, 11 de maio de 2005, Lumberton, New Jersey, realizada por Uta Larkey.
80. De Selma para Marianne, 18 e 22 de novembro de 1938, Essen, OC.

81. Este documento, escrito à mão por Hanna e assinado por Selma, diz o seguinte: "Por meio deste, autorizo a senhorita Johanna Levy, noiva de meu filho Kurt Steinberg (residente na Joseph-Haydn-Strasse, 37), a proceder em seu favor no que diz respeito aos trâmites para a obtenção de passaporte. Por estar doente, eu não posso fazê-lo. Ele se encontra no momento em prisão preventiva. Selma Steinberg, Frankfurt, 26 de novembro de 1938". FC.
82. De Kurt para Marianne, 30 de novembro de 1938, Frankfurt, OC.
83. De Selma para Marianne, 29 de novembro de 1938, Essen, OC.
84. Kurt Riegner e Günter Friedländer, ambos líderes do movimento de jovens judeus "Ring" em Berlim, parte da Associação da Juventude Judeu-Alemã (Bund deutsch-jüdischer Jugend ou BDJJ), desenvolveram e dirigiram o projeto de imigração em grupo conhecido como "Grupo de Riegner". Ver Kurt Julio Riegner, *Transaciones. Mí biographia hasta 1938* (Buenos Aires: Edição particular e limitada, 1991). Conforme citado em Alfredo Jose Schwarcz, *Trotz allem...: Die deutschsprachigen Juden in Argentinien* (Colônia: Böhlau, 1995), 117.
85. Kurt atribuiu a Ernst Plaut a "possibilidade de emigrar para a Argentina" em sua carta para Marianne, de 30 de novembro de 1938, Frankfurt. Kurt lamentou muito a notícia da morte prematura de Ernst Plaut na Inglaterra em 1945. Cf. carta de Kurt para Marianne e Arnold, 26 de junho de 1945, Rishon le-Zion, OC.
86. De Kurt para Marianne, 19 de fevereiro de 1939, Tel Aviv, OC.
87. Cópia da carta da Jüdische Landarbeit GmBH-Berlin para Kurt, 25 de novembro de 1938, Keynan Collection (daqui em diante apenas KC). Fritz Schwarzchild também provia cartas a outros necessitados, como Liesel Sternberg, a irmã de Walter, que juntamente com a esposa Hanna havia estado a cargo do Centro da Juventude de Essen. Liesel Sternberg Collection, AR 4483, Arquivos da Alte Synagoge, Essen. Ver também de Ann Millin (historiadora do USHMM) para as autoras, 14 de abril de 2008, Washington, DC, por e-mail: "As cartas foram fornecidas por organizações judaicas como prova de que a pessoa havia concordado em emigrar. A Gestapo dava aos prisioneiros libertos uma quantidade limitada de tempo para deixar o país e seguia cada caso... O fato de alguns documentos terem sido falsificados não quer dizer que judeus em cargos competentes tenham distribuído um grande volume de cartas falsificadas".
88. Hanna Levy Sella, "Bericht über meine Erlebnisse in der Nazi-Zeit", 1988, BR 517, Arquivos da Alte Synagoge, Essen.
89. Berschel, *Bürokratie und Terror*, 256f.
90. Hanna se enganou em seu relatório ao dizer que precisava de um passaporte pré-datado "porque o consulado da Argentina estava fechado". Hanna Levy Sella, "Bericht über meine Erlebnisse in der Nazi-Zeit", 1988, BR 517, Arquivos da Alte Synagoge, Essen.
91. Max Hermann Maier, "Auswandererhilfe in Frankfurt, 1936-1938", escrito em 1961, Frankfurt: Jewish Community Collection, Leo Baeck Institute Berlin, MF

314, 12. Também publicado na Kommission zur Erforschung der Geschichte der Frankfurter Juden (org.), *Dokumente zur Geschichte der Frankfurter Juden*, 387.
92. Hanna Levy Sella, "Bericht über meine Erlebnisse in der Nazi-Zeit", 1988, BR 517, Arquivos da Alte Synagoge, Essen.
93. Entrevista com Gideon Sella, 28 de junho de 2006, Tel Aviv, realizada por Uta Larkey.
94. Hanna Levy Sella, "Bericht über meine Erlebnisse in der Nazi-Zeit", 1988, BR 517, Arquivos da Alte Synagoge, Essen. No Thüringisches Hauptstaatsarchiv Weimar há uma cópia do recibo original relativo ao envio por Hanna de 100 RM para o campo de concentração de Buchenwald. Os documentos também revelam que Selma enviou mais 10 RM para Buchenwald no dia 30 de novembro de 1938. A administração do campo de Buchenwald retornou para Selma 109,35 RM no dia 18 de fevereiro de 1939, ficando com 65 centavos para pagamentos de taxas processuais. Ver Geldkarte em Arquivos de prisioneiros, Dr. Kurt Steinberg (Häftlingsnummer 24867), Konzentrationslager Buchenwald, Thüringisches Hauptstaatsarchiv, Weimar.
95. De Kurt para Marianne, 19 de fevereiro de 1939, Tel Aviv, OC.
96. De Harry Stein para Uta Larkey, 31 de março de 2006, Weimar, por e-mail.
97. Hanna Levy Sella, "Bericht über meine Erlebnisse in der Nazi-Zeit", 1988, BR 517, Arquivos da Alte Synagoge, Essen.
98. De Kurt para Marianne, 9 de fevereiro de 1939, Tel Aviv, OC.
99. Entrevista com Gideon Sella, 28 de junho de 2006, Tel Aviv, realizada por Uta Larkey.
100. A testemunha ocular Sra. M. lembrou em 1988: "(...) e então nós emigramos para a Argentina, de navio. Éramos um grupo de 32 pessoas; a mais jovem de 17 e a mais velha de mais ou menos 24-25 anos de idade, como era o nosso líder reverenciado, o Dr. Riegner". Cf. citado em Kruse e Schmitt, *Wir haben uns als Deutsche gefühlt*, 68.
101. De Selma para Lotti, 29 de novembro de 1938, Essen, OC.
102. Segundo Gideon Sella, o irmão de Hanna, Heinz, emigrou para a Argentina via Bélgica em 1934-1935; a irmã de Hanna, Netty (cujo apelido era Moebbie), foi com seu marido, Richard Kahn, em 1936; e a mãe de Hanna, Sofie, juntou-se a seus dois filhos em 1937.
103. O ministro Cantilo, de Relações Exteriores da Argentina, assinou a Circular Secreta II em 12 de julho de 1938. Ele ordenava a todos os diplomatas argentinos que negassem vistos de turista ou de trânsito para todos os "indesejáveis" que tinham de deixar seu país de origem. Sem mencionar a palavra "judeu", deixava, no entanto, claro que sua ordem fora ditada em resposta à Conferência de Evian. Duas semanas depois, o Decreto 8972 provia a base legal para novas restrições à imigração.

104. Carlota Jackisch, "Einwanderungspolitik und öffentlice Meinung in Argentinien 1933-1945", em Karl Kohut e Patrik von zur Mühlen (orgs.), *Alternative Lateinamerika: Das deutsche Exil in der Zeit des Nationalsozialismus* (Frankfurt: Vervuert, 1994), 46. Cf. "Die Ausschiffungserlaubnis", *C.V. Zeitung*, 27/33 (18 de agosto de 1938).
105. Schwarcz, *Trotz allem*, 117.
106. De Selma para Marianne, 3 de janeiro de 1939, Essen, OC.
107. De Kurt para Marianne, 19 de fevereiro de 1939, Tel Aviv, OC.
108. De Selma para Lotti, 23 de novembro de 1938, Essen, FC.
109. De Kurt para Marianne, 19 de fevereiro de 1939, Tel Aviv, OC.
110. De Kurt para Marianne, 14 de dezembro de 1938, Essen, OC.
111. Richard Breitman e Alan Kraut, *American Refugee Policy and European Jewry, 1933-1945* (Bloomington e Indianápolis: Indiana University Press, 1988), 66.
112. De Kurt para Marianne, 19 de fevereiro de 1939, Tel Aviv, OC. O senador por Nova York Bruce Barton era abertamente contra as "leis xenofóbicas". O jornal judeu alemão *Aufbau* apoiou a campanha de Barton para senador e publicou seu anúncio eleitoral sob o título: "Vote em homens de nossa confiança", *Aufbau*, 6/44 (1º de novembro de 1940). Por fim, Barton não foi eleito senador dos Estados Unidos.
113. Hans Reichmann, *Deutscher Bürger und verfolgter Jude: Novemberpogrom und KZ Sachsenhausen 1937-1939* (Munique: Oldenbourg Wissenschaftsverlag, 1998), 261.
114. De Selma para Marianne, 13 de dezembro de 1938, Essen, OC.
115. De Doris Meakin para Marianne, 14 de junho de 1938, OC. "Ficarei feliz por ter a oportunidade de retribuir toda a gentileza com que você me tratou quando estive na Alemanha." Doris visitou a família Steinberg em 1933, em Altenessen.
116. De Kurt para Marianne, 17 de janeiro de 1939, Essen, OC.
117. De Selma para Marianne, 3 de janeiro de 1939, Essen, OC. Várias organizações de ajuda a judeus alemães funcionavam por meio da Woburn House, como o Conselho dos Judeus Alemães e o Comitê de Ajuda aos Judeus Alemães (em 1938, teve seu nome mudado para Comitê dos Refugiados Judeus). Nora Kaufmann era filha de Eugen Kaufmann e neta de Julius Kaufmann, primo de Selma em primeiro grau, que morava em Duisburg, era bem mais velho que ela e com quem ela tinha morado e trabalhado depois de ter ficado órfã. Ver e-mail de Miryam Shomrat para Rebecca Boehling, Viena, Áustria, 24 de outubro de 2011. A informação está baseada na árvore genealógica da família cuidadosamente elaborada por seu pai Kurt (Steinberg Sella).
118. A. J. Sherman, *Island Refuge: Britain and Refugees from the Third Reich* (Berkeley e Los Angeles: University of California Press, 1973), 214.
119. David S. Wyman, *The Abandonment of the Jews: America and the Holocaust 1941-1945* (Nova York: Pantheon Books, 1984), x.
120. Louise London, *Whitehall and the Jews, 1933-1948: British Immigration Policy, Jewish Refugees and the Holocaust* (Cambridge University Press, 2000), 99.

121. Em consequência das Leis de Nuremberg e da perda de cidadania alemã dos judeus alemães, a Reichsvertretung der deutschen Juden foi obrigada a mudar seu nome para Reichsvertretung der Juden in Deutschland (Associação de Judeus na Alemanha do Reich).
122. Conforme reproduzido em Strauss (org.), *Jewish Immigrants*, 492.
123. Segundo S. Adler-Rudel, ex-secretário da Reichsvertretung que emigrou para a Palestina em 1936 e trabalhou para o Council for German Jewry em Londres, em novembro de 1938, 5.500 refugiados da Alemanha (Altreich) foram registrados no Jewish Refugee Committee em Londres. De janeiro a setembro de 1939, esse número quase quadruplicou para 20 mil. Adler-Rudel, *Jüdische Selbsthilfe*, 113. Cf. London, *Whitehall and the Jews*, 104. London menciona "11 mil refugiados alemães de 1933 a 1938".
124. London, *Whitehall and the Jews*, 109.
125. Sherman, *Island Refuge*, 196.
126. De Marianne para Arnold, 14 de novembro de 1938, Nova York, OC.
127. London, *Whitehall and the Jews*, 115.
128. De Selma para Lotti e Hans, 23 de novembro de 1938, Essen, FC.
129. De Selma para Lotti, 29 de novembro de 1938, Essen, FC. Selma escreveu equivocadamente visto "ilimitado" em lugar de "limitado".
130. De Lotti e Hans para Marianne, 5 de dezembro de 1938, Tel Aviv, OC.
131. De Selma para Marianne, 3 de janeiro de 1939, Essen, OC.
132. Hans Jacobi não era apenas o diretor, mas também o fundador do Conselho para a Emigração da Hilfsverein em Colônia. Seu principal objetivo era prestar ajuda psicológica e prática aos judeus que eram forçados a deixar a Alemanha. ZVi Asaria, *Die Jüden in Köln* (Colônia: Verlag J. P. Bachem, 1959), 344.
133. Ibid., 347.
134. De Kurt para Marianne, 9 de fevereiro de 1939, Tel Aviv, OC. "Depois de horas de espera — você não pode imaginar nem em seus sonhos mais loucos a quantidade de gente que há em cada um dos consulados nos dias atuais — o doutor Hans Jacobi conseguiu."
135. Bopf, *"Arisierung" in Köln*, 201ff.
136. De Kurt para Marianne, 9 de fevereiro de 1939, Tel Aviv, OC.
137. Kurt, pelo que parece, gostou especialmente desta afirmação do cônsul: "A solicitante Johanna Levy vai se casar com o doutor Steinberg". De Kurt para Marianne, 17 de janeiro de 1939, Essen, OC.
138. Entrevista com Marianne, em 2 de novembro de 1988, IN 327, registrada nos Arquivos da Alte Synagoge, Essen.
139. Hanna Levy Sella, "Bericht über meine Erlebnisse in der Nazi-Zeit", 1988, BR 517, Arquivos da Alte Synagoge, Essen.
140. De Kurt para Marianne, 19 de fevereiro de 1939, Tel Aviv, OC.

141. Avraham Barkai, "The Fateful Year 1938", em Walter H. Pehle (org.), *November 1938: From "Kristallnachat" to Genocide*, trad. William Templer (Nova York e Oxford: Berg, 1991), 119f.
142. De Kurt para Marianne, 19 de fevereiro de 1939, Tel Aviv, OC.
143. Barkai, "*Wehr Dich!*", 355.
144. De Kurt para Marianne, 19 de fevereiro de 1939, Tel Aviv, OC. Apesar das dificuldades para se estabelecer comparações entre o valor das moedas e outros bens, os seguintes números dos arquivos de documentos relativos ao processo de reparação de Marianne podem dar uma ideia: as onze colheres de prata que Selma teve que declarar em 1939 foram avaliadas em 99 RM (126,50 DM em 1954). Ver documentos de Marianne relativos ao processo de reparação, OC. De acordo com outra fonte, a renda média mensal de um músico de orquestra num teatro de cidade alemã de tamanho médio girava em torno de 220 a 290 RM mensais. Ver Barbara von der Lühe, *Die Musik war unsere Rettung! Die deutschsprachigen Gründungsmitglieder des Palestine Orchestra* (Tübingen: Mohr Siebeck, 1998), 81.
145. De Kurt para Lotti, Marianne e seus respectivos cônjuges, 26 de junho de 1951, Rishon le-Zion, OC.
146. De Selma para Marianne, 22 de janeiro de 1939, Essen, OC.
147. De acordo com o artigo IV das leis antijudaicas de 1º de setembro de 1938, os judeus estrangeiros que tivessem se mudado para a Itália depois de 1º de janeiro de 1919 teriam que deixar o país dentro de seis meses. Do contrário, eles seriam processados e expulsos. Cf. *Jüdische Rundschau*, 43/71 (6 de setembro de 1938).
148. Esse era o *Unbedenklichkeitsbescheinigung*, certificado que comprovava que a pessoa não tinha dívidas financeiras pendentes.
149. De Kurt para Marianne, 28 de janeiro de 1939, Milão, OC.
150. De Kurt para diversos membros da família na Alemanha, na Palestina e nos Estados Unidos, 28 de janeiro de 1939, Milão, OC.

6. NOVOS COMEÇOS NA PALESTINA, 1935-1939: LOTTI E KURT

1. De Julius para Lotti e Hans, 9 de dezembro de 1938, Colônia, KC. Cf. Becker-Jákli, *Das jüdische Krankenhaus*, 243, 252, 464. Karl Kaiser-Blüth havia sido membro da diretoria da comunidade judaica de Colônia desde 1931 e membro da curadoria do hospital judaico de Colônia, o Israelitisches Asyl.
2. De Michael Keynan (filho de Hans e Lotti) para Rebecca Boehling, 24 de abril de 2005, por e-mail. Essa organização, fundada em 1912, preparava os jovens judeus alemães para viver na Palestina, inclusive com aulas de hebraico, história e tradição judaica, e sobre a vida num *kibutz*. Cf. Walter Laqueur, *Generation Exodus: The Fate of Young Jewish Refugees from Nazi Germany* (Hanover, New Hampshire e Londres: Brandeis University Press, 2001), 5.

3. De Michael Keynan para Uta Larkey, 10 de março de 2009, por e-mail. Hans obteve seu diploma de engenheiro (Dipl. Ing.) na Alemanha.
4. O contrato foi assinado pelos representantes da MAN e Hans Kaiser-Blüth em 4 de março de 1935 em Nuremberg. Cópia do contrato da MAN cedida por Gabriele Mierzwa, Museum und Historisches Archiv (VMM), manroland, Augsburg, 21 de abril de 2009.
5. Entrevista com Michael Keynan, 29 de junho de 2006, Tel Aviv, realizada por Uta Larkey. Uma fotografia da família mostra Lotti e Hans juntos em novembro de 1934.
6. Entrevista com Alicia Frohmann, 27 de abril de 2005, Miami, Flórida, realizada por Rebecca Boehling.
7. De Heiner Frohmann para Lotti, 21 de fevereiro de 1935, Erlangen, FC.
8. *Ibid.*
9. De Flora e Julius Kaiser-Blüth para Lotti e Hans, 9 de dezembro de 1938, Colônia, KC.
10. Entrevista com Marianne Bachrach Luedeking, 10 de novembro de 2006, Miami, Flórida, realizada por Rebecca Boehling.
11. Entrevista com Lotti, 2 de novembro de 1988, IN 291, registrada nos Arquivos da Alte Synagoge, Essen.
12. PHILO-Atlas, *Handbuch*, 142.
13. Em virtude de diversos regulamentos, a taxa de câmbio havia piorado de modo crescente: em 1933, 1 mil LP equivalia a aproximadamente 12.500 RM; em 1937, 20 mil RM; e do final de 1938 até setembro de 1939, 40 mil RM. Ver Barkai, *From Boycott to Annihilation*, 101.
14. Em 1936, a renda anual de um advogado na Alemanha era de aproximadamente 10.800 RM e a de um médico era de aproximadamente 12.564 RM. Ver Kater, *Doctors under Hitler*, 33.
15. Esse acordo ocorreu por iniciativa particular entre Sam Cohen, diretor da Hanotea Ltd. (empresa de investimentos em frutas cítricas e equipamentos) na Palestina, e o Ministério da Economia do Reich. Para mais informações, ver Edwin Black, *The Transfer Agreement: The Dramatic Story of the Pact between the Third Reich and Jewish Palestine* (Nova York: Carroll & Graf Publishers, 2001).
16. No dia 7 de agosto de 1933, representantes da Agência Judaica para a Palestina, a Federação Sionista Alemã (ZVfD) e o Ministério da Economia do Reich assinaram o Acordo Haavara. Ver Barkai, *Hoffnung und Untergang*, 167.
17. Juliane Wetzel, "Auswanderung aus Deutschland", em Benz (org.), *Die Juden in Deutschland*, 464.
18. Os bancos de propriedade de judeus, Warburg em Hamburgo e Wasserman em Berlim, atuaram em favor da Paltreu. Correspondente a Paltreu era o Ha'avarah Trust and Transfer Office Ltd., em Tel Aviv. Cf. Black, *The Transfer Agreement*, 249.

19. Francis Nicosia, *The Third Reich and the Palestine Question* (Austin: University of Texas Press, 1985), 47.
20. De Lotti para Marianne, 17 de junho de 1938, Tel Aviv, OC.
21. Wetzel, "Auswanderung aus Deutschland", 467.
22. Friedländer, *Nazi Germany and the Jews*, 63.
23. Yoav Gelber e Walter Goldstern, *Vertreitung und Emigration deutschsprachiger Ingenieure nach Palästina 1933-1945* (Düsseldorf: VDI Verlag, 1988), 76.
24. Entrevista com Michael Keynan, 29 de junho de 2006, Tel Aviv, realizada por Uta Larkey.
25. Gelber e Goldstern, *Vertreitung und Emigration*, 76.
26. Caderno de Notas de Marianne, 31 de dezembro de 1935, Berna, OC.
27. Werner Feilchenfeld, Dolf Michaelis e Ludwig Pinner, *Haavara-Transfer nach Palästina und Einwanderung deutscher Juden 1933-1939* (Tübingen: J. C. B. Mohr, 1972), 44.
28. *Ibid.*, 51. A Ha'avarah Ltd. concedia uma "bonificação" às empresas importadoras da Palestina, certa soma que era deduzida do preço sugerido para mercadorias importadas. Isso reduzia o preço das mercadorias alemãs, que então podiam ser oferecidas a um preço competitivo na Palestina. Após sua chegada, as empresas importadoras pagavam a diferença líquida para a Ha'avarah Ltd.
29. *Ibid.*, 90. Em 1939, entretanto, a taxa de imigração de judeus alemães subiu para 52%, taxa excepcionalmente alta.
30. Friedländer, *Nazi Germany and the Jews*, 63. Um terço dos judeus da Alemanha emigrou para a Palestina com base no Certificado Capitalista. Ver Richarz (org.), *Jewish Life in Germany*, 34f.
31. Samih K. Farsoun e Christina Zacharia, *Palestine and the Palestinians* (Boulder, Colorado: Westview Press, 1997), 76.
32. Joachim Schlör, *Endlich im gelobten Land? Deutsche Juden unterwegs in eine neue Heimat* (Berlim: Aufbau Verlag, 2003), 121.
33. *Ibid.*, 76. Cerca de 85% dos judeus viviam em três grandes centros urbanos: Tel Aviv-Jaffa, Jerusalém e Haifa.
34. Farsoun e Zacharia, *Palestine and the Palestinians*, 78. Para uma análise crítica da fundação de Tel Aviv, ver Mark LeVine, *Overthrowing Geography: Jaffa, Tel Aviv and the Struggle for Palestine 1880-1948* (Berkeley e Los Angeles: University of California Press, 2005), 60ff.
35. Gideon Greif, Colin McPherson e Laurence Weinbaum (orgs.), *Die Jeckes: Deutsche Juden aus Israel erzählen* (Colônia: Böhlau, 2000), 30.
36. Entrevista com Lotti, 2 de novembro de 1988, IN 291, registrada nos Arquivos da Alte Synagoge, Essen.
37. *Ibid.*
38. A Hitachdut Olej Germania (Associação de Imigrantes Alemães) foi fundada em 1932 na Palestina como organização de ajuda aos imigrantes.

39. A Agência Judaica para a Palestina foi fundada por líderes judeus na Palestina; entre eles, Chaim Weizman, como organização representativa dos judeus na Palestina. Ela foi formalmente reconhecida em 1929, sob o Artigo 4 do Mandato Britânico da Palestina. Ela devia ser uma "entidade pública com o propósito de aconselhar e cooperar com a Administração da Palestina em questões econômicas, sociais e outras que podem afetar o estabelecimento do lar nacional dos judeus e os interesses da população judaica na Palestina". Ver http://avalon.law.yale.edu/20th_century/palmanda.asp#art4 (acessado em 21 de novembro de 2009). A Agência Judaica também administrava o Órgão de Imigração para a Palestina (Palästina Amt) em diferentes cidades alemãs.
40. Gerda Luft, *Heimkehr ins Unbekannte: Eine Darstellung der Einwanderung von Juden aus Deutschland nas Palästina 1933-1939* (Wuppertal: Peter Hammer Verlag, 1977), 120. Luft emigrou para a Palestina em 1924 e foi correspondente na Palestina do (jornal) *Jüdische Rundschau*. Ela foi a primeira esposa de Chaim Arlosoroff, um dos que participaram da iniciativa do Acordo Haavara.
41. Os proprietários eram Toni Roer Rothschild, prima de Lotti em primeiro grau, e seu marido Richard, que haviam emigrado para a Palestina em 1934.
42. Caderno de Notas de Marianne, 4 de outubro de 1935, Düsseldorf, OC. As tropas de Mussolini invadiram a Abissínia (Etiópia) em 3 de outubro de 1935.
43. De Lotti para Marianne, 1º de outubro de 1935, Tel Aviv, OC.
44. De Marianne para Lotti, 2 de março de 1936, Essen-Altenessen, OC.
45. De Lotti para Marianne, 1º de outubro de 1935, Tel Aviv, OC.
46. Techina, semelhante ao tahine, é uma pasta aromatizada de gergelim essencial em muitos pratos do Oriente Médio.
47. Greif, McPherson e Weinbaum (orgs.), *Jeckes*, 32ff.
48. De Lotti para Marianne, 1º de outubro de 1935, Tel Aviv, OC.
49. A Zamenhoff, onde Hans e Lotti moravam, é hoje uma arborizada rua residencial no centro da agitada Tel Aviv, perto da Praça Dizengoff. Tel Aviv, também chamada de "Cidade Branca", foi declarada, em 2003, Patrimônio da Humanidade pela UNESCO por seu estilo arquitetônico Bauhaus ou Internacional dos anos 30.
50. Schreiber, "Die Familie Steinberg-Kaufmann", 7.
51. Entrevista com Lotti, 2 de novembro de 1988, IN 291, registrada nos Arquivos da Alte Synagoge, Essen.
52. E-mail de Zeew (Wolfgang) Neufeld para Uta Larkey, 10 de julho de 2008, Tel Aviv. Ele morreu alguns meses depois, com 85 anos, em dezembro de 2008.
53. O Alto Comitê Árabe (ACA) substituiu o Congresso Árabe Palestino em 1936. O ACA era o órgão político central que representava os árabes palestinos. Cf. Farsoun e Zacharia, *Palestine and the Palestinians*, 106.
54. Abraham Edelheit, *The Yishuv in the Shadow of the Holocaust: Zionist Politics and Rescue Aliya, 1933-1939* (Boulder, Colorado: Westview Press, 1996), 131.
55. "Blutige Unruhen in Jaffa", *Jüdische Rundschau*, 41/32 (21 de abril de 1936).

56. "Weiterer Araberterror", *Jüdische Rundschau*, 41/46 (9 de junho de 1936).
57. Entrevista com Lotti, 2 de novembro de 1988, IN 291, registrada nos Arquivos da Alte Synagoge, Essen.
58. De Selma para Marianne, 8 de janeiro de 1939, Essen, OC.
59. Lotti não mencionou essa visita em sua entrevista de 1988, mas Michael, seu filho, encontrou cartões-postais enviados na época para Selma, na Palestina, por seus familiares na Alemanha. E-mail de Michael Keynan para Rebecca Boehling, 24 de abril de 2005.
60. Alicia Frohmann enfatizou a dor e o arrependimento que sua mãe Lotti sentia por ter "perdido essa oportunidade" de salvar Selma. Entrevista com Alicia Frohmann, 27 de abril de 2005, Miami, Flórida, realizada por Rebecca Boehling. Michael Keynan mencionou em sua entrevista de 2006 que, quando pequeno, ele havia perguntado muitas vezes a seus pais por que eles não haviam trancado seus avós — "todos os três" — num banheiro durante suas respectivas visitas à Palestina. Entrevista com Michael Keynan, 29 de junho de 2006, Tel Aviv, realizada por Uta Larkey.
61. O Congresso Sionista apoiou a ideia de divisão, mas não concordou com a fronteira proposta. O ACA rejeitou totalmente a proposta de divisão. Ver Nicosia, *The Third Reich and the Palestine Question*, 111.
62. A questão da Palestina como "a terra duas vezes prometida" continua sendo debatida pelos historiadores. As respostas dependem da interpretação que cada um faz da correspondência McMahon-Hussein (1915) e da Declaração de Balfour (1917). Se a Palestina era ou não de fato a terra duas vezes prometida, o governo britânico enviou mensagens claramente ambíguas e, discutivelmente, em plena guerra mundial em que lutava, tentando conquistar diversos aliados, assumiu compromissos pragmáticos e contraditórios.
63. *Jüdische Rundschau*, 43/59 (26 de julho de 1938).
64. "Die Gefahr versäumter Gelegenheiten", *Jüdische Rundschau*, 43/60 (29 de julho de 1938).
65. De Chaim e Lucie para Lotti, 10 de agosto de 1938, Stettin, FC. Falta envelope com sobrenome(s).
66. De Johanna Steinberg Moses para Lotti, 17 de junho de 1938, Hanover, FC.
67. Uma exceção é a menção do cancelamento de sua viagem de férias ao Chipre "devido à extrema gravidade da situação política... Fazer viagens aqui dentro do país não é mais nenhum prazer na situação atual". De Lotti para Marianne, 30 de setembro de 1938, Tel Aviv, OC.
68. Ver cartas de Lotti para Marianne, 6 de abril, 1º de julho e 16 de agosto de 1938, Tel Aviv, OC.
69. De Lotti para Marianne, 1º de julho de 1938, Tel Aviv, OC.

70. De Johanna Steinberg Moses para Lotti, 17 de junho de 1938, Hanover, FC. Johanna escreveu: "Fiquei muito feliz ao saber que seu consultório está indo tão bem. Você é uma mulher corajosa e empreendedora".
71. Entrevista com Michael Keynan, 29 de junho de 2006, Tel Aviv, realizada por Uta Larkey.
72. De Lotti para Marianne, 6 de abril de 1938, Tel Aviv, OC.
73. Luft, *Heimkehr ins Unbekannte*, 47f. Luft observou que, entre mais de cem judeus alemães entrevistados por ele, apenas dois imigrantes abastados conseguiram manter seu padrão de vida.
74. Feilchenfeld, Michaelis e Pinner (orgs.), *Haavara-Transfer*, 45.
75. O Ministério do Interior estava empenhado em aumentar a emigração de judeus da Alemanha para a Palestina. Enquanto o Ministério da Economia do Reich era totalmente a favor da continuação dos termos do acordo inicial, o Ministério das Relações Exteriores se precavia contra continuar colaborando com os líderes sionistas depois das revoltas árabes em 1936. A Câmara de Comércio Árabe havia solicitado uma revisão do Acordo Haavara em um memorando ao consulado alemão. Para mais informações sobre as especificidades desse conflito, ver Nicosia, *The Third Reich and the Palestine Question*, 126-40 e Apêndice 9.
76. Feilchenfeld, Michaelis e Pinner (orgs.), *Haavara-Transfer*, 51f.
77. *Ibid.*, 69f.
78. *Ibid.*, 45. Presumivelmente levou um tempo para que essas mudanças tivessem, de fato, impacto sobre a transferência.
79. De Hans para Marianne, 1º de outubro de 1938, Tel Aviv, OC.
80. Luft, *Heimkehr ins Unbekannte*, 118. Cf. Gelber e Goldstern, *Vertreitung und Emigration*, 116. A Organização pelo Fortalecimento da Língua Hebraica, apoiada por diversos jornais e outras publicações em língua hebraica, incentivava ativamente o uso do hebraico, às vezes excessivamente. Os imigrantes da Alemanha se ressentiam contra o boicote da língua alemã em partes do Yishuv e asseguravam a seus opositores que falavam a língua de Goethe e não a de Hitler.
81. A etimologia desse termo provocativo e originalmente depreciativo, cunhado na década de 1930 para designar os imigrantes alemães, continua sendo debatida. Alguns o relacionam com o hábito alemão de usar jaqueta, ou *Jacke*, em qualquer clima ou circunstância. Ver Gabriele Koppel, *Heimisch werden – Lebenswege deutscher Juden in Palästina* (Hamburgo: Europäische Verlagsanstalt, 2000), 8. Outros atribuem o termo como derivado da palavra "joker", um *Geck* ou *Jeck*. Ver Shlomo Erel (org.), *Jeckes erzählen: Aus dem Leben deutschsprachiger Einwanderer in Israel* (Viena: LIT Verlag, 2004), 410. Tom Segev e Gideon Greif explicam que o termo é, na realidade, um acrônimo hebraico que significa "judeu cabeça-dura" (*Jehudi Kshe Havana*). Ver Tom Segev, *The Seventh Million: The Israelis and the Holocaust* (Nova York: Henry Holt and Co., 2000). Cf. Greif, McPherson e Weinbaum (orgs.), *Jeckes*. Os judeus alemães eram muitas vezes vistos como ingênuos, relutantes ou

incapaces de se adaptar ao estilo de vida do Oriente Médio, sempre corretos e diligentes. Ver Martina Kliner-Fruck, "*Es ging ja ums Überleben*": *Jüdische Frauen zwischen Nazi-Deutschland, Emigration nach Palästina und ihrer Rückkehr* (Frankfurt: Campus Verlag, 1995), 132.
82. Luft, *Heimkehr ins Unbekannte*, 120f.
83. Martina Kliner-Fruck, "*Es ging ja ums Überleben*", 153.
84. Entrevista com Michael Keynan, 29 de junho de 2006, Tel Aviv, realizada por Uta Larkey.
85. De Hans para Marianne, 1º de outubro de 1938, Tel Aviv, OC.
86. De Lotti para Marianne, 30 de setembro de 1938, Tel Aviv, OC.
87. De Hans para Marianne, 1º de outubro de 1938, Tel Aviv, OC.
88. De Lotti para Marianne, 17 de outubro de 1938, Haifa, OC.
89. De Lotti para Marianne, 18 de outubro de 1938, Haifa, OC.
90. De Lotti para Marianne, 25 de outubro de 1938, Tel Aviv, OC.
91. De Selma para Marianne, 6 de novembro de 1938, Essen, OC.
92. De Lotti para Marianne, 5 de dezembro de 1938, Tel Aviv, OC.
93. De Lotti e Hans para Marianne, 5 de dezembro de 1938, Tel Aviv, OC.
94. *Ibid.*
95. De Kurt para Marianne, 9 de fevereiro de 1939, Tel Aviv, OC.
96. De Selma para Marianne, 22 de novembro de 1938, Essen; e de Lotti para Marianne, 5 de dezembro de 1938, Tel Aviv, OC.
97. Conforme citado por Lotti em carta para Marianne, 5 de dezembro de 1938, Tel Aviv, OC.
98. *Ibid.*
99. Para mais informações sobre Bell, ver Capítulo 5.
100. Conforme citado por Kurt em carta a parentes nos Estados Unidos e na Alemanha, 9 de fevereiro de 1939, Tel Aviv, OC.
101. De Kurt para parentes nos Estados Unidos e na Alemanha, 9 de fevereiro de 1939, Tel Aviv, OC.
102. Entrevista com Gideon Sella, 28 de junho de 2006, Tel Aviv, realizada por Uta Larkey.
103. De Kurt para diversos membros da família nos Estados Unidos e na Alemanha, 9 de fevereiro de 1939, Tel Aviv, OC.
104. De Kurt e Hanna para Marianne, 3 de maio de 1939, Tel Aviv, OC.
105. De Kurt para Marianne, 3 de maio de 1939, Tel Aviv, OC.
106. De Kurt, Lotti e Ernst para Marianne, 22 de maio de 1939, Tel Aviv, OC.
107. O número do pedido de Ernst era 10.327. De Kurt para Marianne, 3 de maio de 1939, Tel Aviv, OC.
108. Carta de Marianne para Arnold, 22 de março de 1939. Ela dizia que Kurt estava trabalhando como *poël*, que ela traduziu como *Landarbeiter* (trabalhador rural).

109. Entrevista com Gideon Sella, 28 de junho de 2006, Tel Aviv, realizada por Uta Larkey. *Kibutzim* e *moshavim* são formas no plural.
110. Entrevista com Lotti, 2 de novembro de 1988, IN 291, registrada nos Arquivos da Alte Synagoge, Essen.
111. De Kurt para Marianne, 3 de maio de 1939, Tel Aviv, OC.
112. *Ibid.*
113. De Lotti para Marianne, 30 de abril de 1939, Tel Aviv, OC.
114. De Kurt para Marianne, 9 de fevereiro de 1939, Tel Aviv, OC.
115. De Kurt para Marianne, 19 de fevereiro de 1939, Tel Aviv, OC.
116. De Kurt para Marianne, 3 de maio de 1939, Tel Aviv, OC.
117. Para ver o texto do *White Paper* de 1939, consulte http://avalon.law.yale.edu/20th_century/brwh1939.asp (acessado em 2 de janeiro de 2010).
118. De Lotti para Marianne, 30 de abril de 1939, Tel Aviv, OC.
119. De Kurt para Selma e Henny, 3 de junho de 1939, Tel Aviv, OC.
120. De Lotti para Marianne, 28 de maio de 1939, Tel Aviv. Sarafand era o nome de uma aldeia árabe a aproximadamente 3 quilômetros de Rishon le-Zion, para onde Kurt e Hanna se mudaram.
121. De Kurt para Marianne, 14 de junho de 1939, Tel Aviv, OC.
122. De Kurt para Marianne, 10 de julho de 1939, Tel Aviv, OC.
123. De Lotti para Marianne, 28 de maio de 1939, Tel Aviv, OC.
124. De Hans para Marianne, 30 de abril de 1939, Tel Aviv, OC.
125. Luft, *Heimkehr ins Unbekannte*, 48.
126. Apesar de Selma insistir com Kurt em quase todas as cartas de outubro de 1939 a março de 1940 para que o filho providenciasse o transporte do contêiner com os móveis e outros pertences dele da Antuérpia para Tel Aviv, em época de guerra isso era muito improvável.
127. De Selma para Kurt e Hanna, 20 de julho de 1939, Colônia, OC.
128. De Kurt para Marianne, 3 de maio e 10 de julho de 1939, Tel Aviv, OC. Kurt confirmou em maio que havia recebido 8.500 LP e 6.345 LP de Marianne e depois, em julho, o recibo de 300 LP e 1.150 dólares dela. Embora esses números pareçam muito altos, foram os mencionados por Kurt.
129. De Kurt para Marianne, 10 de julho de 1939, Tel Aviv, OC.
130. Hershel e Abraham Edelheit (orgs.), *History of Zionism: A Handbook and Dictionary* (Boulder, Colorado: Westview Press, 2000), 525. Para ver o texto do *White Paper* britânico de 1939, visite o http://avalon.law.yale.edu/20th_century/brwh1939.asp (acessado em 21 de novembro de 2009).
131. De Kurt para Marianne, 22 de maio de 1939, Tel Aviv, OC. O hino Hatikvah (Esperança), escrito na década de 1880, expressa a velha esperança do povo judeu de ser livre na Terra de Israel. O Hatikvah tornou-se extraoficialmente o hino do movimento sionista no final da década de 1880 e posteriormente o hino nacional do Estado de Israel depois de sua fundação em 1948.

132. Black, *The Transfer Agreement*, 287.
133. Edelheit, *The Yishuv*, 21f.
134. Segev, *The Seventh Million*, 16.
135. De Kurt e Hanna para Marianne, 14 de junho de 1939, Tel Aviv, OC.
136. Feilchenfeld, Michaelis e Pinner (orgs.), *Haavara-Transfer*, 91.
137. Nicosia, *The Third Reich and the Palestine Question*, 160ff.
138. De Hans para Marianne, 30 de abril de 1939, Tel Aviv, OC.
139. Edelheit (orgs.), *History of Zionism*, 243. Em 1939, Constança, na Romênia, se tornou um dos mais importantes portos de desembarque para operações clandestinas de imigração para a Palestina. Cf. Dalia Ofer, *Escaping the Holocaust: Illegal Immigratiom to the Land of Israel, 1939-1944*. Série de Estudos de História Judaica (Nova York: Oxford University Press, 1990), 77ff. O *Aufbau* nos Estados Unidos também publicou reportagem sobre as "tragédias na costa da Palestina", mencionando em particular o *Assimi*. O navio foi impedido de aportar e mandado de volta para o mar com mais de 400 passageiros a bordo sem comida e água. Cf. *Aufbau* 5/8 (1º de maio de 1939).
140. De Hans para Marianne nos Estados Unidos, e para pais e sogros em Essen e Colônia, 10 de junho de 1939, Tel Aviv, OC.
141. De Lotti e Hans para Marianne nos Estados Unidos, e para parentes em Essen e Colônia, 10 de junho de 1939, Tel Aviv, OC.
142. Adendo de Ernst Kaiser-Blüth para Marianne à carta de Hans para todos os parentes em Essen, Colônia e Nova York, 18 de junho de 1939, Tel Aviv.
143. De Hans para os membros da família em Essen, e Colônia, 10 de junho de 1939, Tel Aviv, OC.
144. De acordo com a tradição judaica, os bebês do sexo masculino são circuncidados no oitavo dia após o nascimento.
145. De Hans para os parentes em Essen, Colônia e Nova York, 18 de junho de 1939, Tel Aviv, OC.
146. De Kurt para Marianne, 10 de julho de 1939, Tel Aviv, OC.
147. De Flora para Lotti e Hans, 29 de abril de 1939, Colônia, KC.
148. De Lotti e Hans para Marianne, 25 de setembro de 1939, OC. Escrita em inglês.
149. De Lotti para Marianne, 28 de maio de 1939, Tel Aviv, OC.
150. *Ibid.*
151. Entrevista com Michael Keynan, 29 de junho de 2006, Tel Aviv, realizada por Uta Larkey.
152. De Lotti para Marianne, 25 de julho de 1939, Tel Aviv, OC
153. Feilchenfeld, Michaelis e Pinner (orgs.), *Haavara-Transfer*, 67.
154. De Kurt para Marianne, 10 de julho de 1939, Tel Aviv, OC.
155. De Selma para Marianne, 6 de novembro de 1938, Essen, OC.
156. De Lotti para Marianne, 25 de julho de 1939, Tel Aviv, OC.

157. De Hans para Marianne, 30 de setembro de 1939, Tel Aviv, OC. A família Carstanjen era estreitamente ligada à história da MAN: Max (1856-1934) era diretor da MAN, e seu filho Richard (nascido em 1901) seguiu seus passos. Richard, diretor da MAN no final dos anos 30, foi indicado para a diretoria em 1950. De Gabriele Mierzwa, Museum und Historisches Archiv (CMM), Augsburg, para Uta Larkey, 24 de abril de 2009, por e-mail.
158. Entrevista com Michael Keynan, 29 de junho de 2006, Tel Aviv, realizada por Uta Larkey.
159. *Ibid.*
160. De Hans para Marianne, 30 de setembro de 1939, OC. Escrita em inglês.
161. Entrevista com Michael Keynan, 29 de junho de 2006, Tel Aviv, realizada por Uta Larkey. Em 23 de agosto de 1939, a Alemanha nazista e a União Soviética assinaram um pacto de neutralidade, o Acordo Molotov-Ribbentrop.
162. De Kurt para Marianne, 6 de setembro de 1939, Tel Aviv, OC. Escrita em inglês.
163. De Hans para Marianne, 2 de janeiro de 1940, Tel Aviv, OC.
164. Contrato assinado por representantes da MAN e Hans Kaiser-Blüth em 4 de março de 1935 em Nuremberg. Cópia do contrato enviada para Uta Larkey por Gabriele Mierzwa, Museum und Historisches Archiv (CMM), Augsburg, 21 de abril de 2009.
165. De Kurt para Marianne, 6 de setembro de 1939, Tel Aviv, OC. O doutor Chaim Weizmann (1874-1952) foi o presidente da World Zionist Organization de 1935 a 1946 e se tornaria o primeiro presidente do Estado de Israel em 1948.
166. *Aufbau*, 5/8 (1º de outubro de 1939).
167. De Kurt para Marianne, 6 de setembro de 1939, Tel Aviv, OC. Escrita em inglês.
168. De Kurt para Marianne, 29 de janeiro de 1941, Rishon le-Zion, Sella Collection (daqui em diante apenas SC).
169. Greif, McPherson e Weinbaum (orgs.), *Jeckes*, 42.
170. *Ibid.*
171. De Kurt para Marianne, 11 de maio de 1940, Rishon le-Zion, OC.
172. De Kurt para Marianne, 18 de agosto de 1940, Rishon le-Zion, OC. Kurt usa essa expressão em inglês.
173. *Ibid.*
174. De Marianne para Arnold, 11 de junho de 1940, Tewksbury, Massachusetts, OC. Marianne estava muito preocupada pelo fato de Kurt e Hanna morarem tão próximos da base do exército britânico que poderia estar correndo o risco de ser bombardeada: "A ideia de pessoas de minha família vivendo na Palestina quando o Mediterrâneo está se tornando um campo de batalha não me deixa muito animada". Escrita em inglês.
175. "Angriff auf Tel Aviv", *Aufbau*, 6/37 (13 de setembro de 1940). Esse ataque aéreo resultou em 113 mortos e 151 feridos.
176. De Kurt para Marianne, 12 de janeiro de 1940, Tel Aviv, OC.

7. ESFORÇOS PARA RESGATAR AS PESSOAS QUERIDAS ENREDADAS NA ALEMANHA NAZISTA, 1939-1942

1. De Selma para Marianne, 22 de janeiro de 1939, Essen, OC.
2. De Selma para Marianne, 2 de fevereiro de 1939, Essen, OC.
3. O título do artigo no *Israelitisches Familienblatt* de 15 de abril de 1937, "Children Become Letters", tornou-se um dito popular. Um missivista de Wetzlar escreveu para seus parentes na Palestina em 1937: "As pessoas se tornam cartas...". Ver Doetzer, "*Aus Menschen werden Briefe*", I.
4. Benz (org.), *Die Juden in Deutschland*, 734.
5. Kaplan, *Between Dignity and Despair*, 143.
6. Paula, irmã de Selma, havia morrido com 55 anos em 1931. Karl e ela eram os pais de Moritz Kaufmann, que junto com sua esposa havia emigrado para a Holanda em março de 1938.
7. A Lei que regulava a locação de imóveis para judeus de 30 de abril de 1939 tirava os direitos básicos dos inquilinos judeus, permitindo que os proprietários não judeus despejassem seus inquilinos judeus e, com isso, estabelecessem a base legal para a concentração dos judeus nas assim chamadas "casas de judeus" (*Judenhäuser*). Ver RGBl. I, 846.
8. De Selma para Marianne, 1º de maio de 1939, Essen, OC. Cf. arquivos relativos ao processo de reparação de Marianne, OC.
9. De Selma para Lotti, 21 de março de 1939, Essen, FC.
10. De Selma para Marianne, 1º de maio de 1939, Essen, OC.
11. De Kurt para Marianne, 3 de maio de 1939, Tel Aviv, OC.
12. De Selma para Marianne, 6 de novembro de 1938, Essen, OC.
13. De Selma para Lotti, 21 de março de 1939, Essen, FC.
14. De Selma para Marianne, 18 de junho de 1939, Essen, OC.
15. Ibid.
16. Decreto sobre Registro de Bens de Judeus, 21 de fevereiro de 1939, RGBl. I, 282. Cf. Blau, *Ausnahmerecht*, 66.
17. Arquivos relativos ao processo de reparação de Marianne, OC. Como Henny nunca tivera sua própria casa, esses bens foram todos atribuídos a Selma como viúva de Alex. O tribunal de Essen, que julgou o processo de reparação em 1954, estimou que o valor tivesse sido de 340 RM ou 850 dólares em 1939. Mas Selma recebeu em 1939 o equivalente a mais ou menos 102 dólares.
18. Asaria, *Die Juden in Köln*, 358f.
19. Arquivos relativos ao processo de reparação de Marianne, OC.
20. De Selma e Henny para Marianne, 18 de junho de 1939, Essen, OC.
21. De Selma e Henny para Marianne, 2 de outubro de 1939, Drove, OC.
22. De Selma e Henny para Marianne, 1º de maio de 1939, Essen, OC.
23. De Kurt para Marianne, 22-28 de maio de 1939, Tel Aviv, OC.

24. "Die neue Schedule", *Jüdisches Nachrichtenblatt* (Viena), 49/I (20 de junho de 1939). A tabela do governo relativa ao período de junho a setembro permitia um total de 7.800 certificados, mas o número de certificados antecipados para imigrantes da Alemanha não foi publicado.
25. De Kurt para Selma, Henny e tio Hermann, Tel Aviv, 12 de agosto de 1939, OC.
26. Feilchenfeld, Michaelis e Pinner (orgs.), *Haavara-Transfer*, 90.
27. De Flora para Marianne, 2 de setembro de 1939, Colônia, OC.
28. De Julius para Marianne, 5 de setembro de 1939, Colônia, OC.
29. De Selma e Henny para Kurt e Lotti, 4 de setembro de 1939, Colônia, SC.
30. O jornal judeu alemão *Aufbau*, publicado em Nova York, informou seus leitores no dia 1º de outubro de 1939 que as conexões postais com a Alemanha haviam sido restringidas, mas eram mantidas por serviços postais de países neutros. O jornal aconselhava enviar a correspondência por intermédio de conhecidos que viviam em países neutros, como a Bélgica, a Holanda e a Itália. Em 15 de outubro do mesmo ano, o *Aufbau* publicou que a correspondência estava demorando cada vez mais.
31. De Moritz Kaufmann para Kurt, 16 de setembro e 1º de novembro de 1939, Amstelveen, SC, e 20 de novembro de 1939, FC.
32. De Selma para Sofie Levy, sem data, supostamente no final de novembro de 1940, Colônia, FC.
33. De Selma para Marianne, 19 de setembro de 1939, Colônia, OC.
34. *Ibid.*
35. Blau, *Ausnahmerecht*, 79.
36. De Flora para Lotti e Hans, 29 de abril de 1939, Colônia, FC.
37. De Selma para Marianne, 23 de outubro de 1939, Colônia. A irmã de Thekla, Carola, havia se casado com Salo Weindling, e ambos emigraram para os Estados Unidos em julho de 1939. Cf. Carola e Salo Weindling, na Filadélfia, para a senhora Wirsbitzki, 19 janeiro de 1986, AR 10426, Arquivos da Alte Synagoge, Essen. Também no Leo Baeck Institute, Nova York, MF 642.
38. De Selma para Kurt e Lotti, 4 de setembro de 1939, Colônia, SC.
39. Kaplan, *Between Dignity and Despair*, 151.
40. Blau, *Ausnahmerecht*, 84. Decreto de 4 de julho de 1940.
41. De Marianne para Kurt, Lotti *et al.*, 11 de dezembro de 1939, Tewksbury, Massachusetts, OC. Escrita em inglês.
42. De Selma para Marianne, 23 de outubro de 1939, Colônia, OC.
43. De Lotti para Marianne, 19 de setembro de 1939, Tel Aviv, OC. Escrita em inglês.
44. De Selma para Marianne, 23 de outubro de 1939, Colônia, OC.
45. De Kurt para o Consulado dos Estados Unidos em Jerusalém, 11 de novembro de 1939, Tel Aviv, OC. Escrita em inglês.
46. Do Consulado dos Estados Unidos em Jerusalém para Kurt, 16 de abril de 1940. Cf. citado na carta de Kurt para Marianne, Tel Aviv, 11 de maio de 1940, OC. Escrita em inglês.

47. De Kurt para Marianne, 11 de maio de 1940, Tel Aviv, OC. Kurt devia ter recebido a notificação de que seu número seria chamado entre janeiro e maio de 1940.
48. Wetzel, "Auswanderung aus Deutschland", 485.
49. Bat-Ami Zucker, *In Search of Refuge: Jews and US Consuls in Nazi Germany, 1933-1941* (Londres e Portland, Oregon: Vallentine Mitchell, 2001), 33ff.
50. *Ibid.*, 2ff, 35, 47, 172, 178f. Aproximadamente dois terços dos solicitantes alemães de 1933 a 1941 eram judeus.
51. *Ibid.*, 4.
52. *Ibid.*, 111. Cf. Dwork e van Pelt, *Flight*, 145f.
53. Zucker, *In Search of Refuge*, 145.
54. *Ibid.*, 143ff., 168.
55. *Ibid.*, 96f.
56. *Ibid.*, 100f. e 178. Reputado como antissemita, Breckinridge Long, assistente da Secretaria de Estado, e Avra M. Warren, chefe do Departamento de Vistos, tinham visões particularmente restritivas quanto à imigração de judeus para os Estados Unidos, visões essas que eram compartilhadas com o Departamento de Estado e, em particular, com funcionários consulares. Ver também Rafael Medoff, *Blowing the Whistle on Genocide: Josiah E. DuBois, Jr. and the Struggle for a US Response to the Holocaust* (West Lafayette, Indianápolis: Purdue University Press, 2009), 22f.
57. Zucker, *In Search of Refuge*, 172f. Pesquisas de opinião pública realizadas nos Estados Unidos no fim dos anos 30 mostraram que 60% dos americanos disseram que os judeus tinham "qualidades repreensíveis", quase a metade disse que os judeus tinham "poder demais" nos Estados Unidos e 20% se declararam "simpatizantes de uma campanha antissemita". Menos de 9% apoiava uma mudança no sistema de imigração de maneira a permitir a entrada de mais refugiados no país.
58. *Ibid.*, 102f. e 154.
59. *Ibid.*, 177. Esse também era conhecido como sendo o caso do consulado de Hamburgo, diferentemente de Berlim ou, depois da *Anschluss* da Áustria, em março de 1938, também de Viena.
60. Dwork e van Pelt, *Flight*, 147.
61. Zucker, *In Search of Refuge*, 44f.
62. De Selma e Henny para Kurt e Lotti, 14 de julho de 1940, Colônia, OC.
63. Blau, *Ausnahmerecht*, 84. Decreto do Ministério dos Correios do Reich, 29 de julho de 1940.
64. De Kurt para Marianne, 18 de agosto de 1940, Rishon le-Zion, OC.
65. De Kurt para Marianne, 18 de agosto de 1940, Rishon le-Zion, OC.
66. Caderno de Notas de Marianne, Camp Berkshire, 23 de agosto de 1940, OC. Escrita em inglês, como quase todas as anotações de Marianne depois de ter se estabelecido nos Estados Unidos.

67. Declaração juramentada de Marianne Steinberg Ostrand com respeito à sua renda de julho de 1938 até o final de 1959. Arquivos relativos ao processo de reparação de Marianne, OC.
68. Caderno de Notas de Marianne, Camp Berkshire, 6 e 12 de julho de 1940, OC.
69. *Ibid.*, 16 de dezembro de 1939, Tewksbury, Massachusetts, OC. Ver também comentários de Selma a respeito dos problemas de Arnold com trabalho, de Selma para os filhos, 30 de junho de 1940, Colônia; e de Marianne para Kurt e Lotti, Nova York, sem data, supostamente durante o outono de 1940, OC.
70. Caderno de Notas de Marianne, Camp Berkshire, 23 de agosto de 1940, OC.
71. De Arnold para Marianne, 7 de janeiro de 1941, Nova York, OC. Escrita em inglês.
72. De Marianne e Arnold para Kurt e Hanna, 27 de setembro de 1944, Nova York, OC.
73. De Marianne para Hilde(gard) Winkler, na Suíça, 27 de agosto de 1941, Nova York, OC. Ver também de Marianne para Kurt *et al.*, 27 de março de 1941, OC.
74. De Selma para Marianne e Arnold, 18 de fevereiro de 1941, Colônia, SC.
75. De Marianne para Kurt e Lotti, 27 de março de 1941, Nova York, SC. Escrita em inglês.
76. De Marianne para Selma e Henny, 29 de março de 1941, Nova York, OC. Aparentemente Trude era a sua amiga e colega do Israelitisches Asyl — Trude Löwenstein, que, juntamente com seu marido, havia emigrado para os Estados Unidos em meados de 1939.
77. De Kurt para Marianne, 13 de maio de 1941, Rishon le-Zion, SC.
78. De Marianne para Kurt e Lotti, 12 de julho de 1941, Nova York, OC.
79. De Selma para Marianne, 23 de março de 1941, Colônia, OC.
80. A deflagração da Segunda Guerra Mundial restringiu os negócios internacionais que as linhas marítimas podiam realizar, e os emigrantes alemães tinham que comprar suas passagens de empresas não alemãs, o que pesou sobre o câmbio exterior. Ver "Ueber Lissabon nach Uerbesee". *Jüdisches Nachrichtenblatt*, 31 de dezembro de 1940, 105/1.
81. Quando em 1939 os nazistas dissolveram a Hilfsverein, a Agência Judaica de Autoajuda, ela se tornou oficialmente a Associação do Departamento de Emigração do Reich dos Judeus na Alemanha. No entanto, os judeus na Alemanha continuaram a chamá-la Hilfsverein.
82. De Selma para Marianne e Arnold, 23 de março de 1941, Colônia, OC.
83. De Julius para Marianne, 24 de março de 1941, Colônia, OC.
84. De Selma para Marianne, sem data, final de fevereiro de 1941, Colônia, SC.
85. De Flora para Marianne, 24 de março de 1941, Colônia, OC.
86. De Selma para Marianne, 23 de março de 1941, Colônia, OC.

87. *Chronik des Amtes Inden*, Rathaus (Câmara Municipal) de Inden, 1941. Excertos citados no ensaio de Bernd Hahne, *Entrechtung, Vertreibung, Vernichtung 1933-1945*, www.duereninfo.de/AGV/VI.pdf (acessado em 24 de janeiro de 2010).
88. De Selma para Marianne, sem data, final de fevereiro de 1941, Colônia, SC.
89. De Lotti e Kurt para Marianne, 23 de maio de 1941, Tel Aviv, SC.
90. De Selma para Marianne, 23 de março de 1941, Colônia, OC.
91. De Marianne para Lotti, 1º de maio de 1941, Nova York, OC. Escrita em inglês.
92. De Marianne para o digníssimo senhor cônsul dos Estados Unidos em Stuttgart (cópia em carbono), 17 de maio de 1941, Nova York, OC. Escrita em inglês.
93. Cópias da carta de fiança de 17 de maio de 1941 e materiais anexos, OC. Marianne apresentou seus documentos para Declaração de Intenção de Cidadania no dia 7 de setembro de 1938.
94. De Marianne para Selma e Henny, 19 de maio de 1941, Nova York, OC.
95. *Ibid.*
96. De Marianne para Kurt e Lotti, 4 de junho de 1941, Nova York, SC. Escrita em inglês.
97. De Lotti para Marianne, 25 de maio de 1941, Tel Aviv, OC.
98. De Hans para Marianne, 25 de maio de 1941, Tel Aviv, OC.
99. De Kurt para Marianne e Arnold, 13 de maio de 1941, Rishon le-Zion, SC.
100. *Ibid.*
101. De Selma para Sofie Levy, 13 de maio de 1941, Colônia, SC.
102. Joseph Walk, *Das Sonderrecht für die Juden im NS Staat*, 2ª ed. (Heidelberg: C.F. Müller Verlag, 1996), 341. O departamento de moradia da comunidade judaica de Colônia enviou uma circular no dia 12 de maio de 1941 comunicando a seus associados a decisão das autoridades nazistas de que "todas as casas de judeus nos subúrbios da região oeste tinham de ser desocupadas". Ver Asaria, *Die Juden in Köln*, 366ff.
103. De Marianne para Lotti e Kurt, 12 de julho de 1941, Nova York, OC. Escrita em inglês. A carta de Selma para Marianne não foi encontrada.
104. Dos arquivos relativos ao processo de reparação de Marianne, OC.
105. Berschel, *Bürokratie und Terror*, 315f.
106. De Flora para Hans e Lotti, 13 de janeiro de 1939, Colônia, KC.
107. De Marianne para os irmãos, 12 de julho de 1941, Nova York, OC. Escrita em inglês.
108. Heinrich Böll, *Die Juden von Drove, Köln und das rheinische Judentum*, Festschrift Germania Judaica 1959-1984 (Colônia: Bachem Verlag, 1984), 487. Ernest Kaufman traduziu generosamente a sua própria versão do artigo de Böll e a disponibilizou para as autoras.
109. "Das Rheinland unter Bomben". *Aufbau*, 25 de julho de 1941, 5/30.
110. De Selma para os filhos, 5 de agosto de 1941, Colônia, SC.
111. "Der Schlag gegen die Einwanderung", *Aufbau*, 18 de julho de 1941, 7/29.

112. "Die Ausfüllung der neuen Affidavitformulare", *Aufbau*, 11 de julho de 1941, 7/28.
113. "Schlag gegen Unschuldige", *Aufbau*, 11 de julho de 1941, 7/28.
114. *Jüdisches Nachrichtenblatt* (Berlim), 17 de outubro de 1941.
115. De Marianne para Selma e Henny, sem data, início de agosto de 1941, Nova York, OC.
116. De Marianne para Selma e Henny, 29 de agosto de 1941, Nova York, OC.
117. De Marianne para Selma e Henny, 25 de setembro de 1941, Nova York, OC.
118. De Marianne para todos na Palestina, 25 de setembro de 1941, Nova York, SC.
119. De Selma para Lotti e Hans, 3 de outubro de 1941, Colônia, SC.
120. De Kurt para Marianne, 14 de junho de 1939, Colônia, OC. Desses dois conhecidos, Alice Sternberg conseguiu sobreviver e emigrar para os Estados Unidos, enquanto Max Frank, que havia morado no mesmo prédio em que morava a família Kaufmann-Steinberg em Altenessen, consta da lista de "mortos". http://resources.ushmm.org/stlouis/passenger_list.php (acessado em 4 de fevereiro de 2010).
121. De Selma para Lotti e Hans, 3 de outubro de 1941, Colônia, SC.
122. De Selma para Marianne, 9 de outubro de 1941, Colônia, OC.
123. Wolf Gruner, "Von der Kollektivausweisung zur Deportation", em Birthe Kundrus e Beate Meyer (orgs.), *Die Deportation der Juden aus Detschland: Pläne, Präxis, Reaktionen 1938-1945* (Göttingen: Wallstein, 2004), 54.
124. De Selma para Lotti e Hans, 3 de outubro de 1941, Colônia, SC.
125. A filha de Bertha Lach, Martha, e seu genro, Walter Haase, foram transportados para um local de ajuntamento em Düren no dia 3 de outubro de 1941. Eles chegaram a Theresienstadt no transporte VII-2 no dia 25 de julho de 1942. Segundo o www.holocaust.cz, a última residência de Bertha antes de ser deportada foi a Villa Buth em Kirchberg (acessado em 23 de janeiro de 2010).
126. De Selma para Herta, 14 de outubro de 1941, Colônia, OC.
127. O Escritório Central de Segurança do Reich (RSHA) emitiu esse decreto em 24 de outubro de 1941. Ver Walk, *Sonderrecht*, 353.
128. De Herta Poth para Marianne, 8 de setembro de 1947, Essen, OC.
129. Blau, *Ausnahmerecht*, 89. Essa ordem policial, emitida em 1º de setembro, entrou em vigor em 19 de setembro de 1941.
130. De Selma para os filhos, 1º de setembro de 1941, SC. Cf. E. Dominicus, *Chronik des Amtsbezirkes Nörvenich 1932-1946*, 2ª ed., 81, cf. citado em: www.geschichtswerkstatt-dueren.de (acessado em 23 de janeiro de 2010).
131. De Selma para os filhos, 1º de setembro de 1941, Colônia, SC.
132. Blau, *Ausnahmerecht*, 89. Essas medidas facilitaram a deportação dos judeus pelos nazistas.
133. Kaplan, *Between Dignity and Despair*, 157ff.
134. *Ibid.*, 150.

135. *Kölnische Zeitung*, 13 de setembro de 1941, cf. citado em: Asaria, *Die Juden in Köln*, 367. C. Peter Longerich, *"Davon haben wir nichts gewusst": Die Deutschen und die Judenverfolgung 1933-1945* (Munique: Siedler Verlag, 2006), 165.
136. De Flora para Marianne *et al.*, 3 de outubro de 1941, Colônia, SC.
137. De Kurt e Hanna para Marianne e Arnold, 9 de julho de 1941, Rishon le-Zion, OC.
138. De Marianne para Kurt e Lotti, 22 de agosto de 1941, Nova York, OC. Escrita em inglês.
139. Armin e Renate Schmid, *Im Labyrinth der Paragraphen: Die Geschichte einer gescheiterten Emigration* (Frankfurt: Fischer Taschenbuch Verlag, 1993), 61. Segundo os Schmids, Cuba exigia até 1.500 dólares como prova de intenção e 50 dólares como taxa de desembarque para que nenhum refugiado se tornasse um peso para o Estado se o seu período de trânsito durasse mais que o esperado. Houve uma corrida atrás de vistos cubanos depois que os Estados Unidos fecharam seus consulados na Alemanha e nos países ocupados por ela; a emissão de vistos chegou a aproximadamente 35 mil entre setembro e novembro de 1941, porém os navios disponíveis que partiam dos portos neutros de Barcelona e Lisboa não chegavam nem perto de conseguir transportar todos os refugiados com vistos.
140. De Marianne para Kurt e Lotti, 22 de agosto de 1941, Nova York, OC. Escrita em inglês.
141. De Marianne para Kurt e Lotti, 22 de agosto de 1941, Nova York, OC. Escrita em inglês.
142. De Kurt para Marianne, 12 de agosto de 1941, Rishon le-Zion, SC.
143. De Lotti para Marianne, 6 de dezembro de 1941, Tel Aviv, OC.
144. De Marianne para Hildegard Winkler, Nova York, 27 de agosto de 1941, OC.
145. De Hildegard Winkler para Marianne, 5 de novembro de 1941, Berna, OC.
146. De Marianne para Selma e tia Henny, 30 de novembro de 1941, Nova York, OC.
147. De Selma e Henny para os filhos, 8 e 15 de novembro de 1941, Colônia, OC. A data do último telegrama de Selma para Marianne era 9 de outubro de 1941.
148. De Marianne para Selma e Henny, 3 de outubro de 1941, Nova York, OC. Marianne achava que Selma ficaria em Cuba de dois a três meses.
149. De Selma para os filhos, 15 de novembro de 1941, Colônia, OC.
150. De Arnold e Marianne para Lotti e Hans, 31 de outubro de 1941, Nova York, OC.
151. De Kurt para Marianne e Arnold, 18 de janeiro de 1942, Rishon le-Zion, OC.
152. De Selma para os filhos, 8, 15 e 27 de novembro de 1941, Colônia, OC.
153. "Die Ausreise aus Deutschland", *Aufbau*, 7/49 (5 de dezembro de 1941). Os nazistas eram associados à cor marrom, diferentemente do vermelho dos comunistas. As tropas da SA usavam camisas marrons e a sede do Partido Nazista era chamada de a "Casa Marrom".
154. De Kurt para Marianne e Arnold, 18 de janeiro de 1942, Rishon le-Zion, OC. Escrita em inglês.

155. Em 1º de outubro de 1941, Himmler anunciou uma ordem secreta que impedia efetivamente a continuidade de toda emigração da Alemanha "à luz dos perigos do tempo de guerra e as possibilidades no leste". Ver Kulka e Jäckel, *Geheime Stimmungsberichten*, 640. Em 23 de outubro de 1941, o Escritório Central de Segurança do Reich (RSHA) decretou: "A emigração de judeus da Alemanha fica proibida enquanto durar a guerra, sem exceções". Ver Walk, *Sonderrecht*, 353.
156. Gruner, "Kollektivausweisung", 54f.
157. Christopher Browning, *The Origins of the Final Solution: The Evolution of Nazi Jewish Policy September 1939-March 1942* (Lincoln, Nebraska: University of Nebraska Press, 2004), 373.
158. De Selma para Sofie Levy, 3 de maio de 1942, Colônia-Müngersdorf, OC.
159. "Kommt die Auswanderung zu vollem Stillstand?" *Aufbau*, 7/52 (26 de dezembro de 1941).
160. Dwork e van Pelt, *Flight*, 260. Entre setembro de 1939 e junho de 1945, 23 milhões de mensagens pessoais foram enviadas via Cruz Vermelha Internacional. Ver www.icrc.org/ihl.nsf/COM/380-600029?OpenDocument (acessado em 19 de dezembro de 2009).
161. De Kurt para Marianne e Arnold, 3 de maio de 1942 e 1º de julho de 1942, Rishon le-Zion, SC. Ver também mensagens via Cruz Vermelha de Selma e suas irmãs que Marianne recebeu em 1942 e cópias das respostas que Marianne enviou via Cruz Vermelha a cada uma das mensagens recebidas, OC.
162. Ver cópias das mensagens via Cruz Vermelha que Kurt enviou para Selma e as irmãs dela no verão de 1942, SC.
163. De Marianne para os irmãos, 24 de julho de 1942, Nova York, OC. Escrita em inglês.
164. *Ibid.*
165. De Kurt para Marianne e Arnold, 1º de julho de 1942, Rishon le-Zion, SC. Escrita em inglês.
166. Mensagem de Selma e suas irmãs enviada via Cruz Vermelha e recebida por Marianne em 1942, juntamente com cópias das respostas de Marianne também enviadas via Cruz Vermelha, OC.
167. De Selma para Moritz Kaufmann, 1º de junho de 1942, Colônia-Müngersdorf, SC.
168. De Selma para Herta Poth, 14 de janeiro de 1942, Colônia, OC.
169. De Selma para Kurt, 8 de janeiro de 1942, Colônia, OC.
170. De Selma para Moritz Kaufmann, 1º de junho de 1942, Colônia-Müngersdorf, SC.
171. De Selma e Henny para Herta Poth, 12 de fevereiro de 1942, Colônia, OC.
172. *Ibid.*
173. De Selma para Herta Poth, 3 de março de 1942, Colônia, OC.

174. Kaplan, *Between Dignity and Despair*, 155. Os alojamentos foram construídos para prisioneiros russos de guerra durante a Primeira Guerra Mundial.
175. De Selma para Sofie Levy, 3 de maio de 1942, Colônia, FC.
176. Siegfried Wollenberg, 19 de janeiro de 1942, Colônia-Müngersdorf. Cartão-postal reproduzido em: Asaria, *Die Juden in Köln*, 363.
177. *Ibid.*, 386.
178. Max Schönenberg, um dos detidos no local de ajuntamento de Colônia-Müngersdorf, 15 de março de 1942. Sua carta foi citada em Becker-Jákli, *Das Jüdische Krankenhaus*, 334.
179. De Selma para Sofie Levy, 3 de maio de 1942, Colônia-Müngersdorf. FC. Selma refere-se aqui a Else e Leo Kaufmann, de Drove; Thekla e Leopold Heumann, de Linnich; e Martha e Walter Haase, de Düren. A mãe de Martha, Bertha (Kaufmann) Lachs, foi posteriormente deportada para Theresienstadt.
180. Miroslav Kárný, "Theresienstadt 1941-1945", em Institut Theresienständter Initiative (org.), *Theresienständter Gedenkbuch, Die Opfer der Jundentransporte aus Deutschland nach Theresienstadt* (Praga: Verlag Academia, 2000), 20. Theresienstadt — ou Terezín, em tcheco — foi construída no final do século XVIII como uma fortaleza na fronteira norte do império austro-húngaro. Os nazistas obrigaram os 4 mil moradores tchecos não judeus a deixar suas casas para a implementação do plano de estabelecer um gueto/campo de concentração em larga escala depois de janeiro de 1942.
181. Longerich, "*Nichts gewusst*", 10ff. Longerich resume os argumentos de diferentes historiadores quanto ao que os alemães sabiam sobre as deportações. Ele inclui os pontos de vista de Marlis Steiner, Ian Kershaw, Otto Dov Kulka, David Bankier, Robert Gellately, Frank Bajohr e Hans Mommsen.
182. David Bankier, *The Germans and the Final Solution: Public Opinion under Nazism* (Oxford: Blackwell, 1992), 101ff.
183. Kaplan, *Between Dignity and Despair*, 194f.
184. Sibylle Tiedemann, "Frauenleben 1933-1945", prospecto inédito para o filme documentário *Kinderland ist abgebrannt*, 1995, 11.
185. Kaplan, *Between Dignity and Despair*, 180f.
186. Konrad Kwiet, "Von der Ghettoisierung zur Deportatin", em Benz (org.), *Die Juden in Deutschland*, 651ff.
187. De Lotti para Marianne, 3 de junho de 1945, Tel Aviv, OC.
188. Texto de Flora evocando seu pai falecido, David Palm (1818-1911), no verso da fotografia colocada na lápide dele, 13 de maio de 1941, Colônia, KC.
189. De Selma para Herta Poth, 5 de maio de 1942, Colônia-Müngersdorf, OC.
190. De Herta para Marianne, 8 de setembro de 1947, Essen, OC.
191. Becker-Jákli, *Das Jüdische Krankenhaus*, 335. O número estimado de mortes foi 500, com 5 mil pessoas feridas. Mais de 45 mil pessoas perderam suas casas.

346 Sob o Fantasma do Holocausto

192. Entrevista com Inge Goldschmidt Oppenheimer, código 11.370, Shoah Foundation Institute, University of Southern California.
193. O tio Hermann morreu no dia 28 de outubro de 1941, e sua irmã Johanna Moses, em 6 de dezembro de 1941.
194. Asaria, *Die Juden in Köln*, 387f.
195. De Karl para Moritz Kaufmann, 1º de junho de 1942, Colônia-Müngersdorf, SC. Aparentemente, nessa época, Moritz continuava morando em seu antigo endereço na Holanda. Ele foi deportado de Westerbork para Theresienstadt em 4 de setembro de 1944, e de lá, três semanas depois, para sua morte em Auschwitz-Birkenau. Ver www.bundesarchiv.de/gedenkbuch (acessado em 23 de janeiro de 2010). Sua esposa Bertl sobreviveu e emigrou para os Estados Unidos.
196. De Selma e Henny para Moritz Kaufmann, 1º de junho de 1942, Colônia-Müngersdorf, SC.
197. De Selma para Herta Poth, sem data, mas supostamente no dia 14 de junho de 1942, Colônia-Müngersdorf, Marianne Ostrand Collection, AR 5823, Leo Baeck Institute, Nova York. Selma assinou "Sofie" no cartão-postal. Talvez essa tenha sido a maneira que Selma encontrara de fazer com que alguém informasse Sofie Levy de que ela havia sido deportada para Theresienstadt, com a esperança de que, da Argentina, Sofie passasse a informação para seus filhos na Palestina.

8. RUMORES DOS TEMPOS DE GUERRA E REVELAÇÕES DO PÓS-GUERRA

1. De Kurt para Marianne e Arnold, 23 de novembro de 1942, Rishon le-Zion, OC. Escrita em inglês. Ernst Roer era o irmão de Toni Roer Rothschild. Ernst foi mandado com sua esposa do local de ajuntamento Holbeckshof em Essen-Steele para Düsseldorf e depois deportado para Theresienstadt em 21 de julho de 1942. Os Rothschilds emigraram para a Palestina em 1934 e, quando chegaram lá, alugaram um quarto de Lotti e Hans. Ver árvore genealógica da família Kaufmann, OC.
2. De Lotti e Hans para Marianne, 10 de janeiro de 1943, Tel Aviv, OC.
3. De Hans para Marianne e Arnold, 12 de janeiro de 1943, Tel Aviv.
4. De Walter para Liesel Sternberg, Viña del Mar, Chile, 27 de setembro de 1942, AR 921, Arquivos da Alte Synagoge, Essen.
5. Bundesarchiv (org.). *Gedenkbuch: Opfer der Verfolgung der Juden unter der nationalsozialistischen Gewaltherrschaft in Deutschland (1933-1945)*, 2ª ed. (Koblenz, 2006). Para versão atualizada *on-line*, ver www.bundesarchiv.de/gedenkbuch/directory.html?id=975900&submit=1&page=1&maxview=50&offset=0 (acessado em 12 de abril de 2010).
6. Dieter Corbach, *6:00 ab Messe Köln-Deutz: Deportationen 1938-1945* (Colônia: Scriba Buch-und Musikverlag, 1999). Cf. Berschel, *Bürokratie und Terror*, 391f.
7. Arquivos relativos ao processo de reparação de Marianne, OC.

8. Barkai, *From Boycott to Annihilation*, 180f.
9. Michael Zimmermann, "Eine Deportation nach Theresienstadt: Zur Rolle des Banalen bei der Durchsetzung des Monströsen", em Miroslav Kárný, Margita Kárná e Raimund Kemper (orgs.), *Theresienstädter Studien und Dokumente* (Praga: Academia, 1994), 60ff.
10. Isidor Caro foi o último rabino da comunidade ortodoxa "Adass Jeschurun" em Colônia. Ele morreu no dia 28 de agosto de 1943 em Theresienstadt.
11. Corbach, *6:00 ab Messe Köln-Deutz*, 26ff.
12. *Ibid.*, 53f.
13. *Ibid.*, 51.
14. Asaria, *Die Juden in Köln*, 388.
15. Corbach, *6:00 ab Messe Köln-Deutz*, 54.
16. Klara Caro, "Stärker als das Schwert, Erinnerungen", manuscrito datilografado, MM14, 5, Leo Baeck Institute, Nova York. Cf. Alfred Gottwaldt e Diana Schulle, *Die "Judendeportationen" aus dem Deutschen Reich 1941-1945* (Wiesbaden: Marixverlag, 2005), 292.
17. Kárný, "Theresienstadt 1941-1945", 21. De acordo com Kárný, muitos judeus também haviam assinado "contratos de compra de casa" e pagado pelo que eles acreditavam que lhes garantiria um lugar em uma casa de repouso. Cf. Federica Spitzer e Ruth Weisz, *Theresienstadt: Aufzeichnungen* (Berlim: Metropol Verlag, 1997), 31. Cf. H. G. Adler, *Theresienstadt 1941-1945: Das Antlitz einer Zwangsgemeinschaft* (Tübingen: J. C. B. Mohr, 1960), 108.
18. Em 1943-44 foi aberto um caminho que ia da estação de trens de Bauschowitz até o centro do gueto.
19. Resi Weglein, *Als Krankenschwester im KM Theresienstadt: Erinnerungen einer Ulmer Jüdin* (Stuttgart: Silberburg-Verlag, 1990), 26. Cf. Adler, *Theresienstadt*, 267f.
20. Esse era, mais provavelmente, o assim chamado alojamento de Dresden, onde a maioria das mulheres idosas era alojada.
21. Caro, "Erinnerungen", 5.
22. *Ubikationen* é um termo austríaco usado para esse tipo de alojamento, historicamente ligado a acampamentos militares.
23. Kárný, "Theresienstadt 1941-1945", 21.
24. Philip Manes, *Als ob's ein Leben wär: Tatsachenbericht Theresienstadt 1942-1944* (Berlim: Ullstein, 2005), 44.
25. O de Selma, Henny e Emma era o Transporte III-I (III indicava a cidade de Colônia como de partida; I, que esse era o primeiro transporte de Colônia para Theresienstadt). O número individual do transporte de Selma era 652. O de Henny, 651, e o de Emma, 653. Ver www.holocaust.cz/cz2/eng/victims/victims (acessado em 13 de março de 2011). Cf. Corbach, *6:00 ab Messe Köln-Deutz*, 463 e 487.
26. Manes, *Als ob's ein Leben wär*, 44f.

27. Anita Tarsi, "Das Schicksal der alten Frauen in Theresienstadt", em Miroslav Kárný, Margita Kárná e Raimund Kemper (orgs.), *Theresienstädter Studien und Dokumente* (Praga: Academia, 1998), 105. Anita Tarsi foi, até 2009, diretora do Beit Theresienstadt Archive and Holocaust Museum, em Israel.
28. Kárný, "Theresienstadt 1941-1945", 20.
29. Tarsi, "Schicksal", 116.
30. Adler, *Theresienstadt*, 693.
31. Kárný, "Theresienstadt 1941-1945", 40.
32. Entre abril e setembro de 1942, o número de prisioneiros quadruplicou e a taxa de mortalidade aumentou quinze vezes. Ver *ibid.*, 20.
33. De Herta Poth para Marianne, 8 de setembro de 1947, Essen, OC. Herta observou a "saúde frágil" de Emma e a "vulnerabilidade emocional" de Henny quando visitou as irmãs em Colônia-Müngersdorf antes da deportação das três Kaufmann.
34. Cf. Kárný, "Theresienstadt 1941-1945", 20. Cf. Adler, *Theresienstadt*, 109.
35. Tarsi, "Schicksal", 114.
36. Anna Hájková, "Strukturen weiblichen Verhaltens in Theresienstadt", em Gisela Bock (org.), *Genozid und Geschlecht* (Frankfurt: Campus Verlag, 2005), 209.
37. De Klara Caro para Lotti e Hans, sem data, conforme relatado por Kurt em sua carta para Marianne, 26 de junho de 1945, Rishon le-Zion, OC. Escrita em inglês.
38. Adler, *Theresienstadt*, 104.
39. Tarsi, "Schicksal", 123f. Cf. De Klara Caro para Lotti e Hans, sem data, mas presumivelmente em meados de 1945, conforme reproduzida por Kurt em sua carta para Marianne, 26 de junho de 1945, Rishon le-Zion, OC. Escrita em inglês.
40. Spitzer e Weisz, *Theresienstadt*, 41.
41. De Klara Caro para Lotti e Hans, sem data, conforme relatada por Kurt em sua carta para Marianne, 26 de junho de 1945, Rishon le-Zion, OC.
42. Tagesbefehl (Ordem do Dia) Nr. 125, 14 de maio de 1942, Památník Terezín, A10/94, Theresienstadt Archives, Terezín, República Tcheca. Similar aos "Conselhos Judaicos" em outros guetos e campos, o Conselho de Idosos recebeu a incumbência impossível de ter de dirigir os negócios internos do gueto/campo conforme era ditado pela administração nazista, provendo as listas de deportados e, em geral, se colocando entre a cruz e a espada.
43. *Ibid.*
44. Tagesbefehl (Ordem do Dia) Nr. 213, 16 de setembro de 1942, Památník Terezín, A3241, Theresienstadt Archives, Terezín, República Tcheca.
45. Em sua maioria, esses alemães trocados eram membros da Sociedade Templária ou dos Templários — seita protestante — que começaram a se assentar na Palestina no final do século XIX. Com a deflagração da Segunda Guerra Mundial, o governo do mandato britânico prendeu-os; muitos deles eram, de fato, defensores da ideologia nazista, como "nacionais inimigos". Os Templários foram expulsos para a Austrália ou trocados por cidadãos judeus da Palestina que haviam caído em po-

der alemão. Ver Rockman, *None of Them Were Heroes*. Cf. Yad Vashem org., *From Bergen-Belsen to Freedom: The Story of the Exchange of Jewish Inmates of Bergen-Belsen with German Templars from Palestine*, Atas do Simpósio em Memória do Dr. Haim Pazner (Jerusalém: Yad Vashem 1986).

46. "Rescue", em Laqueur e Tydor Baumel (orgs.), *Holocaust Encyclopedia*, 536. Cf. David S. Wyman e Charles H. Rosenzveig, *The World Reacts to the Holocaust* (Baltimore: Johns Hopkins University Press, 1996), 848.
47. De Hans para Marianne e Arnold, 12 de janeiro de 1943, Tel Aviv, OC.
48. De Marianne para os irmãos na Palestina, 4 de fevereiro de 1943, Nova York, SC.
49. De Kurt para Marianne e Arnold, 1º de julho de 1942. Marianne Bachrach Steinberg era mãe de Alex, a avó deles. Escrita em inglês.
50. *Ibid.*
51. De Marianne para Kurt e Hanna, 24 de julho de 1942, Nova York, OC. Escrita em inglês.
52. De Marianne para Kurt e Hanna, 27 de setembro de 1944, Nova York, OC. Escrita em inglês.
53. De Arnold para Kurt e Hanna, 27 de setembro de 1944, Nova York, OC.
54. De Marianne para Kurt e Hanna, 6 de janeiro de 1946, Nova York, OC. Ver também de Marianne para Lotti, 14 e 20 de fevereiro de 1946, OC.
55. De Lotti para Marianne, 12 de janeiro de 1944, Tel Aviv, OC.
56. De Kurt para Marianne, 13 de agosto de 1944, Rishon le-Zion, OC. Escrita em inglês.
57. De Lotti para Marianne, 13 de dezembro de 1944, Tel Aviv, OC. Lotti e Hans se divorciaram em 12 de dezembro de 1944.
58. De Marianne para todos na Palestina, 29 de novembro de 1943, Nova York, OC. Escrita em inglês.
59. De Marianne para todos na Palestina, 4 de fevereiro de 1943, Nova York, SC.
60. De Kurt para Marianne, 20 de dezembro de 1943, Rishon le-Zion, OC. Escrita em inglês.
61. De Lotti para Marianne, 19 de junho de 1944, Tel Aviv, OC. Ver também de Hans para Marianne e Arnold, 1º de março de 1945, Tel Aviv, OC.
62. De Lotti para Marianne, Arnold e Thomas, 19 de julho de 1944, Tel Aviv, OC. Paula, Leo e Eva Schwarzschild eram provavelmente parentes de Fritz Schwarzschild, que assinou a carta fraudulenta que Hanna usou para apressar a soltura de Kurt de Buchenwald. Mirjam Bolle, que trabalhava no Conselho Judaico de Amsterdã, e sua família estavam no mesmo grupo trocado. Ver Mirjam Bolle, "*Ich weiss, dieser Brief wird dich nie erreichen*". *Tagebuchbriefe aus Amsterdam, Westerbork und Bergen-Belsen* (Berlim: Eichborn, 2006).
63. Simon Heinrich Herrmann, "Austauschlager Bergen-Belsen", *Aufbau*, 11/10-13 (9-30 de março de 1945).

64. De Kurt para Marianne, 13 de agosto de 1944, Rishon le-Zion, OC. Escrita em inglês.
65. De Lotti para Marianne, 19 de julho de 1944, Tel Aviv, OC.
66. De Kurt para Marianne, 13 de agosto de 1944, Rishon le-Zion, OC. Escrita em inglês.
67. *Ibid.*
68. De Kurt para Marianne e Arnold, 10 de dezembro de 1944, Rishon le-Zion, OC. Escrita em inglês.
69. *Ibid.*
70. De Marianne para Hanna e Kurt, 10 de maio de 1945, Nova York, OC. Entrega 633 de pedido de emissão de visto para imigração.
71. Yehuda Bauer, *Jews for Sale? Nazi-Jewish Negotiations 1933-1945* (New Haven, Londres: Yale University Press, 1994), 230. Bauer corrige a ideia de "troca" afirmando que essa era uma transação, sobretudo financeira, em seu livro tão apropriadamente intitulado.
72. Himmler queria uma garantia de que esses judeus não iriam para a Palestina porque a Alemanha não queria se indispor com os árabes. *Ibid.*, 230.
73. De Lotti para Marianne, 15 de abril de 1945, Tel Aviv, OC.
74. Adler, *Theresienstadt*, 200f.
75. "Befreite aus Theresienstadt, erste Liste der in der Schweiz Eingetroffenen", *Aufbau*, 11/7 (16 de fevereiro de 1945).
76. "Rettungsland Schweiz", *Aufbau*, 23 de fevereiro de 1945, 11/8.
77. "US Visa für Theresienstadt-Flüchtlinge in der Schweiz", *Aufbau*, 23 de fevereiro de 1945, 11/8.
78. De Marianne para Kurt e Lotti, 27 fevereiro de 1945, Nova York. Escrita em inglês.
79. De Kurt para Marianne, 5 de março de 1945, Sarafand, OC. Escrita em inglês.
80. De Marianne e Arnold para Kurt e Lotti, 27 de setembro de 1944, Nova York, OC.
81. De Marianne para Lotti, 25 de abril de 1945, Nova York, OC.
82. *Ibid.*
83. De Marianne e Arnold para Kurt e Hanna, 27 de setembro de 1944, Nova York, OC. Escrita em inglês.
84. De Kurt para Marianne e Arnold, 4 de abril de 1945, Rishon le-Zion, OC. Escrita em inglês.
85. De Arnold e Marianne para Hanna e Kurt, 10 de maio de 1945, Nova York, SC. Escrita em inglês.
86. De Kurt para Marianne e Arnold, 4 de abril de 1945, Rishon le-Zion, OC. Escrita em inglês.
87. De Kurt para Hilde e Ernst Plaut, 6 de maio de 1945, Rishon le-Zion, SC. Escrita em inglês.

88. De Lotti para Marianne e Arnold, 15 de abril de 1945, Tel Aviv, OC. A citação de Caro foi escrita em inglês.
89. De Kurt para Marianne, 26 de junho de 1945, Rishon le-Zion. Kurt copiou e passou adiante para sua irmã o que Klara Caro havia escrito para Lotti e Hans.
90. De Lotti para Marianne e Arnold, 15 de abril de 1945, Tel Aviv, OC.
91. De Lotti para Marianne, 3 de junho de 1945, Tel Aviv, OC.
92. De Marianne para Lotti, 13 de junho de 1945, Nova York, OC. Escrita em inglês.
93. *Ibid.*
94. De Kurt para Marianne e Arnold, 6 de outubro de 1945, Sarafand, OC. Escrita em inglês.
95. De Moritz Schweizer para Marianne, 31 de março de 1946, Amsterdã, OC. Ele acompanhou Marianne até o navio em Roterdã quando ela imigrou para os Estados Unidos em junho de 1938. Eles não haviam estado em contato um com o outro até que ele mesmo imigrou para os Estados Unidos.
96. Sobre o anúncio de procura, ver *Aufbau*, 12/9 (1º de março de 1946).
97. Sobre o anúncio da morte, ver *Aufbau*, 13/18 (2 de maio de 1947).
98. De Kurt para Marianne, Arnold e Thomas, 23 de junho de 1946, Rishon Le-Zion, OC.
99. De Marianne para Hanna e Kurt, 26 de setembro de 1946, Nova York, OC. Escrita em inglês.
100. De Kurt para Marianne e Arnold, 9 de outubro de 1948, Rishon le-Zion, OC.
101. Rada zidovských nabozenských obcí v ceských Cechách a na Morave.
102. Do United Restitution Office da Associação de Judeus da Europa Central para Kurt Steinberg, 24 de dezembro de 1950, Arquivo: Steinberg 2150/31, Praga, OC.
103. De Kurt para Marianne, sem data (supostamente em 1953), Rishon le-Zion, OC.
104. De Kurt para Marianne e Arnold, 26 de maio de 1955, Arolsen, OC.
105. Miroslav Kárný, "Das Schicksal der Theresienstädter Osttransporte im Sommer und Herbst 1942", Judaica Bohemiae XXIV/2 (Praga: Státní zidovské muzeum, 1988), 82.
106. *Ibid.* Aproximadamente 85% dos prisioneiros deportados tinham mais de 60 anos.
107. *Ibid.*, 95.
108. Adler, *Theresienstadt*, 123.
109. Gottwaldt e Schulle, *Die "Judendeportationen"*, 226.
110. Adler, *Theresienstadt*, 694. Cf. Karel Lagus e Josef Polak, *Mesto za mrizemi* (*Cidade Atrás das Grades*) (Praga, 1964), 347, conforme citado em Kárný, "Schicksal", 82.
111. www.holocaust.cz/cz2/eng/victims/victims (acessado em 13 de março de 2011). O Banco de Dados sobre as Vítimas de Shoah no Yad Vashem de Jerusalém relaciona os nomes de Selma Steinberg, Henriette e Emma Kaufmann. Marianne entregou um Depoimento de Testemunha sobre sua mãe em 1994, supondo que ela tivesse sido deportada para Maly Trostinec. As informações sobre Henny e

Emma são baseadas em Bundesarchiv (org.), *Gedenkbuch*, 1ª ed. (Koblenz, 1986). Esse *Memorial Book* dos Arquivos Federais da Alemanha de 1986 relaciona ambas como tendo sido deportadas para Minsk, que era o gueto mais próximo de Maly Trostinec. Entretanto, na edição posterior de 2007 do *Memorial Book* (atualmente disponível *on-line*), Treblinka é dado como o destino final de todas as três irmãs: www.bundesarchiv.de/gedenkbuch/directory.html (acessado em 4 de abril de 2010). Essa informação ainda não foi atualizada nos arquivos do Yad Vashem.

112. Ausschuss für Arbeiter-Wohlfahrt, Berlim, para Erna Karsen, 18 de março de 1947, Berlim.
113. De Herta Poth para Marianne, 8 de setembro de 1947, Essen, OC.

9. EPÍLOGO

1. De Lotti para Herta Poth, novembro de 1971, Buenos Aires, FC. O *Réquiem* retornou para Lotti após a morte de Herta por volta de 1979. O pai de Lotti, Alex, nascido em 1866, completaria 105 anos, na verdade, em novembro de 1971.
2. Entrevista com Alicia Frohmann, 7 de abril de 2010, Washington, DC, realizada por Rebecca Boehling.
3. Lotti não havia conseguido visto para a Argentina, mas, como conseguiu para o Uruguai, viajou de avião para lá. Entrevista com Alicia Frohmann, 27 de abril de 2005, Miami, Flórida, realizada por Rebecca Boehling.
4. Entrevista com Lotti, 2 de novembro de 1988, IN 291, registrada nos Arquivos da Alte Synagoge, Essen.
5. Ver lei especial alemã aprovada em 1955 para restabelecer a cidadania daqueles a quem o regime nazista havia negado: Gesetz zur Regelung von Fragen der Staatsangehörigkeit vom 22. Fevereiro de 1955.
6. Entrevista com Alicia Frohmann, 27 de abril de 2005, Miami, Flórida, e 7 de abril de 2010, Washington, DC, realizada por Rebecca Boehling. Cf. entrevista com Lotti, 2 de novembro de 1988, IN 291, registrada nos Arquivos da Alte Synagoge, Essen.
7. Entrevista com Alicia Frohmann, 27 de abril de 2005, Miami, Flórida, e 7 de abril de 2010, Washington, DC, realizada por Rebecca Boehling. Ver fotografia no Capítulo 2.
8. De Marianne para Kurt e Lotti, 6 de abril de 1946, Nova York, OC. *Schmeichelkatze* é alguém que elogia como uma forma de bajulação. *Ringel Rangel Rosen* é o equivalente a *Ring around the Rosies* [cantiga de ninar] e a tradução de *Tut dem Kindchen nichts mehr weh* é "Isso não machuca a criancinha". Carta escrita em inglês.
9. Entrevistas com Thomas Ostrand, 6 de abril de 2006, Metuchen, New Jersey, e com Suzanne Ostrand-Rosenberg, 3 de maio de 2006, Baltimore, Maryland, realizada por Rebecca Boehling e Uta Larkey.

10. Arquivos relativos ao processo de reparação de Marianne, OC. Ver também de New Jersey State Board of Medical Examiners para Marianne Steinberg Ostrand, MD, 11 de dezembro de 1952 e 20 de setembro de 1957, Trenton, New Jersey, OC. Marianne teve de concluir duas novas residências em New Jersey. Nem sua residência no *Asyl* em 1937-38 nem a no Tewksbury State Hospital em 1940 foram reconhecidas em New Jersey. Várias residências lhe haviam sido negadas em Nova York em 1939 porque os hospitais não dispunham de alojamentos para mulheres residentes. No Englewood Hospital de New Jersey, isso também foi um problema, mas resolvido no final da década de 1950, quando ela foi alojada com as enfermeiras.
11. No dia 11 de maio de 1955, Marianne Ostrand escreveu para o ministro do Interior em Düsseldorf: "Ich bitte nun mehr die Bestallungsurkunde auszustellen". ("Eu venho requerer que meu diploma de médica seja finalmente concedido.") Arquivos relativos ao processo de reparação de Marianne, Columbia, Maryland, OC. No dia 8 de agosto de 1955, o Ministério do Interior da Renânia do Norte-Vestfália reconheceu o diploma de medicina dela na Alemanha, retroativo a 31 de março de 1938. Marianne Ostrand Collection, AR 5823, Leo Baeck Institute, Nova York.
12. De Kurt para Marianne e Arnold, 26 de maio de 1955, Arolsen, OC.
13. De Kurt para Lotti, 1º de novembro de 1955, Arolsen, e de Marianne para Marianne Luedeking, 24 de novembro de 1955, Tenafly, New Jersey, OC.
14. De Marianne para Marianne Luedeking, 24 de novembro de 1955, Tenafly, New Jersey, OC. Escrita em inglês.
15. Da Englewood Hospital Association para a Board of Medical Examiners de New Jersey, 11 de setembro de 1957, Englewood, New Jersey, OC.
16. Entrevista com Alicia Frohmann, 2 de outubro de 2005, Miami, Flórida, realizada por Rebecca Boehling. Entrevistas com Thomas Ostrand, 6 de abril de 2006, Metuchen, New Jersey, e com Suzanne Ostrand-Rosenberg, 3 de maio de 2006, Baltimore, Maryland, realizadas por Rebecca Boehling e Uta Larkey.
17. Marianne Ostrand Collection, AR 5823, Leo Baeck Institute, Nova York.
18. De Kurt para Marianne e Arnold, 24 de janeiro de 1951, Tel Aviv, OC.
19. Entrevista com Marianne, 2 de novembro de 1988, IN 327, registrada nos Arquivos da Alte Synagoge, Essen. Marianne estava convencida de que a morte prematura de Kurt tinha a ver com "doença cardiovascular severa", que ela atribuía a seu "encarceramento no campo de concentração em 1938".
20. Entrevista com Gideon Sella, 28 de junho de 2006, Tel Aviv, realizada por Uta Larkey.
21. De Kurt para Marianne e Lotti, 28 de julho de 1951, Tel Aviv, OC.
22. De Hanna para Marianne, 9 de dezembro de 1954, Tel Aviv, OC. Cf. de Kurt para Marianne e Arnold, 5 de janeiro de 1957, Arolsen, OC.

23. O arquivo do ITS está localizado em Bad Arolsen (Arolsen até 1997), na Alemanha, e até novembro de 2007, quando a iniciativa do US Holocaust Memorial Museum para abrir a coleção do ITS foi bem-sucedida, ele era o maior arquivo sobre o Holocausto do mundo que continuava fechado: www.ushmm.org (acessado em 3 de abril de 2010).
24. De Kurt para Lotti e Heiner, 15 de julho de 1956 e 9 de junho de 1957, Arolsen, FC.
25. De Kurt para Lotti e Heiner, 15 de julho de 1956, Arolsen, FC.
26. *Ibid.*
27. De Kurt para Lotti e Heiner, 1º de novembro de 1955, Arolsen, FC.
28. Ver de Kurt para Marianne, 5 de janeiro de 1957, Arolsen, OC.
29. De Kurt para Marianne e Arnold, 13 de março de 1957, Arolsen, e de Marianne para Kurt, 19 de janeiro de 1957, Tenafly, New Jersey, OC.
30. Entrevista com Gideon Sella, 28 de junho de 2006, Tel Aviv, realizada por Uta Larkey.

BIBLIOGRAFIA

Fontes primárias

Arquivos e coleções especiais de bibliotecas

Arquivos da Alte Synagoge, Essen, Alemanha

Correspondência com o Arquivo

BR 164-165 Charlotte Steinberg Frohmann, 11 de maio de 1984.
BR 205 Otto Grausz, 22 de maio de 1987.
BR 241 Walter Hoffmann, 29 de outubro de 1989.
BR 422 Gerhard Orgler, 19 de maio de 1981.
BR 507 Inge Schweizer, 19 de maio de 1981.
BR 517 Hanna Levy Sella, "Bericht über meine Erlebnisse in der Nazi-Zeit", 1988.

Documentos

AR 921 Walter Sternberg Collection.
AR 4483 Liesel Sternberg Collection.
AR 1179-1180 *Jüdisches Gemeindeblatt für den Synagogenbezirk Essen.*
AR 102466 Alex Steinberg, certidão de casamento Nr. 217, de Alexander Steinberg e Selma Kaufmann. [Cartório de] Registro Civil de Altenessen, 15 de setembro de 1905.

Entrevistas

IN 291 Charlotte Steinberg Frohmann, em 2 de novembro de 1988.
IN 327 Marianne Steinberg Ostrand, 2 de novembro de 1988.

Houghton Library, Harvard University, Cambridge, Massachusetts

Harry Kaufman, "Mein Leben in Deutschland vor und nach Januar 1933", em *Life in Germany Contest* (bMS Ger91), 1940, Houghton Library, Harvard University.

Leo Baeck Institute, Berlim, Alemanha

MF 314 Max Hermann Maier, "Auswandererhilfe in Frankfurt, 1936-1938". Escrito em 1961. Frankfurt: Coleção da Comunidade Judaica.

Leo Baeck Institute, Nova York, EUA

AR 5823 Coleção de Marianne Ostrand.
AR 10426 e MF 642 Correspondência entre Carola e Salo Weindling.
MM 14 Klara Caro, "Stärker als das Schwert, Erinnerungen", manuscrito escrito à máquina.

Arquivos da MAN Company, Augsburg, Alemanha

Contrato entre os representantes da MAN e Hans Kaiser-Blüth, 4 de março de 1935, Nuremberg.

Museum und Historisches Archiv (VMM), manroland AG [empresa], Augsburg

Cópia do contrato da MAN com Hans Kaiser-Blüth, 4 de março de 1935, Nuremberg.

Nordrhein-Westfälisches Hauptstaatsarchiv (HStA Düsseldorf), Alemanha

RW 58-Nr. 28.854 Arquivos da Gestapo, Kurt Alfred Steinberg.

Shoah Foundation Institute, University of Southern California

Código da entrevista: 11.370. Entrevista com Inge Goldschmidt Oppenheimer.

Stadtarchiv Essen, Alemanha

Listas de endereços de Altenessen, 1905 e 1908.
Listas de endereços de Essen.

Theresienstadt Archives, Památnik Terezín, República Tcheca

A10/94 Ordem do Dia Nr. 125, 14 de maio de 1942, Památnik Terezín.
A3241 Ordem do Dia Nr. 213, 16 de setembro de 1942, Památnik Terezín.

Thüringisches Hauptstaatsarchiv (HStA), Weimar, Alemanha

Arquivos de prisioneiros. Dr. Kurt Steinberg (Prisioneiro número 24.867), Geldkarte, campo de concentração de Buchenwald.

Arquivos do United States Holocaust Memorial Museum (USHMM), Washington, DC

Correspondência oficial de Kurt Steinberg como funcionário da Centralverein em Hamm, Essen e Frankfurt, 1932-38. Registros da Centralverein deutscher Staatsbürger jüdischen Glaubens (Associação Central dos Cidadãos Alemães de Fé Judaica), Berlim, Fond 721, Registro Série: 11.001M-31, reel 338-1547, 1550, 1556, 1573 e reel 133-2880.

Arquivos do [Museu] Yad Vashem, Jerusalém, Israel

Relatório final sobre "The Microfilm Project Carried Out for Yad Vashem Memorial Authority at the International Tracing Service at Arolsen, Germany", de Kurt Sella.
Páginas de Depoimentos, Selma Steinberg, Henriette e Emma Kaufmann.

Documentos governamentais e publicações

Allgemeine Zeitung des Judentums.
Aufbau.
Bundesarchiv Deutschlands (org.) *Gedenkbuch: Opfer der Verfolgung der Juden unter der Nationalsozialistischen Gewaltherrschaft in Deutschland (1933-1945).* Koblenz: Bundesarchiv, 1ª ed. 1986 e 2ª ed. 2006 (*on-line* desde 2007).
C.V. Zeitung.
Israelistisches Familienblatt.
Jüdisches Gemeindeblatt für den Synagogenbezirk Essen.
Jüdisches Nachrichtenblatt (Berlim).
Jüdisches Nachrichtenblatt (Viena).
Jüdische Rundschau.
Kölnische Zeitung.
Ministerialblatt 1938.
New York Times.
Reichsgesetzblatt 1933-1945 (RGBl).

Entrevistas com membros da família Kaufmann-Steinberg realizadas por ambas as autoras

Marianne Bachrach Luedeking, Miami, Flórida, 10 de novembro de 2006.
Alicia Frohmann, Miami, Flórida, 27 de abril de 2005, e Washington, DC, 7 de abril de 2010.
Ernest Kaufman, Lumberton, New Jersey, 29 de março de 2005, 11 de maio de 2005 e 8 de maio de 2008.
Michael Keynan, Tel Aviv, Israel, 29 de junho de 2006 e 27 de dezembro de 2007.

Arnold Ostrand, Columbia, Maryland, 18 de fevereiro de 2004.
Thomas Ostrand, Metuchen, New Jersey, 6 de abril de 2006.
Suzanne Ostrand-Rosenberg, Baltimore, Maryland, 3 de maio de 2006, 23 de abril de 2008, 6 e 9 de junho de 2008 e 21 de junho de 2010.
Gideon Sella, Tel Aviv, Israel, 28 de junho de 2006 e 27 de dezembro de 2007.
Myriam Shomrat (correspondência por e-mail), Viena, 24 de outubro de 2011.

Coleções particulares (e suas abreviaturas)

Frohmann Collection (FC), Santiago, Chile
Ernest Kaufman Collection, New Jersey, EUA.
Keynan Collection (KC), Tel Aviv, Israel.
Ostrand Collection (OC), Columbia, Maryland, EUA.
Hans-Jürgen Schreiber Collection, Essen, Alemanha.
Sella Collection (SC), Tel Aviv, Israel.

Outras fontes primárias publicadas

Allport, G.W., J.S. Bruner e E.M. Jandorf. "Personality under Social Catastrophe: Ninety Life-Histories of the Nazi Revolution". *Character and Personality: An International Psychological Quarterly.* 1941.

Grünebaum, Leo. "'Jews Not Welcome' in Hotels", em Margarete Limberg e Hubert Rübsaat (orgs.). *Germans No More: Accounts of Jewish Everyday Life, 1933-1938.* Trad. Alan Nothnagle. Nova York e Oxford: Berghahn Books, 2006.

Institut Theresienstädter Initiative (org.). *Theresienstädter Gedenkbuch: Die Opfer der Judentransporte aus Deutschland nach Theresienstadt, 1942-1945.* Praga: Academia, 2000.

Kommission zur Erforschung der Geschichte der Frankfurter Juden (org.). *Dokumente zur Geschichte der Frankfurter Juden 1933-1945.* Frankfurt: Verlag Waldemar Kramer, 1963.

Manes, Philip. *Als ob's ein Leben wär: Tatsachenbericht Theresienstadt 1942-1944.* Berlim: Ullstein, 2005.

Matthäus, Jürgen e Mark Roseman (orgs.). *Jewish Responses to Persecution, 1933-38.* Lanham, Maryland: Alta Mira Press em colaboração com o United States Holocaust Memorial Museum, 2010.

PHILO-Atlas. *Handbuch für die jüdische Auswanderung.* Mainz: Philo Verlagsgesellschaft, 1998, repr. da ed. 1938.

Reichmann, Hans. *Deutscher Bürger und verfolgter Jude: Novemberpogrom und KZ Sachseshausen 1937-1939.* Munique: Oldenbourg Wissenschaftsverlag, 1998.

Spitzer, Federica e Ruth Weisz. *Theresienstadt: Aufzeichnungen.* Berlim: Metropol Verlag, 1997.

Strauss, Herbert (org.). *Jewish Immigrants of the Nazi Period in the USA*, 6 vols. Nova York: K. G. Saur, 1992.

Walk, Joseph. *Das Sonderrecht für die Juden im NS Staat*, 2ª ed. Heidelberg: C. F. Müller Verlag, 1996.

Weglein, Resi. *Als Krankenschwester im KZ Theresienstadt: Erinnerungen einer Ulmer Jüdin*. Stuttgart: Silberburg-Verlag, 1990.

Manuscritos inéditos

Aebersold, Désirée e Sonja Stalder. "Da von dem Erwerb des Titels meine Zukunft abhängt". Tese de licenciatura não publicada (*Lizentiatarbeit*), Institut für Soziologie, Schriftenreihe Kultursoziologie, Universidade de Berna, 2000.

Gayle, Deborah. "A German-Jewish Family's Odyssey through the Holocaust". Ensaio em elaboração de acordo com as exigências de History 751, Novembro 2002, UMBC, Baltimore, Maryland.

Kaufman, Ernest. "Holocaust-Survivor or Escapee". Palestra não publicada pronunciada em diversas ocasiões depois de 2002.

Schreiber, Hans-Jürgen. "Die Familie Loewenstein". Esboço de ensaio para estudo dos judeus de Altenessen, Essen, 2005.

"Die Familie Steinberg-Kaufmann". Esboço de ensaio para estudo dos judeus de Altenessen, Essen, 2005.

"Geschichte der Altenessener Jüdinnen und Juden". Manuscrito inédito, Essen, 1994.

"Übersicht über die Geschichte der Juden in Altenessen". Esboço de ensaio para estudo dos judeus de Altenessen, Essen, 2005.

Steinberg, Kurt. "Kaufmann-Steinberg Family Archive". Noroeste da Alemanha, 1934-1938, usado com a permissão da filha de Kurt (Steinberg), Sella, Miryam Shomrat, Jerusalém, Israel.

Tiedemann, Sibylle, "Frauenleben 1933-1945". Prospecto inédito para o filme documentário *Kinderland ist abgebrannt*, 1995.

Fontes secundárias (livros e artigos)

Adam, Uwe Dietrich. "How Spontaneous Was the Pogrom?" em Walter H. Pehle (org.), *November 1938: from "Kristallnacht" to Genocide*. Trad. William Templer. Nova York e Oxford: Berg, 1991.

Adler, H. G. *Theresienstadt 1941-1945: Das Anlitz einer Zwangsgemeinschaft*. Tübingen: J. C. B. Mohr, 1960.

Adler-Rudel, S. *Jüdische Selbsthilfe under dem Naziregime, 1933-1939*. Tübingen: J. C. B. Mohr, 1974.

Alte Synagoge (org.). *Entrechtung und Selbsthilfe: Zur Geschichte der Juden in Essen unter dem Nationalsozialismus*. Studienreihe der Alten Synagoge, vol. IV. Essen: Klartext, 1994.

_____. *Jüdisches Leben in Essen 1800-1933*. Studienreihe der Alten Synagoge, vol. I. Essen: Klartext, 1993.

Anderson, Mark M. (org.). *Hitler's Exiles: Personal Stories of the Flight from Nazi Germany to America*. Nova York: The New Press, 1998.

Asaria, Zvi. *Die Juden in Köln*. Colônia: Verlag J. P. Bachem, 1959.

Aschheim, Steven. "German History and German Jewry: Junctions, Boundaries and Interdependencies", in *In Times of Crisis: Essays on European Culture, German, and Jews*. Madison: University of Wisconsin Press, 2001.

Bajohr, Frank. *"Aryanisation" in Hamburg: The Economic Exclusion of Jews and the Confiscation of Their Property in Nazi Germany*. Trad. G. Wilke. Nova York e Oxford: Berghahn Books, 2002.

Bankier, David. *The Germans and the Final Solution: Public Opinion under Nazism*. Oxford: Blackwell, 1992.

_____ (org.). *Probing the Depths of German Antisemitism: German Society and the Persecution of the Jews, 1933-1941*. Nova York e Oxford: Berghahn Books, 2000.

Barkai, Avraham. "The Fateful Year 1938", em Walter H. Pehle (org.). *November 1938: From "Kristallnacht" to Genocide*. Trad. William Templer. Nova York e Oxford: Berg, 1991.

_____ *From Boycott to Annihilation: The Economic Struggle of the Jews, 1933-1943*. Trad. William Templer. Hanover, New Hampshire e Londres: University Press of New England, 1989.

_____ *Hoffnung and Untergang: Studien zur deutsch-jüdischen Geschichte des 19. und 20. Jahrhunderts*. Hamburgo: Hans Christians, 1998.

_____ *"Wehr Dich!" Der Centralverein deutscher Staatsbürger jüdischen Glaubens (C.V.) 1893-1938*. Munique: C. H. Beck, 2002.

Bauer, Yehuda. *A History of the Holocaust*, ed. rev. Danbury, Connecticut: Franklin Watts, 2001.

_____ *Jews for Sale? Nazi-Jewish Negotiations 1933-1945*. New Haven, Connecticut e Londres: Yale University Press, 1994.

Becker-Jákli, Barbara. *Das jüdische Krankenhaus in Köln: Die Geschichte des Israelitischen Asyls für Kranke under Altersschwache 1869 bis 1945*. Colônia: Emons Verlag, 2004.

Benz, Wolfgang (org.). *Die Juden in Deutschland 1933-1945: Leben unter nationalsozialistischer Herrschaft*, 3ª ed. Munique: C. H. Beck, 1993.

_____ "Der Rückfall in die Barbarei", em Walter H. Pehle (org.). *Der Judenpogrom 1938: Von der "Reichskristallnacht" zum Völkermord*. Frankfurt: Fischer Verlag, 1988.

Bergen, Doris L. *War and Genocide: A Concise History of the Holocaust*. Lanham, Maryland: Rowman and Littlefield, 2003.

Berghahn, Marion. *Continental Britons: German-Jewish Refugees from Nazi Germany*, ed. rev. Nova York e Oxford: Berghahn Books, 2007.

Berschel, Holger. *Bürokratie und Terror: Das Judenreferat der Gestapo Düsseldorf 1935-1945*. Essen: Klartext, 2001.

Black, Edwin. *The Transfer Agreement: The Dramatic Story of the Pact between the Third Reich and Jewish Palestine*. Nova York: Carroll & Graf Publishers, 2001.

Blackbourn, David. *The Long Nineteenth Century: A History of Germany, 1780-1918*. Nova York: Oxford University Press, 1998.
Blau, Bruno. *Das Ausnahmerecht für die Juden in Deutschland, 1933-1945*, 3ª ed. Düsseldorf: Verlag Allgemeine Wochenzeitung der Juden in Deutschland, 1965.
Böll, Heinrich. *Die Juden von Drove, Köln und das rheinische Judentum*. Festschrift Germania Judaica 1959-1984. Colônia: Bachem Verlag, 1984.
Bolle, Mirjam. *"Iche weiss, dieser Brief wird dich nie erreichen." Tagebuchbriefe aus Amsterdam, Westerbork und Bergen-Belsen*. Berlim: Eichborn, 2006.
Bopf, Britta. *"Arisierung" in Köln: Die wirtschaftliche Existenzvernichtung der Juden 1933-1945*. Colônia: Emons, 2004.
Breitman, Richard e Alan Kraut. *American Refugee Policy and European Jewry, 1933-1945*. Bloomington e Indianápolis: Indiana University Press, 1988.
Brenner, Michael, Stefi Jersch-Wenzel e Michael A. Meyer (orgs.). *Deutsch-jüdische Geschichtein der Neuzeit*, vol. II: *Emanzipation und Akkulturation 1780-1871*. Munique: C. H. Beck, 2000.
Browning, Christopher. *The Origins of the Final Solution: The Evolution of Nazi Jewish Policy September 1939-March 1942*. Lincoln, Nebraska: University of Nebraska Press, 2004.
Browning, Christopher S., Richard S. Hollander e Nechama Tec (orgs.). *Every Day Lasts a Year: A Jewish Family's Correspondence from Poland*. Nova York: Cambridge University Press, 2007.
Corbach, Dieter. *6:00 ab Messe Köln-Deutz: Deportationen 1938-1945*. Colônia: Scriba Buch-und Musikverlag, 1999.
Davie, Maurice R. *Refugees in America: Report of the Committee for the Study of Recent Immigration from Europe*. Nova York: Harper & Brothers Publishers, 1947.
Doerry, Martin. *My Wounded Heart: The Life of Lilli Jahn 1900-1944*. Trad. John Brownjohn. Nova York: Bloomsbury, 2004.
Doetzer, Oliver. *"Aus Menschen werden Briefe": Die Korrespondenz einer jüdischen Familie zwischen Verfolgung und Emigration 1933-1947*. Colônia: Böhlau Verlag, 2002.
Dominicus, E. *Chronik des Amtsbezikers Nörvenich 1932-1946*, 2ª ed. Conforme citado em: www.geschichtswerkstatt-dueren.de (acessado em 23 de janeiro de 2010).
Dwork, Deborah e Robert Jan van Pelt. *Flight from the Reich: Refugee Jews, 1933-1946*. Nova York e Londres: W. W. Norton, 2009.
Edelheit, Abraham. *The Yushuv in the Shadow of the Holocaust: Zionist Politics and Rescye Aliya, 1933-1939*. Boulder, Colorado: Westview Press, 1996.
Edelheit, Abraham e Hershel Edelheit (orgs.). *History of Zionism: A Handbook and Dictionary*. Boulder, Colorado: Westview Press, 2000.
Ellenson, David Harry. *After Emancipation: Jewish Religious Responses to Modernity*. Detroit: Wayne State University Press, 2004.
Erel, Shlomo (org.). *Jeckes erzählen: Aus dem Leben deutschsprachiger Einwanderer in Israel*. Viena: LIT Verlag, 2004.

Farsoun, Samih K. e Christina Zacharia. *Palestine and the Palestinians*. Boulder, Colorado: Westview Press, 1997.

Feilchenfeld, Werner, Dolf Michaelis e Ludwig Pinner (orgs.). *Haavara-Transfer nach Palästina und Einwanderung deutscher Juden 1933-1939*. Tübingen: J. C. B. Mohr, 1972.

Fraenkel, Daniel. "Jewish Self-Defense under the Constraints of National Socialism: The Final Years of the Centralverein", em David Bankier (org.).

_____ *Probing the Depths of German Antisemitism: German Society and the Persecution of the Jews, 1933-1941*. Nova York e Oxford: Berghahn Books, 2000.

_____ "Nuremberg Laws", em Walter Laqueur (org.). *The Holocaust Encyclopedia*. New Haven: Yale University Press, 2001.

Friedländer, Saul. *Nazi Germany and the Jews: The Years of Persecution, 1933-1939*, vol. I. Nova York: HarperCollins, 1997.

Friedman, Jonathan C. *The Lion and the Star: Gentile-Jewish Relations in Three Hessian Communities, 1919-1945*. Lexington, Kentucky: University Press of Kentucky, 1998.

Garbarini, Alexandra. *Numbered Days: Diaries and the Holocaust*. New Haven: Yale University Press, 2006.

Gelber, Yoav e Walter Goldstern. *Vertreibung und Emigration deutschsprachiger Ingenieure nach Palästina 1933-1945*. Düsseldorf: VDI Verlag, 1988.

Gottwaldt, Alfred e Diana Schulle. *Die "Judendeportationen" aus dem Deutschen Reich 1941-1945*. Wiesbaden: Marixverlag, 2005.

Greif, Gideon, Colin McPherson e Laurence Weinbaum (orgs.). *Die Jeckes: Deutsche Juden aus Israel erzählen*. Colônia: Böhlau Verlag, 2000.

Gruner, Wolf. *Die Verfolgung und Ermordung der europäischen Juden durch das nationalsozialistische Deutschland 1933-1945*, vol. I: *Deutsches Reich 1933-1937*. Munique: Oldenbourg Wissenschaftsverlag, 2008.

_____ "Von der Kollektivausweisung zur Deportation", em Birthe Kundrus e Beate Meyer (orgs.). *Die Deportation der Juden aus Deutschland: Pläne, Praxis, Reaktionen 1938-1945*. Göttingen: Wallstein, 2004.

Hacohen, Dvora. "British Immigration Policy to Palestine in the 1930s: Implications for Youth Aliyah". *Middle Eastern Studies*. 37/4, Outubro de 2001.

Hájková, Anna. "Strukturen weiblichen Verhaltens in Theresienstadt", em Gisela Bock (org.). *Genozid und Geschlecht*. Frankfurt: Campus Verlag, 2005.

Herbert, Ulrich. "Von der 'Reichskristallnacht' zum 'Holocaust': Der 9 November und das Ende des 'Radauantisemitismus'", em Thomas Hofmann, Hanno Loewy e Harry Stein (orgs.). *Pogromnacht und Holocaust*. Colônia: Böhlau Verlag, 1994.

Heuberger, Rachel. *Hinaus aus dem Ghetto: Juden in Frankfurt am Main, 1800-1950*. Frankfurt: Fischer Verlag, 1988.

Hilberg, Raul. *The Destruction of the European Jews*. Teanek, New Jersey: Holmes and Meier, 1985.

Hofmann, Thomas, Hanno Loewy e Harry Stein (orgs.). *Pogromnacht und Holocaust*. Colônia: Böhlau Verlag, 1994.
Jackisch, Carlota. "Einwanderungspolitik und öffentliche Meinung in Argentinien 1933-1945", em Karl Kohut e Patrik von zur Mühlen (orgs.). *Alternative Lateinamerika: Das deutsche Exil in der Zeit des Nationalsozialismus*. Frankfurt: Vervuert, 1994.
Kampe, Norbert. "Jewish Emigration from Germany 1933-1942", em Herbert Strauss (org.). *Jewish Immigrants of the Nazi Period in the USA*, vol. IV. Nova York: K. G. Saur, 1992.
Kaplan, Marion. "As Germans and as Jews in Imperial Germany", em Marion Kaplan (org.). *Jewish Daily Life in Germany, 1618-1945*. Nova York: Oxford University Press, 2005.
_____ *Between Dignity and Despair: Jewish Life in Nazy Germany*. Nova York: Oxford University Press, 1998.
_____ *The Making of the Jewish Middle Class: Women, Family and Identity in Imperial Germany*. Nova York e Oxford: Oxford University Press, 1991.
_____ (org.) *Jewish Daily Life in Germany, 1618-1945*. Nova York: Oxford University Press, 2005.
Kárný, Miroslav. "Das Schicksal der Theresienstädter Osttransporte im Sommer und Herbst 1942". *Judaica Bohemiae*. XXIV/2. Praga: Státni zidovské muzeum, 1988.
_____ "Theresienstadt 1941-1945", em Institut Theresienstädter Initiative (org.). *Theresienstädter Gedenkbuch, Die Opfer der Judentransporte aus Deutschland nach Theresienstadt*. Praga: Academia, 2000.
Kater, Michael. *Doctors under Hitler*. Chapel Hill e Londres: University of North Carolina Press, 1989.
Kingreen, Monica (org.). *"Nach der Kristallnacht": Jüdisches Leben und antijüdische Politik in Frankfurt am Main 1938-1945*. Frankfurt: Campus Verlag, 1999.
Kliner-Fruck, Martina. *"Es ging ja ums Überleben": Jüdische Frauen zwischen Nazi Deutschland, Emigration nach Palästina und iherer Rückkehr*. Frankfurt: Campus Verlag, 1995.
Koppel, Gabriele. *Heimisch werden – Lebenswege deutscher Juden in Palästina*. Hamburg: Europäische Verlagsanstalt, 2000.
Kropat, Wolf-Arno. *"Reichskristallnacht": Der Judenpogrom vom 7. bis 10. November 1938 – Urheber, Täter, Hintergründe*. Wiesbaden: Kommission für die Geschichte der Juden in Hessen, 1997.
Kruse, A. e E. Schmitt. *Wir haben uns als Deutsche gefühlt: Lebensrückblick und Lebenssituationen jüdischer Emigranten und Lagerhäftlinge*. Darmstadt: Steinkopff, 2000.
Kulka, Otto Dov e Eberhard Jäckel. *Die Juden in den geheimen NS-Stimmungsberichten 1933-1945*. Düsseldorf: Droste Verlag, 2004.
Kundrus, Birthe e Beate Meyer (orgs.). *Die Deportation der Juden aus Deutschland: Pläne, Praxis, Reaktionen 1938-1945*. Göttingen: Wallstein, 2004.
Kwiet, Konrad. "Von der Ghettoisierung zur Deportation", em Wolfgang Benz (org.). *Die Juden in Deutschland 1933-1945: Leben unter nationalsozialistischer Herrschaft*. Munique: C. H. Beck, 1988.

Laqueur, Walter. *Generation Exodus: The Fate of Young Jewish Refugees from Nazi Germany.* Hanover, N. H. e Londres: Brandeis University Press, 2001.

Laqueur, Walter e Judith Tydor Baumel (orgs.). *Holocaust Encyclopedia.* New Haven e Londres: Yale University Press, 2001.

Large, David Clay. *And the World Closed Its Doors: The Story of One Family Abandoned to the Holocaust.* Nova York: Basic Books, 2003.

LeVine, Mark. *Overthrowing Geography: Jaffa, Tel Aviv and the Struggle for Palestine 1880-1948.* Berkeley e Los Angeles: University of California Press, 2005.

London, Louise. *Whitehall and the Jews, 1933-1948: British Immigration Policy, Jewish Refugees and the Holocaust.* Cambridge University Press, 2000.

Longerich, Peter. *"Davon haben wir nichts gewusst": Die Deutschen und die Judenverfolgung 1933-1945.* Munique: Siedler Verlag, 2006.

Lowenstein, Steven M. "Das religiöse Leben", em Steven M. Lowenstein, Paul Mendes-Flohr, Peter Pulzer e Monika Richarz (orgs.). *Deutsch-jüdische Geschichte in der Neuzeit,* vol. III: *Umstrittene Integration 1871-1918.* Munique: C. H. Beck, 1997.

_____ "Jüdisches religiöses Leben in deutschen Dörfern. Regionale Unterschied im 19. und frühen 20. Jahrhundert", em Monika Richarz e Reinhard Rürup (orgs.). *Jüdisches Leben auf dem Lande.* Tübingen: Mohr Siebeck, 1997.

Lowenstein, Steven M., Paul Mendes-Flohr, Peter Pulzer e Monika Richarz (orgs.). *Deutsch-jüdische Geschichte in der Neuzeit,* vol. III: *Umstrittene Integration 1871-1918.* Munique: C. H. Beck, 1997.

Luft, Gerda. *Heimkehr ins Unbekannte: Eine Darstellung der Einwanderung von Juden aus Deutschland nach Palästina 1933-39.* Wuppertal: Peter Hammer Verlag, 1977.

Maurer, Trudi. "From Everyday Life to a State of Emergency: Jews in Weimar and Nazi Germany", em Marion Kaplan (org.). *Jewish Daily Life in Germany, 1618-1945.* Nova York: Oxford University Press, 2005.

Medoff, Rafael. *Blowing the Whistle on Genocide: Josiah E. DuBois, Jr. and the Struggle for a US Response to the Holocaust.* West Lafayette, Indiana: Purdue University Press, 2009.

Meyer, Michael A. "Schlussbetrachtung", em Michael Brenno, Stefi Jersch-Wenzel e Michael A. Meyer (orgs.). *Deutsch-jüdische Geschichte in der Neuzeit,* vol. II: *Emanzipation und Akkulturation 1780-1871.* Munique: C. H. Beck, 2000.

Nicosia, Francis. *The Third Reich and the Palestine Question.* Austin: University of Texas Press, 1985.

Ofer, Dalia. *Escaping the Holocaust: Illegal Immigration to the Land of Israel, 1939-1944.* Studies in Jewish Histories Series. Nova York: Oxford University Press, 1990.

Pulzer, Peter. *The Jews and the German State: The Political History of a Minority, 1848-1933.* Oxford: Blackwell, 1992.

_____ "Rechtliche Gleichstellung und öffentliches Leben". Trad. Holger Fliessbach, em Lowenstein, Steven M., Paul Mendes-Flohr, Peter Pulzer e Monika Richarz (orgs.). *Deutsch-jüdische Geschichte in der Neuzeit*, vol. III: *Umstrittene Integration 1871-1918*. Munique: C. H. Beck, 1997.

Quack, Sibylle. *Between Sorrow and Strenght: Women Refugees of the Nazi Period*. Washington, DC: German Historical Institute, 1995.

Reinharz, Jehuda. *Fatherland or Promised Land: The Dilemma of the German Jew, 1893-1914*. Ann Arbor: University of Michigan Press, 1975.

Richarz, Monika (org.). *Jewish Life in Germany: Memoirs from Three Centuries*. Trad. Stella P. Rosenfeld e Sidney Rosenfeld. Bloomington e Indianápolis: Indiana University Press, 1991.

Jüdisches Leben in Deutschland: Selbstzeugnisse zur Sozialgeschichte, 1918-1945, 3 vols. Stuttgart: Deutsche Verlags-Anstalt, 1982.

Richarz, Monika e Reinhard Rürup (orgs.). *Jüdisches Leben auf dem Lande*. Tübingen: Mohr Siebeck, 1997.

Rockman, Chaim. *None of them Were Heroes: Letters between the Lines, 1938-1945*. Englewood, New Jersey: Devora, 2003.

Roseman, Mark. *The Past in Hiding*. Londres: Penguin, 2000.

Schlör, Joachim. *Endlich im gelobten Land? Deutsche Juden unterwegs in eine neue Heimat*. Berlim: Aufbau Verlag, 2003.

Schmalhausen, Bernd. *Schicksale jüdischen Juristen aus Essen, 1933-1945*. Bottrup e Essen: Pomp, 1994.

Schmid, Armin e Renate Schmid. *Im Labyrinth der Paragraphen: Die Geschichte einer gescheiterten Emigration*. Frankfurt: Fischer Taschenbuch Verlag, 1993.

_____. *Lost in a Labyrinth of Red Tape: The Story of an Immigration that Failed*. Trad. Margot Bettauer Dembo. Evanston, Ill.: Northwestern University Press, 1996.

Scholz, A. e W. Burgdorf. "The Exodus of German Dermatologists and their Contributions to their Adopted Countries". *Clinics in Dermatology*. 23/5 (Set./Out. 2005).

Schröter, Hermann. *Geschichte und Schicksal der Essener Juden. Gendekbuch für die jüdischen Mitbürger det Stadt Essen*. Essen: Stadt Essen, 1980.

Schwarcz, Alfredo Jose. *Trotz allem...: Die deutschsprachigen Juden in Argentinien*. Colônia: Böhlau, 1995.

Segev, Tom. *The Seventh Million: The Israelis and the Holocaust*. Nova York: Henry Holt and Co., 2000.

Shapiro, Paul A. e Martin C. Dean. "Foreword", em *Confiscation of Jewish Property in Europe, 1933-1945: New Sources and Perspectives*. Atas do simpósio realizado no United States Holocaust Memorial Museum Center for Advanced Holocaust Studies, Washington, Janeiro de 2003. Washington, DC: United States Holocaust Memorial Museum, 2003.

Shealy, Gregory P. Review of W. Strassmann, *The Strassmanns Science, Politics, and Migration in Turbulent Times, 1793-1993*. Nova York: Berghahn Books, 2008. H-German, N-Net Reviews. Maio de 2009. www.h-net.org/reviews/showrev.php?id=23651.

Sherman, A. J. *Island Refuge: Britain and Refugees from the Third Reich*. Berkeley e Los Angeles: University of California Press, 1973.

Smith, Helmut Walser. *The Continuities of German History: Nation, Religion and Race across the Long Nineteenth Century*. Nova York: Cambridge University Press, 2008.

Sorkin, David. "Emancipation and Assimilation: Two Concepts and Their Application to the Study of German Jewish History". *Leo Baeck Institute Yearbook (LBIYB)*. 35, 1990.

Stein, Harry. "Das Sonderlager im Konzentrationslager Buchenwald nach den Pogromen 1938", em Monica Kingreen (org.). *"Nach der Kristallnacht": Jüdisches Leben und antijüdische Politik in Frankfurt am Main 1938-1945*. Frankfurt: Campus Verlag, 1999.

Juden in Buchenwald 1937-1942. Buchenwald: Gedenkstätte Buchenwald, 1992.

Steinecke, Hartmut. "Einführung I. Deutschland", em Jenny Aloni, *"Ich muss mir diese Zeit von der Seele schreiben...": Die Tagebücher 1935-1993: Deutschland-Palästina-Israel*. Paderborn: Ferdinand Schöningh, 2006.

Strauss, Herbert. "Jewish Emigration from Germany, Part I". *Leo Baeck Institute Yearbook (LBIYB)*. 1980.

Tarsi, Anita. "Das Schicksal der alten Frauen in Theresienstadt", em Miroslav Kárný, Margita Kárná e Raimund Kemper (orgs.), *Theresienstädter Studien und Dokumente*. Praga: Academia, 1998.

Thalmann, Rita e Emmanuel Feinermann. *Crystal Night 9-10 November 1938*. Trad. Gilles Cremones. Nova York: Holocaust Library, 1972.

van Laak, Dirk. "Wenn einer ein Herz im Leibe hat, der lässt sich von einem deutschen Arzt behandeln: Die 'Entjudung' der Essener Wirtschaft von 1933 bis 1941", em Alte Synagoge (org.). *Entrechtung und Selbsthilfe: Zur Geschichte der Juden in Essen unter dem Nationalsozialismus*. Studienreihe der Alten Synagoge, vol. IV. Essen: Klartext, 1994.

von der Lühe, Barbara. *Die Musik war unsere Rettung! Die deutschsprachigen Gründungsmitglieder des Palestine Orchestra*. Tübingen: Mohr Siebeck, 1998.

Wetzel, Juliane. "Auswanderung aus Deutschland", em Wolfgang Benz (org.). *Die Juden in Deutschland 1933-1945: Leben unter nationalsozialistischer Herrschaft*, 3ª ed. Munique: C. H. Beck, 1993.

Weyers, Wolfgang. *Death of Medicine in Nazi Germany: Dermatology and Dermatopathology under the Swastika*. Lanham, Maryland: Madison Books, 1998.

Wyman, David S. *The Abandonment of the Jews: America and the Holocaust 1941-1945*. Nova York: Pantheon Books, 1984.

Wyman, David S. e Charles H. Rosenzveig. *The World Reacts to the Holocaust*. Baltimore: Johns Hopkins University Press, 1996.

Yad Vashem (org.). *From Bergen-Belsen to Freedom: The Story of the Exchange of Jewish Inmates of Bergen-Belsen with German Templars from Palestine*. Atas do Simpósio em Memória do Dr. Haim Pazner. Jerusalém: Yad Vashem, 1986.

Zimmermann, Michael. "Eine Deportation nach Theresienstadt: Zur Rolle des Banalen bei der Durchsetzung des Monströsen", em Miroslav Kárný, Margita Kárná e Raimund Kemper (orgs.). *Theresienstädter Studien und Dokumente*. Praga: Academia, 1994.

_____ "Die 'Reichskristallnacht' 1938 in Essen", em Alter Synagoge (org.). *Entrechtung und Selbsthilfe: Zur Geschichte der Juden in Essen unter dem Nationalsozialismus*. Studienreihe der Alten Synagoge, vol. IV. Essen: Klartext, 1994.

_____ "Zur Geschichte der Essener Juden im 19. und im ersten Dritell des 20. Jahrhunderts", em Alte Synagoge (org.). *Jüdisches Leben in Essen 1800-1933*. Studienreihe der Alten Synagoge, vol. I. Essen: Klartext, 1993.

Zucker, Bat-Ami. *In Search of Refuge: Jews and US Consuls in Nazi Germany 1933-1941*. Londres e Portland, Oregon: Vallentine Mitchell, 2001.

PRÓXIMOS LANÇAMENTOS

Para receber informações sobre os lançamentos
da Editora Cultrix, basta cadastrar-se
no site: www.editoracultrix.com.br

Para enviar seus comentários sobre este livro,
visite o site www.editoracultrix.com.br ou
mande um e-mail para atendimento@editoracultrix.com.br

Impressão e acabamento:

tel.: 25226368